ELMAR SEEBOLD

Etymologie

Eine Einführung am Beispiel der deutschen Sprache

VERLAG C.H.BECK MÜNCHEN

CIP-Kurztitelaufnahme der Deutschen Bibliothek

Seebold, Elmar:
Etymologie : e. Einf. am Beispiel d. dt.
Sprache / Elmar Seebold. – München : Beck, 1981.
  Erscheint als: Beck'sche Elementarbücher
  ISBN 3 406 08037 5

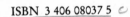

ISBN 3 406 08037 5

Einbandentwurf von Walter Kraus, München
© C. H. Beck'sche Verlagsbuchhandlung (Oscar Beck), München 1981
Satz und Druck: Georg Appl, Wemding
Printed in Germany

Beck'sche Elementarbücher

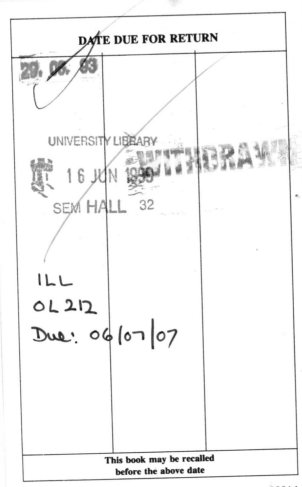

Vorwort

Dieses Buch ist zum fortlaufenden Lesen geschrieben. Die Anmerkungen betreffen ausschließlich Stellennachweise, besondere Literaturangaben und allenfalls eine kurze Stellungnahme zur Beleglage eines Wortes; sie werden deshalb zum Verständnis des Textes in keinem Fall benötigt und können beim Lesen vernachlässigt werden. Dasselbe gilt für die Hinweise auf die Bibliographie (B + Ziffer) und die darin enthaltenen einzelnen Werke (L + Ziffer).

Ich habe mich bemüht auch für einen Anfänger verständlich zu sein, ohne deshalb die Ansprüche der Wissenschaftlichkeit aufzugeben. Ich muß aber den Fachmann bitten, über Erläuterungen, die für ihn unnötig sind, hinwegzulesen; und entsprechend den Anfänger, Material- und Belegangaben, mit denen er nichts anfangen kann, einfach hinzunehmen.

Wenn es mir gelungen ist, ein lesbares Buch zu schreiben, so haben dazu ganz wesentlich die beiden ersten Leser seiner früheren Fassungen beigetragen. Ihre freundliche, aber bestimmte Kritik hat mich häufig einsehen lassen, daß meine Vorstellungen und Neigungen nicht unbedingt die eines Lesers sind. Die endgültige Fassung hat durch diese Hilfe sicher sehr viel gewonnen, und indem ich mir noch viele so aufmerksame und kritische Leser wünsche, widme ich dieses Buch den beiden ersten:

Hertha und Beatrice

Inhalt

ZWEITER TEIL
DIE ENTSTEHUNG LEXIKALISCHER EINHEITEN

DRITTER TEIL
DIE GESCHICHTE DER WÖRTER

VIERTER TEIL
DAS ERSCHLIESSUNGSVERFAHREN

EINFÜHRENDER TEIL
WAS IST ETYMOLOGIE?

Vorläufige Antwort – Plan der Darstellung

§ 1. Die Wissenschaft der Etymologie untersucht die Herkunft der Wörter einer Sprache – das ist mit wenigen Worten gesagt. Um zu zeigen, wie eine solche Untersuchung verlaufen muß, wenn sie auf Wissenschaftlichkeit Anspruch erheben will, werden etwas mehr Worte notwendig sein. Dabei müssen teilweise grundsätzliche Fragen besprochen werden – auch solche, die auf den ersten Blick mit der Herkunft der Wörter wenig zu tun haben –, teilweise können aber auch scheinbar unwichtige Kleinigkeiten im Vordergrund stehen. Um Ihnen nun gleich einen Rahmen zu geben, in den Sie diese vielleicht oft als unnötig oder abwegig erscheinenden Überlegungen einordnen können, will ich in diesem einführenden Teil zunächst einige Wörter etymologisch erklären und im Verlauf dieser Erklärungen eine Vorstellung von den Zielen und Voraussetzungen, den Methoden und der Art der Gedankenführung der wissenschaftlichen Etymologie zu vermitteln suchen. Wenn mir dies gelingt, sollten sich Ihnen von selbst diejenigen Themengebiete als Problemkreise ergeben, die dann in den Hauptteilen des Buches systematisch behandelt werden.

A. Untersuchungsbeispiel: Woher kommt das Wort *Frauenzimmer?*

§ 2. Nehmen wir einmal an, Ihnen sei das Wort *Frauenzimmer* aufgefallen, und Sie wundern sich darüber, wie man auf den Gedanken kommen kann, eine Frau mit einem Wort für eine Räumlichkeit (*-zimmer*) zu bezeichnen. Sie prüfen zunächst, ob die Beobachtung der Gegenwartssprache über diese Besonderheit Aufschluß geben kann und fragen deshalb, ob das Wort immer in dieser Bedeutung gebraucht wird. Nun – in der Tat; wir meinen mit *Frauenzimmer* praktisch nie das Zimmer einer Frau, es sei denn bei einem Wortspiel oder in anderen Sonderverwendungen. Normalerweise verstehen wir unter einem Frauenzimmer ein weibliches Wesen. Man kann dabei dieses wenig übliche und etwas altertümliche Wort nicht in jedem Zusammenhang verwenden: Es ist immer etwas auffällig, häufig ironisch oder abschätzig. Es steht erstens – wohl nur im Plural – für die Frauen allgemein, für das weibliche Geschlecht, wobei es – anders als die Wörter *Frau, Weib, Mädchen* usw. – nicht andeutet, ob die so Bezeichnete verheiratet ist. Ein Beispiel aus Zuckmayers *Fastnachtsbeichte* (1959)[1] –

dort sagt die Tochter des Hauses von einer alten Frau, die ihre Cousine beschimpft hat: *Sie war Jeanmaries Amme als junges Ding, da unsre Mutter krank war und nie stillen konnte, und sie haßt alle jungen Frauenzimmer, warum, weiß man nicht.* Wenn zweitens mit *Frauenzimmer* eine einzelne Frau (oder im Plural eine Gruppe von Frauen) bezeichnet wird, dann ist immer eine deutliche Wertung im Spiel – die literarischen Belege für diesen Gebrauch treten deshalb auch im allgemeinen in direkter Rede auf. Ein Beispiel aus Kästners *Zauberlehrling* (1936)[2]: Dort sagt Hera von Zeus, der – in etwas verfremdeter Umgebung – auf Eroberungen aus ist, zu Hebe: *Er ist in Davos, einem Wintersportplatz, und streicht wieder einmal hinter einem hübschen Frauenzimmer her!* Die Wahl des Wortes *Frauenzimmer* drückt hier nicht unbedingt Geringschätzung aus, eher eine bestimmte Haltung der Sprecherin, ein gefühlsbetontes Abrücken von der anderen Frau. Wird das Wort von männlichen Sprechern verwendet, so kann es in gleicher Weise etwa die Anerkennung der geschlechtlichen Anziehungskraft zum Ausdruck bringen, wie in Brechts *Die Tage der Commune* (1948/49)[3], wo Bismarck während einer Aufführung der *Norma* über die Darstellerin sagt: *Kolossal, die Altmann! Auch als Frauenzimmer, stramme Person.* Meist wird das Wort aber abschätzig, ja geradezu als Schimpfwort, gebraucht (im allgemeinen in Wendungen wie *dieses Frauenzimmer* oder *so ein Frauenzimmer*). Es wird dabei unterstellt, daß die so Bezeichnete die Maßstäbe für edles weibliches Verhalten vermissen läßt, also etwa zu aufdringlich oder hinterhältig oder liederlich oder dergleichen ist. Ein Beispiel aus Brechts *Dreigroschenoper* (1928)[4]: Macheath wird im Gefängnis von der eifersüchtigen Lucy besucht, von der er seine Befreiung erhofft. Als auch seine Frau Polly auftaucht, hält er diese in Schranken, und als sie von ihrer Mutter abgeschleppt worden ist, sagt er zu Lucy: *Ich hatte natürlich Mitleid mit ihr. Deshalb konnte ich das Frauenzimmer schon nicht so behandeln, wie sie es verdient.* Hier drückt Macheath durch den Ausdruck *Frauenzimmer* nicht nur seine (echte oder gespielte) Ablehnung aus – er macht damit Polly ausdrücklich schlecht.

§ 3. Aus diesem Gebrauch läßt sich nicht erkennen, wie es zu der merkwürdigen Bezeichnung *Frauenzimmer* gekommen ist. Gehen wir deshalb etwas weiter in die Vergangenheit zurück und schauen wir uns zunächst den Sprachgebrauch der Zeit vor knapp zweihundert Jahren an, etwa den des Freiherrn Adolph von Knigge in seinem Buch ‚Ueber den Umgang mit Menschen‘ (Hannover 1788). Dort ist das ‚sechste Capittel‘ des ‚ersten Theils‘ überschrieben *Ueber den Umgang mit Frauenzimmern,* womit keineswegs aufdringliche, liederliche oder sonstwie verwerfliche Personen gemeint sind – im Gegenteil: *Ich habe die seligsten Stunden in dem Cirkel liebenswürdiger Frauenzimmer verlebt, und wenn etwas Gutes an mir ist, wenn, nach so vielfältigen Täuschungen von Menschen und Schicksalen,*

Erbitterung, Mismuth und Feindseligkeit noch nicht Wohlwollen, Liebe und Duldung aus meiner Seele verdrängt haben; so danke ich es den sanften Einwürckungen, die dieser Umgang auf meinen Charakter gehabt hat (S. 175). Eine genauere Untersuchung von Knigges Wortgebrauch in dem genannten Kapitel (S. 173–202) zeigt, daß er zur Bezeichnung erwachsener weiblicher Personen das Wort *Weib* gebraucht, wenn er das Geschlecht (im Gegensatz zu *Mann*) hervorheben will, oder wenn er von tiefergehenden Charakter- und Bildungsmerkmalen spricht. Demgemäß ist das Wort *Weib* bei ihm näher bestimmt durch Adjektive wie *edel* (häufig), *tugendhaft, gesittet, sittsam, verständig;* aber auch *unedel* und *eitel.* Im gleichen Sinne, aber seltener, gebraucht er das Wort *Frau. Frauenzimmer* dagegen sind bei ihm *liebenswürdig* oder *gefühlvoll;* man huldigt ihnen; sie wollen amüsiert sein und finden Vergnügen an Neckereien; auf der anderen Seite haben sie Grillen, und ihr Alter ist ein kitzliger Punkt. Offenbar ist *Frauenzimmer* bei Knigge eine Dame der Gesellschaft, eine Frau in gesellschaftlichem Rahmen. Das Wort *Dame* tritt im gleichen Sinn auf, ist aber wesentlich seltener. Dieser Gebrauch des Wortes *Frauenzimmer* für ‚Dame der Gesellschaft‘, auch als höfliches Wort für weibliche Wesen allgemein, ist seit etwa 1620 nachzuweisen, und zwar zuerst in Schlesien[5]; er breitet sich dann schnell aus und ist im 18. Jahrhundert ganz allgemein. Das Wort steht in dieser Zeit nur ganz selten in negativen Zusammenhängen – und wenn, dann ergibt sich die negative Wertung aus besonderen Beiwörtern oder aus der geschilderten Situation – das Wort selbst hat einen durchaus positiven Wert.

§ 4. Vergleichen wir nun den heutigen Wortgebrauch mit dem damaligen, so ist unverkennbar, daß das Wort im 19. Jahrhundert eine Bedeutungsverschlechterung erfahren haben muß, und der Grund für diese Entwicklung ist nicht weit zu suchen: Um die ‚Dame der Gesellschaft‘ zu bezeichnen, beginnt man seit etwa 1600, das französische Wort *Dame* (zunächst meist in italienischer und spanischer Form als *dama*) zu gebrauchen. *Dame* und *Frauenzimmer* sind also als Wörter dieser Bedeutung in unserer Sprache ungefähr gleich alt. Aber während *Frauenzimmer* bald nach seinem Aufkommen zum allgemein üblichen Wort wird, bleibt *Dame* auf die höfischen Schichten beschränkt, wird aber noch im späten 17. Jahrhundert, in dem sich bestimmte Gesellschaftskreise stark nach fremdländischen Moden ausrichteten, in diesen Kreisen ganz allgemein. Es bleibt zunächst auf sie beschränkt, und Versuche, auch außerhalb stehende vornehme Frauen nach dieser Mode anzureden, werden vielfach – mehr oder minder ernsthaft – zurückgewiesen. So läßt der norddeutsche Pastor Johannes Rist in seinem Werk ‚Rettung der Edlen Teütschen Hauptsprache, wider alle deroselben muhtwillige Verderber und alamodesirende Auffschneider‘ (1642)[6] ein Fräulein ihrem Verehrer schreiben: *Zu erbarmen ist*

*es, daß die Teutschen das schöne Wort Jungfraw in ihrer Rede zu behalten
sich so gahr schämen, daß sie in ihren Gesprächen mit dem Frawenzimmer
auch anders nichts als meine allerliebste Dame, meine schöne Dame, meine
brave Dame, und was derogleichen Auffschneidereyen mehr sind, vorzu-
bringen wissen!* Und sie macht ihm klar, daß sie derlei Anreden nicht
schätzt. Aber die Kreise, die das Wort *Dame* gebrauchten, waren die gesellschaftlich tonangebenden, und so ist es nicht erstaunlich, daß bei gesellschaftlichen Anlässen das Wort *Dame* immer häufiger wird. Besonders
beim Tanz werden die herkömmlichen deutschen Wörter *Herr* und *Frauenzimmer* immer mehr durch die französischen Ausdrücke *Chapeau* und
Dame verdrängt. Rund 130 Jahre nach dem eben aufgeführten Beleg finden
wir z. B. in Goethes ‚Werther‘ (zuerst 1774)[7] eine Stelle, in der Lotte zu
Werther sagt: ... *mein Chapeau walzt schlecht und dankt mir's, wenn ich
ihm die Arbeit erlasse. Ihr Frauenzimmer kann's auch nicht und mag nicht,
und ich habe im Englischen* [= im (ursprünglich englischen) Kontertanz]
gesehen, daß Sie gut walzen; wenn Sie nun mein sein wollen fürs Deutsche
[= den Walzer], *so gehen Sie und bitten sich's von meinem Herrn aus, und
ich will zu Ihrer Dame gehen.* Hier steht also frz. *Chapeau* neben dt.
Frauenzimmer und dt. *Herr* neben frz. *Dame* – offenbar wird zwischen
den deutschen und den französischen Ausdrücken kein Unterschied
gemacht.

§ 5. Der Sprachgebrauch außerhalb solcher Anlässe läßt sich sehr schön
an einer Stelle des nur wenig jüngeren Romans ‚Emmerich‘ (1788)[8] ablesen,
der von dem Norddeutschen Johann Gottwert Müller (er nennt sich ‚der
Verfasser des Siegfried von Lindenberg‘) geschrieben wurde. Dort zählt
der Held Emmerich die Frau eines Hofrats unter die *respektablen Damen*,
worauf ihn der Hofrat (scherzend) zurückweist mit den Worten: *Herr,
mein Weib ist eine Frau!*, und dann ausführt: *Dame! – Eine Dame! Herr,
das beginnt von der breiten Basis des angetrauten Weibes des Krautjun-
kers, und endigt in den Gipfel des Thrones. Nur was zwischen diesen bey-
den Außenlinien begriffen wird, wohin denn auch die Comtessen dü Barry*
[= die damals noch lebende Mätresse Ludwigs XV.] *und die Mätressen der
Päbste, der Kardinäle, Erzbischöfe u. s. w. gehören, das ist Dame in
Deutschland. Alles übrige ist Frau oder Frauenzimmer, wofern Ihm die
Hochwohlgebohrnen nicht beyde Augen auskrazen sollen, Herr Emmerich!*
Worauf der so Belehrte dann antwortet: ... *das Wort Dame ist in meinem
Munde nur der Gegensatz von Chapeau.* Die Stelle zeigt einmal, daß um
diese Zeit das Wort *Dame* in den höheren Gesellschaftsschichten allgemein
geworden war und das Wort *Frauenzimmer* auf die Bezeichnung von
Frauen niedrigerer Stände abgedrängt hatte. Und weiter sehen wir aus ihr,
daß der höfliche Sprachgebrauch ohne weiteres auch Frauen unterer Stände
als *Damen* behandelte, wobei offenbar die gesellschaftlichen Situationen

wie der Tanz den Ausgangspunkt abgaben (vgl. an der angeführten Stelle ,*das Gegenstück zu Chapeau*'. Das Wort *Chapeau* ,Begleiter einer Dame' – eigentlich ,Hut', da die nach der damaligen Mode gekleideten Herren schon von weitem an ihren hohen Hüten erkennbar waren – ist übrigens bald wieder aus unserer Sprache verschwunden). Wie wenig ernst die Abwehr dieses um sich greifenden Sprachgebrauchs zu nehmen ist, zeigt ein etwas früherer Brief Wielands an seinen Verleger Reich (1785)[9], in dem es darum ging, wie die Übersetzung der ,Bibliothèque universelle des Dames' benannt werden sollte. Wieland schlug ,Damenbibliothek' vor, *denn die Dames in der engeren Bedeutung lassen sich nicht gern unter die Rubrik Frauenzimmer stecken; und die übrigen mögen es wohl leiden, wenn sie (nach französischer Sitte) Damen gescholten werden.* Das Wort *Dame* hatte also das größere Ansehen, und es konnte nur noch eine Frage der Zeit sein, bis wann es das Wort *Frauenzimmer* auch in den nicht-adeligen Schichten verdrängt haben würde.

§ 6. Diese Verdrängung findet je nach Gegend und Sprachschicht verschieden spät ihren Abschluß – in der Mitte des 19. Jahrhunderts ist sie aber allgemein durchgeführt. Die Folge für das Wort *Frauenzimmer* war zunächst einmal, daß es sehr selten wurde – aus seinem Hauptanwendungsgebiet war es ja verdrängt worden. Aber es war noch bekannt und wurde benützt, wenn man das Wort *Dame* aus irgendeinem Grund nicht gebrauchen wollte. Allerdings war es kein ,höfliches' Wort mehr – sein Gebrauch schloß ja das Vorenthalten der ehrenden Bezeichnung *Dame* in sich –, und so vermerkt Jacob Grimm 1863 in seinem ,Deutschen Wörterbuch'[10]: *heutzutage heiszen die frauen nicht mehr gern frauenzimmer.* Man sagte so noch, wenn z. B. Herrin und Dienerin mit dem gleichen Wort bezeichnet werden sollten (und so das Wort *Dame* nicht gepaßt hätte) – wie in Heyses Novelle ,Am toten See' (1868)[11], wo der Kutscher sich über eine Dame und ihre Dienerin beklagt: *Die Frauenzimmer, die gleich immer so jämmerlich täten, wenn ein Wickelkind den Schnupfen hätte, für ein paar arme Gäule hätten sie kein Herz,* oder mehrfach in Heyses ,Jorinde' (1875), wenn Herrin und Dienerin zusammen erwähnt werden[12]. Häufiger aber wurde *Frauenzimmer* dort gesagt, wo das vornehme Wort *Dame* zum Stand der Bezeichneten oder zu ihrem Betragen nicht gepaßt hätte. So wird in Heyses Novelle ,Der letzte Zentaur' (1870)[13] ein Schankmädchen ein *munteres, couragiertes Frauenzimmer* genannt. Für den anderen Fall ein Beispiel aus Raabes ,Chronik der Sperlingsgasse' (1864)[14]: Der Erzähler berichtet, wie Elise ihren Gustav mit Wasser bespritzt und ihm dann enteilt, *während ich Taschentuch, Arbeitskörbchen und umherrollende Äpfel, welches alles das Frauenzimmer, den Ausgang ihres Attentats vorhersehend, sogleich zu Boden geworfen hat, aufsuche, wie sich einem guten Onkel und Vormund geziemt.* In ähnlicher Richtung geht der Wortgebrauch, wenn der alte

Dubslav von Stechlin in Fontanes Roman (1899)[15] über die junge Melusine, die sich eben mit einer kecken Bemerkung eingeführt hat, bei sich denkt: *Das ist eine Dame und ein Frauenzimmer dazu* und *So müssen Weiber sein.* Das Wort Frauenzimmer hat an diesen Stellen durchaus keine negative Bedeutung – aber es wird nicht mehr als ehrende Bezeichnung gebraucht und taucht vorwiegend in ironischen, spöttischen, tadelnden oder sonstwie eher abschätzigen Zusammenhängen auf, so daß die Sprecher mit ihm langsam den heute üblichen, merkwürdig wertenden Beigeschmack verbinden. Schon das ‚Deutsche Wörterbuch‘ von Moriz Heyne bemerkt in dem 1890 erschienenen ersten Band (S. 967) zu dem Wort *Frauenzimmer: jetzt durch dame verdrängt, und gewöhnlich nur noch mit verächtlichem beisinne gebraucht.*

§ 7. Damit hätten wir zunächst verfolgt, wie das Wort *Frauenzimmer* von seiner älteren Bedeutung ‚Dame‘ zu seiner heutigen Bedeutung gekommen ist. Beachtenswert ist dabei, daß der Bedeutungsveränderung die vielen Einzelentscheidungen der Sprecher zugrunde liegen, ob sie nun das Wort *Dame* oder das Wort *Frauenzimmer* im Einzelfall gebrauchen sollen. Da ein gleichbleibender Einfluß diese Entscheidung beherrscht, nämlich die Tatsache, daß das Wort *Dame* in den höheren Kreisen gebraucht wird und damit das ehrenvollere ist, fallen diese Entscheidungen – zunächst vielleicht nur, wenn der Sprecher über den Rang der Angeredeten unsicher ist oder wenn er besonders höflich sein will, später aber immer allgemeiner – zugunsten des Wortes *Dame* aus. Das Wort *Frauenzimmer* wird als ehrenvolle Bezeichnung nicht mehr gebraucht und wird dadurch ‚in seiner Bedeutung verschlechtert‘. Gehen wir nun noch einen Schritt weiter in die Vergangenheit zurück: Der Wortgebrauch des Freiherrn von Knigge wäre 30 Jahre vor ihm noch dem Tadel des damaligen Sprachpapstes anheimgefallen: Johann Christoph Gottsched führte in seinen ‚Beobachtungen über den Gebrauch und Misbrauch vieler deutscher Wörter und Redensarten‘ (Straßburg und Leipzig 1758) unter dem Wort *Frauenzimmer* (S. 424) aus: *Das Wort Frauenzimmer ist eigentlich ein bey den Lateinern sogenanntes nomen collectivum, und sollte, wenn man seinem Ursprunge genau folgen wollte, nur von einer ganzen Versammlung von Weibspersonen, niemals aber von einer einzeln, gesaget werden.* Läßt nun schon das Wort *eigentlich* vermuten, daß Gottscheds Festlegung etwas willkürlich ist, so zeigt sich dies ganz deutlich daran, daß er selbst nur drei Seiten später das Wort ebenfalls auf eine Einzelperson anwendet (*Absichten auf dieß Frauenzimmer*, S. 427). Vermutlich hat er die Ablehnung des nicht-kollektiven Gebrauchs aus älteren Quellen übernommen, etwa aus der fast 100 Jahre älteren Epistel ‚Wider die Deutschverderber‘ (1685)[16], von einem Herrn, der sich ‚Philologus von Nirgendshausen‘ nennt und fragt: *Was kan abgeschmackter seyn, als eine eintzelne Frau ein Frauenzimmer zu nennen;* ...

Ich gläube, das Wort ist erst von einem Frantzman aus Unwissenheit so gebraucht und alsofort von einem Teutschen erschnapt worden. Um diese Zeit war der Gebrauch des Wortes für Einzelpersonen tatsächlich noch jung und wohl auch noch regional beschränkt, wogegen der Gebrauch als Kollektivum (als Bezeichnung für eine ungegliederte Mehrheit) um diese Zeit allgemein üblich war.

§ 8. Die Belege für dieses Kollektivum lassen nun eine deutliche Entwicklung erkennen: Am frühesten sind diejenigen, in denen mit *Frauenzimmer* der weibliche Hofstaat einer Fürstin bezeichnet wird. Im allgemeinen wird dabei die Fürstin dem Frauenzimmer gegenübergestellt – in selteneren Fällen wird sie aber in diese Bezeichnung eingeschlossen. Die Belege beginnen in der Mitte des 15. Jahrhunderts – einer der frühesten steht in ‚Des Schwäbischen Ritters Georg von Ehingen Reisen nach der Ritterschaft‘ (vor 1467)[17], wo von Alphonsus, dem König von Portugal, gesagt wird: *Er hielt och ain künglichen hoff, hette zwen markgraffen und vil graffen, herren und ritterschafft by im, und iber die masz ain schön frawen zimmer.* Üblicherweise bezeichnet das Kollektivum einfach den weiblichen Teil eines bestimmten Hofstaates insgesamt, es sind aber auch Fügungen möglich, die sich auf beliebige weibliche Mitglieder solcher Hofstaaten beziehen, etwa bei der Überlegung, wie man ‚das Frauenzimmer‘ anredet, oder was ‚das Frauenzimmer‘ trägt usw. Und von diesem Wortgebrauch aus kommt es bald dazu, daß auch andere Gruppen von Damen der vornehmen Gesellschaft als *das Frauenzimmer* bezeichnet werden können, etwa die Damen der Offiziere in Grimmelshausens ‚Simplicissimus‘ (1669)[18]: *Ich wurde in kurtzer Zeit bey den meisten hohen Officiern / so wol im Chur Sächsischen als Käiserl. Läger bekant / sonderlich bey dem Frauenzimmer /* – Auch die Damen einer Stadt, eines Landes usw. oder bestimmte Gruppen vornehmer Damen können als *das Frauenzimmer* bezeichnet werden, und schließlich steht das Wort auch für das weibliche Geschlecht allgemein, wobei wohl in erster Linie an Frauen gehobener Stände gedacht wird, die übrigen aber nicht ausdrücklich ausgeschlossen werden. Dieser kollektive Gebrauch ist – vor allem in der ausgeweiteten Bedeutung – im 17. und 18. Jahrhundert sehr gebräuchlich und findet sich noch bei den Klassikern, etwa bei Schiller. Vermutlich ist er um diese Zeit aber bereits – wie ganz sicher bei den vereinzelten späteren Belegen – als ‚altertümelnd‘, als archaisierend, anzusehen.

§ 9. Das Kollektivum ist nun ersichtlich älter als das Individuativum (die Bezeichnung für ein Einzelwesen); offenbar ist das Individuativum erst aus dem Kollektivum hervorgegangen. Das ist keine einfache Bedeutungsentwicklung, weil dieser Übergang eine Änderung der Konstruktionsmerkmale des Wortes in sich schließt, unter anderem die Möglichkeit der Bildung eines Plurals, die für das Kollektivum nur in Sonderfällen in Frage kommt. Solche Übergänge vom Kollektivum zum Individuativum sind aber gerade bei Personenbezeichnungen häufiger anzutreffen (besonders in den Mundarten). So ist auf alemannischem Gebiet (Schweiz, Baden, Elsaß) *ein Weibervolk* als Bezeichnung für eine Frau üblich, seltener auch *Mannsvolk* oder *Mannenvolk, Männervolk* für einen Mann[19]. Literarische Belege für solche Bildungen finden sich etwa bei Zuckmayer in regional (österreichisch) gefärbter direkter Rede (,Der Seelenbräu', 1945)[20]: *Seitdem hab ich nie ein Weiberleut mögen;* dann (mit mundartlichem *i* für *ei*) bei Heinrich Hansjakob (,Letzte Fahrten', 1902)[21]: *die Kellnerin, ein älteres Wibervolk* (sehr häufig auch der Plural *Wibervölker* für ,Frauen'); und in dem ,Frauenzimmerlexikon' des Amaranthes (Gottlieb S. Corvinus) von 1715 ziemlich häufig *Mannsvolk* für einen einzelnen Mann, vgl. etwa Sp. 1160: *Korb geben, Ist eine höfliche doch abschlägliche Antwort eines Frauenzimmers gegen ein Mannsvolck.*[22] Diese Bildungen sind recht auffällig, weil der kollektive Sinn der Grundwörter *Leute* und *Volk* unverkennbar ist, und man doch meinen sollte, daß als Individuative die Wörter *Mann* und *Weib* (und natürlich auch *Frau*) ausreichen. Aber hier ist einmal zu berücksichtigen, daß diese Wörter durch ihre wechselvolle Geschichte eine eigene Bedeutungsvielfalt bekommen haben, die nicht in jedem Zusammenhang gleich erwünscht ist, und zum andern, daß die Kollektive das für das betreffende Geschlecht Typische (oder vermeintlich Typische) hervorheben, und deshalb keineswegs *nur* Kollektive sind, sondern einen ihnen eigentümlichen Bedeutungsgehalt haben. Es liegt deshalb nahe, das Kollektivum auch zur Bezeichnung von Einzelpersonen zu verwenden, wenn diese als typische Vertreter ihres Geschlechts (oder des betreffenden Kollektivs) erscheinen sollen, und bei *Frauenzimmer* bestand dieses Bedürfnis offenbar in hohem Maße.

§ 10. Damit kommen wir nun zum frühesten Abschnitt der Entwicklung und zur eigentlichen Antwort auf unsere ursprüngliche Frage: Noch älter ist *Frauenzimmer* als Bezeichnung desjenigen Schloßteils, der zum Aufenthalt der Fürstin und des weiblichen Hofstaats dient. Es ist zunächst der Raum für die Tafel der Fürstin, ihrer Frauen und Jungfrauen, dann aber auch ein Mittelpunkt des gesellschaftlichen Lebens, in dem z. B. auch Tänze abgehalten werden. So berichtet Georg von Ehingen (vor 1467)[23] von seinem Besuch beim König von Portugal: *Wir wurden och zuo vilen mallen in der küngin frawen zimer gefiert, und gar schön däntz gehalten.* Der Ausdruck kann auch einfach den Teil des Schlosses bezeichnen, der diesem Zweck vorbehalten war – so in Endres Tuchers ,Baumeisterbuch der Stadt Nürnberg' (1470)[24] in Bezug auf die Nürnberger Kaiserburg: *Item in dem nebenhaus oder frawenzimer ist ein stub alle verglast* ... Mit *Frauenzimmer* als Räumlichkeit meinte man dabei praktisch immer das Frauenzimmer eines fürstlichen Hofes, allenfalls ungefähr entsprechende ausländische Einrichtungen (wie etwa den morgenländischen Harem). Die offenbar sehr früh eingetretene Verschiebung der Bedeutung von ‚Gemächer der Fürstin und ihres Hofstaats‘ zu ‚weiblicher Hofstaat‘ folgt einem häufigen Muster: Um die Gesamtheit der Einwohner oder Benützer einer Räumlichkeit zu bezeichnen, wird häufig der Ausdruck für die Räumlichkeit selbst verwendet, zumal in vielen Zusammenhängen die Räumlichkeit und die Benützer zugleich gemeint sein können: *die Kerzen für das Frauenzimmer* zum Beispiel sind ‚die Kerzen, die in den Gemächern der Fürstin aufgestellt werden sollen‘, zugleich aber auch ‚die Kerzen, mit denen den Damen Licht verschafft wird‘. Eine Verschiebung wird in solchen Fällen erst dann erkennbar, wenn der Zusammenhang ausschließt, daß die Räumlichkeit gemeint ist – etwa in Wendungen wie *die Schule macht einen Ausflug, das ganze Dorf ist auf den Beinen, die Kammer hat beschlossen, das Frauenzimmer geht in die Kirche* usw. Im 18. Jahrhundert stirbt dann die alte Verwendung von *Frauenzimmer* in der Bedeutung ‚Gemächer der Fürstin‘ offenbar aus – das zeigt sich unter anderem daran, daß gelegentlich der Ausdruck *Frauenzimmer-Gemach* auftaucht, etwa im ‚Frauenzimmerlexikon‘ des Amaranthes (1715)[25]. Eine solche Wortbildung ist natürlich nur sinnvoll, wenn mit *Frauenzimmer* nur noch Personen und nicht mehr Räumlichkeiten bezeichnet werden können. Vereinzelte Belege des 18. Jahrhunderts für *Frauenzimmer* in der Bedeutung ‚Frauengemach‘ sind deshalb wohl als Archaismen, als bewußte Verwendung veralteter Wörter, anzusehen.

§ 11. Schauen wir uns nun noch das Wort in seiner frühesten Bedeutung etwas näher an: *Zimmer* muß nicht unbedingt ein Einzelzimmer im heutigen Sinn bedeuten – früher (bis zur Zeit der Entstehung des Wortes *Frauenzimmer*) konnten so auch Gebäude oder größere Gebäudeteile bezeichnet werden, besonders die Aufenthaltsräume von Fürsten, Bischöfen und anderen Herrschaften; und so ist es durchaus normal, wenn wir etwa in einer brandenburgischen Hofordnung aus der 2. Hälfte des 16. Jahrhunderts lesen *Der Jungfernknecht heizet alle stueben im frauenzimmer*[26]. Der erste Bestandteil des Wortes *(Frauen-)* bezieht sich nicht auf ‚die Frauen‘, wie die meisten Wörterbücher und andere Erklärer meinen – man vergleiche etwa den oben (§ 7) erwähnten Philologus, der bestimmt: *Ein Frauen-Zimmer ist ein Gemach vor das Frauenvolck* – dem widersprechen schon die Belege, bei denen sich keine Verwendung als Bezeichnung für Salons, Boudoirs oder ähnliche weibliche Gemächer feststellen läßt. Auch Frauen = ‚Hofdamen‘ können nicht gemeint sein, denn die Hofdamen waren zur Zeit der Entstehung unseres Wortes immer unverheiratet, also Jungfrauen, und wurden auch so genannt. Wie ihr Aufenthaltsort hätte heißen müssen, ersehen wir aus der Bezeichnung eines Teiles der alten Wiener Burg: *der Jungfrauenturm*[27]. *Frauen-* ist vielmehr die Kompositionsform (ursprünglich der Genetiv) von *Frau* in der alten Bedeutung ‚Herrin‘ (mhd. *vrouwe*, Genetiv *vrouwen*); *Frauenzimmer* ist also ursprünglich ‚der Aufenthaltsraum, die Gemächer (das Zimmer) der Herrin (der Fürstin)‘ – die Zusammensetzung folgt dem geläufigen Muster, bei dem im Vorderglied der Benützer oder Besitzer des Bezeichneten genannt wird, wie etwa bei *Königskrone* = ‚Krone des Königs‘ oder *Fürstenschloß* = ‚Schloß eines Fürsten‘. Und so wird auch in einer frühen Quelle, Michael Beheims ‚Buch von den Wienern‘ (nach 1462)[28] der gleiche Teil des Wiener Schlosses einmal *der kaiserin zimer*, das andere Mal *das frawen zimer* genannt (74,21 gegenüber 76,4 und später 82,9). Im übrigen tritt in den Quellen auch die syntaktische Fügung *der Frauen Zimmer* auf[29], ohne daß dieser Ausdruck aber älter sein müßte als die Zusammensetzung. Dasselbe gilt von Fügungen wie *kaisers Maximilians hausfrau mitsambt irem Zimer* (beim Bericht von einem Kreuzgang des Jahres 1513)[30].

§ 12. Betrachten wir noch kurz Ort und Zeit der frühesten Belege, um möglichst nahe an die Entstehung des Wortes heranzukommen: Die ältesten bis jetzt bekannten Stellen[31] stammen von Schwaben, beziehen sich aber eher auf österreichische Verhältnisse: Georg von Ehingen erhielt seine höfische Ausbildung in Innsbruck bei Siegmund von Tirol – dort war er *virschnider und dischdiener* der Königin[32], also mit den Verhältnissen eines (österreichischen) fürstlichen Frauenzimmers aufs engste vertraut. Später war er in den Diensten Erzherzog Albrechts VI. von Österreich, dem Bruder Kaiser Friedrichs III. Michael Beheim (aus Sülzbach in Württemberg) schrieb sein ‚Buch von den Wienern‘ in den Diensten ebendieses Friedrich III., vorher war er wie Georg von Ehingen bei Albrecht VI. gewesen. Hermann von Sachsenheim, dessen ‚Minneturnier‘ einen weiteren frühen Beleg liefert[33], war zwar schwäbischer Ritter und Hofbeamter, hat sein Gedicht aber vermutlich zum Anlaß der Vermählung von Pfalzgräfin Mechthild mit – wieder dem gleichen – Albrecht VI. geschrieben. Eben diese Mechthild verwendet das Wort *Frauenzimmer* auch in einem Brief von 1468[34]. Diese Beleggruppe weist also auf eine frühe Verwendung des Wortes bei den Habsburgern in Österreich, die es dann weiter verbreitet haben könnten. Ein zweiter – wenige Jahrzehnte später einsetzender – Strang von Belegen weist nach Nürnberg und – damit sicher in Verbindung zu bringen, da der Burggraf von Nürnberg 1415/17 Kurfürst von Brandenburg wurde – nach Brandenburg. Es ist deshalb eine naheliegende Annahme, daß das Wort *Frauenzimmer* im Umkreis der um diese Zeit besonders bei den Habsburgern wesentlich größer werdenden Hofhaltungen entstand: Seit dem Ausgang des 13. Jahrhunderts sammelte sich der österreichische Adel immer stärker in Wien und dementsprechend begannen die Habsburger, ihren Hof auszubauen[35]; einen ausgesprochenen Hofstaat der Herzogin gibt es seit dem ersten Drittel des 14. Jahrhunderts[36]. Offenbar ist nun *Frauenzimmer* zunächst ein technischer Ausdruck, der durch die Planung und Verwaltung solcher wachsender Hofhaltungen notwendig wird. Die aus dem gleichen Grund entworfenen Hofordnungen (vor allem im 16. und 17. Jahrhundert reich belegt) befassen sich deshalb meist auch eingehend mit dem Frauenzimmer – das früheste Beispiel einer solchen Regelung für das Frauenzimmer im Rahmen einer Hofordnung ist in der des Siegmund von Tirol vom Jahr 1484[37] enthalten; später gibt es dann auch selbständige Frauenzimmerordnungen[38]. Die hier vermutete ursprünglich technische Verwendung des Wortes erklärt auch, weshalb es anfänglich vor allem in Briefen, Reisebeschreibungen und Verwaltungstexten auftaucht – literaturfähig war es offenbar zunächst noch nicht. Nur ein ganz vereinzelter literarischer Beleg stammt aus der frühen Zeit: Die Stelle in dem ‚Minneturnier‘, einer auf bestimmte zeitgenössische Verhältnisse bezogenen allegorischen Dichtung, in der die ‚verfremdende‘ Wirkung des modernen technischen Wortes in der allegorischen Umgebung von besonderem Reiz gewesen sein mag. Macht man sich schließlich die Mühe, in rein verwaltungstechnischen Dokumenten, wie Inventaren und ähnlichem nachzusuchen, so findet man auch Belege, die deutlich älter sind als die seither bekannten; so sind etwa in dem Nachlaß des Grafen Johann Meinhardt von Görz (1430) *5 pett in dem frawnzimer* erwähnt[39]. Man wird also damit rechnen können, daß das Wort *Frauenzimmer* zunächst als Ausdruck der Verwaltung schon im 14. Jahrhundert in Österreich gebildet wurde – der früheste von mir gefundene Beleg ist allerdings erst der eben erwähnte von 1430.

§ 13. Damit können wir nun die eingangs gestellte Frage beantworten: Wie ist es gekommen, daß man eine Person mit einem Wort für eine Räumlichkeit bezeichnen kann? Bei der Antwort, die wir durch eine Untersuchung der Belege für die frühere Verwendung des Wortes gewonnen haben, müssen wir zunächst auf die Herkunft des Wortes eingehen, auf die Frage, wie es entstanden ist und was es ursprünglich bedeutet hat. Dabei wäre zu sagen, daß spätestens im 15., wahrscheinlich schon im 14. Jahrhundert mit dem Wachsen der Hofhaltungen das Bedürfnis entstand, die Aufenthaltsräume (und gegebenenfalls andere Gemächer) der Fürstin und ihres weiblichen Hofstaats mit einem besonderen Wort zu bezeichnen: *Frauenzimmer* ‚die Räume der Herrin‘. Aber das ist nur die erste Hälfte der Antwort: den Schlüssel für die heutige Wortverwendung finden wir erst bei der Wortgeschichte, bei der Untersuchung, wie sich der Gebrauch des Wortes im Laufe der Zeit geändert hat. Dabei erfahren wir, wie aus der Bezeichnung der Räumlichkeit auch eine Bezeichnung ihrer Insassen, wie aus der kollektiven Bezeichnung für den weiblichen Hofstaat die individuative Bezeichnung für die höfische Dame wird – damit wäre zunächst beantwortet, warum die Raumbezeichnung auf eine Einzelperson angewandt werden kann – und schließlich, wie dieses Wort verallgemeinert und dann von dem Fremdwort *Dame* verdrängt wird, wobei das deutsche Wort den immer stärker negativen Beiklang bekommt, der für seine heutige Verwendung typisch ist.

B. Eine theoretische Überlegung:
Was ist ‚das gleiche Wort‘?

1. Gebrauchsgleichheit und Herkunftsgleichheit

§ 14. Bei der Besprechung unseres Beispiels haben wir stillschweigend die Örtlichkeitsbezeichnung *Frauenzimmer* ‚Räume der Herrin‘ als dasselbe Wort behandelt wie das Kollektivum *Frauenzimmer* ‚Hofstaat‘ und wie das Individuativum in seinen verschiedenen Spielarten (‚höfische Dame‘, ‚Dame‘ allgemein, ‚Weibsbild‘). Ist das eigentlich gerechtfertigt? Und was – eine für den Wissenschaftler immer wichtige Frage – schließt diese Annahme in sich? Eine eingehende Prüfung führt schnell zu der Erkenntnis, daß wir mit dem Ausdruck ‚gleiches Wort‘ recht Verschiedenes meinen können. Ein erster Fall liegt vor, wenn wir davon reden, daß verschiedene Sprecher über das ‚gleiche Wort‘ verfügen. Gehen wir einmal von meiner Person aus, so können wir feststellen, daß ich zum Beispiel das Wort *Zimmer* gebrauche, um ganz bestimmte Räumlichkeiten zu bezeichnen. Die Menschen, mit denen ich mich regelmäßig in meiner Sprache verständige – die übrigen Mitglieder meiner Familie, meine Nachbarn, Kollegen usw. – verstehen unter *Zimmer* mehr oder weniger dasselbe. In Grenzfällen mögen verschiedene Auffassungen darüber bestehen, was noch ein Zimmer ist und was nicht mehr, und vielleicht sind die Meinungsverschiedenheiten im Einzelfall sogar recht beachtlich; aber der Bereich der Übereinstimmung im Gebrauch dieses Wortes ist doch wesentlich größer als der Bereich der Abweichungen – das ist eine notwendige Voraussetzung für die reibungslose Verständigung mit Hilfe einer Sprache. Wir können also feststellen, daß innerhalb einer Sprachgemeinschaft die Sprecher im Gebrauch bestimmter Wörter weitgehend miteinander übereinstimmen. Wir sagen, daß sie über die ‚gleichen‘ Wörter verfügen, und wir wollen hier, wo es um die schärfere Unterscheidung geht, diese Gleichheit die Gleichheit im Gebrauch oder *Gebrauchsgleichheit* nennen. Die Gebrauchsgleichheit kann durch bloße Beobachtung festgestellt werden; worauf sie zurückzuführen ist, spielt dabei keine Rolle: Es kann sein, daß wir das betreffende Wort in gleicher Weise von unseren Eltern gelernt haben, oder daß wir vereinbart haben, darunter etwas ganz bestimmtes zu verstehen, oder daß wir das Wort als Nachahmung des Gemeinten erkennen (wie das Wort *Kuckuck* als Bezeichnung für den Vogel, der *kuckuck* schreit) oder aus anderen Gründen. Ja, es läßt sich sogar gelegentlich zeigen, daß gebrauchsgleiche Wörter auch aus verschiedenen Quellen stammen können: So gibt es, um die Bedeutung ,etwas aufheben, etwas heben' auszudrücken, im niederländischen und niederdeutschen Sprachbereich ein Wort *lichten,* das in besonderen Wendungen wie *Anker lichten* auch in der Hochsprache vorkommt. Es ist in den älteren Sprachstufen weiter verbreitet und gehört etymologisch zu unserem Wort *leicht.* In anderen Gegenden gibt es für die gleiche Bedeutung das Wort *lüften,* das wir in der Hochsprache in Wendungen wie *den Hut lüften, den Schleier lüften* gebrauchen – es ist ebenfalls weit verbreitet und hängt etymologisch mit unserem Wort *Luft* zusammen. Nun gibt es in den nördlichen Teilen unseres Sprachgebiets einen regelmäßigen Lautwandel von *-ft-* zu *-cht-,* so daß dort aus *lüften* ein *lüchten* wird, außerdem sind dort – je nach Gegend verschieden – auch Rundungen von *i* zu *ü* und Entrundungen von *ü* zu *i* möglich, so daß *lichten* und *lüften* dort nicht mehr auseinandergehalten werden können. Für die Sprecher handelt es sich jeweils um das gleiche Wort (,Gebrauchsgleichheit'), obwohl wir bei der geschichtlichen Untersuchung unter Umständen durchaus Veranlassung haben können, das Wort der einen Sprachausprägung auf *lichten,* das der anderen auf *lüften* zurückzuführen.

§ 15. Nehmen wir nun eine andere Art von Gleichheit: Ich habe das Wort *Zimmer* von meinen Eltern gelernt, diese haben es von ihren Eltern, und diese wiederum von den ihren usw.; und da beim Spracherwerb sowohl die Eltern wie auch die Kinder darauf aus sind, eine möglichst große Übereinstimmung im Wortgebrauch zu erreichen, kommt es dazu, daß ich das ,gleiche' Wort *Zimmer* benütze wie meine Vorväter, die ich nie von Angesicht gesehen und noch weniger sprechen gehört habe. Der Mechanismus der *Überlieferung* kann also dazu führen, daß die Sprecher einer bestimmten Generation in gewissem Umfang die ,gleichen' Wörter benützen wie die Sprecher von – sagen wir: – zehn Generationen früher und noch weiter zurück. An diesem Mechanismus ändert sich nichts, wenn noch räumliche Unterschiede hinzukommen, wenn sich die Sprechergemeinschaft räumlich ausbreitet (im krassesten Fall, wenn ein Teil auswandert): Wenn alle Teile ihre Sprache bewahren, dann werden sich zwar im Laufe der Zeit zwischen den Sprachausprägungen der räumlich getrennten Gruppen Verschiedenheiten einstellen, aber durch den Mechanismus der Überlieferung werden sie auch vieles Alte bewahren, und solange in der Auswahl des Bewahrten noch Gemeinsamkeiten zwischen den verschiedenen Gruppen bestehen, werden sie untereinander noch eine Anzahl ,gleicher Wörter' aufweisen. Bei dieser Art von Gleichheit wird nicht vorausgesetzt, daß die verschiedenen Sprecher sich miteinander verständigen – es können zwischen ihnen ganz erhebliche räumliche oder zeitliche Abstände bestehen – sondern nur, daß die Überlieferung, der sie das betreffende Wort verdanken, in allen verglichenen Fällen auf die gleiche Quelle zurückführt.

§ 16. Etwas Ähnliches liegt vor bei der Entlehnung in andere Sprachen oder Sprachausprägungen und bei der natürlichen Ausbreitung eines Wortes über die von der Überlieferung erfaßten Sprechergruppen hinaus. Wenn wir etwa bei den Einrichtungen des modernen Transportwesens den englischen Ausdruck *Container* ins Deutsche übernehmen, so können wir sagen, das deutsche Wort *Container* (oder für die Puristen: das auch im Deutschen gebrauchte Wort *Container*) sei das gleiche Wort wie das englische. Entsprechend ist das bairische Mundartwort *Dirndl* das gleiche Wort wie das Wort *Dirndl* in der Hochsprache und in den anderen Mundarten, die es ersichtlich aus dem Bairischen übernommen haben. Hier geht es nicht um die Bewahrung von Überliefertem, sondern um den Neuerwerb eines einzelnen Wortes durch Nachahmung einer anderen Sprechergruppe – nennen wir das die *Verbreitung* des Wortes. Die auf Überlieferung oder Verbreitung beruhende Gleichheit von Wörtern wollen wir zusammenfassen als *Herkunftsgleichheit:* In diesen Fällen gibt es einen gemeinsamen Ausgangspunkt, ein bestimmtes Wort in einer bestimmten Sprachausprägung, das anderen Sprachausprägungen weitergegeben wird – entweder den folgenden Generationen (im Rahmen der Überlieferung) oder anderen Sprechergruppen (im Rahmen der Verbreitung). Die Herkunftsgleichheit kann man nicht einfach feststellen wie die Gebrauchsgleichheit, sie setzt immer eine geschichtliche Deutung und damit eine besondere Untersuchung voraus – der eben besprochene Fall von *lichten/lüften* (§ 14) sollte deutlich genug zeigen, daß bloße Ähnlichkeit zur Annahme von Herkunftsgleichheit nicht ausreicht.

2. Ähnlichkeit

§ 17. Besitzen zwei verschiedene Sprachen Wörter mit gleicher Lautfolge und gleicher Bedeutung, ohne daß ein Zusammenhang durch Überlieferung oder Verbreitung angesetzt werden kann, dann ist es – wenigstens von der Sprachwissenschaft her gesehen – nicht sinnvoll, vom gleichen Wort zu sprechen. Es gibt z. B. im Koptischen (das ist die Sprache der christlichen Ägypter; eine Sprache, die im Mittelalter vom Arabischen verdrängt wurde und heute nur noch als Kultsprache eine Rolle spielt) ein Wort *šeuni (š = sch)* mit der Bedeutung ‚Scheune‘, also eine lautlich und bedeutungsmäßig fast genaue Entsprechung des deutschen Wortes *Scheune*[40]. Dennoch hat es – sprachwissenschaftlich gesehen – keinen Sinn zu sagen, kopt. *šeuni* und nhd. *Scheune* seien ‚das gleiche Wort‘, da zwischen Koptisch und Deutsch keinerlei Überlieferungszusammenhang besteht und auch die Möglichkeit einer Entlehnung nicht in Frage kommt. In diesem Fall sprechen wir von *zufälliger Ähnlichkeit.* Sie kann auch zwischen Wörtern verwandter Sprachen, ja, sogar benachbarter Mundarten bestehen, wie der bereits (§ 14) besprochene Fall *lichten (lichten/lüften)* zeigt. Allerdings muß hierbei noch eine mögliche Einschränkung besprochen werden: Die Lautform eines Wortes kann in einem bestimmten Umfang von dem Bezeichneten abhängig sein. Das ist vor allem der Fall bei Lautnachahmungen, beispielsweise bei unserer Vogelbezeichnung *Kuckuck,* die den Ruf des Vogels nachahmt. Nun könnte es ja sein, daß in einer Sprache, die mit dem Deutschen gar nichts zu tun hat und räumlich weit von ihm entfernt ist, der Kuckuck ebenfalls nach seinem Ruf bezeichnet würde, und zwar – wie wir um des Einwandes willen annehmen wollen – in genau der gleichen Lautform. Sind nun das deutsche Wort *Kuckuck* und das gleichlautende Wort jener vorausgesetzten Sprache ‚das gleiche Wort‘ oder nicht? Räumen wir zunächst ohne weitere Erörterung ein, daß solche Abhängigkeiten der Lautform von dem Bezeichneten tatsächlich möglich sind. Für die Beschreibung der jeweiligen einzelsprachlichen Wörter (also etwa des deutschen Wortes *Kuckuck*) ist die Feststellung einer solchen Sachbestimmtheit selbstverständlich von Bedeutung. Wenn wir nun die gleiche Sachbestimmtheit bei dem entsprechenden Wort einer anderen Sprache feststellen, dann zeigt das zwar, daß dieses Bezeichnungsverfahren gerade bei dieser Sache naheliegt, aber es setzt keinen irgendwie beschaffenen Zusammenhang zwischen diesen Sprachen voraus. Wir können deshalb etwa von *sachabhängiger Ähnlichkeit* der verglichenen Lautformen reden (man spricht in solchen Fällen auch von *Elementarparallelen*), aber nicht vom gleichen Wort. Es muß allerdings eingeräumt werden, daß bei anderen Fragestellungen, die andere Gesichtspunkte stärker in den Vordergrund stellen, unter Umständen die Einordnung als ‚gleiches Wort‘ sinnvoll sein könnte – aber dies wäre dann wieder eine neue Art von Gleichheit.

3. Gleichheit trotz Veränderungen

§ 18. So weit das Grundsätzliche bei Fällen, in denen jeweils die gleiche Lautfolge und die gleiche Bedeutung vorliegt. Was nun, wenn Verschiedenheiten auftreten? Nehmen wir zunächst die Verschiedenheiten der Lautform, und beginnen wir mit einem ganz extremen Fall: Angenommen, ein Sprecher verwendet plötzlich in allen Fällen, in denen er früher *Wald* gesagt hat, eine völlig andere Lautform, sagen wir: *Bork.* Was wäre die Folge? Nun – sehr wahrscheinlich würden ihn die anderen Sprecher in diesen Fällen nicht mehr verstehen, es sei denn, er würde ihnen vorher mitteilen ‚ich sage jetzt statt *Wald* immer *Bork*‘, oder er würde das Wort in so eindeutigen Zusammenhängen verwenden, daß die anderen merken, was er meint – vermutlich würden sie ihn dann fragen: Meinst du mit *Bork* etwa ‚Wald‘? Das heißt, daß diese neue Lautform neu gelernt werden müßte, bevor sie verstanden, verwendet und verbreitet werden könnte, und deshalb sind wir berechtigt, zu sagen, *Bork* wäre gegenüber *Wald* ein neues Wort, selbst wenn es der betreffende Sprecher genau in die Stelle seines alten Wortes *Wald* einsetzen würde. Wenn dieser Sprecher dagegen eine geringere lautliche Abwandlung einführt, so wird das vielleicht auffallen, aber es wird die Verständigung nicht wesentlich beeinträchtigen. Nehmen wir zum Beispiel an, er sagt statt *Wald* jetzt *Waud* – das ist eine naheliegende Abweichung, wenn er das *l* früher velarisiert (d. h. mit Hebung der hinteren Zunge) gesprochen hat[41]. Die neue Form wird als eine Abwandlung des gewohnten Wortes *Wald* erkannt werden; und deshalb hat es einen Sinn zu sagen, *Waud* sei das gleiche Wort wie *Wald*. Da nun aber selbst solche kleinen Abweichungen die Verständigung sehr erschweren würden, wenn sie an beliebigen Stellen in beliebigem Umfang auftreten könnten, werden sie normalerweise entweder ausgeschaltet, so bald sie auffällig werden – das ist der Mechanismus, der die weitgehende Bewahrung der Sprache in der Überlieferung bewirkt – oder aber im Rahmen von *regelhaften* Abweichungen gehalten – dies bei praktisch allen eintretenden lautlichen Entwicklungen. Im allgemeinen sind die Lautveränderungen einige Zeit nach ihrem ersten Auftreten sogar *regelmäßig,* das heißt, der gleiche Laut muß in allen Wörtern, in denen er auftritt, unter gleichen Bedingungen gleich entwickelt werden. Wenn also zum Beispiel das *ū* im älteren Deutschen in einigen Wörtern plötzlich wie *au* ausgesprochen wird, dann wird diese neue Aussprache entweder wieder zurückgehen oder auf alle Fälle mit *ū* ausgedehnt werden, wobei Ausnahmen nur möglich sind, wenn sie ihrerseits wieder einer Regel folgen. Es wird also *hūs* zu *Haus, mūl* zu *Maul, sūber* zu *sauber* usw. – kein Wort mit *ū* in den betroffenen Lautumgebungen kann sich dieser Entwicklung entziehen und umgekehrt sind im allgemeinen lautliche Veränderungen auf die Dauer nur dann möglich, wenn sie zu solchen regelmäßigen Entwicklungen verallgemeinert werden. Lautliche Abweichungen, die als Veränderungen des Wortes (und nicht als Ersatz durch ein neues Wort) empfunden werden, betreffen also kleinere Teile der Lautform des Wortes und folgen meist der Neigung zur Regelmäßigkeit.

§ 19. Gehen wir nun über zu den Veränderungen in der Bedeutung. Was würde geschehen, wenn ein Sprecher die Bedeutung eines Wortes willkürlich änderte, wenn er etwa – wie das Sokrates und Hermogenes in dem platonischen Dialog ‚Kratylos‘ erwägen – das Wort *Mensch* in der Bedeutung ‚Pferd‘ gebrauchte und umgekehrt?[42] Nun – man würde ihn nicht mehr verstehen, oder man müßte den neuen Wortgebrauch erlernen – ein deutliches Zeichen dafür, daß es sich auch hier um neue Wörter handeln würde. Bei den in den natürlichen Sprachen tatsächlich zu beobachtenden Bedeutungsveränderungen kommt deshalb eine solche Willkür auch nicht vor: Wenn etwa mit dem Wort *Frauenzimmer* nicht mehr nur Räumlichkeiten, sondern auch die in diesen Räumlichkeiten lebenden Menchen bezeichnet werden, so folgt die Neuerung einem ganz bestimmten *Abwandlungstyp* – hier der Verschiebung von der Bezeichnung eines Raumes zu der seiner Bewohner; und außerdem tritt die neue Bedeutung neben die alte und ersetzt sie nicht von einem Augenblick auf den andern. Die Typen der Bedeutungsabwandlung sind allerdings von anderer Art als die Regeln der Lautentwicklung: Sie sind umfassender als die Lautregeln (sie gelten z. B. für alle menschlichen Sprachen in ungefähr gleicher Weise); dafür sind sie aber in der Anwendung auf den Einzelfall frei, das heißt, wenn ein Wort seine Bedeutung ändert, kann nicht angenommen werden, daß andere Wörter gleicher oder ähnlicher Bedeutung dieselbe Verschiebung durchmachen. Diese Überlegung zeigt, daß wir auch bei Bedeutungsentwicklungen keinen Grund haben, von ,neuen' oder ,anderen' Wörtern zu reden: das Wort wird beim Gebrauch in der abgewandelten Bedeutung auf Grund der bereits bekannten Bedeutung und der Erfahrung mit Abwandlungstypen verstanden und kann somit als das gleiche Wort mit neuer Bedeutung aufgefaßt werden.

§ 20. Dieses gewissermaßen ,zweistufige' Verstehen einer Neuerung (durch *Ausgangsbedeutung* + Abwandlungstyp) wird nun bei häufigerem Gebrauch vereinfacht: Die Sprecher gewöhnen sich daran, das Wort mit der neuen Bedeutung zu gebrauchen – sie sagen also für ,weiblicher Hofstaat' *Frauenzimmer* ohne noch daran zu denken, daß dieser dabei mittelbar nach seinem Aufenthaltsort bezeichnet wird. Sie können sich zwar die Bedeutungszusammenhänge ohne weiteres vergegenwärtigen, wenn sie darüber nachdenken – aber so etwas machen die meisten Sprecher nur selten oder nie. Und so wird ihnen auch nicht auffallen, daß für die ,neue' Bedeutung des Wortes besondere Gebrauchsgewohnheiten entwickelt werden, daß der Wortgebrauch nach einiger Zeit ,eigentlich' gar nicht mehr zu Ausgangsbedeutung + Abwandlungstyp stimmt, daß also der Zusammenhang mit der Ausgangsbedeutung langsam verdunkelt wird. Im Fall von *Frauenzimmer* geschah dies, indem auch Damen der Gesellschaft so bezeichnet wurden, die nicht zum Hofstaat gehörten. Die Abwandlungsbeziehungen zwischen den Teilbedeutungen eines Wortes bleiben also nicht notwendigerweise deutlich – sie können mehr oder weniger verschwimmen und schließlich sogar für den Sprecher ganz unklar werden. Nun können solche mehr oder weniger zusammenhanglos nebeneinander stehende Bedeutungen auch aus einer ganz anderen Quelle stammen: aus dem lautlichen Zusammenfall herkunftsverschiedener Wörter. Im allgemeinen steht die betreffende Lautform nach einem solchen Zusammenfall für zwei deutlich voneinander unterscheidbare Teilbedeutungen, wie etwa bei nhd. *Weide* ‚ein Baum‘ und ‚Futterwiese‘ (noch in mittelhochdeutscher Zeit als *wīde* und *weide* lautlich unterschieden – ebenso in den Mundarten: Prüfen Sie es einmal in Ihrer eigenen Mundart nach!). Es können auf diese Weise aber auch verknüpfbare Bedeutungen zusammenkommen: So könnte man sich bei *Fuge* ‚Musikstück‘ und ‚Verbindungsstelle‘ vorstellen, daß das Musikstück als etwas (kunstvoll) Gefügtes bezeichnet wurde; während in Wirklichkeit mhd. *vuoge* ‚Verbindungsstelle‘ mit dem ursprünglich lateinischen Wort *fuga* (eigentlich ‚Flucht‘), das erst im 17. Jahrhundert durchgängig mit deutscher Endung erscheint, zusammengefallen ist. Und schließlich würde bei *(Jagd-)Spieß* und *(Brat-)Spieß* kein Sprecher aus dem Wortgebrauch schließen können, daß es sich um zwei herkunftsverschiedene Wörter handelt (nämlich um mhd. *spiez* ‚Jagdspieß‘ und *spiz* ‚Bratspieß, Splitter‘), weil die Annahme einer übertragenen Verwendung scheinbar auf der Hand liegt. Historisch betrachtet handelt es sich in diesen Fällen um verschiedene Wörter – aber wie ist es mit dem Sprachgebrauch? Sind etwa *Fuge* ‚Verbindungsstelle‘ und *Fuge* ‚Musikstück‘ für den Sprecher ein Wort oder zwei?

§ 21. Diese Frage zu beantworten ist eine Schwierigkeit der Sprachbeschreibung, die nicht auf befriedigende Weise gelöst werden kann. Eine denkbare Antwort wäre, daß wir bei verschiedenartigen (Teil-)Bedeutungen einer bestimmten Lautform diejenigen Bedeutungen als zu einem einzigen Wort gehörig zusammenfassen, die sich durch ihre Zugehörigkeit zu bestimmten Abwandlungstypen als erkennbar zusammengehörig erweisen, und nicht damit verknüpfbare (Teil-)Bedeutungen einem anderen Wort zuweisen. Aber einerseits ist die Frage, was noch verknüpfbar ist und was nicht mehr, von einem nicht historischen Standpunkt aus nicht zufriedenstellend zu beantworten, und zum andern müßten wir bei diesem Ansatz für jede isolierte Teilbedeutung, die zum Beispiel in einer erstarrten Wendung auftritt, ein besonderes Wort ansetzen – diese Lösung ist also nicht zweckmäßig. Das andere Extrem wäre, daß wir alle Bedeutungen, die einer bestimmten Lautform (mit bestimmten grammatischen Merkmalen wie ‚maskulines Substantiv mit einer bestimmten Pluralbildung‘) zugewiesen werden können, als verschiedene Bedeutungen des gleichen Wortes auffassen. Diese Lösung ist theoretisch sauber, aber praktisch nicht recht befriedigend: Sollen wir *dauern* in *es dauert lang* und in *er dauert mich* wirklich als dasselbe Wort ansehen? den *(Brat-)Rost* und den *(Eisen-)Rost?* die *(Trauer-)Weide* und die *(Futter-)Weide?* Es wäre sicher befriedigender, hier jeweils zu trennen; aber die Schwierigkeit besteht eben darin, daß keine Entscheidungsmerkmale für eine in allen Fällen gleichermaßen durchführbare Trennung angegeben werden können. Wir wollen hier für die Sprachbeschreibung davon ausgehen, daß ein Wort durch eine bestimmte Lautform mit einheitlichen grammatischen Merkmalen bestimmt ist, daß aber die Bedeutung verschiedene Grade des Zusammenhangs aufweisen kann: einen Block von zusammenhängenden Einzelbedeutungen oder unverknüpfbare (nur durch Spekulation verknüpfbare) Teilbedeutungen. Für den letzteren Fall sei eingeräumt, daß man mit gleichem Recht auch von verschiedenen Wörtern mit gleicher Lautform (*Homonymen*) reden könnte. Für die historische Betrachtung ist der Fall (bei ausreichender Quellenlage) klar: Es kann immer angegeben werden, ob es sich um den lautlichen Zusammenfall herkunftsverschiedener Wörter oder um verdunkelte Bedeutungsentwicklungen desselben Wortes handelt.

4. Verwandtschaft (Teilgleichheit)

§ 22. Es wäre dann noch auf eine besondere Art der Wortveränderung einzugehen: die Wortbildung. Wenn ein Sprecher etwa aus dem Substantiv *Frauenzimmer* ein Adjektiv *frauenzimmerlich* bildet, dann hat er auf der einen Seite die Bedeutung verändert – in diesem Fall, indem er aus der Personenbezeichnung eine Eigenschaftsbezeichnung macht, die das Typische an den durch das Grundwort bezeichneten Lebewesen hervorhebt. Andererseits hat er durch die Anfügung von *-lich* auch die Lautform verändert, und zwar das eine wie das andere auf systematische Weise, die sich mit anderen Wortbildungen (*Mann – männlich, Frau – fraulich, Kind – kindlich* usw.) vergleichen läßt. Auch hier kann das Neue auf Grund der Kenntnis des Alten (des Grundwortes) und des Abwandlungstyps verstanden werden – aber hier liegt ein anderer Fall vor als bei den Bedeutungsveränderungen: Bei der Bedeutungsveränderung wird das Wort auf neue Weise gebraucht – auf welche, ist nicht vorhersagbar. Bei der Wortbildung ist die Bedeutungsveränderung dagegen an die Lautveränderung gebunden; mit *-lich* werden ganz bestimmte Adjektivtypen gebildet, mit *-isch* andere, mit *-haft* wieder andere. Die Wörter *frauenzimmerlich* oder *männlich* sind also nicht die gleichen Wörter wie *Frauenzimmer* und *Mann*, sondern Kombinationen der Grundwörter mit einem weiteren sprachlichen Zeichen; und zwar einem Zeichen von der Art, daß die Kombination wiederum ein Wort (nicht eine Wortgruppe) ergibt. *Frauenzimmerlich* ist also ein anderes Wort als *Frauenzimmer;* es hängt aber mit diesem zusammen, es ist eine Kombination aus diesem und einem anderen Element; deshalb nennen wir diese Wörter *teilgleich* oder *verwandt.* Die gleiche Beziehung besteht dabei auch zwischen zwei verschiedenen Ableitungen vom gleichen Grundwort (also etwa zwischen *männlich* und *mannbar*). Es gibt nun allerdings Wortbildungstypen, die so häufig und so regelmäßig sind, daß

wir ihre Mitglieder nicht als selbständige Wörter auffassen, sondern zum
Formenbestand des betreffenden Grundwortes rechnen, etwa die Partizipien und Infinitive beim Verb oder die Steigerungsformen beim Adjektiv –
in diesem Fall wollen wir von *paradigmatischer Gleichheit* sprechen. Die
Antwort auf die Frage, ob eine bestimmte Bildung eine Wortform oder
eine Ableitung ist, beruht auf einer Zweckmäßigkeitsentscheidung (man
könnte das Partizip auch als ,anderes Wort', als teilgleich mit dem Verb,
auffassen); deshalb ist vielfach keine eindeutige Abgrenzung zwischen
Teilgleichheit (Verwandtschaft) und paradigmatischer Gleichheit möglich
– man könnte etwa verschiedener Meinung darüber sein, ob die Diminutive
(wie *Männchen* zu *Mann*) mit ihrem Grundwort teilgleich (also Ableitungen) oder paradigmatisch gleich (also besondere Formen wie der Plural)
sind.

§ 23. Die Wortbildung wirft nun für die Etymologie ein besonderes
Problem auf, das wir etwas genauer betrachten müssen: Wenn ein nach den
Regeln der deutschen Sprache gebildetes Wort nicht nur an einem Ort,
sondern an mehreren Orten gleichzeitig (oder zu verschiedenen Zeiten,
aber jeweils unabhängig) gebildet wird, dann besteht zwischen den einzelnen Neubildungen ja kein Überlieferungszusammenhang. Ein solcher besteht zwar zwischen den einzelnen Sprachausprägungen, die das neue Wort
hervorbringen, auch zwischen den Grundwörtern und Bildungsregeln,
aber die Neubildung ist eben neu, sie ist nicht der Überlieferung entnommen. Handelt es sich bei solchen Neubildungen um das gleiche Wort oder
nicht? Nun – herkunftsgleich, also für unsere etymologischen Fragestellungen gleich, sind solche Wörter definitionsgemäß nicht, denn es besteht
zwischen ihnen ja kein Überlieferungs- oder Verbreitungszusammenhang.
Allerdings sind sie in dem Sinne gleich, in dem wir auch bei zwei gleichlautenden Sätzen sagen, sie seien gleich (etwa der Satz *Habt Ihr schon gegessen?* einmal zu meiner Tochter geäußert, wenn ich zu spät heimkomme, das
andere Mal am Telephon, wenn ich wissen will, ob ich zu einer zumutba-
ren Zeit anrufe): *Gleich* bedeutet hier ,von gleicher Struktur und mit dem
gleichen Material ausgeführt'; aber jeweils in einem selbständigen Bildungsverfahren und in jeweils ganz verschiedenen Situationen. Wenn wir
diese Besonderheit hervorheben wollen, können wir von *materieller
Gleichheit* sprechen. Im Falle der Wortbildungen erweist sie sich bei näherer Überlegung als ein Sonderfall der Teilgleichheit. Ein entsprechender
Fall liegt vor, wenn ein Sprecher für eine Lautform zwei Gebrauchsweisen
hat, die ersichtlich auf verschiedene Bildungsvorgänge zurückgehen: Das
Wort *Mahlzeit* als Bezeichnung für ein Essen (zu einer bestimmten Zeit) ist
zwar materiell gleich mit dem Gruß *Mahlzeit!*, etymologisch gesehen ist es
aber etwas anderes, denn der Gruß ist gekürzt aus *Gesegnete Mahlzeit!*,
geht also auf eine umfangreichere Fügung zurück. – Damit können wir nun

genauer sagen, was das ‚gleiche Wort‘ alles sein kann: Wir können damit die Gebrauchsgleichheit meinen (der wir als Sonderform die paradigmatische Gleichheit anfügen können), dann die Herkunftsgleichheit (das ist die, die uns in erster Linie interessiert) und schließlich die materielle Gleichheit, die wir als Sonderfall der Teilgleichheit oder Verwandtschaft auffassen.

C. Woher kommen die Wörter einer Sprache?

1. Die ‚Urschöpfung‘

§ 24. Wenden wir uns nun der allgemeinen Frage zu, woher die Wörter einer Sprache überhaupt kommen können. Wir haben bis jetzt schon gelegentlich von der Entstehung eines Wortes gesprochen, etwa von der Bildung des Wortes *Frauenzimmer* (§ 11) oder der Adjektive auf *-lich* (§ 22). Vielleicht sind Sie davon aber etwas enttäuscht: Sie wollen nicht (nur) wissen, wie man durch Anpassung von bereits bestehenden Wörtern neue Wörter gewinnt, sondern woher die Wörter ‚überhaupt‘ kommen, worin gewissermaßen die Urschöpfung besteht. Man denkt hier im allgemeinen zunächst an *Lautnachahmungen*, an die Wiedergabe von Geräuschen mit sprachlichen Lauten, um die Geräusche selbst oder ihren Verursacher zu bezeichnen – das eine wäre der Fall bei *plumpsen* oder *klatschen*, das andere bei *Kuckuck* oder dem Kinderwort *Tick-Tack* für ‚Uhr‘. Weniger in die Augen fallend sind die *Lautgebärden*, bei denen die Sprechwerkzeuge eine Bewegung des Gemeinten nachahmen; so wird in dem umgangssprachlichen Wort *bibbern* für ‚zittern‘ mit der raschen Wiederholung des Verschlußlautes *b* das Zittern durch die Bewegung der Sprechwerkzeuge nachgeahmt. Schließlich gibt es *Lautbilder*, die einen Sinneseindruck, an dem nicht notwendigerweise ein Laut beteiligt ist, durch lautliche Mittel wiederzugeben suchen. Hören wir hierüber einen Völkerkundler[43]: „Nun gibt es aber in westafrikanischen Sprachen eine Gruppe von Wörtern, die außerhalb der eigentlichen Wortstämme stehen …, die sogenannten *Lautbilder*. Unter einem Lautbild verstehe ich einen Lautkomplex, der für das Empfinden der Eingeborenen eine unmittelbare lautliche Reaktion auf einen empfangenen Sinneseindruck darstellt, der also einem inneren Gefühl unmittelbaren und adäquaten Ausdruck verleiht. Wenn ich es auch nur für einzelne, selbsterlebte Fälle beweisen kann, bin ich doch überzeugt, daß diese Lautbilder nach Bedarf immer neu gebildet werden, daß es sich hier also um ein nicht abgeschlossenes Gebiet der Wortschöpfung handelt. Auf Reisen mit Eingeborenen kann man erleben, wie diese etwa für eine in weiter Ferne sichtbare, aber noch unhörbare Bewegung, einen plötzlich aufstoßenden eindringlichen Geruch, sogleich einen Ausruck bereit haben, der von den Anwesenden durch Wiederholung oder durch ein Schmunzeln als zutreffend quittiert wird: die durch den äußeren Eindruck geweckte innere Bewegung hat sich durch einen ihr entsprechenden Lautausdruck Luft gemacht. Wenn irgendwo in der Sprache, so muß an diesen Lautbildern, die man noch nicht domestizierte Wörter nennen kann, der Zusammenhang zwischen Laut, Ton und Sinn zu erkennen sein, denn er wird von den Redenden und Hörenden selber empfunden." So weit der Völkerkundler zu einer Erscheinung der primitiven Sprachen. Mit ihr wollen wir etwas Ähnliches aus dem Bereich der Kultursprachen zusammennehmen: die Vorstellung vieler Sprecher, daß die Lautgestalt eines Wortes das Bezeichnete mehr oder weniger angemessen wiedergeben kann, vor allem, indem einzelne Laute bestimmte Merkmale der bezeichneten Sache spiegeln.

§ 25. Besonders bei diesem dritten Bereich, den Lautbildern, wäre zunächst einmal zu fragen, ob hier nur subjektive Gefühle vorliegen, deren Ursache die Sprecher in die Wörter ‚hineingeheimnissen' oder ob sich für die lautliche Angemessenheit des sprachlichen Ausdrucks in Bezug auf die bezeichnete Sache irgendwelche Regelmäßigkeiten von allgemeinerer Gültigkeit feststellen lassen. Nun – solche Regelmäßigkeiten der *Lautbedeutsamkeit* – wie wir die hier behandelten Erscheinungen zusammenfassend nennen wollen – gibt es durchaus. Man hat sie auf verschiedenen Wegen gesucht: einmal durch die Sammlung von denjenigen Wörtern einer Sprache, die man in irgendeiner Weise für lautbedeutsam hält und aus denen man irgendwelche Gemeinsamkeiten herauszulösen sucht[44]. Dann gibt es ein sehr beliebtes Experiment, bei dem einigen Versuchspersonen lautbedeutsame Wörter aus ihnen unbekannten Sprachen dargeboten werden, worauf sie herausfinden müssen, was diese Wörter bedeuten. Das Ausgangsexperiment wurde von dem Völkerkundler v. Hornbostel durchgeführt[45], der seine europäischen Versuchspersonen fragte, welches Tier manche Bantus wohl mit *oṅgoṅgololo* bezeichnen – wenn Sie das Experiment mitmachen wollen, dann legen sie das Buch weg, bevor Sie weiterlesen, und machen Sie auch einen Vorschlag. Nach v. Hornbostels Angaben bekam er von fast allen Versuchspersonen zutreffende Beschreibungen, wie ‚gegliedert, schlängelnde Bewegung, auf der Erde kriechend, dunkel, nicht durchscheinend' oder genauer ‚Schlange, Art Eidechse, Raupe' usw., ‚einer riet sogar richtig auf Tausendfuß'. Am wichtigsten sind aber wohl die Experimente, bei denen nicht-bildliche Figuren oder ähnliches bedeutungslose Lautfolgen zuzuordnen sind, und bei denen sich über-zufällige Häufigkeiten bestimmter Zuordnungen herausstellen[46]. Die festzustellenden Regelmäßigkeiten weisen in allen Untersuchungen auf bestimmte nachvollziehbare Entsprechungen: So steht der Gegensatz zwischen vorderen (‚hellen') und hinteren (‚dunklen') Vokalen für Gegensätze wie helldunkel, hoch-tief, klein-groß, spitzig-rund usw., Vokalkürze gegenüber Vokallänge kann für schnell gegenüber langsam stehen, Momentanlaute (wie Verschlußlaute) gegen Dauerlaute (wie Vokale, Reibelaute, Nasale, *r/ l*) für das Harte, Schnelle, Scharfe, Spitzige gegenüber dem Weichen, Anhaltenden, Stumpfen, Ausgedehnten usw. und vieles andere mehr. In den Grundzügen sind solche Regelungen allgemein gültig, in den Einzelheiten sind sie stärker von der betreffenden Kultur und Gesellschaft abhängig, vor allem auch – was man nicht übersehen darf – vom Einfluß der bereits bestehenden Wörter. Für den einzelnen können dann noch Empfindungen und Auffassungen hinzukommen, die nur für ihn oder nur für einen beschränkten Personenkreis gelten, so daß die ganze Erscheinung stufenweise in das tatsächlich Subjektive übergeht.

§ 26. Der Bereich der Lautbedeutsamkeit ist damit durchaus kein Hirngespinst, sondern beruht auf nachweisbaren, teils allgemein, teils eingeschränkt gültigen Regelungen. Man muß sich allerdings vor zwei Fehlschlüssen hüten, und zwar zunächst vor dem, daß alle Wörter einer Sprache lautbedeutsam sein müßten: wenn wir im Bereich des Nachprüfbaren bleiben, dann kann davon sicher bei weitem keine Rede sein. Der andere Fehlschluß besteht in der Annahme, daß die einzelnen Laute ganz bestimmte Merkmale der Sachen ‚bedeuten‘, und daß deshalb die verschiedenen Laute eines Wortes auf ebensoviele Merkmale des Bezeichneten hinweisen.[47] Auch davon kann sicher keine Rede sein. Bedeutsam ist immer nur die Lautfolge als Ganzes: sie ist gestalthaft und spiegelt in gewissem Umfang die ebenfalls gestalthaft erfaßte Sache. Die in ihr enthaltenen Einzellaute mögen zu dieser Wiedergabe auf faßbare Weise beitragen (wir können z. B. sagen, daß das kurze *i* in *Blitz* die Schnelligkeit und Helligkeit der bezeichneten Erscheinung wiedergibt), aber sie tun es nur im Rahmen einer ganz bestimmten Lautgestalt, niemals für sich allein und keineswegs in allen Fällen ihres Auftretens.

§ 27. Damit hätten wir zunächst das Vorhandensein der Lautbedeutsamkeit festgestellt – aber unsere Frage nach der Urschöpfung ist damit noch nicht beantwortet. Denn diese Lautbedeutsamkeit mag zwar das Verhalten des Sprechers und mittelbar auch die Wortgeschichte beeinflussen; aber damit ist ja noch nicht gesagt, daß die betreffende Lautfolge im Rahmen einer Urschöpfung geformt wurde, um die betreffende Sache ‚sinnvoll‘ zu bezeichnen. Es gibt sogar gewichtige Gründe gegen eine solche Annahme: Wir können in vielen Fällen nachweisen, daß Wörter, die wir als lautbedeutsam empfinden, auf normale Wortbildungen zurückgehen und erst durch nachträgliche Lautentwicklungen ihre besondere Form bekommen haben. So empfinden wir das Wort *Blitz* allgemein als lautbedeutsam; es wird auch von Sprechern anderer Sprachen so empfunden, denn sie entlehnen es gern aus dem Deutschen, obwohl sie eigene Wörter für ‚Blitz‘ haben

(so gibt es *blitz* im Englischen etwa im Sinne von ‚Blitzkrieg‘ oder ‚Über-
fall‘, im Französischen etwa für ‚Blitzschach‘ und dergleichen mehr) – und
das ist ziemlich auffällig, weil diese Sprachen sonst sehr wenig aus dem
Deutschen entlehnen. Das Wort *Blitz* geht nun aber auf ein normales
starkes Verb mit der Bedeutung ‚leuchten‘ zurück (unser Wort *bleichen*,
dessen Bedeutung aber durch den Einfluß von *bleich* verändert wurde). Zu
diesem gab es eine Intensiv-Bildung (auf *-ezzen* in der Form des Althochdeutschen, noch älter *-atjan*) mit der Bedeutung ‚aufleuchten‘, und hierzu
ist *Blitz* eine Substantivbildung. Seine markante und ausdrucksvolle Lautform verdankt das Wort nachträglichen Lautentwicklungen. Natürlich
sind solche Fälle kein Beweis dafür, daß es keine Urschöpfung gibt: die
meisten Lautnachahmungen sind sicher als solche entstanden, und auch bei
den Lautbildern liegt eine solche Entstehung im Bereich der Möglichkeiten, wenn sie auch nicht in gleicher Weise wahrscheinlich zu machen ist.
Aber wenn wir die Geschichte unseres Wortschatzes prüfen, so können
wir für dessen überwiegenden Teil die Herkunft aus normalen Wortbildungen nachweisen. Und bei dem immer noch beachtlichen Teil, dessen
Herkunft wir nicht durchschauen, ist keineswegs gesagt, daß er auf Urschöpfung zurückgeht – wahrscheinlich zu machen ist dies nur bei einem
vergleichsweise geringen Teil.

§ 28. Diesem Befund könnte nun die oben (§ 24) angeführte Beobachtung der Lautbilder in Eingeborenensprachen Afrikas gegenübergehalten
werden, mit dem Hinweis, daß hier der Vorgang der Urschöpfung beob-
achtbar ist, und daß wir mit dem Hinweis auf das zahlenmäßige Überwie-
gen der Wortbildung in den Kultursprachen nur die treibende Kraft der
Wortschöpfung verdecken. Dieser Einwand ist zunächst dahingehend zu
bestätigen, daß in diesen ‚Natursprachen‘ noch ein anderes Verhältnis zur
Wirklichkeit zu erkennen ist als in unseren wesentlich stärker begrifflichen
Kultursprachen. Wort und Sache werden dort noch viel stärker zusammen-
gesehen, und das hat – unter anderem – die Folge einer weitaus stärker an
den Einzelerscheinungen haftenden Bezeichnung: Es gibt verhältnismäßig
wenig Wörter für Oberbegriffe wie ‚Baum, ‚Lebewesen‘, ‚Niederschlag‘
usw., aber dafür eine Fülle von Wörtern für besondere Ausprägungen. Je
weniger abstrakt nun eine Erscheinung aufgefaßt und bezeichnet wird,
desto stärker kann sich die Lautbedeutsamkeit auswirken, denn sie sucht
konkrete Eindrücke und nicht abstrakte Merkmalsgruppen zu erfassen. In
unseren Kultursprachen macht sich aber eine jetzt schon jahrtausendealte
Bemühung um Zusammenfassung, Klassifizierung und Abstraktion bemerkbar (wir suchen ‚hinter‘ die Dinge zu kommen), so daß der Anteil der
lautbedeutsamen Wörter nicht nur zahlenmäßig (durch das Vorherrschen
abstrakterer Begriffe) zurückgedrängt wird, sondern auch durch die schärfere Unterscheidung von Wort und Sache einen wesentlich schlechteren

Nährboden findet. Die Rolle der Lautbedeutsamkeit kann also durchaus verschieden sein, je nachdem, welche Art von Sprache wir betrachten – und hier befassen wir uns eben mit einer Kultursprache. Das bedeutet aber keineswegs, daß die Eingeborenensprachen Afrikas im wesentlichen laut-bedeutsam wären – es sind dort nur die einschlägigen Erscheinungen häufi-ger und leichter zu beobachten. Aber auch dort stehen die Lautbilder (wie aus der zitierten Stelle zu erkennen ist) außerhalb des normalen Wortschat-zes, nehmen also ungefähr die Stellung ein, die bei uns die Interjektionen haben. Ein anderer Gedankengang zugunsten einer stärkeren Berücksichti-gung der Urschöpfung wäre der, daß lautbedeutsame Wörter auch durch Laut- und Bedeutungsentwicklung diese Eigenschaft verlieren können, daß es also durchaus möglich ist, daß ein beträchtlicher Teil des heute als neutral einzustufenden Wortschatzes ursprünglich lautbedeutsam gewesen ist. Das ist für einige Fälle tatsächlich wahrscheinlich zu machen, aber es ändert nur wenig an dem Gesamtbild. Man kann nun natürlich noch weiter gehen und annehmen, daß letztlich so gut wie alle Wörter, wenn man nicht nur nach ihren Grundlagen, sondern auch nach den Grundlagen ihrer Grundlagen und weiter nach deren Grundlagen fragt, auf lautbedeutsame Urschöpfungen zurückgehen müssen. Diesen Standpunkt kann man durchaus vertreten – nur verläßt man mit ihm das Feld der Untersuchung konkreter Wörter und damit das Feld der Etymologie und begibt sich in den Bereich der Überlegungen zur Entstehung der menschlichen Sprache (den man etwas herabsetzend die ‚glottogonische Spekulation‘ nennt). Blei-ben wir aber bei der Etymologie, so ist festzuhalten, daß wir in einem gewissen, im einzelnen nicht leicht faßbaren Umfang mit lautbedeutsamen Urschöpfungen zu rechnen haben; daß aber der viel weitere Bereich der Lautbedeutsamkeit im Sprachgefühl und Sprachgebrauch der Sprecher nicht notwendigerweise eine Urschöpfung voraussetzt.

2. Die Wortbildung und ihre Erschließung

a) Untersuchungsbeispiel: Hahn

§ 29. In der überwiegenden Zahl unserer etymologischen Untersuchun-gen werden wir also nicht auf Urschöpfungen, sondern auf Wortbildungen stoßen. Hierbei ist der Fall, daß die Bildung des Wortes in die uns durch überlieferte Texte zugängliche Zeit fällt (wie bei dem Wort *Frauenzimmer*) ein günstiger Sonderfall; sehr häufig – besonders bei den vom heutigen Standpunkt aus nicht mehr durchschaubaren Wörtern, sind wir dagegen gezwungen, eine vor dem Einsetzen unserer Quellen liegende Entstehung zu erschließen. Dem dabei verwendeten Erschließungsverfahren wollen wir uns nun etwas näher zuwenden, indem wir die Herkunft des Wortes

Hahn untersuchen: Wenn wir unsere überlieferten Texte nach der Entstehung dieses Wortes befragen, so haben wir damit wenig Glück. Zwar ist das Wort durchgehend, bis zu den ältesten Texten, belegt – es hat in mittelhochdeutscher Zeit (abgekürzt: mhd.) die Form *han,* älter *hane,* und in althochdeutscher Zeit (= ahd.) die Form *hano* –, aber ein anderes Wort, von dem es abgeleitet sein könnte, ist nirgends zu entdecken. Nun können wir im Falle unserer Sprache die belegbare Geschichte eines Wortes noch nach rückwärts verlängern durch seine erschlossene Vorgeschichte, und zwar aus folgendem Grund: Wie wir bereits gesehen haben, besteht zwischen den zeitlich aufeinanderfolgenden Sprachstufen und zwischen den verschiedenen Mundarten einer Sprache ein Überlieferungszusammenhang, auch wenn sich einzelne Sprechergruppen voneinander lösen und eigene Sprachen herausbilden – wir sprechen dann von *(genetisch) miteinander verwandten* Sprachen. In Wörtern, die diese Sprachen aus ihrer Grundsprache beibehalten, werden sich auf Grund des Überlieferungszusammenhangs regelmäßige Lautentsprechungen zeigen, und indem wir lautliche Verschiedenheiten als Ergebnisse von (mehr oder weniger sicher) erschließbaren Lautveränderungen deuten, können wir für jede Lautentsprechung angeben, von welchem Laut der Grundsprache sie vermutlich ausgegangen ist. Auf diesem Weg läßt sich die Lautform der Wörter in der Grundsprache annähernd erschließen. Auch die Bedeutungen der verglichenen Wörter werden sich in der Regel durch unsere Kenntnis der typischen Bedeutungsentwicklungen auf eine einheitliche Ausgangsbedeutung zurückführen lassen. Die rekonstruierte Lautform und die rekonstruierte Bedeutung müssen dabei – von zufälligen Parallelentwicklungen abgesehen – in die Zeit zurückreichen, in der sich die Sprechergruppen getrennt haben – und diese Zeit liegt meist wesentlich vor dem Einsetzen der schriftlichen Quellen. Allerdings können wir aus einander entsprechenden Wörtern in verwandten Sprachen nicht ohne weiteres auf eine gemeinsame Vorform in der Grundsprache schließen – das geht nur, wenn wir die Möglichkeit einer parallelen späteren Bildung und vor allem den Fall der nachträglichen Entlehnung von einer Sprache in die andere ausschließen können. Aber schauen wir einmal, wie weit uns dieses Verfahren bei der Etymologie des Wortes *Hahn* hilft:

§ 30. Für das Deutsche können wir zwei Stufen genetischer Verwandtschaft feststellen. Mit einer ersten Gruppe von Sprachen, den sogenannten germanischen Sprachen, hat es sehr viele und deutliche Gemeinsamkeiten; es ist mit diesen sehr eng verwandt. Zu ihnen gehören die nordgermanischen Sprachen (Dänisch, Schwedisch, Norwegisch und Isländisch) mit dem Altnordischen, besonders dem altertümlichen Altwestnordischen (= awn.) als Vorstufe und noch weiter zurück dem in wenigen Runeninschriften bezeugten Urnordischen (= urn.) als ältester Sprachstufe der germanischen Sprachen überhaupt. Dann das Englische mit dem Altenglischen (= ae.), das Friesische mit dem Altfriesischen (= afr.) und – mit dem Deutschen enger zusammenhängend – das Niederländische. Eine weitere germanische Sprache, von der uns Texte in größerem Umfang überliefert sind, ist das Gotische (= gt.), das heute ausgestorben ist und das – abgesehen von den urnordischen Resten – den altertümlichsten Sprachstand unter den belegten germanischen Sprachen aufweist. Aus den Wörtern dieser Sprachen suchen wir die gemeinsamen Vorformen in einem hypothetisch angesetzten Urgermanischen (= urgm.) zu erschließen. Versuchen wir das mit unserem Wort *Hahn*, so finden wir an Belegen neben ahd. *hano* noch ae. und afr. *hona*, awn. *hani* und gt. *hana*, alle mit gleicher Bedeutung. Dieser Beleglage können wir entnehmen, daß das Wort allgemein verbreitet war. Nehmen wir einmal ohne weitere Diskussion an, es sei schon urgermanisch gewesen, dann können wir seine Lautform als **hanōn m(n)* erschließen. Dabei markiert der Stern vor dem Wort den Umstand, daß diese Form erschlossen und nicht belegt ist; *m(n)* gibt an, daß es sich um einen maskulinen *n*-Stamm handelt, und *n*-Stamm bedeutet, daß in den Wortausgängen der einzelnen Kasus ein *n* auftritt oder historisch vorausgesetzt werden muß. Die Bedeutung dieses erschlossenen Wortes war offenbar wie in allen Einzelsprachen ‚Hahn‘. – Eine solche Zusammenstellung von einander in Lautform und Bedeutung entsprechenden Wörtern wollen wir eine (etymologische) *Gleichsetzung* nennen. Mit ihr behaupten wir, daß die verglichenen Wörter herkunftsgleich sind. Wenn wir aus den verglichenen Formen außerdem eine gemeinsame Vorform erschließen, so behaupten wir damit zusätzlich, daß ein entsprechendes Wort bereits in einer früheren Sprachstufe (die von sorgfältigen Etymologen bezeichnet wird) vorhanden war und in der Überlieferung der verglichenen Einzelsprachen bewahrt wurde; daß also Entlehnung (und gegebenenfalls nachträgliche Bildung) keine Rolle gespielt haben. Wird in einzelnen Fällen mit Entlehnung gerechnet, so muß dies immer ausdrücklich angegeben werden. In unserem Fall kommen wir mit diesem Verfahren zum Ansatz eines urgermanischen Wortes – aber ein mögliches Grundwort ist auch auf dieser Stufe nicht zu finden.

§ 31. Auf einer zweiten Stufe ist das Deutsche wie die übrigen germanischen Sprachen mit einigen anderen Sprachen von Europa und Asien verwandt, wobei die Gemeinsamkeiten mit diesen nicht so eng sind. Zu dieser indogermanischen (oder indo-europäischen) Gruppe gehören vor allem das Lateinische (= lt.), das Griechische (= gr.), die keltischen Sprachen mit dem Altirischen (= air.), die baltischen Sprachen mit dem Litauischen (= lit.), die slawischen Sprachen mit dem Altkirchenslawischen (= aksl.), das Indische mit dem Altindischen (= ai.) und das Persische. Aus den Wörtern dieser Sprachen können wir – falls Gleichsetzungen möglich sind – die

gemeinsamen Vorformen in einer natürlich ebenfalls hypothetisch angesetzten indogermanischen Grundsprache (= idg.) erschließen. Suchen wir
auch hier Entsprechungen zu unserem Wort *Hahn*, so finden wir – anders
als bei den enger verwandten germanischen Sprachen – zunächst nichts.
Nur an einer ganz versteckten Stelle entdecken wir etwas möglicherweise
Aufschlußreiches: Im Griechischen gibt es eine Sammlung von mundartlichen, veralteten oder sonst interessanten Wörtern, sogenannte Glossen, die
auf die Zusammenstellungen eines gewissen Hesychios zurückgehen. In
diesen Glossen findet sich auch der Eintrag *ēikanós · ho alektruón*[48]. Dabei
steht vor dem hochgesetzten Punkt das Wort, das erklärt wird, und danach
die Erklärung – die griechischen Buchstaben sind hier in lateinische umgesetzt. Nun ist *ho alektruón* im erklärenden Teil das übliche griechische
Wort für den Hahn, und bei dem erklärten Wort würde der Bestandteil
-kan- lautgesetzlich unserem gm. *han-* entsprechen. Wenn das kein Zufall
ist, dann müßte das griechische Wort ein Kompositum sein, und das an
erster Stelle stehende *ēi-* kann nach den Regeln der griechischen historischen Sprachwissenschaft erklärt werden als ein Lokativ (ein Kasus, der
den Ort oder die Stelle bezeichnet) oder gegebenenfalls eine besondere
Kompositionsform von *héōs* ‚Morgenröte, Frühe‘. Das griechische Kompositum würde also den Hahn als etwas bezeichnen, mit dem ‚in der Frühe‘
irgendetwas los ist. Aber was – das ist auch aus dem Griechischen nicht zu
erkennen.

§ 32. Gehen wir noch einen Schritt weiter und suchen wir bei den verwandten Sprachen, ob sie Wörter haben, die mit gr. *kan-*, gm. *han-* lautlich
vergleichbar sind, und die zur Bildung eines Wortes für ‚Hahn‘ herangezogen worden sein könnten (wobei es sich um irgendetwas in der Frühe
handeln sollte), so stoßen wir gerade in den Nachbarsprachen des Germanischen auf etwas recht Ansprechendes, nämlich auf das Verbum für ‚singen‘, das in lt. *canit* und air. *canaid* ‚er singt‘ vorliegt. Lautgesetzlich
stimmt alles zusammen, und dazuhin finden wir in vielen Sprachen, daß
sowohl die Eigenschaft der Hähne als ‚Sänger‘, wie auch die als ‚Wecker in
der Frühe‘ für so wichtig angesehen wurde, daß sie als Benennungsmotiv
von Neubildungen dienen konnte, das heißt, daß man die Hähne nach
ihnen oder umgekehrt, etwas aus ihrem Bereich nach den Hähnen benannt
hat. Der Hahn als ‚Sänger‘ ist aus der neueren Zeit etwa in der französischen Tierfabel (Roman de Renard) bekannt: Dort heißt er *chantecler*, was
letztlich zu lt. *cantare* ‚singen‘ gehört und eigentlich ‚der durch seinen
Gesang charakterisierte, der Sänger‘ bedeutet. Dann ist lit. *gaidỹs* ‚Hahn‘
abgeleitet von *gáida* ‚Melodie, Gesang‘ (zu *giedóti* ‚singen‘), russisch *petuch*
‚Hahn‘ gehört zu *pet* ‚singen‘ und es gibt noch weiteres dieser Art. Auf der
anderen Seite finden wir, daß zum Beispiel im Lateinischen die letzte
Nachtwache, die Stunde, zu der der Tag anbricht, *gallicinium* heißt, wört-

lich ‚der Hahnengesang'; lit. *gaïdgysta,* wörtlich ‚Hahnengesang' bedeutet ebenfalls ‚Morgengrauen, Tagesanbruch' und auch im Deutschen sagt man etwa *beim ersten Hahnenschrei* für die früheste Frühe und derlei gibt es noch mehr, so daß auch das griechische Wort *ëikanós* klar verständlich wird. Formal würde das griechische Wort einem verbreiteten Typ von komponierten Täterbezeichnungen folgen, bei dem an die sogenannte Wurzel des Verbs die *o*-Flexion gefügt wird (*ëi* + *kan-o-s, -s* ist das Nominativzeichen). Und entsprechend hätten wir im Germanischen eine Ableitung mit einem *n*-Stamm vor uns, die ebenfalls die Funktion einer Täterbezeichnung ausfüllen kann, also ‚der Sänger'. Allerdings tritt das germanische Suffix auch auf, wenn ein bestehendes Wort in einem eingeschränkteren Sinn verwendet wird, so daß **hanōn* auch auf einen *o*-Stamm (wie im Griechischen) oder ein sogenanntes Wurzelnomen zurückgehen könnte.

§ 33. Mit dieser Etymologie setzen wir voraus, daß das Grundwort **kan-* ‚singen' nicht nur in den Vorstufen von Latein und Irisch, sondern auch in den Vorstufen des Germanischen (in dem es sonst unbelegt ist) und Griechischen (in dem sonst nur entfernter verwandte Wörter vorkommen) bestand. Dieses Verb muß also zumindest gemein-westindogermanisch gewesen sein. Läßt sich nun aus dem griechischen Glossenwort und dem germanischen Wort für ‚Hahn' in entsprechender Weise schließen, daß es auch ein westindogermanisches Wort **kan-(o-)* ‚Hahn' gegeben hat? Das wohl nicht: die beiden Sprachen können ihr Wort selbständig gebildet haben, denn die Bildung eines Wortes für ‚Hahn' aus einem Verbum für ‚singen' liegt, wie wir gesehen haben, verhältnismäßig nahe, und die Bildungen im Griechischen und Germanischen folgen Ableitungstypen, die in den betreffenden Sprachen produktiv waren. Ein gemeinsamer westindogermanischer Ausgangspunkt **kan-* oder **kano-* ‚Hahn' ist deshalb zwar nicht völlig ausgeschlossen, aber wenig wahrscheinlich. Das urgermanische **hanōn* ‚Hahn' ist damit eine wohl erst germanische Neubildung, und es fragt sich, welches Wort für Hahn vorher, also in indogermanischer Zeit, vorhanden war. Nun sind die üblichen Wörter für ‚Hahn' in keinen zwei Sprachgruppen des Indogermanischen gleich, und dasselbe gilt bei den Wörtern für ‚Huhn'. Es gibt zwar für Hühnervögel weiter verbreitete Wörter, die von **kur-* oder von **kuk-/kok-* ausgehen, doch handelt es sich hier offenbar um Lautnachahmungen, die unabhängig voneinander entstanden sein können. Das ist anders bei den Wörtern für ‚Gans' und ‚Ente', die gut vergleichbar sind und sicher auf Wörter der Grundsprache zurückführen. Kulturgeschichtlich ist nun die Geflügelhaltung in eine vergleichsweise späte Zeit zu setzen, so daß die indogermanischen Wörter für Gans, Ente und auch für die Hühnervögel (falls die erwähnten Lautnachahmungen schon in grundsprachlicher Zeit bestanden und in den Einzelsprachen weitergebildet wurden) sicher Wildtiere und nicht Haustiere bezeichneten.

Für die Wildhühner ist aber – gegenüber den Enten und Gänsen – der ungewöhnlich große Artenreichtum bemerkenswert, so daß das Fehlen eines einheitlichen indogermanischen Wortes nicht auffällt.

§ 34. Die Bezeichnung als ‚Sänger‘ weist nun ziemlich deutlich auf den Haushahn, nicht auf irgendeinen männlichen Wildvogel. Dabei ist mit ‚Sänger‘ nicht einfach gemeint, daß dieses Tier einen melodiösen Ruf hat; die Bezeichnung erinnert zugleich an die Stellung des Hahns als ‚Verkünder des Tags‘, er ‚bringt‘ gewissermaßen die Erlösung von den Gefahren der Nacht, so daß auch die in den alten Wörtern für ‚singen‘ übliche Nebenbedeutung ‚beschwören‘ mitgedacht sein mag. Schließlich ist der Zeitpunkt des Morgengrauens zum Beispiel für das indische Opfer sehr wichtig, so daß es nicht weiter verwundern kann, daß sich ungewöhnlich viele Bezeichnungen für den Hahn in gehobener, poetischer und priesterlicher Sprache finden[49]. Auch gr. *ēikanós* ist wie sein genaues Gegenstück ai. *uṣākala-* ‚Hahn‘ (zu *uṣás-* ‚Morgenröte‘ und dem im Indischen nicht unmittelbar bezeugten Verbum **kal-* ‚rufen‘) sicher kein normales Wort gewesen. Nun stammt das Haushuhn aus dem indischen Dschungel und ist erst als Haustier weiter verbreitet worden – es fragt sich also, wann der Hahn seine bedeutsame Stellung erhalten haben kann. Nach den im indogermanischen Bereich stark auseinanderfallenden, einzelsprachlich aber ziemlich einheitlichen Bezeichnungen muß dies in schon einzelsprachlicher, aber sehr früher Zeit gewesen sein. Auf die frühe Zeit weist vor allem, daß im Germanischen wie im Lateinischen und Keltischen der Hahn zwar als ‚Sänger‘ oder ‚Rufer‘ bezeichnet wird (lt. *gallus* ‚Hahn‘ gehört ziemlich sicher zu awn. *kalla* ‚rufen‘ und air. *cailech* ‚Hahn‘ zu der Ableitung von einem Verb, das lt. *calāre* ‚feierlich rufen‘ entspricht), daß aber die zugrundeliegenden Wörter in der jeweiligen Sprache nicht mehr erhalten sind – auch gr. *ēikanós* und ai. *uṣākala-* setzen Verben voraus, die diese Sprachen in der überlieferten Zeit nicht mehr kennen. Dies könnte darauf hinweisen, daß zur Bezeichnung des Hahns als ‚Verkünder des Tags‘ bereits altertümliche (und damit feierliche) Wörter verwendet wurden, die dann bald ausstarben; aber das völlige Verschwinden dieser Grundwörter schon vor der Zeit unserer frühesten Überlieferung setzt voraus, daß die Bildungen aufs ganze gesehen sehr weit zurückliegen, so daß wir das erschlossene **hanōn* wohl zu recht als noch urgermanisch bezeichnen dürfen, und deshalb auch nicht in Betracht gezogen werden muß, daß das Wort erst in der Zeit der germanischen Einzelsprachen entstanden ist und vom Ort der Entstehung aus nachträglich zu den übrigen germanischen Sprachen verbreitet wurde.

§ 35. Eine solche Zurückführung eines Wortes auf ein Grundwort (wie bei gm. **hanōn* ‚Hahn‘ auf **kan-* ‚singen‘) wollen wir einen (etymologischen) *Anschluß* nennen: das Wort wird an sein Grundwort angeschlossen, ebenso wie wir die Zusammensetzung *Frauenzimmer* an die Bestandteile

Zimmer ‚Gebäudeteil‘ und *Frau* ‚Herrin‘ angeschlossen haben. In der Praxis kommen auch Zusammenstellungen (Wortgleichungen) vor, bei denen die Stufe des Grundworts nicht belegbar, sondern nur aus anderen Ableitungen erschließbar ist. So können wir etwa das germanische Wort für den Vogel, belegt durch ahd. *fogal,* afr. *fugel,* ae. *fugol,* awn. *fugl* und gt. *fugls,* aus denen ein urgm. **fuglaz (m)* erschlossen werden kann, vergleichen mit lit. *paūkštis (m)* ‚Vogel‘ – in indogermanischer Lautform wäre das eine **puk-ló-s,* das andere **pouk-sti-s.* Das würde ein Grundwort mit der Lautform **peuk-* voraussetzen; aber ein solches Wort ist nicht belegbar; wir können nur vermuten, daß es einmal vorhanden gewesen ist, weil das germanische und das litauische Wort für Vogel verschiedene Ableitungen davon sein können. Eine solche Gleichung, bei der die Stufe des Grundwortes nicht belegbar ist, sei eine (etymologische) *Verknüpfung* genannt. Bei allen diesen Fällen, Anschlüssen und Verknüpfungen, vergleichen wir nach unserer Ausdrucksweise teilgleiche Wörter; bei den Anschlüssen bezeichnen wir die Vorform der einen Gruppe von Wörtern als das Grundwort der anderen Gruppe; bei den Verknüpfungen können wir lediglich den gemeinsamen Bestandteil herausheben und Vermutungen über die Form des Grundworts äußern.

b) Prüfung der Vergleichbarkeit

§ 36. Die Erschließung unbelegter Wörter, wie wir sie in dem Beispiel *Hahn* durchgeführt haben, erfordert eine besonders scharfe Fassung der Voraussetzungen der Etymologie und eine besonders sorgfältige Durchführung der Untersuchung. Es geht dabei vor allem um die Prüfung der Vergleichbarkeit, daß heißt um die Frage, ob bestimmte Wörter verwandter Sprachen herkunftsgleich (teilgleich) sind oder nicht. Ohne diese Prüfung sind etymologische Zusammenstellungen (also bloße Wortgleichungen) ziemlich wertlos, weil sie nicht erkennen lassen, wie zwingend die Zusammenstellung überhaupt ist und welche Vorformen sie voraussetzt (diese können von den belegten Formen – vor allem in der Bedeutung – nicht unbeträchtlich abweichen). Wer davon ausgeht, daß es etymologische Zusammenhänge gibt, die ohne Prüfung ‚selbstverständlich‘ sein können, der begibt sich in die Gefahr, durch zufällige Ähnlichkeiten geblendet zu werden. Ein Beispiel für viele: Das Wort für ‚Gott‘ lautet im Griechischen *theós,* im Lateinischen *deus,* und in Anbetracht der nahen Beziehungen dieser beiden Sprachen zueinander sollte man es für selbstverständlich halten, daß es sich bei diesen lautähnlichen und bedeutungsgleichen Wörtern um Fortsetzer einer gemeinsamen Grundlage handelt. Dies ist aber keineswegs so, wie wir dadurch nachweisen können, daß die einzelsprachlich früheren Formen einander weniger ähnlich sind als die uns gewohnten späteren (während sie bei Herkunftsgleichheit einander ja doch wohl ähnlicher sein müßten). Die griechische Lautform setzt den Schwund eines Konsonanten zwischen *e* und *o* voraus (wobei Weiterbildungen wie *thésphatos* ‚von Gott bestimmt' zeigen, daß es sich um ein *-s-* gehandelt haben muß), also eine Grundlage **thes-* oder, wie im allgemeinen angesetzt wird, **dhes-;* im Lateinischen ist in alter Zeit die Form *deivos* belegt, also eine Grundlage **deiw-*, womit die Ähnlichkeit mit dem griechischen Wort schon fast verschwunden ist. Deshalb wird man auch die Angabe, daß die Azteken in Mittelamerika für einen Gott ein ganz ähnliches Wort gehabt haben, nämlich *teo-tl*, nicht für einen Hinweis auf hochaltertümliche Gemeinsamkeiten der Religionen in grauer Vorzeit halten, sondern für einen schlichten Zufall – auch hier verschwindet ja die Ähnlichkeit, wenn wir die für die beiden indogermanischen Sprachen nachweisbaren Vorformen heranziehen. Der Sprachtypologe Ernst Lewy hat einmal, um das mögliche Ausmaß solcher zufälliger Ähnlichkeiten aufzuzeigen, die Wörter von zwei sicher nicht miteinander verwandten Sprachen verglichen, nämlich die einer Eingeborenensprache von Peru (des Ketschua) und die des Finnischen, und konnte dabei auf Anhieb 60 Gleichungen aufstellen, die bedeutungsmäßig durchaus in Erwägung zu ziehen wären – darunter einige ziemlich verblüffende[50].

§ 37. Die Prüfung der Vergleichbarkeit der zusammengestellten Wörter ist also ein notwendiger Bestandteil etymologischer Untersuchungen. Leider wird sie aber in etymologischen Untersuchungen meist nicht ausdrücklich durchgeführt, weil die Beurteilungsgrundlagen durch das etymologische Material selbst geliefert werden. Das erweckt leicht den Eindruck, daß der Zusammenhang zwischen den verglichenen Wörtern unbestreitbar sei, während in Wirklichkeit lediglich die Beurteilung dem Leser überlassen bleibt (in der etwas leichtfertigen Annahme, daß dieser Leser immer ein Fachmann ist). Umso wichtiger ist deshalb für uns die Überlegung, worauf diese Beurteilung beruht. Nun – ihre Grundlage ist die Möglichkeit einer einwandfreien Rekonstruktion, vor allem der lautlichen Seite. Dabei ist zwar die lautgesetzliche Entsprechung für sich allein keine Garantie für die Herkunftsgleichheit oder Teilgleichheit (noch beweisen Unstimmigkeiten das Gegenteil), aber sie liefert doch das wichtigste Glied in unserem Indizienbeweis. Zu diesem gehört bei Gleichsetzungen weiter die Rekonstruktion der Bedeutungszusammenhänge und Bedeutungsabwandlungen, wobei im allgemeinen nur dort größere Sicherheit besteht, wo die Bedeutungen gleich oder nur durch einfache, gängige Abwandlungen getrennt sind; und schließlich sind noch die übrigen Merkmale der verglichenen Wörter (wie Genus, Flexionsklasse usw.) zu vergleichen und bei Abweichungen daraufhin zu prüfen, ob diese mit der sonst erkennbaren Entwicklung der betreffenden Einzelsprachen in Einklang stehen. Bei Anschlüssen (und so weit möglich auch bei Verknüpfungen) ist außer der Rekonstruktion von Grundwort und Erweiterung (in unserem Beispiel: von **kan-* ‚singen‘ und der Ausgangsform für das Wort *Hahn*) auch das Bildungsverfahren offenzulegen, wozu zweierlei gehört: einmal der Nachweis, daß in dem untersuchten Fall ein Beispiel für einen bestimmten Wortbildungstyp vorliegt – hierfür finden wir die notwendigen Informationen in der historischen Wortbildungslehre – und zum anderen die Feststellung des *Benennungsmotivs*. Dabei geht es um folgendes:

§ 38. Das mit einem neuen Wort zu benennende kann in der Regel nach verschiedenen Merkmalen benannt werden. So hat man z. B. den Fingerring in manchen Sprachen danach bezeichnet, wo er getragen wird, also mit einer Ableitung von dem Wort für ‚Finger‘; so in ahd. *fingirīn,* später in Umbildung *fingirlīn,* mit einem Suffix, das eigentlich die Funktion der Verkleinerung hat, aber auch enge Zusammengehörigkeit ausdrücken kann (‚zum Finger gehörig und klein‘). In anderen Sprachen ist die runde Form für die Benennung ausschlaggebend gewesen – am deutlichsten in russisch *kol'ocó,* einer Diminutivbildung zu dem alten (im Standard-Russischen nicht mehr vorhandenen) Wort für ‚Rad‘ (also ‚Rädchen‘) – ein solches Wort kann natürlich im allgemeinen auch für andere Ringe gebraucht werden. Dann kann der Fingerring nach dem Material bezeichnet werden, wie etwa in gt. *figgra-gulþ,* wörtlich ‚Fingergold‘, wobei zu beachten ist, daß die alten Germanen das Gold in Wendeln (also schraubenförmig) aufzubewahren pflegten. Aus diesen Wendeln konnten bei Bedarf (etwa als Geschenk) Einzelringe abgebrochen werden, so daß das Wort *Gold* für die Germanen eine Anspielung auf die Form ‚rund‘ mit einschloß; ein ‚Fingergold‘ war dann eben ein Goldring von einer Größe, daß er auf einen Finger paßte. Solche Merkmale, die zur Benennung herangezogen werden, sind Benennungsmotive. Nun werden aber durchaus nicht beliebige Merkmale zur Benennung verwendet, sondern nur solche, die für die Sprecher so kennzeichnend sind, daß sie bei der Erwähnung an das zu benennende denken lassen. Man findet also etwa keine Benennung des Fingerrings, die sich darauf bezieht, daß er wertvoll oder undurchsichtig ist, oder schwer, oder vom Goldschmied verfertigt und dergleichen, obwohl das alles ebenfalls zutreffende Merkmale sind. Welche Merkmale aber zur Benennung ausreichend waren, läßt sich vor allem für frühere Zeiten, aus denen wir keine unmittelbaren Quellen besitzen, nicht ohne weiteres sagen – unter Umständen hielt man sich an solche, an die wir gar nicht denken oder die wir (etwa im Fall von bestimmten Beziehungen oder Verwendungsweisen) gar nicht mehr kennen. Umgekehrt kann für uns ein Merkmal wichtig sein, das in früherer Zeit keine oder nur eine untergeordnete Rolle spielte. Wir brauchen also bei der Etymologie gegliederter Wörter allgemein, besonders dringend aber bei Etymologien mit Hilfe von Rekonstruktionen, Hinweise darauf, daß das von uns vorausgesetzte Benennungsmotiv für die betreffende Zeit wirklich gültig war. Solche Hinweise erhalten wir vor allem durch parallele Wortbildungen (besonders wenn sie sicher beurteilt werden können, wie im Fall von *Hahn* lit. *gaidỹs* zu *gaida* ‚Melodie, Gesang‘ und weiter zu *giedóti* ‚singen‘), dann auch durch andersartige Bildungen, wenn sie auf die gleiche Grundvorstellung zurückgehen (wie gr. *ēïkanós* ‚der in der Frühe singt‘ = ‚Hahn‘ und lt. *gallicinium* ‚Hahnengesang‘ = ‚Stunde der Morgenfrühe, letzte Nachtwache‘) oder schließlich auch durch aufschlußreiche Verwendungen des Grundworts oder eines gleichbedeutenden Wortes (wie bei *früh, wenn die Hähne krähn,* oder *beim ersten Hahnenschrei* – diese allerdings aus späterer Zeit). Ohne solche Nachweise wären der Vergleich von gm. **hanōn* mit lt. *canere* ‚singen‘ und die Erklärung des germanischen Wortes als ‚Sänger‘ wenig mehr als eine unverbindliche Vermutung.

§ 39. Kann eine Rekonstruktion durchgeführt werden, so ist bei der Gleichsetzung gegliederter Wörter noch die Möglichkeit unabhängiger Neubildung zu bedenken. Wenn in den an einer Gleichung beteiligten Sprachen sowohl die Existenz des Grundwortes wie auch des betreffenden Ableitungstyps vorausgesetzt werden kann, dann muß die Annahme der Herkunftsgleichheit eigens gestützt werden. Dabei sind die Anhaltspunkte für eine solche Entscheidung nicht gerade vielfältig – es geht im wesentlichen darum, ob gemeinsame, nicht naheliegende Besonderheiten nachweisbar sind. Ist dies nicht der Fall, kann lediglich mit materieller Gleichheit gerechnet werden, was in sich schließt, daß für das abgeleitete Wort keine voreinzelsprachliche Grundform erschlossen werden darf (vgl. § 23). Weiter ist bei allen Gleichsetzungen zu prüfen, ob die verglichenen Wörter auf unabhängiger Überlieferung beruhen oder ob auch Entlehnungen eine Rolle spielen. Auch im Fall der Entlehnung ist nämlich die Erschließung eines Wortes in der gemeinsamen Vorstufe der verglichenen Sprachen ausgeschlossen. Das können wir uns leicht an einem Beispiel aus den modernen Sprachen klar machen: Die Briefmarke heißt auf dänisch *frimærke,* auf schwedisch *frimärke,* auf norwegisch *frimerke* und auf isländisch *frímerki.* Da diese Sprachen zum Teil westnordisch, zum Teil ostnordisch sind, ist die gemeinsame Grundsprache das Urnordische, und wir könnten also, wenn wir unser Rekonstruktionsverfahren ganz mechanisch anwenden, ein urnordisches **frija-markja- (n)* ‚Briefmarke‘ erschließen. Nun wäre diese Rekonstruktion aber offensichtlich unsinnig, denn das Urnordische wird als bis spätestens zum 8. Jahrhundert dauernd angesetzt, und Briefmarken gibt es (auch in den nordischen Ländern) erst seit der Mitte des 19. Ein Ausweg aus diesem Widerspruch wäre noch, wenn das Wort ursprünglich eine andere Bedeutung gehabt hätte; aber darauf haben wir keinerlei Hinweise – nach Prüfung der Quellen trifft es auch sicher nicht zu. Die nordischen Wörter für Briefmarke müssen also entweder auf selbständigen Neubildungen beruhen (was weniger wahrscheinlich ist) oder von einem Ausgangspunkt aus nachträglich verbreitet worden sein. Und bei nachträglicher Verbreitung führt eine Rekonstruktion offenbar zu unhaltbaren Ergebnissen – wir dürfen also nur rekonstruieren, wenn wir sicher sind, daß die verglichenen Wörter aus unabhängiger Überlieferung stammen.

c) Analyse grundsprachlicher Wörter: Bruder

§ 40. Dies wäre das Wichtigste zu den Voraussetzungen einer Rekonstruktion und wir wollen nun weitergehen und einige besondere Befunde besprechen, die wir beim Etymologisieren antreffen können: Bei unserem Beispiel *Hahn* ergab sich aus dem Vergleich der germanischen Sprachen zwar die Möglichkeit der Erschließung einer urgermanischen Vorform, aber kein Hinweis auf die Wortentstehung, und es kann bei der Etymologie deutscher Wörter auch vorkommen, daß selbst der Vergleich mit den übrigen indogermanischen Sprachen nicht weiter führt, also auf Gleichsetzungen beschränkt bleibt. Nehmen wir etwa das Wort *Bruder:* Im Deutschen finden wir keine Möglichkeit zu einer etymologischen Erklärung, auch wenn wir bis zu den ältesten Belegen zurückgehen (ahd. *bruodar*). Ziehen wir die übrigen germanischen Sprachen heran, so läßt sich aus gt. *broþar,* awn. *bróðir* und ae. *broðor* zusammen mit der deutschen Form ein urgm. **brōþēr* ‚Bruder‘ erschließen. Aber auch auf dieser Stufe ergibt sich kein etymologischer Anschluß, und dies ändert sich nicht, wenn wir noch weiter, in die indogermanische Zeit, zurückgehen: Außer im Germanischen haben wir das Wort in lt. *frāter,* gr. *phrāter* (‚Mitglied einer Bruderschaft‘), ai. *bhrátar-* und in weiteren indogermanischen Sprachen, aus denen sich mit Sicherheit ein idg. **bhrátēr* ‚Bruder‘ erschließen läßt – aber nichts, von dem dieses Wort abgeleitet sein müßte. Man kann zwar in idg. **bhrátēr* ein Element *-tēr* erkennen, das in anderen Verwandtschaftsnamen dieser Stufe (den Wörtern für *Vater, Mutter* und *Tochter*) wiederzukehren scheint, aber es lassen sich keine Wörter nachweisen, von denen diese Verwandtschaftsbezeichnungen durch eine Ableitung mit dem Suffix *-tēr,* dessen Funktion noch bestimmt werden müßte, gebildet wären. Nun kann man natürlich nach grundsprachlichen Wörtern suchen, die dem Bestandteil vor dem *-tēr* lautlich entsprechen, und dann über einen möglichen Zusammenhang Vermutungen anstellen. So hat man früher etwa bei dem Wort für ‚Bruder‘ die sicher schon grundsprachliche Wurzel **bher-* ‚tragen, bringen‘ zu einem Vergleich herangezogen und **bhrátēr* als den ‚Träger‘ erklärt, nämlich als denjenigen, der nach dem Tod des Vaters für die Schwestern verantwortlich ist, sie erhält und damit ‚trägt‘[51]. Wenn Sie nachprüfen wollen, wie stichhaltig solche Vermutungen sind, dann machen

Sie einmal folgendes: Sie suchen lautähnliche neuhochdeutsche Wortpaare heraus, deren bedeutungsmäßiger Zusammenhang undurchsichtig ist, und stellen Vermutungen über die Entstehung des einen Wortes aus dem anderen an, ohne die historischen Daten nachzusehen. Sie können es etwa mit *sehr* und *versehren* ausprobieren, oder mit *Nuß* und *genießen*, oder mit *Eid* und *Eidam* oder anderem dieser Art. Wenn Sie glauben, zu einem vernünftigen Ergebnis gekommen zu sein, dann schlagen Sie in den etymologischen Wörterbüchern nach, wie es mit dem Zusammenhang zwischen diesen Wörtern wirklich bestellt ist. Sie spekulieren also mit den gleichen Mitteln über das Neuhochdeutsche, mit denen dort über die indogermanische Grundsprache spekuliert wird, haben aber den Vorzug, die Richtigkeit Ihrer Vermutungen überprüfen zu können. Wenn Sie nicht gemogelt haben, ist dabei voraussagbar, daß Sie in mindestens der Mehrzahl aller Fälle (wenn nicht in allen) danebengegriffen haben – und damit werden Sie wohl auch gegen entsprechende indogermanische Spekulationen mißtrauisch geworden sein. Ganz allgemein läßt sich nämlich zu Spekulationen dieser Art sagen, daß sie unheilbar am willkürlichen Ansatz des Benennungsmotivs kranken – ob sie nun über neuhochdeutsche oder indogermanische Wörter angestellt werden. Solche nicht durch überprüfbare Wortbildungstypen und Benennungsmotive gesicherte Vermutungen über etymologische Zusammenhänge innerhalb des grundsprachlichen Wortschatzes können nur dann einen gewissen Grad von Verbindlichkeit beanspruchen, wenn durch die vergleichende Untersuchung aller Einheiten eines Teilsystems (im Falle von *Bruder* etwa der Verwandtschaftsbezeichnungen) gewisse Schlüsse auf das Grundwort möglich werden (z. B. zu welcher Wortart es gehören muß, welche Wurzelform vorausgesetzt wird, oder ganz anders, etwa, daß nicht Ableitungen, sondern Zusammensetzungen angenommen werden müssen und dergleichen). Solche Überlegungen im Rahmen einer inneren Rekonstruktion bleiben aber immer noch Vermutungen, bei denen im Einzelfall erwogen werden muß, wieviel Wahrscheinlichkeit ihnen zugebilligt werden kann.

d) Die ‚letzten Grundlagen‘: essen

§ 41. Um aber wieder auf die Etymologie von *Bruder* zurückzukommen: Wir können zwar die Geschichte dieses Wortes bis in die Grundsprache zurückverfolgen, seine Herkunft können wir aber – trotz aller unzulänglicher Versuche – nicht erklären. Noch schärfer zeigt sich dieser Befund in einem Fall wie dem Verbum *essen:* Dieses geht zurück auf ahd. *ezzan,* aus dem sich zusammen mit gt. *itan,* awn. *eta* und ae. *etan* ein gm. **et-a-* ‚essen‘ erschließen läßt (*-a-* bezeichnet die Flexionsweise, nämlich die eines starken Verbs). Außerhalb des Germanischen vergleicht sich lt.

edere, gr. *édō,* ai. *ádmi* und anderes, woraus sich ein idg. **ed-* erschließen läßt (das ‚athematisch' flektiert worden sein muß). Die Bedeutung ist immer ‚essen', doch weisen einige Ableitungen vielleicht auf ein ursprüngliches ‚beißen' – so das ebenfalls gemein- idg. Wort für ‚Zahn', **dont-* (mit verschiedenen Ablautstufen), das vermutlich auf eine Partizipialbildung von **ed-* mit Schwundstufe der Wurzel zurückzuführen ist. Irgendeine einfachere Form läßt sich aber auch hier nicht nachweisen. Nun ist dieser Fall anders zu beurteilen als der von *Bruder,* weil es sich bei *essen* um ein sogenanntes Primärverb handelt. Damit ist folgendes gemeint: Wenn wir die Herkunft eines Wortes bestimmen, dann führen wir es zurück auf ein anderes Wort, sein Grundwort. Vielleicht können wir auch die Herkunft dieses Grundwortes feststellen, indem wir ein noch weiter zurückliegendes Grundwort nachweisen. Das geht nun aber keineswegs ohne Ende so weiter; vielmehr stoßen wir irgendwann auf eine Grundlage, die schon ihrem Typ nach nicht mehr etymologisierbar ist, und zwar ist diese letzte Grundlage in der indogermanischen Sprachfamilie in der Regel ein Verb, das zu einem ganz bestimmten Flexions- und Stammbildungstyp gehört – im Germanischen ist dieser Typ vertreten durch die starken Verben, die ihr Präteritum nicht mit einem Dentalsuffix, sondern durch Ablaut bilden, also etwa *essen* (Präteritum *aß*). Diese Verben sind im Prinzip nicht auf einfachere Grundwörter zurückführbar – sie sind als Klasse *primäre* Wörter. Das heißt nicht, daß nicht auch einmal ein abgeleitetes Verb nachträglich in die Flexionsklasse der starken Verben kommen könnte – aber diese Fälle sind selten und ändern nichts wesentliches am allgemeinen Befund.

§ 42. Heißt das nun, daß wir mit diesen Primärverben an ‚Urwörter' oder etwas ähnliches geraten sind? Durchaus nicht – selbst im Material der indogermanischen Sprachen können wir immer wieder feststellen, daß sich Primärverben bedeutungsmäßig entsprechen, die Lautform beim einen aber ‚kürzer' ist als beim andern, daß also etwa ein **g̑heu-* neben einem **g̑heud* steht, ein **pel-* neben einem **pleu-* oder ein **sker-* neben einem **skreid-* und dergleichen, so daß wir vermuten können (das ist ein Fall von ‚innerer Rekonstruktion'), daß es Bildungsvorgänge gegeben haben muß, die zu Primärverben führen konnten. Aber diese Bildungsvorgänge sind erstens in keiner indogermanischen Einzelsprache mehr faßbar, und zweitens können wir ihre Funktion nicht bestimmen – wir können allenfalls zu Vermutungen kommen. Weniger grundsätzlich, aber für die praktische Forschung sehr erschwerend ist außerdem, daß die möglichen Suffixe dieser Bildungen in sehr verschiedenen Lautformen auftauchen, so daß durchaus unklar ist, was wir alles zusammenfassen dürfen. Solche uralten, gar nicht mehr richtig durchschaubaren Bildungen weisen uns darauf hin, daß ‚Primärwörter' und ‚letzte Grundlagen' etwas Relatives sind: es sind die *mit unseren Mitteln erreichbaren* letzten Grundlagen. Auf einer viel früheren Sprachstufe waren sie vermutlich noch durchsichtige Ableitungen – als der Bildungsvorgang, von dem wir nur noch Trümmer vor uns haben, noch lebendig war –, dann sind sie erstarrt, möglicherweise auch lautlich vereinfacht und dann als Einheiten empfunden worden. Und zweifellos gingen die ‚letzten Grundlagen' dieser früheren, uns nicht mehr faßbaren Zeit auf Bildungen einer noch viel früheren Zeit zurück, die dann im Laufe der Zeit erstarrten, lautlich vereinfacht und dann als Einheiten empfunden wurden. Wir haben deshalb – leider – gar keine Aussichten, durch unsere Rekonstruktionen auch nur entfernt an die Sprache von Adam und Eva heranzukommen. Die Entwicklung der menschlichen Sprache umfaßt einen riesigen Zeitraum, von dem wir gerade nur einen winzigen letzten Teil rekonstruieren können. Aber kehren wir nach dieser Abschweifung in blaue Fernen wieder zu den Unterschieden unserer Primärverben zurück: Bei ihnen handelt es sich sicher um Reste eines älteren Wortbildungs-(oder Stammbildungs-)Verfahrens, das zur Zeit unmittelbar vor der Aufspaltung der Grundsprache in Einzelsprachen kaum noch produktiv war. Vielleicht gab es noch Neubildungen in einzelnen Typen (etwa die Bildungen mit einem idg. -d-, die ziemlich gut nachweisbar sind). Aber zu einer etymologischen Erklärung der betroffenen Verben fehlt selbst in diesem günstigsten Fall die Kenntnis der Funktion dieser Erweiterung.

e) Fehlen einer Beurteilungsgrundlage: schwimmen

§ 43. Bei der Untersuchung der Geschichte der Wörter *Bruder* und *essen* kommen wir also bis in die Grundsprache zurück, ohne daß sich daraus eine etymologische Erklärung ergeben würde. Es kann nun durchaus auch vorkommen, daß ein Wort erst auf einer späteren Sprachstufe nachweisbar ist, ohne daß wir feststellen können, woher es kommt. Nehmen wir einen solchen Fall: das Wort *schwimmen* (ahd. *swimman*) vergleicht sich mit awn. *svimma* (auch *svima*) und ae. *swimman* – im Gotischen war es wohl auch vorhanden, weil der ‚Teich' dort *swumfsl* heißt, aber da in den uns belegten gotischen Texten nicht geschwommen wird, wissen wir über das gotische Verbum sonst nichts. Auf jeden Fall können wir mit ziemlicher Sicherheit ein urgm. *swemm-a-* ‚schwimmen' erschließen, das außerhalb des Germanischen nicht vergleichbar ist (die in einigen etymologischen Wörterbüchern gegebenen Vergleichsmöglichkeiten erweisen sich bei einer Nachprüfung als trügerisch). Ist dieses germanische Wort nun ‚neu entstanden'? oder ist es aus fremden Sprachen entlehnt? oder haben wir nur noch nicht bemerkt, womit wir es vergleichen müssen, um es etwa als eine verdunkelte Stammbildung zu erweisen? oder ist es ein altes Wort, dessen Entsprechungen in den verwandten Sprachen zufällig alle ausgestorben sind? Wir wissen es nicht – alle diese Möglichkeiten sind denkbar – die einen sind mehr, die anderen weniger wahrscheinlich, aber beim gegenwärtigen Stand unseres Wissens haben wir keine Möglichkeit, etwas Genaueres zu sagen.

3. *Die Entlehnung:* Mauer

§ 44. Damit hätten wir uns nun mit der Möglichkeit der Urschöpfung befaßt, haben die Wortbildung und ihre Rekonstruktion betrachtet und sollten nun für die dritte Gruppe von Möglichkeiten für die Herkunft der Wörter, die Entlehnung, noch wenigstens ein Beispiel ansehen. Nehmen wir hierzu das Wort *Mauer:* Es geht zurück auf ahd. *mūra (f)*, neben dem awn. *múrr (m)* und ae. *mūr (m)* stehen. Wenn wir vom Unterschied des grammatischen Geschlechts zunächst absehen, könnte dies auf urgm. **mūra- (m)* oder **mūrō (f)* zurückgeführt und außergermanisch mit lt. *mūrus (m)* ‚Mauer‘ verglichen werden. Das würde ganz gut zusammenpassen – aber sobald auch die frühen Belege des lateinischen Wortes herangezogen werden, ergeben sich Schwierigkeiten: In klassisch-lateinisch *ū* sind nämlich zwei ältere Laute zusammengefallen: alt-lt. *ū*, das mit gm. *ū* vergleichbar ist (lt. *mūs* – gm. **mūs* – d. *Maus*) und alt-lt. *oi*, dem gm. *ai* entspricht (lt. *ūnus* aus *oinos* zu gm. **aina-* – d. *ein, eins*). Im Fall von lt. *mūrus* zeigen die alt-lateinischen Belege nun *moiros*, also *oi*, so daß unsere schöne Zusammenstellung nicht stimmen kann (Sie sehen hier wieder, wie stark das Prinzip der Regelmäßigkeit der Lautentsprechungen in die Etymologie eingreift). Wir müssen also entweder den Vergleich zwischen gm. **mūra-/mūrō-* und lt. *mūrus* ablehnen oder die Abweichung erklären. Für die Erklärung bleibt nur die Annahme der Entlehnung, und zwar muß die Entlehnung schon aus lautlichen Gründen vom Lateinischen zum Germanischen gegangen sein (gm. *ū* hätte ja nicht alt-lt. *oi* ergeben können – wohl aber alt-lt. *oi* über lt. *ū* ein gm. *ū*). Diese Entlehnung ist nun auch aus unserer Kenntnis der Geschichte verständlich, denn als die Römer mit den Germanen in Berührung kamen, besaßen sie eine weit überlegene Sachkultur, die sich die Germanen dann Zug um Zug aneigneten. In unserem Fall bestand die Überlegenheit in der Verwendung von Steinmauern, während die Germanen nur lehmverschmierte Flechtwände hatten. Zur Bezeichnung dieser Neuerung hätte es nun zwei Möglichkeiten gegeben: Entweder die neue Sache mit dem alten Namen zu bezeichnen (das wäre im Falle des Deutschen das Wort *Wand* gewesen) – und das hat man etwa im Gotischen getan: Dort ist das alte Wort *waddjus* ‚Wand‘ auch auf die Neuerung, die Steinmauer, übertragen worden. Im Deutschen hat man von der anderen Möglichkeit Gebrauch gemacht und mit der fremden Sache auch das fremde Wort, also mit der Steinmauer auch das lateinische Wort *mūrus*, übernommen – man hat es allerdings zu einem Femininum gemacht, wahrscheinlich im Anschluß an das Wort *Wand*, das die deutsche Entsprechung bezeichnet und ein Femininum ist. Im Altenglischen und Altnordischen war die einheimische Entsprechung (ae. *wāg*, awn. *veggr*) ein Maskulinum, und deshalb lag dort bei der Entlehnung kein Anlaß zu einer Veränderung des grammatischen Geschlechts vor. Dieses Beispiel zeigt, wie die beim Auftauchen von einander entsprechenden Wörtern in verwandten Sprachen grundsätzliche Frage ,urverwandt oder entlehnt?' beantwortet werden kann. Ist sie geklärt und im Sinne der Entlehnung aus der anderen Sprache entschieden, so ist die Herkunft des betreffenden Wortes in der aufnehmenden Sprache ausreichend bestimmt – es kann dann noch die Etymologie des Wortes in der gebenden Sprache hinzugefügt werden, aber das dient mehr der Befriedigung der Neugier als sprachwissenschaftlicher Notwendigkeit.

D. Was ist Etymologie? Die Antwort

1. Synchronie und Diachronie

§ 45. Kommen wir nun wieder zurück zu unserer Ausgangsfrage: Was ist Etymologie? Wir haben uns jetzt in praktischen Beispielen mit der Antwort auf diese Frage beschäftigt, und es wäre noch zu fragen, wie es mit der wissenschaftlichen, der theoretischen Antwort steht. Nun – die Etymologie ist ein Teilbereich der Sprachwissenschaft im engeren Sinn (die man heute gelegentlich Systemlinguistik nennt). Innerhalb dieser Sprachwissenschaft gibt es zunächst die Möglichkeit, ein einzelnes Sprachsystem herauszugreifen und zu untersuchen – sagen wir: die neuhochdeutsche Schriftsprache, oder die Mundart der Ortschaft St. Antoni in der Schweiz oder die Sprache Luthers und dergleichen. Eine solche, auf Einheitlichkeit des Sprachsystems ausgerichtete Untersuchung nennen wir (indem wir einen gängigeren Ausdruck schärfer fassen) *idiosynchronisch.* Daneben gibt es eine Betrachtungsweise, die sich zwar auf eine Sprache zu einer bestimmten Zeit, aber doch auf die Gesamtheit ihrer Ausprägungen richtet: Beim Deutschen etwa auf die Hochsprache mit ihren Variationen, die verschiedenen Mundarten, Sprachschichten, Sondersprachen usw. Diese Art der Untersuchung sei *pansynchronisch* genannt. Und schließlich gibt es die Möglichkeit, die Sprachen auch in ihrer zeitlichen Entwicklung zu untersuchen – die *diachronische* Betrachtungsweise, die *historisch* (nach rückwärts gerichtet) oder *prozessual* (die Weiterentwicklung von einem bestimmten Stadium aus betrachtend) sein kann. Die Etymologie würde man auf den ersten Blick selbstverständlich in die diachronische Betrachtungsweise einordnen; doch ist dies nicht unproblematisch: Wir haben uns bei der Betrachtung unserer Beispiele mit zwei Teilbereichen auseinandergesetzt, der Wortentstehung und der Wortgeschichte. Das eine Mal war die Geschichte stärker im Vordergrund (etwa bei unserem Beispiel *Frauenzimmer*), das andere Mal mehr die Entstehung (etwa bei unserem Beispiel *Hahn*). Nun entspricht die Wortgeschichte der Lautgeschichte, Formengeschichte, Geschichte der syntaktischen Regeln usw. – sie ist die diachronische Betrachtung eines Teilbereichs der Sprache, den wir auch idiosynchronisch betrachten können. Wohin aber gehört die Untersuchung der Wortentstehung? Hier gibt es nun eine Auffassung in der Sprachwissenschaft, die besagt, daß gerade hierin, und ausschließlich hierin, das Aufgabengebiet der Etymologie zu sehen sei: in der Beschreibung, wie in einer konkreten Situation, bei einem konkreten Bedarf, aus bestimmten vorhandenen Mitteln ein neues Wort gebildet wird. Die so verstandene Etymologie wäre also eigentlich ein Objekt der idiosynchronischen Betrachtungsweise, während die von ihr abzutrennende Wortgeschichte in den Bereich der diachronischen Betrachtung gehören würde[52]. Diese Auffassung ist allerdings nicht ganz so gut theoretisch zu begründen, wie es auf den ersten Blick aussieht; die sprachlichen Erscheinungen verlangen eine schärfere Fassung, die wir etwas eingehender besprechen müssen.

2. Wortentstehung und Wortgeschichte

§ 46. Dabei wäre zunächst bei etwas ganz anderem anzufangen, nämlich bei der Bildung der Sätze: Einen Satz wie *Gestern ist mein Bruder in den Bach gefallen* äußern wir nicht deshalb in dieser Form, weil wir ihn schon einmal in Bezug auf eine ähnliche Situation so gehört haben, sondern weil wir ihn nach bestimmten Mustern und nach bestimmten Regeln aus bekannten Einheiten (grob gesagt: den Wörtern) aufbauen. Und unsere Hörer verstehen diesen Satz auch nicht, weil sie ihn schon einmal gehört haben, sondern weil sie sowohl seine Elemente (die Wörter) als auch die ihm zugrundeliegenden Muster und Regeln kennen. Von einer solchen höheren Einheit sagen wir, sie sei *systematisch,* das heißt, aus ihren Elementen und Bildungsregeln, sowohl inhaltlich wie auf der Ausdrucksseite, voll verstehbar. Es kann auch nur die Bedeutung oder nur der morphologische Bau systematisch sein; aber darauf kommt es in unserem Zusammenhang nicht an. Natürlich können auch syntaktische Gruppen, die keine Sätze sind, systematisch sein: *eine Telephonstange zersägen* oder *ein völlig verschmutzter Hemdkragen* sind ebenfalls nicht als Ganzes gelernt, sondern beim einzelnen Gebrauch aus ihren Elementen aufgebaut. Und dasselbe gilt schließlich auch für eine ganze Anzahl von Wortbildungen, wie etwa *abwaschbar* oder *Autoreifen* oder *Grundsteinlegung:* Ob wir sie schon einmal gehört haben oder nicht – wir können sie bei Bedarf bilden und unsere Hörer verstehen sie (ebenfalls ohne Rücksicht darauf, ob sie ihnen schon einmal vorgekommen sind); und zwar müssen sie nicht raten, sondern sie erkennen den Sinn ganz eindeutig. Wenn Sie es selbst ausprobieren wollen, so nehmen Sie ein Wort wie *umwerfbar* oder *Zuckervergeuder:* Ich vermute, daß Sie weder das eine noch das andere jemals gehört haben – aber dennoch ist Ihnen völlig klar, was sie bedeuten. Sie können bei Gelegenheit gebildet werden wie eine Wortgruppe oder ein Satz und werden wie diese als systematische Bildungen verstanden. Auf die Sprache der Beteiligten oder gar die deutsche Sprache überhaupt haben solche Gelegenheitsbildungen gar keinen Einfluß. Es handelt sich bei ihnen zwar um Wörter im Sinne der Syntax, aber nicht um Wörter im Sinn von ‚lexikalischen Einheiten'. Es hätte deshalb auch wenig Sinn, sie in einer Beschreibung des Deutschen im Lexikon aufzuführen – nur wenn wir von bestimmten Texten eine vollständige Wortliste erstellen wollten, und in diesen Texten solche Wörter vorkämen, würden wir sie berücksichtigen. Bei geläufigeren, aber immer noch systematischen Bildungen wie *abwaschbar* kann man aus Zweckmäßigkeitsgründen eine Aufnahme ins Lexikon erwägen – notwendig ist sie aber auch hier nicht.

§ 47. Diese Lage ändert sich grundsätzlich, sobald entweder der Gebrauch der höheren Einheit von der systematischen Bedeutung abweicht oder der morphologische Bau nicht mehr den produktiven Bildungsregeln entspricht: Solche *Lexikalisierungen* (wie wir die Abweichungen von der systematischen Bildung zusammenfassend nennen wollen) setzen voraus, daß die Sprecher die höhere Einheit nicht mehr bei jedem Gebrauch neu bilden, sondern einen früheren Gebrauch wiederaufnehmen, ihn wiederholen. Der Gebrauch der höheren Einheit wird damit durch die Überlieferung mitbestimmt, er muß beim Erwerb der Sprache eigens erlernt werden, und deshalb sind solche höheren Einheiten auch bei der Beschreibung der Sprache ausdrücklich aufzuführen: Die (gegliederten) Wörter werden damit zu Einheiten des Lexikons, zu *Lexemen,* – das ist der für sie vorgesehene Normalfall. Aber auch syntaktische Fügungen (wie *gelbe Rüben* und *unter die Haube kommen*) und sogar Sätze *(Wes Brot ich eß', des Lied ich sing'),* für die eigentlich vorgesehen ist, daß sie bei jedem Verständigungsakt neu gebildet werden, können lexikalisiert und damit zu festen Bestandteilen der Sprache werden. Bei ihnen spricht man im allgemeinen von *Phrasen* und führt sie entweder im (normalen) Lexikon oder in einem besonderen Phrasenlexikon. Die Lexikalisierung kann in allen diesen Fällen auf zwei Wegen eintreten, die allerdings bei der erschließenden Untersuchung nicht immer auseinandergehalten werden können: Eine systematische Einheit kann öfter gebraucht und dadurch üblicher werden, wobei sie Gebrauchsgewohnheiten entwickelt, die schließlich zu einer Lexikalisierung führen – nennen wir das die *Entfaltung* eines Lexems oder einer Phrase. Ein Beispiel wäre etwa das Wort *Wecker,* das ursprünglich (mit einer voll systematischen Bedeutung) alles mögliche bezeichnen konnte, das weckt: eine Wachtel, den Hahn, einen Menschen, eine Glocke usw. Im Laufe der Zeit schränkte man den Gebrauch des Wortes ein auf den wichtigsten Sonderfall: die Uhr mit Läutwerk, und in dieser Bedeutung ist das Wort zweifellos zu einer Einheit des deutschen Wortschatzes geworden. Im anderen Fall besteht das Bedürfnis, etwas Bestimmtes (neu) zu benennen und es wird zu diesem Zweck eine systematische Bildung herangezogen, die von vorneherein nur in diesem Sinn gebraucht wird (ob sie davor schon in uneingeschränkt systematischer Bedeutung auftrat, spielt dabei keine Rolle). So hat man etwa das Wort *Frauenzimmer* gebildet, um etwas ganz Bestimmtes, neu Auftretendes zu benennen und hat das Wort dann auch nur hierfür gebraucht – ein Zimmer des Gartenpavillons, in das sich die Fürstin gelegentlich zum Meditieren zurückzieht, hätte man nicht *das Frauenzimmer* genannt, obwohl dies nach der systematischen Bedeutung ohne weiteres möglich gewesen wäre. Solche Fälle sind ‚von vorneherein‘ lexikalisiert. Bei ihnen wollen wir von der *Prägung* eines Lexems (oder einer Phrase) sprechen.

§ 48. Wir haben damit bei der Wortbildung unterschieden zwischen der Erzeugung systematischer Einheiten, die in einer bestimmten Situation zu einem bestimmten Verständigungszweck gebildet werden und im Prinzip ohne Folge, ohne Geschichte sind, und der Entstehung lexikalischer Einheiten, die immer eine Lexikalisierung in sich schließt. Entsprechendes läßt sich nun durchaus auch für die beiden anderen Herkunftsbereiche, die Urschöpfung und die Entlehnung, sagen. Eine wirkliche Urschöpfung, wie das oben (§ 24) von uns betrachtete, in einer bestimmten Situation entstehende Lautbild, führt noch nicht zu einem Lexem, selbst wenn das Lautbild syntaktisch wie ein Wort verwendet wird: es ist der lautliche Reflex eines Sinneseindrucks; es könnte für zahlreiche andere Sinneseindrücke stehen und umgekehrt könnte der gleiche Sinneseindruck auch durch zahllose andere Lautbilder ‚wiedergegeben‘ werden. Erst die Wiederholung, die zugleich auch den Anwendungsbereich festlegt, kann das Lautbild zu etwas machen, das mit gewissem Recht als lexikalische Einheit zu bezeichnen ist. Auch von einer Entlehnung können wir im Grunde noch nicht reden, wenn jemand, der eine andere Sprache versteht, Wörter aus dieser in seine deutschen Sätze mischt. Erst die Wiederholung und Gewöhnung führt zu einer neuen lexikalischen Einheit, zu einem neuen Lexem. Wir haben eben bei jedem einzelnen Verständigungsvorgang die Möglichkeit, außer den vorhandenen lexikalischen Einheiten noch weitere Elemente aufzunehmen: solche, die wir aus vorhandenen Elementen zusammenbauen (Wortbildung), solche, die als Lautbild einen Sinneseindruck wiederzugeben suchen, und schließlich auch solche, die eigentlich Elemente einer anderen Sprache sind. Das alles ist noch keine Wortschöpfung, sondern lediglich mögliches Rohmaterial. Es wird erst dann zu einer lexikalischen Einheit, wenn es als Bezeichnung von etwas ganz Bestimmtem in der Sprache gespeichert ist und nicht mehr als voll systematische Kombination, als unmittelbarer Reflex eines Sinneseindrucks, oder als Ergänzung der vorhandenen Elemente durch andersartige dient.

3. Wörter – feste Wendungen – unselbständige Elemente

§ 49. Wenn nun unter der Entstehung eines Wortes (im Falle der Wortbildung) die Erzeugung einer systematischen Bildung verstanden werden soll, so müssen im Hinblick auf die eben behandelten Verhältnisse starke Einschränkungen gemacht werden: die systematische Bildung als solche ist lediglich Rohmaterial und für die Etymologie von so geringem Interesse wie die Bildung von Wortgruppen und Sätzen – sie wird vielmehr voll durch die Wortbildungslehre, also einen Teil der Grammatik, erklärt. Erst wenn eine solche Bildung ein Eigenleben entwickelt und ins Lexikon aufgenommen wird, wird sie zu einem Gegenstand der Etymologie, die nun – gewissermaßen rückwirkend – die systematische Bildung heranzieht und die Lexikalisierung von ihr abhebt. Die ‚Herkunft' eines Wortes ist damit nichts von der Wortgeschichte zu Trennendes, sondern vielmehr ganz ausgeprägt der Beginn dieser Geschichte, und sie ist kein punktförmiger Anfang (der Augenblick der Bildung in einer bestimmten Situation), sondern mindestens bei der Wortentfaltung ein längerer Prozeß. Es ist deshalb nicht möglich und nicht sinnvoll, die Wortgeschichte ganz von der Wortherkunft zu trennen, und unter diesen Umständen ist es auch nicht empfehlenswert, die spätere Wortgeschichte als ein Untersuchungsgebiet für sich zu betrachten – ganz abgesehen davon, daß Herkunft und Geschichte bei einer sorgfältigen praktischen Untersuchung ohnehin nicht auseinandergehalten werden können. – Im Anschluß an diese Überlegung noch eine Abgrenzung nach der anderen Seite: Auch bei unselbständigen sprachlichen Elementen, wie zum Beispiel den Suffixen, können wir Herkunft und Geschichte untersuchen. So läßt sich etwa das deutsche Pluralsuffix -er auf ein Stammbildungssuffix (ursprünglich -es-) zurückführen, das in allen Formen des Wortes auftrat, im Plural aber erhalten blieb, während es im Singular den Auslautgesetzen zum Opfer fiel – erst nachträglich wurde dieser lautliche Unterschied zwischen Singular und Plural dann als funktionstragend aufgefaßt. Man mag auch solche Fälle zum Untersuchungsgebiet der Etymologie rechnen, muß sich aber im klaren darüber sein, daß hier etwas anderes vorliegt: es gibt kein Bildungsverfahren für unselbständige Elemente, das etwa systematische Bildungen lieferte, die dann lexikalisiert werden; hier geht es vielmehr durchweg um Zufälle der Geschichte, bei denen bestimmte Elemente oder sogar Teile von Elementen ihre Kategorie wechseln (von Stammbildungselementen zu Flexionselementen, von Kompositionsgliedern zu Suffixen usw., also immer in Richtung auf eine stärkere Grammatikalisierung zu). Außerdem kann man die Geschichte von unselbständigen Elementen nur im Rahmen ihres jeweiligen Teilsystems betrachten, weil dieses einen sehr starken Einfluß auf das einzelne Element nimmt. Ich halte es deshalb für wesentlich zweckmäßiger, nur von einer Geschichte, nicht von einer Etymologie der unselbständigen Elemente zu reden und diese in einer historischen Morphologie zu behandeln. Wir werden hier also nicht auf sie eingehen. – Damit können wir nun in knapper Form sagen, was wir unter Etymologie verstehen wollen: die Entstehung und Geschichte der Lexeme (und Phrasen) einer Sprache, wobei die Entstehung nicht als etwas außerhalb der Geschichte Liegendes betrachtet wird. Der Gegenstandsbereich dieses Buches wird dabei vor allem die Etymologie der Lexeme sein – den Phrasen werden wir uns nur am Rande zuwenden.

4. Allgemeine und spezielle Etymologie – Vorausschau

§ 50. Schließlich noch eine Unterscheidung in Bezug auf das Untersuchungsziel: Bei der Sprachwissenschaft ist es sinnvoll, einen allgemeinen (für alle Sprachen gleichermaßen gültigen) Teil und die konkrete Anwendung auf die verschiedenen Einzelsprachen zu unterscheiden. Das vorliegende Buch dient nun eigentlich einer Fragestellung der allgemeinen Sprachwissenschaft, eben der allgemeinen Etymologie; aber besonders bei der historischen Sprachwissenschaft ergibt eine nur allgemeine Behandlung einen zu stark vereinfachenden Eindruck und läßt die außerordentliche Vielfalt und Verkettung gerade der geschichtlichen Entwicklungen ganz verkennen. Deshalb wird in diesem Buch die allgemeine Behandlung grundsätzlich an einem Einzelfall, nämlich der deutschen Sprache, aufgezeigt, wobei in den Untersuchungsbeispielen nicht nur das für den gerade behandelten Einzelfall Wichtige herausgehoben, sondern ein möglichst umfassendes Bild zu geben versucht wird. Auf diese Weise soll sich zugleich ein Grundgerüst für eine Etymologie des Deutschen ergeben, das an exemplarischen Fällen zeigt, wie die etymologische Darstellung des deutschen Wortschatzes aussehen müßte. Nun läßt sich eine geschichtliche Betrachtung nicht (oder zumindest fast nicht) durchführen ohne irgendeine Art geschichtlicher Quellen. Und um diese Quellen einordnen und beurteilen zu können, muß die Geschichte der betreffenden Sprache bekannt sein, einschließlich der Verwandtschaftsverhältnisse und der Berührungen ihrer Sprecher mit Sprechern anderer Sprachen. Solche Modelle der behandelten Sprache brauchen wir als Rahmen und Grundvoraussetzung unserer etymologischen Untersuchung, und deshalb wird der erste Teil dieses Buches dem räumlich-zeitlichen Modell einer Sprache, besonders dem des Deutschen gewidmet sein. In einem zweiten Teil soll dann das Rohmaterial der Wort-Entstehung im einzelnen besprochen werden, in einem dritten die Möglichkeiten der Wortgeschichte. Und nachdem wir in diesen beiden Teilen gesehen haben, was es alles geben kann, wollen wir in einem vierten Teil die wichtigsten Punkte unseres Erschließungsverfahrens zusammenstellen, also die Frage behandeln, wie man von den Belegen zu einer bestimmten etymologischen Erklärung kommt. – Falls Sie sich auch in anderen Arbeiten zu diesem Thema umsehen wollen, finden Sie unter B 1 eine bibliographische Zusammenstellung der wichtigsten Handbücher.

ERSTER TEIL
DIE RÄUMLICH-ZEITLICHE EINORDNUNG UND GLIEDERUNG EINER SPRACHE

I. Ein theoretisches Kapitel:
Gleiche Sprache – verschiedene Sprachen

A. Das zeitliche Kontinuum

1. Die Entstehung des Kontinuums

§ 51. In diesem ersten systematischen Teil wollen wir uns mit der Frage befassen, wie sich eine Sprache entwickelt, wie sie sich aufgliedert und wie sie mit anderen Sprachen zusammenhängt, damit wir in diesem Rahmen dann die Geschichte der in ihr enthaltenen Wörter verfolgen können. Wir greifen damit Fragestellungen auf, die wir teilweise schon bei der Besprechung des ‚gleichen Wortes‘ (§ 14–21) behandelt haben. Dort haben wir (in § 14) festgestellt, daß eine Verständigung Gleichheit der Sprache (und der einzelnen Wörter) voraussetzt, weshalb die Sprache innerhalb einer Sprechergemeinschaft immer mehr oder weniger einheitlich ist. Nun ist ‚Sprechergemeinschaft‘ ein Begriff, der sehr Verschiedenartiges umfassen kann. Nehmen wir deshalb zunächst einen Extremfall: die Bewohner eines kleineren, abgelegenen Dorfes, das noch nicht unter dem Einfluß der Massenmedien steht. Sie werden eine weitgehend einheitliche Sprache sprechen, und diese im Prinzip unverändert ihren Kindern überliefern. Nun ist eine solche Sprechergemeinschaft einem langsamen Wandel unterworfen: sie verliert immer wieder ein Mitglied durch den Tod, ohne daß sie dadurch in ihrem Fortbestand gefährdet würde, denn sie bekommt auch immer wieder Zuwachs, indem junge Mitglieder geboren werden und heranwachsen. Durch keinen dieser Einzelfälle entsteht eine andere Sprechergemeinschaft – und doch: wenn wir den Bestand der Sprecher zu einer bestimmten Zeit mit dem zu einer wesentlich späteren Zeit vergleichen, so ist vielleicht kein einziges Mitglied dasselbe geblieben. Einen solchen Fall nennen wir ein *zeitliches Kontinuum*: der untersuchte Bereich verändert sich in kleinen Schritten, so daß man mit einem gewissen Recht immer vom gleichen Bereich sprechen darf, obwohl er ganz verschiedene Entwicklungsstufen aufweisen kann.

§ 52. Diese Beschreibung trifft nun auch auf die Sprache einer solchen Gemeinschaft zu: Im Verlauf der Überlieferung werden die jüngeren Sprecher die Elemente und Regeln ihrer sich langsam heranbildenden Sprache immer stärker den im allgemeinen Gebrauch befindlichen Elementen und Regeln anpassen, um eine möglichst genaue Übereinstimmung mit diesen zu erreichen. Im Prinzip müßte diese Anpassung dazu führen, daß alle Sprecher der Gemeinschaft über genau das gleiche Sprachsystem verfügen, und daraus würde wegen der kontinuierlichen Fortentwicklung der Gemeinschaft folgen, daß sich diese Sprache nie ändert. Aber alles, was lebt und was von Lebendigem abhängt, zeigt Verschiedenheiten und entwickelt sich: Es entsteht neuer Bedarf, eine neue Gewohnheit; Altes verschleißt und so weiter. Selbst so etwas Dauerhaftes wie ein Haus ändert sich im Lauf der Zeit, auch wenn seine Bewohner und Besitzer dies nicht beabsichtigen: aber sie bessern gelegentlich etwas aus, erneuern etwas anderes, bringen kleine Neuheiten an usw., und das kann im Lauf der Jahrzehnte zu einer merklichen Veränderung anwachsen. Bedenkt man nun, daß eine Sprache keineswegs ein so fester Gegenstand ist wie ein Haus, daß sie vielmehr nur aus Äußerungen besteht, die in ständig veränderter Kombination der Elemente aufeinanderfolgen, dann wird man bei den Sprachen sehr viel umfangreichere Veränderungen erwarten. Und diese treten auch tatsächlich auf. Teilweise mögen sie auf unmerklichen Verschiebungen etwa in der Aussprache oder in einem Wortgebrauch beruhen – der Normalfall sind aber bemerkbare Abweichungen: Neuerungen, die ein Sprecher oder eine kleine Gruppe einführt – im allgemeinen zunächst neben der alten Möglichkeit als *Variante,* dann aber als alleinige Form. Nun wirkt der Drang zur Angleichung der Sprachsysteme diesen Neuerungen entgegen und bewirkt einen ständigen Reiz, den Unterschied zwischen Neuerern und Nicht-Neuerern auszugleichen. Dieser Reiz kann dazu führen, daß die Neuerer ihre Form zurücknehmen (oder daß die Neuerung mit ihnen ausstirbt ohne weitere Folgen zu haben) – dann bleibt alles beim alten. Er kann aber auch bewirken, daß die Neuerung von anderen Sprechern aufgenommen wird (normalerweise zunächst auch nur als Variante). Im allgemeinen entscheidet dabei das Ansehen der Sprecher über das Schicksal der von ihnen verwendeten Sprachformen. Dringt die Neuerung in der ganzen Sprechergemeinschaft durch, dann ist die Einheitlichkeit der Sprache wieder hergestellt, aber um den Preis einer Veränderung: die Sprache unterscheidet sich jetzt von ihrem früheren Zustand, wenn die Abweichung auch nur gering sein mag. Aber diese geringen Abweichungen häufen sich im Laufe der Zeit und werden schließlich so stark, daß der Text einer früheren Sprachausprägung von den Sprechern einer jüngeren Sprachstufe (etwa beim Lesen alter Urkunden) nur noch mit Mühe oder gar nicht mehr verstanden werden kann. Nicht nur die Sprechergemeinschaft, sondern auch ihre Sprache bildet also ein zeitliches Kontinuum. An sich kann man die Sprache dabei auf allen ihren Stufen als ‚die gleiche Sprache‘ bezeichnen

– wenn aber die Unterschiede bedeutend geworden sind, dann spricht man etwas zurückhaltender von verschiedenen *Stufen* (oder *Stadien*) dieser Sprache und meint damit jeweils einen Zeitraum, während dessen sie sich nicht ändert (also möglicherweise einen Zeitraum ohne Ausdehnung), während man von *Abschnitten* (oder *Perioden*) spricht, wenn man längere Zeiträume zusammenfaßt und die inzwischen eingetretenen Veränderungen vernachlässigt. Alle solche Aufgliederungen in Perioden beruhen auf Zweckmäßigkeitsentscheidungen – die Entwicklung der Sprache selbst zeigt im allgemeinen keinen deutlichen Einschnitt.

2. Aufgliederung durch Trennung

§ 53. Es kann nun sein, daß sich eine solche mehr oder weniger geschlossene Sprechergemeinschaft aufgliedert, etwa wenn ein Teil der Sprecher auswandert, so daß wir nun in zwei oder mehr verschiedenen Gegenden Sprecher derselben Sprache vorfinden: verschiedene *Zweige* derselben Gemeinschaft und derselben Sprache. Das können gleich starke Zweige sein, oder ein *Hauptzweig* und ein *Nebenzweig*, und schließlich kann es auch *Sprachinseln* geben – das sind verhältnismäßig kleine Nebenzweige, die von einer anderssprachigen Umgebung umschlossen und damit von ihrem Hauptzweig getrennt sind. Nebenzweige bekam etwa das Norwegische, als Island und die Schafsinseln *(Färöer)* von Norwegen aus besiedelt wurden; Sprachinseln entstanden durch die Wanderungen der Walser vom Wallis (in der Süd-Schweiz) aus in Gebiete mit italienisch oder rätoromanisch sprechender Bevölkerung. Wird die Verbindung zwischen zwei solchen Zweigen einer Sprache schwächer oder reißt sie gar ab, dann wird jede Veränderung, die in einem der Zweige auftritt, zu einer Verschiedenheit zwischen den beiden Sprachausprägungen führen; die beiden Zweige werden sich also ,auseinanderentwickeln'. Diese Verschiedenheit wird immer größer werden, und spätestens wenn die beiden Zweigsprachen nicht mehr gegenseitig verstehbar sind, reden wir nicht mehr von Zweigen derselben Sprache, sondern von *(genetisch) verwandten Sprachen*, von *Tochtersprachen* der gleichen *Grundsprache*. *Gegenseitige Verstehbarkeit* bedeutet dabei, daß ein Sprecher des einen Zweigs einen Sprecher des anderen Zweigs auf Grund seiner eigenen Sprache verstehen kann; das heißt, die Abweichungen sind noch nicht so groß, daß sie eine Verständigung schwer beeinträchtigen oder gar ausschließen.

B. Das räumliche Kontinuum

1. Das räumliche Kontinuum

§ 54. Dies ist der einfachste Fall von Zusammenhängen zwischen Sprachen (und damit auch zwischen Elementen von Sprachen): Er setzt lediglich die Überlieferung, die Möglichkeit von Neuerungen, ihre Verallgemeinerung und die Möglichkeit der Trennung von Sprechergemeinschaften voraus. Betrachten wir nun den anderen Fall: die Möglichkeit der Verbreitung. Gehen wir hier aus von einem Sprachgebiet, das von mäßig weit auseinanderliegenden Dörfern und Weilern überzogen ist, und setzen wir voraus, daß in allen diesen Dörfern und Weilern Gruppen einer ursprünglich einheitlichen Sprechergemeinschaft wohnen, daß also in allen mehr oder weniger die gleiche Sprache gesprochen wird. Naturgemäß werden die Sprecher eines solchen Ortes am häufigsten unter sich sprechen – wir setzen also voraus, daß sich alle Sprecher eines Dorfes bei Änderungen gleich verhalten. Am zweithäufigsten werden sie (aufs ganze gesehen) mit den Sprechern der unmittelbar benachbarten Orte reden, und je weiter eine Niederlassung von ihrem Ort entfernt ist, desto seltener werden sie mit deren Bewohnern ins Gespräch kommen. Tritt nun an einem dieser Orte eine Neuerung auf, dann werden die Sprecher der Nachbarorte in Versuchung sein, diese Neuerung aufzunehmen, um die Sprache gleichzuhalten. Aber ihre Nachbarn auf der anderen Seite haben ja noch den alten Zustand – und wenn sie nun die Neuerung aufnehmen, dann bedeutet das gleichzeitig, daß sich ihre Sprache jetzt von der der Nachbarn auf dieser anderen Seite unterscheidet, und das wäre der Verständigung ja wieder abträglich. Es steht also Reiz neben Gegenreiz, und da der Drang zur Anpassung zwischen den Sprechern verschiedener Orte weniger stark ist, als der Drang zur Anpassung zwischen Sprechern desselben Ortes, ist ganz ungewiß, wie die Entscheidung im Einzelfall aussieht: Nimmt das Nachbardorf die Neuerung auf, so ist diese ein Stück weiterverbreitet worden; nimmt es sie nicht auf, dann hört die Verbreitung der Neuerung in dieser Richtung auf. Da die räumliche Ausbreitung somit jeweils auf den Nachbarort übergreift und – normale Umstände vorausgesetzt – keine Sprünge macht, entsteht dadurch für die Neuerung ein geschlossenes *Verbreitungsgebiet* mit einer *Verbreitungsgrenze,* die im Fall der Variation zwischen alter und neuer Form als *Grenzgürtel* oder *Übergangsgebiet* auftreten kann. Das Verbreitungsgebiet kann größer werden, solange die Ausbreitung andauert – es kann auch wieder kleiner werden, wenn der Gebrauch der Neuerung zurückgeht.

§ 55. Nun treten Neuerungen aber nicht immer an derselben Stelle auf und ihre Verbreitung bleibt auch nicht immer an derselben Stelle stehen. Deshalb wird unser vorausgesetztes Sprachgebiet je länger desto mehr von Verbreitungsgrenzen der verschiedensten Art und Richtung durchzogen, so daß sich alsbald ein Netz von solchen Grenzen über das ganze Gebiet erstreckt. Dabei kann nicht vorausgesagt werden, wieviele Grenzen zwei Nachbarorte voneinander trennen werden; aber eines ist sicher: Wenn wir von einem Ort aus in die gleiche Richtung weitergehen, dann wird die Zahl der Verbreitungsgrenzen, die wir überschreiten, immer größer, d. h. die Verschiedenheit zwischen der Sprachausprägung des Ortes, den wir erreichen und der unseres Ausgangsortes nimmt zu. Es kann zwar sein, daß wir auf unserem Weg das Verbreitungsgebiet einer Neuerung betreten und es nach einiger Zeit wieder verlassen (wodurch die Verschiedenheit in diesem einen Punkt wieder geringer wird), aber diese Ausnahme wird gegenüber der Häufigkeit der Regelfälle kaum ins Gewicht fallen. Dieser Befund, daß größere räumliche Entfernung in der gleichen Richtung immer auch größere (oder zumindest gleich große) Verschiedenheit der angetroffenen Sprachsysteme gegenüber dem Sprachsystem des Ausgangspunktes ergibt, gilt nun für das ganze Gebiet – gleichgültig, von welchem Ort aus wir es betrachten. Wir sprechen deshalb von einem *räumlichen Kontinuum* oder *Mundartkontinuum*. Seine Gliederung muß natürlich nicht in dem Sinne gleichmäßig sein, daß zwischen zwei benachbarten Orten immer gleich viele Verbreitungsgrenzen bestehen – aber das Prinzip der wachsenden Verschiedenheit gilt überall. Es kann auch sein, daß der sprachliche Verkehr an bestimmten Stellen stark behindert oder gar ausgeschlossen ist – das wird entweder durch natürliche Hindernisse bewirkt (unübersteigbare Berge, gefährliche Moore usw.) oder durch die Einstellung der Leute zueinander. Wenn zwei Orte im Krieg miteinander liegen (worunter auch Glaubenskriege fallen), dann werden sie im allgemeinen während der Dauer dieses Krieges wenig miteinander reden. Eine starke Verringerung oder ein Abbrechen des sprachlichen Verkehrs führt aber nach einiger Zeit zu einer Häufung der Verschiedenheiten zwischen den Sprachen der betroffenen Orte, sogenannten *Bündeln* von Verschiedenheiten oder von Verbreitungsgrenzen oder kurz *Bündelungen*. Andererseits kommt es oft vor, daß größere Gebiete sich – auch sprachlich – nach bestimmten Mittelpunkten ausrichten, was zur Folge hat, daß viele Verbreitungsgrenzen um solche Mittelpunkte herumlaufen. Auch das ist ein Sonderfall der Verbreitung, den wir hier *Ballung* nennen wollen. Beide Arten, die Bündelung und die Ballung, fassen wir zusammen unter dem Oberbegriff *Verwerfungen*.

2. Verschiebungen

§ 56. Ein solches Mundartkontinuum wird nun sofort beeinträchtigt, wenn Verschiebungen innerhalb seiner Bevölkerung auftreten. Wenn z. B. Bevölkerungsteile auswandern und die jeweiligen Nachbarn in den nun frei gewordenen Raum nachrücken, so werden dabei Sprecher zueinanderkommen, die einander seither nicht benachbart waren. Die Unterschiede zwischen ihren Sprachausprägungen werden also mehr oder weniger stark über das in einem räumlichen Kontinuum übliche Maß an Verschiedenheiten zwischen Nachbarn hinausgehen. Ein ähnliches Bild bekommen wir, wenn bei der Auswanderung geschlossene Sprechergruppen aus verschiedenen Teilen des Kontinuums in der neuen Heimat nebeneinander siedeln. Solche Fälle wollen wir – wenn noch gegenseitig Verstehbarkeit vorausgesetzt werden kann – *gebrochene* (räumliche) *Kontinuen* nennen. In dieser Art haben wir uns etwa die sprachlichen Verhältnisse bei der Besiedlung Mitteleuropas durch die Germanen vorzustellen: Nach Deutschland z. B. kamen Stämme, deren Sprachen sich gewiß schon unterschieden, aber doch noch gegenseitig verstehbar waren. Es entstand dort also ein gebrochenes Kontinuum – wie vermutlich auch im ursprünglichen Siedlungsgebiet dieser Stämme, als von dort ganze Völkerschaften abgewandert waren. Kommen bei solchen Verschiebungen nicht größere geschlossene Sprechergemeinschaften zueinander, sondern Einzelpersonen und allenfalls kleinere Gruppen, so wollen wir von *gemischten Sprechergemeinschaften* reden. Sie treten vor allem bei Kolonialisierungen auf, bei denen die Neusiedler in kleinen Gruppen aus verschiedenen Teilen des Mutterlandes gekommen sind; auch städtische Ballungszentren bieten häufig dieses Bild. Und noch ein letzter Sonderfall: Eine geschlossene Sprechergruppe kann sich an einer anderen Stelle des Kontinuums niederlassen. Unterscheidet sich ihre Mundart merklich von der ihrer neuen Heimat, so bekommen wir bei größeren Bevölkerungsteilen wieder ein gebrochenes Kontinuum, bei kleineren Gruppen eine *Binnensprachinsel*, wie etwa die pfälzische (rheinfränkische) Sprachinsel am Niederrhein bei Kalkar (südlich von Kleve) in niederfränkischer Umgebung. Diese entstand in der Mitte des 18. Jahrhunderts, als reformierten Auswanderern aus der Gegend von Bad Kreuznach (Pfalz) die Einreise nach Holland zur Überfahrt nach Amerika verweigert wurde, worauf sie um das Recht der Bebauung von Ödland in ihrem Wartequartier nachsuchten[53].

§ 57. Nun ist wichtig zu sehen, daß die besonders starken Mundart-Unterschiede innerhalb gebrochener Kontinuen und gemischter Sprechergemeinschaften unter normalen Umständen nicht über längere Zeit hinweg erhalten bleiben. Im Falle von gemischten Sprechergemeinschaften entsteht im allgemeinen eine *Ausgleichssprache,* das heißt, jeder Sprecher muß, um sich verständlich zu machen, auf extreme Besonderheiten seiner Mundart verzichten, so daß sich langsam die bei allen Sprechern der Gemeinschaft gebräuchlichsten Formen durchsetzen. Diese Formen müssen nicht alle aus derselben Mundart stammen, aber häufig wird die Ausgleichssprache doch ,auf der Grundlage' (d. h. den wichtigsten Strukturmerkmalen) einer bestimmten Mundart aufbauen. Bei gebrochenen Kontinuen und Binnensprachinseln wird das verhältnismäßig starke Bündel von Verbreitungsgrenzen, das die beteiligten Mundarten anfänglich voneinander trennt, einerseits dadurch ,aufgeweicht', daß die neuen Nachbarn sprachliche Eigentümlichkeiten voneinander übernehmen können; andererseits geht es in seiner Bedeutung zurück, weil im Laufe der Zeit Neuerungen auftreten, deren Verbreitung nicht an die alte Grenze gebunden ist. Genügend lange Zeit vorausgesetzt wird das alte Grenzbündel – wenn sein Verlauf überhaupt noch erkennbar ist – von den vielen neuen Verbreitungsgrenzen kaum noch oder gar nicht mehr zu unterscheiden sein, so daß sich ein *sekundäres Kontinuum* herausgebildet hat, wie man es bei den meisten Auswanderungen größeren Stils nach einiger Zeit beobachten kann, z. B. im deutschen Osten vor der politischen Neugliederung nach dem Zweiten Weltkrieg, aber auch etwa bei den englischen Mundarten in Nordamerika. Diese Überlegung ist für uns vor allem deshalb wichtig, weil sie die alte Annahme, die Verbreitung der germanischen Stämme bei der Landnahme in Deutschland schlage sich in Mundartgrenzen nieder, als ganz unwahrscheinlich erweist – und in der Tat lassen sich Nachfolger der alten Stammesgrenzen bei neuen Mundartgrenzen auch in keinem Fall nachweisen. Das berühmteste der angeführten Beispiele, die Lech-Grenze zwischen Baiern und Schwaben, ist erstens nur eine Teilgrenze und zweitens stark aufgefächert, d. h., es besteht dort ein breiter Streifen, in dem sich Verbreitungsgrenzen häufen – durchaus im Rahmen eines sekundären Kontinuums, ohne wirkliche Mundartgrenze, die eher im Selbstverständnis der dortigen Bevölkerung zu suchen ist[54].

3. Binnengliederung

§ 58. Das führt uns zu der schwierigen Frage der *Binnengliederung* eines Mundart-Kontinuums wie des deutschen. Hier sind wir durch solche auch in der Sprachwissenschaft verwendeten Bezeichnungen wie *alemannisch, bairisch, schwäbisch, fränkisch* usw. geneigt, eine deutliche Aufgliederung des Sprachgebiets in Großmundarten anzunehmen, die sich dann wieder in Teilmundarten und schließlich in Ortsmundarten aufspalten lassen. Wenn damit gemeint sein soll soll, daß das Bild der Verbreitungsgrenzen von sich aus eine solche Aufgliederung ergibt, dann ist diese Annahme falsch. Ein Mundartkontinuum wie das deutsche zerfällt nicht auf natürliche Weise in Großmundarten – die Grenzbündel sind überall mehr oder weniger gleichwertig, und auch die Verwerfungen zeigen im allgemeinen nur auf kurze Strecken schärfere Unterschiede zwischen den Sprachausprägungen benachbarter Orte; Großmundarten wie *Schwäbisch* ergeben sie nicht – in keinem Falle. Das ändert nichts an der Zweckmäßigkeit solcher Grob-Einteilungen, denn für die Beschreibung ist es nützlich, eine Grobeinteilung zu haben, die dann weiter verfeinert werden kann. Wichtig ist aber zu erkennen, daß solche Einteilungen darauf beruhen, daß wir festlegen, wo uns eine Grenzziehung zweckmäßig erscheint oder welche Verbreitungsgrenze wir als Vorbild für eine Grobeinteilung wählen wollen – und damit ist sie im Prinzip willkürlich. Die Bezeichnungen wie *schwäbisch* und *fränkisch* gehen dabei auf politische Bezeichnungen oder Stammesbezeichnungen zurück. Schließlich wäre noch kurz auf die Grenzen räumlicher Kontinuen einzugehen: Ein Kontinuum kann an natürlichen Grenzen aufhören, wie unübersteigbaren Bergen und gefährlichen Mooren, auch an Flüssen oder Meeren (die aber erfahrungsgemäß den sprachlichen Verkehr nicht stark hindern), oder sie stoßen an andere Sprachen, an andere Kontinuen, die durch Sprachgrenzen abgetrennt sind. *Sprachgrenzen* setzen wir dort an, wo keine gegenseitige Verstehbarkeit zwischen benachbarten Sprechergemeinschaften besteht. Das gilt etwa für die Grenze zwischen Deutsch und Dänisch, zwischen Deutsch und Französisch, Deutsch und Tschechisch usw., während Deutsch und Niederländisch ein gemeinsames Mundartkontinuum haben – nur die Hochsprachen sind stärker voneinander getrennt.

4. Überregionale Sprachen

§ 59. Räumliche Unterschiede sind nun insofern wichtiger als die zeitlichen, als sie die Verständigung behindern und sogar verhindern können: Mit seinen Vorfahren von vor 200 oder 400 Jahren kann man nicht mehr reden – hier können Verständigungsschwierigkeiten allenfalls in den seltenen Fällen auftreten, in denen auf eine ältere schriftliche Überlieferung zurückgegriffen wird. Dagegen kann man sehr leicht die Gelegenheit haben, mit Sprechern stark verschiedener Mundarten zu reden, und hier wirken sich die Verschiedenheiten sehr störend aus. Eine Möglichkeit, diesen Schwierigkeiten auszuweichen wäre, die jeweiligen Mundarten zu lernen – aber bei einem größeren Sprachgebiet und vielfältigem Verkehr wäre dies ein wirklichkeitsferner Versuch. Der einzige wirklich brauchbare Ausweg ist eine allgemein anerkannte *überregionale Sprache,* das heißt, eine Sprachausprägung, die auf dem ganzen Sprachgebiet neben der Mundart verstanden und gesprochen wird. Überregionale Sprachen, die für verschiedenartige Sprachgruppen gelten, nennen wir eine *lingua franca* (wörtlich ‚fränkische Sprache‘) – nach der Sprache, die die maurischen Herren in Nordafrika mit ihren christlichen Sklaven sprachen. Eine lingua franca im modernen Sinn war das Lateinische im mittelalterlichen Europa. Wird die überregionale Sprache aus dem Kontinuum selbst gewonnen, so können wir drei Arten ihrer Entstehung unterscheiden (die selbstverständlich auch gemischt auftreten können und dies in der Regel auch tun): Zum einen kann eine regionale Ausprägung als überregionale Sprache anerkannt werden (die Sprache des Hofes, eines Kulturzentrums, einer in der Mitte des Sprachgebiets gelegenen Gegend oder ähnliches) – dies sei eine *Leitsprache* genannt. Eine Leitsprache war zum Beispiel die Sprachausprägung der Ile-de-France, die zur modernen französischen Hochsprache geführt hat. Die andere Möglichkeit besteht darin, daß jede Region auf ihre besonderen sprachlichen Eigentümlichkeiten zugunsten von weiter verbreiteten gleichwertigen Formen verzichtet, so daß schließlich eine Art Ausgleichssprache entsteht, die aber immer noch einen verhältnismäßig hohen Grad an Verschiedenheiten aufweist – eine *Gemeinsprache*. Solche Formen haben bei der Entwicklung der neuhochdeutschen Hochsprache eine Rolle gespielt. Und schließlich kommt es in der Neuzeit gelegentlich vor, daß eine Hochsprache aus verschiedenen Sprachformen eines Kontinuums konstruiert und in ihrer Einführung staatlich gesteuert wird. Diesen Fall, den wir eine *gelenkte Hochsprache* nennen können, haben wir etwa bei einer der beiden norwegischen Hochsprachen, dem Nynorsk, und beim Makedonischen auf dem Balkan.

§ 60. Mit der Herausbildung einer überregionalen Sprache bekommen die regionalen Ausprägungen einen neuen Stellenwert: sie sind jetzt nicht mehr nur regionale Ausprägungen neben gleichwertigen anderen, sondern zugleich auch regionale Ausprägungen gegenüber der vorgeordneten überregionalen. Und nun zeigt sich in der Praxis so gut wie immer, daß solche überregionalen Sprachen innerhalb eines Kontinuums die Neigung haben, außer ihrer primären Funktion als Verkehrssprache weitere (sekundäre) Funktionen an sich zu ziehen, die im Prinzip Anwendungsbereiche der einzelnen Mundarten sein könnten, die aber, wenn sie auf die überregionale Sprache übertragen werden, einen größeren Geltungsbereich und andere Vorteile gewinnen. Das ist vor allem die Funktion als Schriftsprache, dann als Kultursprache in einem sehr weiten Sinn: als Literatursprache, als Verwaltungs- und Gerichtssprache, als Schulsprache usw. Eine Sprache, die alle diese gerade in der Neuzeit sehr wichtigen Funktionen übernimmt, sei eine *Hochsprache* genannt – und diese Stellung ist so wichtig, daß auch Sprachen als Hochsprachen zu bezeichnen sind (oder diese Stellung anstreben), die gar keine oder nur eine geringe regionale Gliederung aufweisen, aber als Schrift- und Kultursprache gebraucht werden – wie etwa das Isländische.

§ 61. Solche Möglichkeiten bringen es mit sich, daß eine normale Kultursprache nicht einheitlich ist, sondern vielmehr recht unterschiedliche Ausprägungen aufweisen kann: die verschiedenen Mundarten, denen die Hochsprache als überregionale Form gegenübersteht, wobei es auch Übergangsstufen verschiedener Art geben kann; dann die Alltagssprache, der einerseits die formellen Möglichkeiten der Schrift- und Kultursprache gegenüberstehen, andererseits die saloppe Sprache mit ihrem Kontrastwortschatz (etwa *Most* statt *Benzin, Saft* statt *Strom, Glotzoskop* statt *Brille, Klafünf* statt *Klavier* usw.). Vor allem die Alltagssprache und die saloppe Sprache können dabei eine deutliche soziale Schichtung aufweisen. Neben alledem gibt es noch Sondersprachen verschiedenster Arten: die Berufs- und Fachsprachen (die von rein technischen Ausprägungen bis zum ‚Fachjargon' des täglichen Gebrauchs reichen können); dann Gruppensprachen wie die Sprachen bestimmter Altersstufen (besonders der Heranwachsenden), Sprachen besonderer Lebensgemeinschaften (Soldatensprache) und Sprachen von Gruppen anderer Art (etwa religiöser Gemeinschaften). Diese Aufgliederung der *Gesamtsprache* in ihre verschiedenen Ausprägungen kann die *Architektonik* der betreffenden Sprache genannt werden (im Gegensatz zu ihrer *Struktur,* dem inneren Aufbau des Sprachsystems). Für uns ist dabei wichtig, daß Bedeutungsabgrenzungen und Strukturuntersuchungen immer nur in einer einheitlichen, in sich einigermaßen geschlossenen, Sprachausprägung sinnvoll sind. Für die Hochsprache gibt es zum Beispiel eine klare Bedeutungsabgrenzung zwischen *Mund* und *Maul:* Ein Mensch hat einen Mund, und manche Tiere haben ein Maul; und diese Unterscheidung ist für die Struktur des deutschen Wortschatzes wichtig – wir unterscheiden in gleicher oder ähnlicher Weise *essen* und *fressen, Haut* und *Fell, Lippe* und *Lefze* usw. Wenn man bei einem Menschen von seinem *Maul* spricht, dann ist das unhöflich, es gehört in eine andere Sprachschicht, die niedere Umgangssprache. Diese beiden Verwendungen von *Maul* muß eine Beschreibung selbstverständlich auseinanderhalten – es ginge nicht an, beide in der Angabe zusammenzufassen, daß *Maul* sowohl für Menschen, wie auch für Tiere gilt, *Mund* dagegen nur für Menschen. Die etymologische Untersuchung muß darüber hinaus beachten, ob ein Wort in einer Sondersprache entstanden und weiter entwickelt worden ist, denn die sondersprachliche Verwendung kann Besonderheiten aufweisen, deren Nicht-Beachtung die Entstehung und Geschichte eines Wortes rätselhaft erscheinen lassen kann.

C. Sprachmischung

§ 62. Damit haben wir die Auswirkungen der Überlieferung (§ 51 f.) und der Verbreitung (§ 54 f.) besprochen und kommen nun noch zu dem dritten und kompliziertesten Fall: der Sprachmischung. Bei der Geschichte der europäischen Sprachen haben wir es meist mit ‚Völkermischungen' zu tun, wobei von den Sprachen dieser Völker eine übrig bleibt, die in mehr oder weniger großem Umfang Elemente der anderen aufgenommen hat. Man sagt dabei, die Sprache, die sich durchgesetzt hat, habe ein *Stratum* aufgesogen, wobei man nach einem außersprachlichen Kriterium zwischen Substrat und Superstrat unterscheidet. Ein *Substrat* nennt man die Sprache der Unterlegenen, wenn sich die Sprache der Eroberer durchgesetzt hat (wie etwa bei den romanischen Sprachen, bei denen sich das Lateinische – die Sprache der Eroberer – durchgesetzt und die regionalen Substrate, wie in Frankreich das Gallische, aufgenommen hat); ein *Superstrat* ist die Sprache der Eroberer, wenn sich die Sprache der Unterlegenen durchsetzt, wie etwa beim Englischen, das auch nach der normannischen Eroberung eine germanische Sprache geblieben ist, aber ein normannisches, d. h. sprachlich gesehen ein nordfranzösisches Superstrat aufgenommen hat. Andere Formen der Mischung gehen auf die Verkehrs- und Handelssprachen zurück, die häufig den grammatischen Bau aus einer eingeborenen, den Wortschatz aus einer fremden Sprache beziehen. Solche Sprachen nennt man Pidgin-Sprachen oder kurz *Pidgins*, nach dem bekanntesten Beispiel, dem im Handel von Engländern mit Chinesen gesprochenen Pidgin-English. Pidgins dienen nur dem besonderen zwischensprachlichen Handelsverkehr und haben für andere sprachliche Bereiche meist keine Ausdrucksmittel. Werden solche Sprachen zur Muttersprache einer Sprechergruppe, so müssen ihre Ausdrucksmöglichkeiten stark ausgeweitet werden. Man spricht dann, wiederum nach dem wichtigsten Fall, dem Kreolischen, von kreolisierten Sprachen oder kurz *Kreols*.

D. Zusammenfassung

§ 63. Kommen wir nun zum Abschluß dieses Kapitels: Wir haben gefragt, wie verschiedene Sprachen miteinander zusammenhängen können, wobei es im wesentlichen um den Fall ging, daß zwei Sprachen letztlich auf dieselbe Grundsprache zurückgehen. Wir sehen nun, daß wir zunächst einmal berücksichtigen müssen, *was* wir vergleichen: eine Gesamtsprache, eine Hochsprache, eine Mundart oder eine schichtgebundene Sprachausprägung – die Voraussetzungen sind dabei jeweils nicht ganz die gleichen.

Dann geht es darum, *wie* die verglichenen Sprachen zusammenhängen, und das ist zunächst einmal die Frage, wie wir uns ihre gemeinsame Grundsprache vorzustellen haben: War sie einheitlich? War sie räumlich gegliedert? Wies sie eine sonstwie gegliederte Architektonik auf? Und dann: Wie ist die Aufspaltung vor sich gegangen? Durch eine Trennung mit oder ohne folgenden Kontakt? Sind dabei (Mundart-)Mischungen vorgekommen? Sind auch Einflüsse fremder Sprachen aufgetreten? und so weiter. Und schließlich ist bei diesen Überlegungen zu berücksichtigen, über wieviele Stufen die verglichenen Sprachen miteinander zusammenhängen, denn es ist klar, daß der Zusammenhang etwa zwischen Deutsch und Dänisch ein anderer ist als der zwischen Deutsch und Indisch, denn im einen Fall müssen wir nur bis zum Urgermanischen zurückgehen, um auf die gemeinsame Grundsprache zu stoßen, im anderen Fall bis zum Indogermanischen. Dieses Merkmal erfassen wir mit dem Ausdruck *Nähe* der Verwandtschaft. Auch die zeitliche Entfernung von der Grundsprache spielt beim Vergleich eine Rolle: Der Vergleich von Neuhochdeutsch und Latein ist von anderer Art als der Vergleich von Griechisch und Latein. Hier sagen wir, die beiden Sprachen (Nhd. und Lt.) seien *verschieden alt,* wobei sich dies mehr oder weniger auf das absolute Alter, den zeitlichen Abstand von der gemeinsamen Grundsprache, bezieht, während wir die strukturelle und materielle Nähe zur Ausgangssprache als *(relativ) archaisch* oder *altertümlich* im Gegensatz zu *fortschrittlich* bezeichnen. – Für den Fall, daß Sie die Theorie noch weiter treiben wollen, finden Sie Angaben über die – leider dünn gesäte – Literatur unter B 2.

II. Die deutsche Sprache (B 3)

A. Das kontinentalgermanische Kontinuum

§ 64. Verdeutlichen wir nun unsere allgemeinen Überlegungen am praktischen Fall der deutschen Sprache; stellen wir also zusammen, in welchen Zusammenhängen das Deutsche steht und wie es in sich gegliedert ist. Beginnen wir mit dem Mundartkontinuum, so ist zunächst das Verhältnis zum Niederländischen zu klären. Und hier ist der Zusammenhang bei den Mundarten ein anderer als bei den Hochsprachen: zwischen den Mundarten des deutschen und des niederländischen und flämischen Gebiets gibt es keine Sprachgrenze, wie etwa zwischen den deutschen und den dänischen Mundarten – das Kontinuum läuft hier ungebrochen weiter. Andererseits ist aber die niederländische Hochsprache von der deutschen eindeutig verschieden – die beiden Sprachen sind nicht gegenseitig verstehbar (obwohl man mit Raten ziemlich weit kommen kann). Daraus müssen wir den Schluß ziehen, daß es zwar ein zusammenhängendes Mundartkontinuum gibt, das das deutsche und niederländische (+ flämische) Sprachgebiet umfaßt, daß aber in diesem Kontinuum zwei Hochsprachen entwickelt wurden: das Deutsche und das Niederländische. Um dem Rechnung zu tragen, nennen wir dieses Kontinuum das *kontinentalgermanische* und weisen ihm Deutsch und Niederländisch als Hochsprachen zu.

§ 65. Betrachten wir nun dieses Kontinuum und seine Nachbarn: Es erstreckt sich zunächst, wie erwähnt, über die Bundesrepublik Deutschland, die Niederlande und den flämischen Teil Belgiens. Der nördliche Nachbar ist auf der jütischen Halbinsel Dänemark und damit das nordgermanische Kontinuum; sonst ist das Meer die natürliche Grenze. Allerdings wird auf den nordfriesischen Inseln (neben deutsch und plattdeutsch) friesisch gesprochen, ebenso in einer kleinen Sprachinsel westlich von Oldenburg, dem Saterland; und schließlich gibt es ein westfriesisches Sprachgebiet – gebildet durch die Provinz Westfriesland und die Inseln Terschelling und Schiermonnikoog –; dort spricht man westfriesisch als Hochsprache neben dem Niederländischen. Die Gruppe der (unter sich stark verschiedenen) friesischen Sprachen und Mundarten bildet einen eigenen Zweig der germanischen Sprachen, gehört also nicht zu unserem Kontinuum. Dafür reicht dieses noch über Belgien hinaus ein kleines Stück der Küste entlang nach Frankreich, bis in die Gegend von Dünkirchen (,französisch Flandern'). Dort beginnt die Sprachgrenze zum Französischen, die in Belgien

Flamen und Wallonen trennt und dann im allgemeinen der deutsch-franzö-
sischen Staatsgrenze folgt. Dabei gehört Luxemburg (bis auf kleine Teile
im Westen) zum kontinentalgermanischen Kontinuum, ebenso das Elsaß,
ursprünglich auch Lothringen, wo aber der Gebrauch der deutschen
Mundarten sehr stark zurückgegangen ist. Weiter gehören zu unserem
Kontinuum die deutsche Schweiz, Liechtenstein, Österreich und Südtirol
(auf italienischem Staatsgebiet). Im Süden trennt die Sprachgrenze (die
wegen der Alpen zum Teil nicht sehr ausgeprägt ist) das Deutsche vom
Italienischen und Rätoromanischen, weiter östlich vom Slovenischen (einer
slavischen Sprache). In diesen südlich angrenzenden Sprachgebieten gibt es
eine Anzahl deutscher Sprachinseln; umgekehrt besteht in Österreich eine
slovenische Minderheit. Der nächste Nachbar im Südosten ist dann das
Ungarische (eine nicht-indogermanische Sprache) – und dann hören die
einigermaßen klaren Verhältnisse auf.

§ 66. Nennen wir zunächst die angrenzenden Nachbarn im Osten: Südlich das Tschechische, nördlich davon das Polnische und – im ehemaligen
Korridor – das Kaschubische (eine dem Polnischen nahe verwandte Sprache). Eine slavische Minderheit, die Sorben, lebt auf nach wie vor deutschem Sprachgebiet. Vor dem Zweiten Weltkrieg nahm das Kontinuum
noch die Randgebiete der Tschechoslovakei ein (das sogenannte Sudeten-
deutsche); dann war die Sprachgrenze gegenüber dem Polnischen aufge-
lockert durch ein breites Mischgebiet, teilweise mit Zweisprachigkeit, teilweise mit einem Nebeneinander von deutschen und polnischen Siedlungen.
Dieses Mischgebiet (mit von Gegend zu Gegend wechselnden Anteilen der
beiden Sprachgruppen) erstreckte sich an der Küste in einem breitem Streifen bis Ostpreußen, wo eine weitere Gruppe von Nachbarn, die baltischen
Sprachen mit dem litauisch-lettischen Kontinuum, an unser Kontinuum
anschloß. Fast überall im Osten, von Rumänien im Süden bis in die baltischen Länder (und die dahinter liegenden Gebiete des Livischen und Estni-
schen, die zu den finnisch-ugrischen Sprachen gehören), gab es zum Teil
sehr große deutsche Sprachinseln (diese vor allem im Süden) oder starke
deutsche Minderheiten (vor allem im Norden; und zwar dort häufig in der
Oberschicht). Nach dem Zweiten Weltkrieg wurde Ostpreußen teils an
Rußland, teils an Polen angeschlossen; außerdem wurde ein sehr großes
Gebiet des östlichen Deutschlands Polen zugeschlagen (das Gebiet östlich
der Oder-Neiße). Die deutschsprachige Bevölkerung ist aus den Gebieten
östlich dieser neuen Grenze Deutschlands in großen Teilen abgewandert
oder aus ihnen vertrieben worden – wie die sprachlichen Verhältnisse heute
dort aussehen, ist deshalb nicht genügend klar. Auch die deutschen Sprachinseln und die Minderheiten im Osten sind zurückgegangen, wobei genauere Angaben über den Stand der Dinge noch nicht möglich sind. Das
bedeutet für uns, daß das heutige Kontinuum praktisch mit der Staats-

grenze der DDR abschließt, daß wir aber andererseits noch bis in die
jüngste Zeit Angaben über sehr viel weiter nach Osten reichende Verbreitungsgebiete haben.

§ 67. Die Binnengliederung des Kontinuums ist, wie vorauszusehen, eine
Frage der Zweckmäßigkeit. Man nimmt für eine Grobeinteilung im allgemeinen den Stand der Lautverschiebung als Kriterium: Gebiete, in denen
die Lautverschiebung den Stand der Hochsprache oder einen darüber hinausgehenden erreicht hat, werden als oberdeutsch bezeichnet; Gebiete, in
denen die Lautverschiebung nur teilweise durchgeführt ist, als mitteldeutsch; und Gebiete ohne Lautverschiebung als niederdeutsch + niederländisch. – Gehen wir zeitlich weiter zurück, so finden wir Texte mit
Vorstufen dieser Sprachen und Mundarten bis zurück etwa ins 8. Jahrhundert. Man nennt dabei die Sprache der frühesten Texte mit Lautverschiebung althochdeutsch, wozu man auch das in Oberitalien überlieferte Langobardische rechnet. Die Texte ohne Lautverschiebung weist man dem
Altsächsischen zu und rechnet weiter mit einem – allerdings in früher Zeit
kaum bezeugten – Altniederländischen. Außerdem wissen wir, daß auch in
Frankreich eine entsprechende Sprache gesprochen wurde, das Westfränkische, über dessen Lautform man sich nicht im klaren ist (deshalb ist es
umstritten, ob von unseren überlieferten althochdeutschen Texten einige
dem Westfränkischen zugewiesen werden dürfen). Diese Bezeichnungen
erwecken nun ein etwas schiefes Bild, denn sie spiegeln ein Nebeneinander
der Sprachen Althochdeutsch, Altsächsich und Altniederländisch vor, das
es in dieser Form sicher nicht gegeben hat. Wir haben in dieser frühen Zeit
in Mitteleuropa mit verschiedenen germanischen Stammesgruppen zu
rechnen, die im Zuge der Völkerwanderung in diese Gebiete gekommen
sind. Zur Zeit des Landnahme haben diese Gruppen vielleicht schon ausgeprägte Stammessprachen gehabt – vielleicht war die Sprache innerhalb dieser Gruppen aber auch gar nicht einheitlich – wir können darüber nur
Vermutungen anstellen. Als einigermaßen sicher können wir lediglich ansehen, daß es bereits Unterschiede gab, daß diese aber die gegenseitige
Verstehbarkeit nicht wesentlich beeinträchtigten. Wir haben also für die
Zeit unmittelbar nach der Landnahme mit einem gebrochenen Kontinuum
zu rechnen, das alsbald in ein sekundäres Kontinuum überging. Die hochdeutsche Lautverschiebung spielte bei dieser Entwicklung zum sekundären
Kontinuum natürlich eine wesentliche Rolle, weil sie ohne (oder mit nur
geringer) Rücksicht auf die Stammesgrenzen verhältnismäßig frühe und
deutlich erkennbare Verbreitungsgebiete hervorrief, aber sie war doch nur
ein Schritt neben anderen in dieser Richtung. Im ganzen haben wir also
beim Einsetzen unserer schriftlichen Quellen mit einem bereits weit fortgeschrittenen sekundären Kontinuum zu rechnen, in dem das Altsächsische
genau so eine Ausprägung war wie etwa das Altalemannische oder Altbai-

rische. Die Zusammenfassung der Ausprägungen mit Lautverschiebung unter der Bezeichnung *Althochdeutsch* mag zweckmäßig sein – sie darf aber nicht die Vorstellung erwecken, daß Althochdeutsch und Altsächsisch in gleicher Weise verschiedene germanische Sprachen gewesen wären wie etwa Althochdeutsch und Altnordisch oder Gotisch. Das erwähnte sekundäre Kontinuum schloß dabei bis kurz vor Einsetzen unserer Überlieferung auch das Langobardische in Oberitalien und sehr wahrscheinlich das Westfränkische in Frankreich mit ein – erstreckte sich also wesentlich weiter nach Süden und Westen als heute. Auf der anderen Seite reichte es um diese Zeit im Osten kaum weiter als bis zur Linie Elbe-Saale (ging aber im Norden über die Elbe hinaus und hatte südlich der Saale schon fast die heutige Ausdehnung).

B. Die deutsche Hochsprache

§ 68. Das heutige Kontinuum wird nun von zwei Hochsprachen überbrückt: dem Niederländischen in Holland und dem flämischen Teil Belgiens, und dem Deutschen in den übrigen Teilen; doch ist die offizielle Hochsprache des Elsaß und französisch Flanderns das Französische, die Südtirols das Italienische. In Luxemburg gibt es Bestrebungen, neben den Hochsprachen Deutsch und Französisch auch das einheimische Letzeburgische (zum Teil anstatt des Deutschen) im offiziellen Sprachgebrauch zu verwenden. Bei der Betrachtung der Herkunft dieser Hochsprachen wollen wir uns auf das Deutsche beschränken: Die Anfänge der deutschen Hochsprache liegen in den An- und Ausgleichungsbestrebungen der spätmittelalterlichen und frühneuzeitlichen Kanzleien, wobei zunächst die kaiserliche Kanzlei, dann aber vor allem die Kanzlei der Wettiner in Kursachsen eine Rolle spielten. Die in der sächsischen Kanzlei herausgebildete Sprachform, das sogenannte Meißnische, gewann dabei schon früh überregionale Bedeutung, die vor allem durch Luther und die durch ihn ausgelöste Verbreitung religiöser Schriften in der Volkssprache mit Hilfe des neu-entwickelten Buchdrucks verstärkt wurde. Es handelte sich dabei nicht um eine Regionalsprache der Gegend von Meißen, sondern bereits um ein Ausgleichsprodukt, das auch Merkmale aufwies, die dieser Gegend gar nicht zukamen, und das im übrigen von einer Einheitlichkeit in unserem heutigen Sinne noch weit entfernt war. In den auf die Reformation folgenden Jahrhunderten dehnte sich nun der Geltungsbereich dieser überregionalen Sprache fast auf das ganze Kontinuum aus. Ausgeschlossen blieben lediglich die Niederlande und Belgien, die im Mittelalter nicht zum deutschen Kaiserreich, sondern zum Herzogtum Burgund gehörten und deshalb politisch von Deutschland unabhängig waren. Des weiteren stand die Reformation in diesen Gebieten unter dem Einfluß Calvins (und nicht Luthers), und schließlich führte die politische Selbständigkeit und das wirtschaftliche Aufblühen vor allem Hollands dazu, daß sich die einheimische überregionale Sprache – die zunächst vom Flämischen ausging, dann im Brabantischen weiterentwickelt wurde und schließlich in Holland ihre Ausprägung erfuhr – als dortige Hochsprache durchsetzte.

§ 69. Aber kommen wir zurück zum Meißnischen: Es gewann nicht nur an Geltungsbereich, sondern auch an Einheitlichkeit, indem im Verlaufe eines jahrhundertelangen zähen Ringens Zug um Zug die noch bestehenden Verschiedenheiten der normierenden Vereinheitlichung unterworfen wurden. Dabei hielt man sich meist nicht an das Vorbild einer bestimmten Regionalsprache (also vor allem der meißnischen Mundart), sondern entschied von Fall zu Fall nach Gutdünken. Und so ist die heutige Hochsprache ein echtes Ausgleichsprodukt geworden, das viele Merkmale aufweist, die in keiner deutschen Mundart auftreten, oder nur ein zufälliges Gegenstück in Mundarten haben, die für die Vereinheitlichung sicher nicht maßgebend gewesen sind. Solche Merkmale sind etwa der Zusammenfall von altem $\bar{\imath}$ *(ü)* mit altem *ei (au)* wie in mhd. *wīde* ‚Weidenbaum‘ und *weide* ‚Futterwiese‘ zu nhd. *Weide* in beiden Bedeutungen – obwohl praktisch alle deutschen Mundarten diese Laute noch unterscheiden, oder umgekehrt die Beibehaltung des Unterschieds zwischen *d* und *t,* der in fast allen Mundarten aufgegeben wurde, oder wieder anders, die Beibehaltung der Aussprache *ā* für altes *ā* in Wörtern wie *Abend, blasen* usw., obwohl dieser Laut praktisch auf dem ganzen Sprachgebiet zu *ō* und ähnlichem geworden ist. (Probieren Sie einmal aus, wie sich Ihre eigene Mundart in diesen Fällen verhält!) – Das bedeutet für die Etymologie, daß die Hochsprache zwar normalerweise durchaus Entsprechungsregeln zu anderen (früheren und regionalen) Ausprägungen des Deutschen hat, daß diese aber nicht auf natürlicher Entwicklung, sondern auf Zweckmäßigkeitsentscheidungen beruhen, bei denen nicht selten Ungereimtheiten vorgekommen sind. Die Lautform eines hochsprachlichen Wortes bedarf deshalb im allgemeinen einer Überprüfung und Bestätigung durch die Lautformen der Mundarten, bevor sie etymologisch beurteilt werden kann.

§ 70. Zeitlich bezeichnet man in unserem Kontinuum die Stufe als *alt-* (hochdeutsch, sächsisch, alemannisch usw.), die vom Beginn der Quellen bis etwa zur Mitte des 11. Jahrhunderts reicht. Auf dieser Stufe haben wir grundsätzlich mit regionalen Sprachformen zu rechnen, die aber auf Grund von Schreibtraditionen, Veränderungen bei Abschriften usw. nicht unmittelbar mit den um diese Zeit gesprochenen Mundarten gleichgesetzt werden dürfen. Die mittlere Stufe, die sich zeitlich anschließt (wenn auch die tatsächliche Überlieferung in manchen Regionen erst später einsetzt) wird für den hochdeutschen Bereich bis zur Mitte des 14. Jahrhunderts angesetzt, für den niederländischen bis zum Ende des 15. und für den niederdeutschen bis zum 16. (weil um diese Zeit das Hochdeutsche übernommen wird und damit die niederdeutsche Überlieferung abbricht). In den ersten Teil dieses mittleren Zeitraums fällt die Ausdehnung des Sprachgebiets nach Osten. Die überlieferten Sprachausprägungen dieser Stufe zeigen starke Ausgleichstendenzen, besonders die Form, in der die mittelhochdeutsche Literatur überliefert ist, und die deshalb meist *mittelhochdeutsche Dichtersprache* genannt wird (man muß bei der Beurteilung der Einheitlichkeit allerdings berücksichtigen, daß in den Textausgaben meist ‚normalisiert' wird). Die mittelhochdeutsche Dichtersprache ist mit der von ihr getragenen literarischen Tradition aufgegeben worden, hat also mit der neuhochdeutschen Hochsprache nicht unmittelbar zu tun. Auf den mittelhochdeutschen Zeitraum läßt man heute meist einen frühneuhochdeutschen folgen, der von der Mitte des 14. Jahrhunderts bis zur Mitte des 17. reicht. Auf ihn folgt das Neuhochdeutsche, aus dem man bei Bedarf die Gegenwartssprache besonders herausheben kann.

C. Sonderbereiche (Jiddisch; Rotwelsch; Wissenschaftssprache)

§ 71. Was die Sprachschichten und Sondersprachen anbelangt, so ist für das Deutsche wenig zu sagen, das sich von den Verhältnissen in anderen Sprachen unterscheiden würde. Die wichtigsten Verschiedenheiten sind die regionalen, die wir bereits behandelt haben. Es wäre aber noch auf drei Bereiche hinzuweisen, die in größerem Umfang Fremdes enthalten: Das ist zum einen das Jiddische, die Sprache der Juden, in neuerer Zeit nur noch der Ostjuden. Es bildete zumindest vor den Verfolgungen der Hitlerzeit ein ziemlich geschlossenes Mundartkontinuum vom deutschen Sprachgebiet an bis zu einer Linie ungefähr von Leningrad bis zum Asowschen Meer. Es handelt sich bei ihm um ein sekundäres Kontinuum, das auf – stark ausgeglichenen – mittelalterlichen deutschen Mundarten aufbaut, aber eine große Anzahl hebräischer Bestandteile enthält (je nach Sprachschicht zwischen 10 und 20% des Wortschatzes). Seine Bedeutung für die Beurteilung der Geschichte der deutschen Sprache ist sicher noch längst nicht voll erkannt. In merkwürdigem Zusammenhang mit dem Jiddischen steht der zweite Sonderbereich, das Rotwelsch oder Jenische, die Sprache der Fahrenden, später vor allem auch die Sprache der Gauner, die bewußt darauf angelegt ist, nur von Eingeweihten verstanden zu werden. Sie enthält auf der einen Seite viele Neubildungen und Verstümmelungen gängiger Wörter, auf der anderen einen auffällig hohen Anteil an Entlehnungen aus dem Jiddischen, seltener auch aus dem Zigeunerischen (einer Sprache, die mit dem Indischen näher verwandt ist). Dieser Zusammenhang des

Rotwelschen mit dem Jiddischen ist wohl einerseits auf die frühere Stellung der Juden als Händler zurückzuführen, andererseits darauf, daß im Mittelalter das sozial ausgestoßene fahrende Volk einen Teil seines Wortschatzes von einem anderen sozial ausgestoßenen Bevölkerungsteil, den Juden (und den Zigeunern) übernahm. – Der dritte Sonderbereich ist etwas ganz anderes: die internationale Wissenschaftssprache und, in ihrem Gefolge, große Teile des Wortschatzes der Politik, Wirtschaft usw. Diese Fachsprachen sind durch einen sehr hohen Anteil an nicht-einheimischen Fachausdrükken gekennzeichnet, die dafür in praktisch allen Kultursprachen mehr oder weniger gleich sind. Letztlich geht dieser Wortschatz auf den in lateinischer Sprache abgehaltenen Wissenschaftsbetrieb des Mittelalters zurück – der Grundstock sind also neulateinische Bildungen (Latein auf griechischer Grundlage, zum Teil nach Bildungsregeln späterer Zeiten).

D. Untersuchungsbeispiel: *echt*

§ 72. Führen wir uns nun noch an einem Beispiel vor Augen, wie die Kenntnis dieses Rahmens an der Beurteilung von Herkunft und Geschichte eines Wortes beteiligt sein kann. Nehmen wir das Wort *echt*, ein Adjektiv, das die Richtigkeit einer Bezeichnung, das Zutreffen einer Einordnung bestätigt: Es wird zunächst gebraucht im Sinne von ‚nicht gefälscht‘ *(ein echter Dürer, die Unterschrift ist echt)*, ‚kein Ersatz‘ *(Perlen)*, reinrassig‘ *(Schäferhund)*, ‚nicht geheuchelt‘ *(Mitleid)*, ‚nicht nur oberflächlich‘ *(Bedürfnisse, Liebe)*. Darüber hinaus kann *echt* auch ‚gegen Angriffe beständig‘ bedeuten, besonders bei Farben; die Art der Angriffe wird ausgedrückt in Zusammensetzungen wie *waschecht* und *kußecht*. Und schließlich wird mit *echt* das für eine Person oder für eine Art Typische bezeichnet *(ein echter Berliner, echt Karl)*. Technisch spricht man von *echten Brüchen* (solchen, aus denen keine ganzen Zahlen herausgehoben werden können), und in der Umgangssprache wird das Wort häufig zur bloßen Verstärkung verwendet *(eine echte Lücke, echt klasse)*. Hier scheint ein ‚echter‘ altererbter Bestandteil unseres Wortschatzes vorzuliegen, und doch ist das Wort erst seit dem 17. Jahrhundert in der Hochsprache gebräuchlich – vorher war es im wesentlichen ein niederdeutsches und niederländisches Wort. Warum ist es nun aus dem Norden entlehnt worden? Hatte es im Hochdeutschen keine Entsprechung oder handelt es sich bei der Echtheit um etwas typisch Norddeutsches?

§ 73. Schauen wir uns das niederdeutsche Wort etwas genauer an: Es ist in alter Zeit noch nicht überliefert, erscheint dann aber seit dem 13. Jahrhundert häufig, vor allem in Rechtsquellen. Seine Lautform ist von Anfang an *echt,* die Bedeutung zunächst einmal ‚rechtmäßig, gesetzmäßig‘. Ihm entspricht in hochdeutschen Quellen das Wort *ehaft*, älter *eohaft* (u. ä.), das eine genaue lautliche Entsprechung zu nd. *echt* ist: Im Niederdeutschen und Niederländischen schwand das *h* zwischen Vokalen schon sehr früh (so ist z. B. auch die nl. und nd. Entsprechung von hd. *Oheim* von Anfang an fast ausschließlich ohne *h*, als *oom*, in unserer heutigen Schreibung: *Ohm*, überliefert); dann wurden die Vokale *ē* und *ā* zusammengezogen, und das *ē* vor der Konsonantenfolge gekürzt. Aus -ft- wurde im Westniederdeutschen -cht-, und da die mittelniederdeutschen Rechtstexte praktisch alle auf Texte aus dem Westen zurückgehen, hat sich die Form mit -cht- auch in Gebieten durchgesetzt, die sonst -ft- behalten haben – ähnliches findet man auch bei anderen Rechtswörtern[55]. Daß tatsächlich von -ft- auszugehen ist, zeigt das verwandte friesische *aft*, das zwar den *h*-Schwund und die Zusammenziehung der Vokale, nicht aber den Wandel von -ft- zu -cht- mit dem Niederdeutschen und Niederländischen teilt. Hd. *ehaft* ist wesentlich früher als nd. *echt* belegt, nämlich seit dem 8. Jahrhundert. Es ist auch durchsichtiger und zeigt, daß wir von einem Vorläufer unseres Wortes *Ehe* auszugehen haben. *Ehaft/echt* tritt vor allem in einer Reihe von festen rechtlichen Fachausdrücken auf: Am längsten gehalten hat sich die *ehafte/echte Not* zur Bezeichnung der gesetzlich anerkannten Verhinderungsgründe (vor allem bei Nicht-Erscheinen vor Gericht); dann gab es *ehafte/echte* Thingversammlungen und Gerichte (norddeutsch stark verkürzt zu *edding* oder *etting*) – das waren die für bestimmte Zeiten regelmäßig vorgeschriebenen Versammlungen, im Gegensatz zu den besonders ‚gebotenen‘ –; dann nd. *echte dage* ‚gesetzlich vorgeschriebene Fristen‘, *ehafte/echte* Amtspersonen (Vögte, Schöffen, Fronboten usw.) und anderes. Im Zuge der Veränderung der alten Rechtsverhältnisse ist *ehaft/echt* dann – regional verschieden spät – außer Gebrauch gekommen. Das hd. *ehaft* hat sich als Beiwort von Entschuldigungsgründen (in *ehafte Ursache* u. dgl.) noch am längsten gehalten – es ist in dieser Funktion noch bis weit in die Neuzeit hinein belegt. Mit dem Aufhören dieses speziellen Wortgebrauchs ist hd. *ehaft* dann ausgestorben. Nd. *echt* hat sich in der Formel *echt und recht* noch lange in seiner alten Bedeutung gehalten und ist mit dieser im 17. Jahrhundert sogar gelegentlich ins Hochdeutsche übernommen worden; später kam es dann ebenfalls außer Gebrauch.

§ 74. Nun hatte das nördliche *echt* noch eine spezielle Bedeutung, nämlich ‚ehelich‘ (von der Ehefrau und den Kindern, besonders den Söhnen, gesagt). Die normale hochdeutsche Entsprechung dazu war *ehelich* (und seine Vorformen), gelegentliches *ehaft* in dieser Bedeutung kann als mechanische Übertragung des Wortgebrauchs niederdeutscher Rechtstexte verstanden werden. Beide Wörter scheinen in dieser Bedeutung jung zu sein – ältere Quellen haben für diesen (besonders im Erbrecht und bei der Bestimmung der Standeszugehörigkeit wichtigen) Begriff andere Wörter.

Seit dem 14. Jahrhundert wird nun das nördliche *echt* über die Bedeutung ‚ehelich‘ hinaus auch zum Beispiel zur Bekräftigung der Nationalität gebraucht: *echt deutsch und nicht wendisch* ist mehrfach in Rechtstexten bezeugt[56]; gemeint ist ‚von guter deutscher Abstammung‘. Dieser Wortgebrauch war möglich, weil *echt* sicher längst nicht mehr als Ableitung von *e* (usw.) erkennbar war (zumal da dieses nur im Nordosten ‚Ehe‘ bedeutete). Im Süden konnte die Bedeutungsausweitung nicht mit dem einheimischen *ehelich* nachgeahmt werden, weil der Zusammenhang mit *e(he)* in seiner heutigen Bedeutung offenkundig war. Noch später, wohl erst im Verlauf des 17. Jahrhunderts, wurde der Gegensatz zwischen ‚echt‘ und ‚unecht/ falsch‘ von den Ehe- und Abstammungsverhältnissen auf Sachen übertragen: auf Perlen, auf Wein, auf Edelmetalle und andere Waren. Danach wurde der Wortgebrauch noch stärker ausgeweitet – an deutlichsten bei der Übertragung auf Farben, deren Beständigkeit in der Zeit vor den Siegeszügen der Chemie ein ständiger Grund zur Sorge war. Und weil diese Beständigkeit ebenso geprüft oder auf Zusicherung hin geglaubt werden mußte wie die Unverfälschtheit von Metallen, Münzen u. dgl. wurde sie auch als Echtheit bezeichnet, obwohl sie weder mit der Abstammung, noch mit der Gesetzmäßigkeit etwas zu tun haben konnte. Diesen Übertragungen kam möglicherweise zu Hilfe, daß man in späterer Zeit das Wort mit *(hoch-)achten* in Verbindung brachte (und deshalb auch häufig *ächt* schrieb). Mit diesen neuen Bedeutungen breitete sich das Wort nun sehr schnell (noch im 17. Jh.) nach Süden in das hochdeutsche Gebiet aus, wo man kein gleichwertiges Wort zur Verfügung hatte – man sagte dort etwa *rechtmäßig, gerecht* oder *unverfälscht;* aber diese Wörter waren dem prägnanten *echt* deutlich unterlegen. Da der hoch- und niederdeutsche Wortschatz des 16. und 17. Jahrhunders bis jetzt nur sehr schlecht untersucht ist, läßt sich die Entwicklung nicht im einzelnen nachzeichnen, insbesondere läßt sich nicht sicher sagen, ob ‚rechtmäßig geboren‘ wirklich der einzige Ausgangspunkt für diese Entwicklung war, oder ob nicht noch andere Arten der Rechtmäßigkeit als *echt* bezeichnet worden waren und so bei der starken Bedeutungsausweitung mithalfen – zu denken wäre vor allem an die Echtheit von Münzen, die schon früh strengen gesetzlichen Regelungen unterworfen war (wobei gelegentlich schon in früher Zeit das Wort *echt* auftaucht). So weit zur Geschichte des Wortes *echt* – auf seine Entstehung und sein Grundwort werden wir – wie schon angekündigt – nach der Besprechung der verwandten Sprachen im nächsten Kapitel eingehen.

III. Die Verwandten des Deutschen

A. Die germanischen Sprachen

§ 75. Wie wir bereits gesehen haben, sind die Verwandtschaftverhältnisse des Deutschen auf zwei Stufen zu betrachten: der Stufe der germanischen und der Stufe der indogermanischen Sprachen. Nehmen wir zunächst die germanischen und behalten wir im Auge, daß wir den hochdeutschen, niederdeutschen und niederländischen Bereich, als ein einziges Kontinuum bildend, zusammengefaßt und bereits behandelt haben. Es wäre dann als nächster Nachbar und nächstverwandte Sprache das *Friesische* (B 4) zu erwähnen, das in der Neuzeit in drei Zweige zerfällt: das Nordfriesische (auf den nordfriesischen Inseln und dem gegenüberliegenden Festland), heute von zusammen etwa 10000 Sprechern gesprochen und in sich sehr stark aufgegliedert; dann das Ostfriesische, ursprünglich auf den ostfriesischen Inseln und dem gegenüberliegenden Festland gesprochen, heute aber bis auf die kleine saterländische Sprachinsel (in der Nähe von Oldenburg) mit etwa 1000 Sprechern ausgestorben; und schließlich das Westfriesische auf den westfriesischen Inseln und dem gegenüberliegenden Festland (soweit dieses nicht erst durch Eindeichungen in der Neuzeit dem Meer abgewonnen wurde) mit etwa 300000 Sprechern. Für das Nordfriesische gibt es erst seit dem 17. Jahrhundert überlieferte Texte; für die beiden anderen Zweige schon früher. Dabei beginnt die Überlieferung des Altostfriesischen mit dem Ende des 13. Jahrhunderts, die des Altwestfriesischen im späten 15. (abgesehen von einigen etwas älteren Urkunden). Die Hauptmasse der überlieferten Texte sind Rechtsbücher. Was wir als Altfriesisch bezeichnen, steht somit zeitlich auf der Stufe des Spätmittelhochdeutschen und Frühneuhochdeutschen. Für die Etymologie ist das Friesische vor allem wegen seiner zum Teil sehr altertümlichen Rechtsterminologie von Bedeutung.

§ 76. Es folgt als nächster Nachbar und nächstverwandte Sprache das *Englische* (B 5), von dessen früher Geschichte Ähnliches zu sagen wäre wie vom Kontinentalgermanischen: Zur Zeit der Landnahme bestand sicher ein gebrochenes Kontinuum, in dem die Unterschiede zwischen den Sprachausprägungen teilweise größer gewesen sein müssen als auf dem Kontinent. Für die Zeit zu Beginn unserer Überlieferung (9. Jh.) können wir ein schon ziemlich weit entwickeltes sekundäres Kontinuum ansetzen, in dem aber die Unterschiede zwischen den nördlichen Ausprägungen (nordhumbrisch und merzisch, zusammengefaßt als anglisch) und den südlichen (westsächsisch und kentisch, ersteres keineswegs einheitlich und letzteres in der Überlieferung nur schwer faßbar) noch ganz auffällig sind. Das Anglische zeigt dabei in vielen Punkten eine stärkere Übereinstimmung mit den nordischen Sprachen, das Westsächsische mit den kontinentalgermanischen (einschließlich des Friesischen). Das Altenglische wird vom Beginn der Überlieferung bis ungefähr zur normannischen Eroberung gerechnet, weil nach dieser zunächst das Normannische (Nordfranzösische) vorherrschend wurde, ohne daß die altenglische Tradition sofort abbrach. Das wäre also das Ende des 11. Jahrhunderts (mit einigen Ausläufern in spätere Zeit). Das darauf folgende Mittelenglische, das besonders durch starke Endungsabschwächung, größere regionale Aufgliederung und später auch durch ein starkes Ausmaß an Entlehnungen gekennzeichnet ist, wird demgemäß ungefähr von der Mitte des 11. Jahrhunderts bis etwa 1500 gerechnet. Die folgende Periode wird Neu-Englisch oder Modernes Englisch genannt, wobei frühere Stufen meist durch die Bezeichnung der geschichtlichen Abschnitte gekennzeichnet werden (etwa *Elisabethanisches Englisch* für die Sprache Shakespeares). Die besonderen Ausprägungen in Außengebieten werden als *amerikanisches, australisches* (usw.) *Englisch* bezeichnet.

§ 77. Damit kommen wir zur letzten Gruppe der noch lebenden germanischen Verwandten: den *nordischen* (nordgermanischen) Sprachen (B 6). Sie bilden im skandinavischen Raum (Dänemark, Schweden Norwegen) ein Kontinuum, an das die wesentlich arachaischeren Sprachen Islands und der Schafinseln (Färöer) als verselbständigte Nebenzweige angeschlossen werden können. Das nordische Kontinuum wird überbrückt durch vier Hochsprachen: Dänisch, Schwedisch und zwei Hochsprachen in Norwegen (dem Riksmål oder *Bokmål* unter starkem Einfluß des Dänischen und dem Landsmål oder *Nynorsk,* das aus den Mundarten abgeleitet ist). In Dänemark stößt das nordische Kontinuum an das kontinentalgermanische. Die eigentliche Überlieferung beginnt mit dem Altwestnordischen (in Norwegen und Island) in der 2. Hälfte des 12. Jahrhunderts; das Altostnordische (in Schweden und Dänemark) folgt etwa hundert Jahre später. Die ‚alte‘ Zeit der nordischen Sprachen entspricht also unserer mittelhochdeutschen Stufe. Im allgemeinen läßt man sie bis zur Reformation in der 1. Hälfte des 16. Jahrhunderts dauern, worauf die moderne Stufe folgt. Gelegentlich wird aber die Zeit vor der Reformation (etwa 1350–1550) als mittlere Stufe abgetrennt. Die altnordische Literatur ist trotz ihrer späten Entstehungszeit und Überlieferung für uns von einzigartigem Wert, weil sie in großem Umfang einheimisch (also nicht aus dem Lateinischen übersetzt) ist und zum Teil noch in die heidnische Zeit zurückreicht. Eine besondere Erwähnung verdient die Sprache der Runen, die zu ihrem größten Teil (und zwar vor allem dem verständlicheren Teil) in den nordischen

Sprachen und ihren Vorformen überliefert ist. Die ältesten Runendenkmäler gehen zurück bis ins 2. Jahrhundert und vermitteln andeutungsweise eine Vorstellung davon, wie Wortformen um diese Zeit ausgesehen haben können. Man nennt die Sprachform bis etwa zum 5. Jahrhundert *urnordisch* und nimmt an, daß die regionalen Verschiedenheiten um diese Zeit noch sehr gering waren. Die Überlieferung ist in diesem Zeitraum spärlich und ihre Beurteilung wegen der Möglichkeit archaisierender Schreibung im einzelnen unsicher. Als Stufe der hypothetischen Erschließung von Vorformen von Wörtern der nordischen Sprachen spielt das Urnordische ebenfalls eine Rolle. Die darauffolgende späturnordische Zeit (bis etwa 800) zeigt stärkere Spuren regionaler Verschiedenheiten. In der Wikingerzeit scheint sich die Sprache dann sehr rasch verändert zu haben, auch die Runenschrift wird wesentlich verändert (vom älteren zum jüngeren Futhark = Alphabet). Sprachlich wird offenbar schon früh der Stand der alphabetischen Überlieferung erreicht.

§ 78. Nicht an Alter, aber an Umfang und damit an Bedeutung, werden die Runeninschriften bei weitem übertroffen durch unsere wichtigste altgermanische Sprache, das *Gotische* (B 7). Die gotischen Texte (im wesentlichen Bibelübersetzungen) sind geschrieben im 5. und 6. Jahrhundert und gehen wohl bis ins 4. Jahrhundert zurück. Die offenbar komplizierte Überlieferungsgeschichte ist im einzelnen noch nicht aufgehellt. Das Ostgotische (zuletzt in Italien) ging im 6. Jahrhundert, das Westgotische in Spanien und Frankreich spätestens im 7. Jahrhundert unter. Von den älteren Sitzen der Ostgermanen in Osteuropa haben wir Nachrichten und Sprachproben aus dem 16. Jahrhundert (Krimgotisch). Dieser Sprachzweig muß aber bald nach der Zeit unserer Berichte ausgestorben sein. Unser Bibelgotisch stammt aus Handschriften, die in Italien geschrieben wurden, aber wohl auf westgotische Überlieferung zurückgehen.

§ 79. Den Zusammenhang zwischen diesen Sprachgruppen wird man sich so vorzustellen haben, daß sie vor der Zeit der Trennung ein (möglicherweise primäres) Kontinuum bildeten, in dem die Verschiedenheiten noch nicht stark ausgeprägt waren. Dabei muß die Vorstufe des Gotischen mit der Vorstufe des Nordischen benachbart gewesen sein; dann folgten vermutlich die Vorstufen des Anglischen, des Westsächsischen, des Friesischen und der kontinentalen Gruppe. Wie die Ausgliederung dann im einzelnen verlaufen ist, läßt sich nicht mit größerer Sicherheit sagen. Wörter, die wir als einer gemeinsamen germanischen Grundsprache ererbt ansehen (das sind vor allem solche, die schon vorgermanisch bestanden), nennen wir *urgermanisch* (= urgm.); solche, die in allen germanischen Sprachen belegbar sind, aber möglicherweise erst auf sekundärer Verbreitung beruhen, *gemeingermanisch* (= ggm.). Die zahlreichen Gemeinsamkeiten von Englisch, Friesisch und Kontinentalgermanisch fassen wir zusammen als Westgermanisch, wobei die Existenz einer einheitlichen Vorstufe (eines Urwestgermanischen) nicht vorausgesetzt wird. (Nachschlagewerke für die ganze Sprachgruppe unter B 8).

B. Die indogermanischen Sprachen

§ 80. Gehen wir nun zur zweiten Verwandtschaftsstufe über, den indogermanischen Sprachen. Hier zeigt das Germanische auf der einen Seite nähere Beziehungen zu den beiden westlichen Gruppen, dem Italischen und Keltischen, und auf der anderen solche zu den beiden östlichen Nachbarn Baltisch und Slavisch. Weiter entfernt sind das Griechische und die arische Gruppe (Indisch und Iranisch); beide sind sehr früh überliefert und weisen viele Parallelen auf, bei denen unklar ist, ob sie als gemeinsame Archaismen oder als Neuerungen (und damit als Zeichen näherer Verwandtschaft) aufzufassen sind. Einen Sonderfall bildet das Hethitische, dessen Sprachform von der der übrigen indogermanischen Sprachen abweicht – die Art des Verwandtschaftsverhältnisses (starke Eigenentwicklung oder Ausscheiden auf einer besonders frühen Stufe, auf der die Vorformen der übrigen Sprachen noch eine Einheit bildeten?) ist deshalb umstritten. Einige andere zugehörige Sprachen seien hier nur kurz genannt: das Armenische (überliefert seit dem 5. Jh.), das Albanische (erst aus moderner Zeit bekannt) und das Tocharische (mit Texten aus dem 7. Jh.; schon früh ausgestorben – ebenfalls mit vielen Eigentümlichkeiten, die auf frühe Verselbständigung schließen lassen). Weitere als indogermanisch erwiesene Sprachen sind nur fragmentarisch bekannt.

§ 81. Von den italischen Sprachen ist für uns das *Lateinische* (B 9) am wichtigsten. Die übrigen (das mit dem Lateinischen näher verwandte Faliskische, und – untereinander enger zusammengehörig – Oskisch und Umbrisch) erfordern zu ihrer Beurteilung Spezialkenntnisse. Die altlateinische (inschriftliche) Überlieferung beginnt mit dem 6. Jahrhundert v. Chr., die literarische beginnt in größerem Umfang im 3., wobei die Handschriften allerdings im allgemeinen erst aus wesentlich späterer Zeit stammen. Die lateinische Literatur steht unter dem Einfluß der griechischen. Eine Spätform des Latein, das sogenannte Vulgärlatein, ist der Ausgangspunkt der romanischen Sprachen geworden und hat auch die übrigen Sprachen Europas stark beeinflußt. Von den *keltischen* Sprachen (B 10) sind die auf den britischen Inseln gesprochenen und das mit ihnen zusammenhängende Bretonische in Nordfrankreich in größerem Umfang bekannt. Leider weisen sie lautliche Besonderheiten auf, deren Beurteilung sehr schwierig ist; eine Bearbeitung für etymologische Zwecke muß deshalb dem Fachmann vorbehalten bleiben. Zu der goidelischen Gruppe gehört neben dem Schottisch-Gälischen und dem Manx (auf der Insel Man) vor allem das Irische, mit dessen Vorstufe, dem Altirischen, im 8. Jahrhundert die inselkeltische Überlieferung beginnt. Inschriften im Ogam-Alphabet, einer den Runen vergleichbaren Sonderschrift, sind teilweise erheblich älter (die frühesten stammen ungefähr aus dem 4. Jh.). Zu der britannischen Gruppe gehört das lautlich wesentlich durchsichtigere, aber erst aus später Zeit überlieferte Kymrische (gesprochen in Wales), das Bretonische (Bretagne) und das heute praktisch ausgestorbene Kornische (Cornwall).

§ 82. Die *baltischen* Sprachen (B 11) sind erst seit der Neuzeit bekannt. Am wichtigsten ist das litauisch-lettische Mundartkontinuum, dem zwei Hochsprachen zuzuordnen sind: das altertümliche Litauische und das weiter fortgeschrittene Lettische. Zum Teil noch altertümlicher als das Litauische ist das heute ausgestorbene Altpreußische. – Die *slavischen Sprachen* (B 12) werden aufgeteilt in die ostslavischen (Russisch), westslavischen (Tschechisch, Slovakisch, Polnisch und das in Ostdeutschland gesprochene Sorbisch) und südslavischen (Bulgarisch, Serbokroatisch und Slovenisch). Für die Sprachvergleichung ist am wichtigsten die Sprachform der frühen Bibelübersetzung und der damit zusammenhängenden religiösen Literatur (seit dem 9. Jh.). Sie wird Altkirchenslavisch genannt und ist der regionalen Zugehörigkeit nach Altbulgarisch. Die spätere Sprachform, die einen stärkeren Einfluß der Einzelsprachen zeigt, wird Kirchenslavisch genannt. Kirchenslavisch ist in zwei besonderen Schriften (kyrillisch und glagolitisch) überliefert.

§ 83. Das *Griechische* (B 13) wurde im Altertum außer in Griechenland auch in Teilen Kleinasiens, Italiens und anderer Außengebiete gesprochen. Es war mundartlich stark gegliedert; die spätere Hochsprache, die Koine (eine Ausgleichssprache auf der Grundlage des Attischen) spielte erst seit dem Alexanderreich eine stärkere Rolle. Die eigentliche literarische Überlieferung (in der griechischen Schrift, die zur Grundlage der lateinischen und der übrigen europäischen Schriften wurde) zeigt ihren ältesten Stand in der Sprache der homerischen Gedichte aus dem 8. Jahrhundert v. Chr. Die Mundarten lassen sich durch die vergleichsweise reiche und frühe inschriftliche Überlieferung fassen. Außerdem haben wir für das Griechische eine schon vor der Alphabetschrift liegende Überlieferung in der kretischen Linear-B-Schrift aus der Mitte des 2. Jahrtausends v. Chr. Eine weitere selbständige Überlieferung, die kyprische Silbenschrift, reicht zeitlich nicht so weit zurück (die frühesten Quellen sind aus dem 7., einzelne vielleicht aus dem 8. Jahrhundert v. Chr.). Auf Grund der nur unvollkommen lautgerechten Linear-B-Schrift ist die in ihr überlieferte mykenische Sprachform außerordentlich schwer zu beurteilen und in vielen Punkten für Spekulationen offen.

§ 84. Die *arische* Gruppe (B 14) zerfällt in zwei eng zusammengehörige Zweige, das Indische und das Iranische, die in verschiedenen einheimischen

Schriften überliefert sind (das Indische in der Devanagari, das Avestische in einer linksläufigen Schrift ohne besonderen Namen, das Altpersische in einer besonderen Keilschrift). Das Indische hat eine sehr reiche und frühe Überlieferung; die ältesten Texte, die zunächst durch eine unvergleichlich genaue mündliche Überlieferung bewahrt wurden, sind die Veden, heilige Schriften, deren Entstehungszeit teilweise ins 2. Jahrtausend v. Chr. zurückreicht. Die in ihnen überlieferte Sprachform nennt man Vedisch. Die Überlieferung in den Jahrhunderten vor und nach der Zeitenwende ist in einer streng normalisierten Hochsprache, dem Sanskrit, geschrieben. Ein allgemeinerer Ausdruck für Vedisch und Sanskrit ist Altindisch. Die älteste Überlieferung der iranischen Sprachen liegt im Avesta vor, den heiligen Schriften der Religion des Zarathustra. Seine Sprachform wird avestisch genannt (früher auch Zend oder Altbaktrisch). Als besonders altertümlich gilt dabei die Sprache der sogenannten Gathas. Eine genaue Datierung ist nicht möglich, doch reichen sie sicher weit in die vorchristliche Zeit zurück. Zumindest im Sprachstand jünger ist das auf einer anderen iranischen Mundart beruhende Altpersische, das inschriftlich seit dem späten 6. Jahrhundert v. Chr. überliefert ist.

§ 85. Das *Hethitische* (B 15) ist die Sprache des Hethiterreichs im 2. Jahrtausend v. Chr. Es ist durch eine große Zahl von Keilschrifttexten überliefert, von denen die meisten aus dem 15./14. Jahrhundert v. Chr. stammen, einige aber beträchtlich älter sein müssen (althethitisch). Wegen der Besonderheit seiner Überlieferung erfordert auch die Beurteilung des Hethitischen besondere philologische Kenntnisse. In gleichem oder ähnlichem Rahmen sind noch einige näher mit dem Hethitischen verwandte Sprachen überliefert, die diesem aber an Bedeutung nachstehen. Sie werden heute als die anatolischen Sprachen zusammengefaßt.

§ 86. Die Rekonstruktion der indogermanischen Grundsprache (B 16) kann man als den bei weitem bestausgebauten Versuch der Erschließung einer Grundsprache bezeichnen. Wir werden diese Stufe deshalb überall, wo es geht, in unsere Überlegungen einbeziehen. Es seien aber noch einige Worte der Warnung im Umgang mit solchen erschlossenen Formen angefügt, um Sie vor übereilten Schlüssen zu bewahren: Erstens haben wir keine Garantie dafür, daß alle unsere Rekonstrukte dem gleichen Zeitraum und damit auch dem gleichen Sprachsystem angehören. Gerade hier sind in der Indogermanistik der neueren Zeit Bestrebungen im Gange, verschiedene Schichten zu unterscheiden (wodurch das grundsätzliche Problem besser erkennbar, aber keineswegs ausgeschaltet wird). Zweitens muß man bei Rekonstruktionen von so weit zurückliegenden Sprachen immer bedenken, daß Rekonstruktionen Abstraktionen sind. Man darf also nicht glauben, daß eine so erschlossene Lautform einfach nur ausgesprochen zu werden brauche, und schon spreche man indogermanisch. Die rekonstruierten Lautformen sind gewissermaßen Abkürzungen für historisch gedeutete Entsprechungsregeln – wie nahe sie an die damals tatsächlich gesprochene Sprache herankommen, wissen wir nicht. Und entsprechendes gilt für die Bedeutung: Selbst wenn wir voraussetzen, daß unsere Bedeutungsanalyse richtig ist, so zeigt sie doch immer nur die Elemente, die einer Erschließung überhaupt zugänglich sind. Den Wortgebrauch im einzelnen, das Fleisch und das Blut zu dem Knochengerüst der erschlossenen Bedeutung, können wir nicht wiedergewinnen. Und schließlich müssen wir als drittes bedenken, daß die Grundsprache sicher keine völlig einheitliche Sprache war, die eines Tages plötzlich in verschiedene Tochtersprachen zerfiel. Die nachträgliche Verbreitung von Wörtern mit all den damit zusammenhängenden Besonderheiten hat vielmehr sicher auch schon in der Grundsprache (besonders in ihren späten Stufen) eine Rolle gespielt. Solche Besonderheiten können – wie wir aus der Beschreibung der modernen Sprachen wissen – für die Erfassung eines Wortes von großer Bedeutung sein, und doch haben wir bei der Erschließung indogermanischer Vorformen kaum je die begründete Möglichkeit, sie erfassen zu können.

§ 87. In diesem Zusammenhang ist noch einmal auf die Frage der Einheitlichkeit der germanischen Grundsprache zurückzukommen. Vor allem die italienische Forschung hat immer wieder versucht, auf die Möglichkeit wesentlich komplizierterer Zusammenhänge bei der Herausbildung der germanischen Sprachen hinzuweisen, besonders mit folgendem Gedankengang[57]: Das Germanische hat mehrere Nachbarsprachen, mit denen es besondere Neuerungen gemeinsam hat. Wenn nun nur einige germanische Sprachen Neuerungen mit bestimmten außergermanischen Sprachen teilen (im besonderen Fall des Nordgermanische mit dem Lateinischen), die übrigen aber mit anderen außergermanischen Sprachen (im besonderen Fall Gotisch und Althochdeutsch mit Oskisch und Umbrisch), so liegt der Schluß nahe, daß die Vorformen von Gotisch, Nordgermanisch, Deutsch, Latein, Oskisch und Umbrisch ursprünglich gleichberechtigte, aber bereits voneinander verschiedene Mundarten einer gemeinsamen Grundsprache waren, und die germanischen Gemeinsamkeiten erst auf späterer Neuerung beruhen. Die Einheitlichkeit hätte also nur eine bereits vorhandene Verschiedenheit überlagert und wäre somit nicht der ‚ursprüngliche‘ Zustand. Diese Überlegungen können zwar die Annahme eines ‚Urgermanischen‘ nicht eigentlich erschüttern (dazu sind die Untersuchungen zur Verbreitung des germanischen Wortschatzes noch gar nicht weit genug gediehen), doch sind sie Grund genug, auch im Falle der germanischen Grundsprache nicht unbedingt von einem völlig einheitlichen Gebilde auszugehen. Anhangsweise sei noch darauf verwiesen, daß auch die Theorie eines Substrats in den germanischen Sprachen von italienischer Seite in Betracht gezogen wird.[58]

§ 88. Damit haben wir auch die Stufe des Indogermanischen besprochen, und sind nun mit unseren Rekonstruktionsmöglichkeiten am Ende. Die Hypothesen über mögliche Sprachverwandtschaften gehen zwar noch eine Stufe weiter und versuchen, das Indogermanische noch an andere Sprachfamilien anzuschließen. Ziemlich gut begründet ist dies für den Vergleich zwischen den indogermanischen und den uralischen Sprachen (zu denen Finnisch und Ungarisch gehören, also unsere nächsten nicht-indogermanischen Nachbarsprachen). Hier sind vor allem Gemeinsamkeiten im Pronominal- und Endungssystem auffallend, außerdem gibt es eine Anzahl Gleichungen bei Wörtern für sehr einfache Begriffe wie ‚Name' und ‚Wasser'. Die Gültigkeit dieser Gleichsetzungen ist umstritten – aber man muß berücksichtigen, daß das Vergleichsmaterial notgedrungen spärlich und sehr abstrakt sein muß, wenn man in so graue Urzeit zurückgeht; und so wäre gerade die Bewahrung von Gemeinsamkeiten im Pronominalsystem durchaus denkbar. Auf jeden Fall aber kann man auf dieser Stufe nicht mehr rekonstruieren – sie liegt viel zu weit zurück und kommt deshalb auch für unsere etymologische Arbeit nicht in Betracht. Für unsere Zwecke unverwandt ist das Semitische, zu dem die Sprachen der alten Hochkulturen Europas (Ägyptisch, Akkadisch, Hebräisch, Arabisch und andere) gehören. Immerhin weist es als flektierende Sprache beachtliche typologische Gemeinsamkeiten mit dem Indogermanischen auf.

C. Untersuchungsbeispiel: *Ehe* und *echt*

§ 89. Nehmen wir nun unser Beispiel *echt/ehaft* noch einmal auf, um zu sehen, wie der jetzt abgesteckte Rahmen bei seiner Etymologie weiterführt. Besprechen wir zunächst das Vorderglied, also unser Wort *Ehe,* damit wir bei der Erschließung der Herkunft von *ehaft* mit einem klareren Grundwort rechnen können. Wörter, die mit *Ehe* deutlich vergleichbar sind, finden sich nur in den westgermanischen Sprachen, und zwar läßt sich als älteste Bedeutung allgemein ‚Sitte' feststellen[59] – die Sitte als Grundpfeiler des Gemeinschaftslebens; die Normen, nach denen sich eine Gesellschaft richtet; die Regelungen, wie die des Rechtsfriedens, der Eheschließung, der Erbschaft usw. Wir würden von unserem heutigen Standpunkt aus vielleicht eher sagen *das Recht,* aber Recht und Sitte sind in alter Zeit noch nicht geschieden, sie sind allenfalls zwei Seiten der gleichen Erscheinung. Die so verstandene Sitte und dann auch das Recht, sobald es sich in der Vorstellung der Menschen von der Sitte abzulösen beginnt, beruhen auf dem altehrwürdigen Herkommen; ihre Grundeigenschaft ist es, überliefert zu sein, aus unvordenklichen Zeiten zu stammen; wenn sie einen Ursprung haben, dann ist es die Einsetzung durch die Götter, und damit sind sie auch in die religiösen Vorstellungen fest einbezogen[60]. Unsere früheste Überlieferung stammt allerdings erst aus einer Zeit, in der diese einheitliche Vorstellung bereits zurückgedrängt und durch spezialisiertere Vorstellungen ersetzt worden war. Im Bereich der Religion trat das Neue mit dem Christentum auf, das weniger auf Überlieferung als auf Offenbarung beruht. Es war zwar möglich, mit dem alten Wort für die Sitte auch die Grundlagen der neuen Auffassungen zu bezeichnen, und so wurde in den westgermanischen Sprachen zunächst auch der alte und der neue Bund (das Alte und das Neue Testament) als *alte und neue Ehe* bezeichnet; dann wurde *Ehe* auch für die 10 Gebote und – weiter abstehend – für den Ritus gesagt; aber auf die Dauer konnte das Wort die jetzt getrennten Vorstellungen von Religion und Recht nicht mehr zusammenhalten und kam deshalb als Ausdruck für religiöse Vorstellungen außer Gebrauch. Im Bereich des Rechts wurden die alten Vorstellungen durch das neu aufkommende Königsrecht verdrängt und auf die Volksrechte eingeschränkt, in denen sie sich noch lange Zeit recht zähe hielten: Noch in den Bauernaufständen des 16. Jahrhunderts wurde um sie gekämpft[61] – aber dann starben sie vollends aus. Das alte Wort *Ehe* wurde zwar auch noch auf das neuartige, vom König oder anderen Staatsgewalten eingesetzte Recht angewandt – es konnte z. B. zur Bezeichnung von Gesetzen verwendet werden –, aber mit dem Rückgang der alten Rechtsformen verschwand auch die Verwendung des Wortes *Ehe* zu ihrer Bezeichnung.

§ 90. Für dieses wurde es nun wichtig, daß es schon früh (als es durchaus noch ‚Recht, Sitte' bedeutete) in festen Wendungen wie *rechte Ehe* und *die Ehe brechen* auf die Ehe im heutigen Sinn bezogen wurde. Diese Besonderheit ist für das Englische regional schon für die Zeit zu Beginn unserer Überlieferung nachzuweisen; im Deutschen beginnen die Belege erst wesentlich später, etwa in der zweiten Hälfte des 12. Jahrhunderts (der häufig als früher angeführte Beleg bei Notker im 11. Jh. ist eine erst später dem Text hinzugefügte Glosse). Wahrscheinlich ist diese Wortverwendung vom Nordosten nach Süden gedrungen – aber wir haben von dort keine früheren Belege. Auf jeden Fall konnte das Wort *Ehe*, als es für die alten Rechts- und Kultvorstellungen nicht mehr gebraucht wurde, in seiner Verwendung eingeschränkt werden und auch unabhängig von besonderen Satzzusammenhängen die heutige Bedeutung (etwa ‚staatlich und kirchlich anerkannte Lebensgemeinschaft von Mann und Frau') annehmen. Diese Entwicklung erklärt, warum das Wort *Ehe*, wie sonst eigentlich nur lt. *matrimonium*, ausschließlich den Stand des Verheiratetseins bezeichnet, nicht auch den Vorgang der Heirat (zu dem müßte man *Eheschließung* sagen); andere Sprachen haben im allgemeinen nur Wörter, die beides zugleich meinen. Für die kulturgeschichtliche Einordnung des Wortes ist weiter wichtig, daß Wörter für ‚Heirat' und ‚Ehe' einem sehr starken Wechsel unterworfen sind, was sich nicht nur darin ausdrückt, daß verschiedene Sprachgruppen im allgemeinen auch verschiedene Wörter haben, sondern auch – im Gegensatz etwa zu dem Befund bei dem Wort *Hahn* –, daß innerhalb der Sprache eine oder mehrere Ablösungen beobachtet werden können, wenn wir einen genügend langen Zeitraum überschauen. So haben wir das Wort *Ehe* im Deutschen wie erwähnt erst seit dem 12. Jahrhundert, das (in dieser Bedeutung ausschließlich deutsche) Wort *Heirat* erst seit dem 11., und *Hochzeit* (= ‚hohe Zeit‘) hat noch im Mittelhochdeutschen überwiegend ‚(kirchliches) Fest‘ bedeutet. Andererseits haben wir das in den frühen germanischen Sprachen weit verbreitete Wort *Brautlauf* aufgegeben, ebenso **hīwa-* (das Grundwort von *Heirat*) und die meisten seiner Ableitungen. Der Grund für diesen raschen Wechsel ist wohl darin zu suchen, daß die Vorstellungen vom Ehestand (Autorität, Gütergemeinschaft, Erbe, Verwandtschaft usw.) sehr stark in das Leben eingreifen und deshalb eine Veränderung in den Vorstellungen gern auch durch eine Veränderung der Bezeichnung betont wird.

§ 91. Schauen wir uns nun auch die etwas verwickelten Lautformen an: Wir haben ae. *æ(w);* afr. *ā, ē,* seltener auch *ēwe;* as. *eo;* ahd. *ēwa* (selten *ēwi* und anderes), mdh. *ē, ee,* dann *ehe* (das *h* ist also nachträglich eingefügt). Das Wort ist überall ein Femininum, außer im Altsächsischen, wo seine Lautform (die wie ein maskuliner *wa*-Stamm aussieht) den Übertritt zu einem Maskulinum veranlaßt haben mag – vielleicht hat aber auch ein gleichbedeutendes Wort seinen Einfluß ausgeübt, etwa die Entsprechung zu gt. *witoþ* ‚Gesetz‘, das an sich ein Neutrum ist, im Kontinentalgermanischen aber auch als Maskulinum erscheint. Die Flexionsformen lassen sich nicht in einer einzigen Klasse unterbringen – die Einzelsprachen bieten eine ziemlich bunte Mischung der verschiedensten femininen Flexionen. Falls von einem einzigen Wort mit einer einheitlichen Flexion auszugehen ist, dann muß eine der Stammbildungen zugrundeliegen, die in den germanischen femininen *jō*-Stämmen aufgegangen sind, und auf Grund der formalen Vielfalt (und der später noch zu besprechenden Wortbildung) kommt dafür am ehesten die Flexion in Frage, die vermutlich im Nominativ des Singulars ein *-ē-z,* im Akkusativ die Vollstufe eines *i*-Diphthongs und in den übrigen Kasus ein *-j-* aufwies[62], wir können sie durch *-ē-* andeuten. Der Stammvokal muß gm. *ai* gewesen sein: Dieser Diphthong wurde im Süden unseres Kontinuums vor *w,* im Norden allgemein, zu *ē* monophthongisiert; im Altenglischen und Altfriesischen war das Ergebnis einer parallelen Monophtongisierung *ā,* wozu im Altenglischen noch der *i*-Umlaut (zu *æ*) kommt. Auszugehen hätten wir also von einem wgm. **aiwē-* ‚Sitte‘.

§ 92. Suchen wir nach einem Grundwort für diesen Ausdruck, so wäre zunächst das altenglische Adjektiv *æw* ‚rechtmäßig‘ zu erwägen. Es ist allerdings sehr selten belegt, und zwar steht es in den Gesetzen von Alfred[63] in der Wendung *mid his æwum wife* ‚mit seinem rechtmäßigen Weib‘, parallel zu *mid his dehter æwumborenre* und *mid his swister æwumborenre* ‚mit seiner leiblichen Tochter/Schwester‘. Die andere Stelle ist in der Übersetzung von Bedas Kirchengeschichte, wo *germani fratres* mit *æwe gebroþor* übersetzt wird[64]. Parallel hierzu steht in dem Cleopatra-Glossar für lt. *germanus* ae. *æwenbroþor* (vermutlich zu *Genesis* 27,35)[65]. Diese Stellen erwecken nicht den Eindruck, daß sie ein altes Adjektiv enthalten. Sehr viel eher ist von einem Adverb auf *-um* zu dem Substantiv *æw* auszugehen, also *æwum* ‚rechtmäßig‘ (eine für das Altenglische geläufige Bildungsweise, die in *æwumboren* unmittelbar bezeugt sein kann). Das Adjektiv kann aus solchen Fügungen herausgelöst worden sein, wobei die schlechte Beleglage keine Entscheidung darüber zuläßt, ob es sich um eine Rückbildung oder gegebenenfalls um eine Umgestaltung bei der Textüberlieferung handelt. Ae. *æw* ‚rechtmäßig‘ kann also das Grundwort nicht sein – und auch außergermanisch ist zunächst keine überzeugende Vergleichsmöglichkeit zu finden. Erwogen wurde ein ai. *éva-* ‚Lauf, Gang, Sitte‘ – aber gerade die Bedeutung ‚Sitte‘ ist bei diesem Wort nicht nachweisbar, es bedeutet allenfalls im Instrumental Plural ‚in gewohnter Weise‘, was bei einer Bedeutung ‚Weg, Gang‘ leicht verständlich ist; im übrigen führt es aber in ganz andere Zusammenhänge. Auch lt. *aequus* ‚eben, ausgeglichen‘ wurde zum Vergleich herangezogen – aber es kann gerade mit den ältesten für das germanische Wort erschließbaren Bedeutungen schlecht in Verbindung gebracht werden und kommt deshalb nicht in Frage.

§ 93. Es bleibt aber eine Möglichkeit, auf die man bis jetzt nicht aufmerksam geworden ist[66], weil sie oberflächlich gesehen nicht naheliegt – nämlich die Verknüpfung mit lt. *iūs* ‚Gesetz, (menschliches) Recht‘ (neben *fās* ‚göttliches Recht‘). Dieses Wort ist auf **i̯eu̯os- (n)*, einen *s*-Stamm, zurückzuführen, und das damit vorausgesetzte **i̯eu-* steht zu gm. **aiw-* (das **ai̯u̯-* voraussetzt) im gleichen Verhältnis wie etwa gm. **wahs-a-* ‚wachsen‘ zu gm. **auk-a-* ‚wachsen‘ und gr. *auksánō* ‚wachse‘ (**u̯eks-* neben **auk-s-*), d. h. es kann hier ein anlautender Schwachtonvokal vorausgesetzt werden, der außerhalb des Griechischen ausfällt, wenn nach dem unmittelbar folgenden Halbvokal ein Silbenträger steht (**auks-* neben **au̯eks-* wie **ai̯u-* neben **ai̯eu-*). Gm. **aiwē-* und lt. *iūs* könnten also beide auf **(a)i̯(e)u-* zurückgeführt werden. Lt. *iūs* bedeutet nun zwar ‚Gesetz, Recht‘, aber die Wortfamilie läßt erkennen, daß diese Bedeutung wie im Germanischen auf einer älteren Bedeutung ‚Sitte, Herkommen‘ aufbaut. Aufschlußreich ist dabei besonders die Ableitung *iustus* ‚gerecht‘: sie wird zwar (auch von den Römern) als ‚dem Gesetz entsprechend‘ erklärt, aber diese Auffassung kann ohne weiteres von der zur Zeit unserer überlieferten Texte schon völlig durchgeführten Spezialisierung von *iūs* auf die technische Bedeutung ‚Gesetz, Recht' beeinflußt sein. Der Wortgebrauch von *iustus* weist in andere Richtung: In substantivierter Form bezeichnet es im Plural *(iusta)* die angemessenen Riten, besonders bei Begräbnissen, dann bedeutet es bei der Bezeichnung eines Menschen ‚rechtschaffen' in einem viel weiteren Sinn als ‚gesetzestreu' und schließlich hat es einige technische Verwendungen, die den germanischen Verwendungen von (ahd.) *ehaft* so ähnlich sind, daß man kaum umhin kann, sie aus einer ursprünglich gemeinsamen Tradition herzuleiten: So sind *dies iusti* wie *echte dage* die gesetzlich vorgesehenen Fristen, und als Beiwort von *uxor* ‚Ehefrau', *mātrimōnium* ‚Ehe' und *liberī* ‚Kinder' entspricht *iustus* eindeutig der nördlichen Sonderverwendung von *ehaft/echt* (= ‚zu rechtmäßiger Ehe gehörig'). Es kann also kaum ein Zweifel daran bestehen, daß lt. *iūs* und gm. **aiwē-* die gleiche Bedeutung gehabt haben, nur daß *iūs* zur Zeit unserer Überlieferung bereits einen fortgeschritteneren Stand der Bedeutungsentwicklung zeigt.

§ 94. Die weitere Analyse hängt nun davon ab, wie der Zusammenhang mit den gleichlautenden Wörtern für ‚Ewigkeit' beurteilt wird, nämlich gt. *aiws (m)*, awn. *ævi (f)*, ahd. *ewa (f)* und Weiterbildungen, die auch in den übrigen germanischen Sprachen vorkommen; außergermanisch vergleichen sich lt. *aevum (n)* ‚Lebenszeit, Generation, Ewigkeit', gr. *aiṓn (m)* ‚Lebenszeit, (lange) Zeit, Ewigkeit' und avest. *āyū*, Genetiv *yaoš (n)* ‚Lebensdauer'. Für die Beurteilung dieser Sippe ist aufschlußreich, daß die gm. Weiterbildung **ajuki-* ‚ewig' (in ae. *ece* ‚ewig' und gt. *ajukdups* ‚Ewigkeit') eine bis auf die Ablaufstufe genaue Entsprechung in lt. *iūgis* ‚fortwährend, ewig' hat: das germanische Wort setzt **aịugi-*, das lateinische **(a)ịeugi-* voraus; der anlautende Schwachtonvokal sollte in dem germanischen Wort eigentlich geschwunden sein, ist aber wohl unter dem Einfluß des Grundworts erhalten geblieben. Diese Gleichsetzung liefert uns nun einen Schlüssel für die Erhellung weiterer etymologischer Zusammenhänge: Lt. *iūgis* wird im allgemeinen an lt. *iungere* ‚verbinden' angeschlossen, indem auf die Bedeutungsparallele *continuus* ‚ununterbrochen, fortlaufend' zu *continēre* ‚zusammenhalten' hingewiesen wird (*continuus* bedeutet also eigentlich ‚zusammenhaltend, zusammenhängend'). Der Anschluß an *iungere* braucht aber nicht auf *iūgis* beschränkt zu werden, er kann auch für gm. **ajuki-* gelten: lt. *iungere* ist ein Nasalpräsens zu der Verbalwurzel **ịeug-* ‚verbinden, anspannen' (zu der z. B. auch unser Wort *Joch* als Ableitung gehört) und diese wiederum ist aus einer Wurzelform **ịeu-* erweitert – im Lichte unserer augenblicklichen Überlegungen sollten wir allerdings besser **(a)ịeug-* und **(a)ịeu-* ansetzen. Die Bedeutungsverhältnisse bei dieser Erweiterung sind allerdings nicht einfach zu durchschauen: Die Wurzelform **(a)ịeu-* ist nur im Altindischen deutlich überliefert, wobei für uns vor allem das Verbum *yuváti* ‚lenkt' wichtig ist. Sowohl die Bedeutung ‚lenken' wie auch ‚verbinden, anspannen' gehen nun häufig auf ‚krümmen, hinbiegen' zurück: ‚lenken' ist gewissermaßen ‚die Richtung hinbiegen', und ‚verbinden' ist ‚einhaken, anhaken'. So steht neben nhd. *lenken* nhd. *Gelenk*, neben aksl. *sъ-lęsti* ‚zusammenbiegen, zusammenkrümmen, beugen' aksl. *na-lęsti* ‚anspannen', neben der Wurzel **u̯edh-* ‚führen', besonders ‚eine Frau heimführen, heiraten' (alles aus ‚lenken') eine Wurzel **u̯edh-* ‚verbinden, anspannen', und schließlich gehört auf diese Weise auch **(a)i̯eug-* ‚verbinden, anspannen' zu **(a)i̯eu-* ‚lenken'. Als ‚Einhaken' wird nun nicht nur die einfache Verbindung bezeichnet, sondern auch die Reihe, die Verkettung, der ‚Zusammenhang', wie an lt. *iūgis* ‚fortlaufend, ununterbrochen' (und in anderem Zusammenhang an lt. *continuus* ‚ununterbrochen') zu ersehen ist. Damit können wir von einer Grundlage **(a)i̯eu-* ‚(*krümmen,) lenken, (verbinden)' ausgehen, die die Wörter für ‚Ewigkeit' geliefert hat, und einer Erweiterung mit -*g*-, die sowohl Wörter für ‚verbinden' als auch solche für ‚ewig' zeigt. Der Ansatz **(a)i̯eug-* für die seither als **i̯eug-* angesetzte Wurzel würde durch gr. *zéugnumi* ‚joche zusammen, verbinde' sogar als richtig erwiesen, wenn die Hypothese zuträfe, daß anlautender Schwachtonvokal + *j* im Griechischen als *z*- erscheint[67].

§ 95. Nach dem, was wir über das germanische Verständnis von Recht und Sitte als dem Althergebrachten wissen, wäre es nun durchaus verlockend, gm. **aiu̯ē-* ‚Sitte, Recht' und damit auch lt. *iūs* an solche Wörter für ‚ununterbrochen, fortlaufend, ewig' anzuschließen. Prüfen wir deshalb, ob sich auch bei anderen Wörtern der Bedeutung ‚Sitte, Recht'[68] entsprechende Benennungsmotive finden lassen. Bei der Suche stoßen wir zunächst auf lt. *rītus (m)* ‚Sitte, (religiöser) Brauch': Dieses Wort hat keine genaue Entsprechung in den anderen idg. Sprachen, aber als nächste Verwandte sind verknüpfbar air. *rím (f)* ‚Aufzählung, Zahl' und ahd. *rīm (m)* ‚Reihenfolge, Zahl' als **(a)rī-mo-* neben **(a)rī-tu-*, älter vielleicht **(a)rī-t-;* vermutlich von der erweiterten Grundlage **(a)ridh-* stammt gr. *ari-thmó-s (m)* ‚Zahl, Anzahl, Zählung'. Das Grundverb dieser Sippe liegt vor in gr. *ar-arí-skō* ‚füge zusammen, füge an', in dessen Paradigma die Wurzelformen **ari-* und **ar-* auftreten; eine Sonderbedeutung ‚anreihen, zählen' zeigt sich etwa in *néritos* ‚zahllos'. – Den gleichen Zusammenhang zwischen ‚Sitte' und ‚Zahl' finden wir bei gr. *nómos (m)* ‚Sitte, Gesetz' neben lt. *numerus* ‚Zahl, Anzahl, Rang, Reihenfolge usw.', oder morphologisch genauer: zwischen gr. *nómos* ‚Sitte' und lit. *núoma(s)* ‚Mietzins' (offenbar eine dehnstufige Zugehörigkeitsbildung zu einem **nomo-* ‚Zahl, Summe, Betrag'), und ebenso zwischen lt. *numerus* ‚Zahl' (aus **nomeso-) und air. nós* ‚Brauch, Sitte', in Gesetzen ‚Gebrauchsrecht' (aus **nomso-*). Die verbale Grundlage zeigt hier weit auseinanderfallende Bedeutungen, auf die hier nicht näher eingegangen werden soll (ai. ‚biegen, krümmen', gr. ‚austeilen', gm. ,nehmen') – für uns genügt es, auf die Bedeutung von gr. *ana-némesthai* ,aufzählen, durchlesen' (allerdings nur selten belegt) zu verweisen. Diese Zusammenstellung zeigt deutlich, daß Wörter für ,Sitte, Recht' neben Wörtern der Bedeutung ,Reihe, Folge', besonders ,Zahlenreihe' stehen können. Einer semantischen Gleichsetzung von ,Sitte, Recht' mit ,Reihe, Folge' im Sinn von ,Herkommen, Fortdauer' steht also nichts im Wege, wenn auch die spezielle Bedeutungsvariante ,zeitliche Fortdauer, Ewigkeit' bei den genannten Parallelen nicht auftritt. Noch ein entfernter vergleichbarer Fall: ai. *dhárma- (m)* ,Sitte, Recht' gehört zu einer Verbalwurzel, bei der kein einfaches Präsens bezeugt ist. Belegt ist das Kausativ *dhārayati* ,erhält, trägt' und anderes. Eine Ausgangsbedeutung ,Erhaltung, (Überlieferung)' wäre damit für *dhárma-* durchaus denkbar. Wir bekommen durch diese Parallelen zwar keinen schlagenden Beweis für die Richtigkeit des von uns angesetzten Benennungsmotivs, aber doch beträchtliche Stützen: Die genannten Wörter für ,Sitte, Recht' hätten ursprünglich etwa ,Herkommen' bedeutet – bei ai. *dhárma-* als ,das Erhaltene', bei lt. *rītus* und gr. *nómos* als ,Folge', bei gm. **aiwē-* und lt. *iūs* als ,Zusammenhang, Dauer'. Morphologisch handelt es sich wohl in allen Fällen um Ableitungen von Verben; auch gm **aiwē-* kann als Abstraktbildung zu **(a)i̯eu-* ,(*krümmen,) lenken, (verbinden)' aufgefaßt werden, und lt. *iūs* entspricht als *s*-Stamm sogar einem gängigen Typ von Abstraktbildungen.

§ 96. Kommen wir von diesem Ausflug in die Urzeit wieder zu deutsch *echt/ehaft* zurück und wenden wir uns noch dem zweiten Bestandteil zu: gm. **hafta-* ist zunächst bezeugt als Maskulinum in awn. *haptr*, ae. *hæft*, ahd. *haft* ,Gefangener', und diese Wörter sind genau vergleichbar mit air. *cacht*, cymr. *caeth* ,Sklave', lt. *captus* ,Gefangener'. Das vorauszusetzende (west-idg.) **kap-to-* erweist sich eindeutig als passives Partizip zu **kap-i̯o-* ,fangen, ergreifen' (in lt. *capio* und gm. **haf-ja-*, wobei aber das gm. Wort in seiner Bedeutung zu ,heben' weiterentwickelt worden ist, so daß der Zusammenhang mit *hafta-* aus dem Germanischen allein nicht ohne weiteres zu ersehen wäre). Dieses Partizip ist im Germanischen auch in nicht-substantivierter Form bezeugt in gt. *þaim liugom haftam* ,den Verheirateten' (mit dem Dativ von *liuga* ,Ehe', das nur in Pluralformen belegt ist) – wörtlich würde diese Fügung zu übersetzen sein mit ,die durch die Ehe Ergriffenen' (o. ä.). Daneben erscheint nun eine Anzahl von Komposita mit **-hafta-*, die eindeutige Adjektive sind. Im Gotischen haben wir *qiþu-hafto (f)* ,schwanger' und *audahafts* ,beglückt'. Da sie neben *liugom haftam*, einer Fügung mit Dativ, stehen, ist es nicht ausgeschlossen, daß es sich auch bei ihnen um Konstruktionen mit Dativ handelt: *qiþu* kann eine Nebenform des Dativs von *qiþus* ,Mutterleib' sein (die Normalform wäre *qiþau*), *qiþu hafto* somit (da für ,Mutterleib' und ,ungeborenes Kind' häufig dasselbe Wort benützt wird) ,die durch ein ungeborenes Kind Ergriffene'. Dieser Ansatz liegt deshalb nahe, weil im Kontinentalgermanischen ‚schwanger' einfach durch *haft* (as. *haht*) oder mit einer Genetiv-Konstruktion (ahd., mhd. *kindes haft*) ausgedrückt wird. – Die andere Fügung kommt nur im englischen Gruß vor: *anstai audahafta* ‚beglückte, gnadenvolle' (L 1,28, gr. *kecharitōménē*). Nun wird die Wortsippe von gr. *cháris* im allgemeinen durch gt. *ansts* und seine Ableitungen wiedergegeben – *auda* ist also eigentlich überflüssig. Es wäre deshalb denkbar, daß in einer älteren Textform nur *auda hafta* ‚von Seligkeit ergriffene' = ‚Selige' stand (mit dem Dativ Singular eines *a*-Stammes, der im Gotischen als selbständiges Wort nicht mehr bezeugt ist). In späteren Abschriften könnte dieses *auda* (da es möglicherweise veraltet war oder zu einer anderen Mundart gehörte) durch *anstai* verdeutlicht oder glossiert worden sein, wobei man möglicherweise *audahaft* schon als Kompositum auffaßte. Wie dem auch sei – schon die Möglichkeit solcher Erwägungen zeigt, daß bei diesen Komposita auf *-hafta-* ursprünglich sehr wahrscheinlich etwas anderes als eine Zusammensetzung vorlag, nämlich syntaktische Fügungen von *-hafta-* mit einem Dativ.

§ 97. Da die Dativformen in späteren Sprachstufen bei mehreren Stämmen mit einem Kompositionsvokal verwechselt werden konnten (und da die spätere Zeit zu Zusammensetzungen dieser Art neigte), faßte man diese Fügungen später als Komposita auf und bildete nun nach ihrem Muster ‚echte' Zusammensetzungen. Diese Stufe ist vielleicht schon im Gotischen, sicher aber im Kontinentalgermanischen zur Zeit unserer Überlieferung erreicht. Besonders produktiv geworden sind diese Bildungen im hochdeutschen Bereich, darüber hinaus im ganzen Kontinentalgermanischen und auch im Friesischen. Im Nordwesten werden die durchsichtigen Bildungen in späteren Sprachstufen meist mit *-ig* erweitert *(-achtig)*, doch ist es zu dieser Erweiterung bei *echt* nicht mehr gekommen. Das Altenglische und in geringerem Ausmaß auch das Altnordische haben statt der Fügungen mit *-hafta-* in gleicher Funktion Bildungen mit *-fest* (ae. *fæst*, awn. *-fastr*), die aber auch den übrigen germanischen Sprachen nicht ganz fehlen. Auf diese Weise wurden nun mit Vorliebe Adjektive gebildet, die im Vorderglied Wörter wie Sitte, Vertrag, Gesetz usw. hatten und moralische oder ethische Bindungen bezeichneten. Zu ihnen gehört auch ahd. *eohaft,* das in alter Zeit (wie im übrigen auch die Mehrzahl der Belege für die ae. Entsprechung *æwfæst*) lt. *religiosus* und seine Sippe übersetzt, also etwa ‚fromm' (‚von der Sitte ergriffen' = ‚die Sitte achtend') bedeutet. Es erweist sich somit als eine ziemlich systematische Bildung, und deshalb ist auch nicht sicher, ob es eine Neubildung zum Zweck der Übersetzung christlicher Ausdrücke ist oder ein altes Wort, das zur Übersetzung christlicher Ausdrücke herangezogen wurde. Die gleiche allgemeine Bedeutung hat das Wort noch bei Notker in *ehafte leidara* für *iustos accusatores* ‚eh-

renhafte Ankläger' und in *ten eohaften gehileih* für *sacrum coniugii*, etwa
‚das heilige Band der Ehe'.

§ 98. Die in § 73 und 93 erwähnten rechtssprachlichen Ausdrücke sind
erst aus späterer Zeit belegt. Die durch sie wiedergegebenen Rechtsvorstel-
lungen sind dabei sicher alt; es ist aber ungewiß, ob sie auch von alters her
durch das Wort *eohaft/echt* ausgedrückt wurden. Einigermaßen deutlich
sind die Verhältnisse bei der *ehaften/echten Not*, für die die frühesten
Belege aus dem Südosten des Sprachgebiets stammen. Dieser Ausdruck für
einen ‚gültigen Entschuldigungsgrund' ist sicher eine Erneuerung des älteren **naudiz sundī*[69], wörtlich ‚wahre (echte) Not', wobei das alte Adjektiv
*sanþ/sund- ‚wahr' (eigentlich ein Partizip Präsens zu **es-* ‚sein', also ‚seiend') durch das jüngere *ehaft* ersetzt wurde. Auffällig ist dabei, daß der zu
*sundī parallele (und etymologisch verknüpfbare) lateinische Rechtsausdruck *sonticus* zur Zeit unserer Überlieferung als archaisch gilt und erklärt
werden muß, wobei *iustus* als erklärendes Wort verwendet wird[70]. Nun
gehört *iustus* zu den lateinischen denominalen *to*-Bildungen, die ebenfalls
häufig moralische Adjektive bilden und sein Grundwort ist dasselbe wie
bei ahd. *eohaft*, nämlich lt. *iūs*, die Entsprechung zu gm. **aiwē-*. Das ließe
die Annahme zu, daß für den juristischen Fachausdruck ‚rechtsgültig' (bei
Entschuldigungen) der hochaltertümliche Ausdruck **sont-* und seine Weiterbildungen noch in voreinzelsprachlicher Zeit ersetzt wurde durch **(a)-
i̯eu-* und seine Weiterbildungen. In diesem Fall müßte *ehaft/echt* entweder
selbst sehr alt sein, oder eine andere, uns nicht mehr bezeugte, Ableitung
von **aiwē-* ersetzt haben (wobei das zweite wohl das Wahrscheinlichere
ist). – Die Bezeichnung der ordentlichen Thing- und Gerichtsversammlung
als *ehaft/echt* ist im Norden wie im Süden früh bezeugt, ist also wohl alt;
echte dage für ‚gesetzliche Frist' scheint dagegen nur im Norden verbreitet
gewesen zu sein. Ebenfalls auf den Norden beschränkt ist die Festlegung
des Wortes auf ‚ehelich' (beim Adjektiv) und ‚Ehe' (bei der Substantivierung *Echte*).

§ 99. Fassen wir nun unsere Ergebnisse für *echt/ehaft* und *Ehe* zusammen: Auszugehen ist letztlich von der Verbalwurzel **(a)i̯eu-* ‚(*krümmen,)
lenken, (verbinden)', zu der gemeinindogermanisch Abstraktbildungen der
Bedeutung ‚(Verbindung – Aufeinanderfolge) – Dauer – Ewigkeit' belegt
sind. Aus der Bedeutung ‚Folge, Dauer' spezialisierte sich gm. **aiwē-* ‚(das
Dauernde, das Überlieferte, das Herkommen)', bezeugt als Wort für ‚Sitte,
Recht'. Dieses Wort muß regional nicht notwendigerweise weiter verbreitet gewesen sein als in den westgermanischen Sprachen, in denen es belegt
ist; allerdings setzt es eine verhältnismäßig altertümliche Grundlage voraus
und muß deshalb in die voreinzelsprachliche Zeit zurückreichen. Eine ganz
parallele, wenn auch nicht genau gleiche, Bildung von derselben Grundlage
findet sich in lt. *iūs* ‚Recht, Gesetz' (ursprünglich ebenfalls ‚Sitte', nach

seinen Ableitungen zu schließen), so daß die Annahme eines alten italisch-germanischen Rechtsterminus aus dieser Wurzel einige Wahrscheinlichkeit für sich hat. In unserer Sprache ist er (mit starker Bedeutungsspezialisierung) noch durch das Wort *Ehe* vertreten. – Zu diesem Substantiv muß es schon früh eine (adjektivische?) Weiterbildung gegeben haben, die als Wort für ‚rechtsgültig‘ ebenfalls in der Rechtssprache eine Rolle spielte. Was wir zu Beginn unserer Überlieferung in dieser Bedeutung vorfinden, ist deutsch *ehaft/echt*, afr. *aft*. Der in diesem Wort auftretende Bildungstyp geht sehr wahrscheinlich auf Fügungen des Partizips **hafta-* mit Dativen zurück; sie wurden später als Komposita aufgefaßt und nach diesem Muster produktiv. Deutsch *ehaft/echt* ist am ehesten eine jüngere (Kompositions-)Bildung, die die von uns angenommene ältere Bildung aus derselben Wurzel ersetzte; die Anwendung zur Übersetzung von lt. *religiosus* kann auf einer davon unabhängigen materiell gleichen Bildung beruhen. Unser heutiges Wort *echt* geht auf eine norddeutsche Form zurück, die mit der Bedeutungsspezialisierung auf ‚in rechtmäßiger Ehe geboren‘ schließlich zu der heutigen Bedeutung geführt hat.

IV. Die Lehnbeziehungen des Deutschen

A. Allgemeines

§ 100. Den verwandtschaftlichen Beziehungen des Deutschen sind nun in einem letzten Kapitel noch die Lehnbeziehungen gegenüberzustellen. Ich will mich dabei auf die wichtigsten Bereiche beschränken, denn es ist klar, daß eine Kultursprache wie das Deutsche bei genauer Betrachtung Wörter aus allen Teilen der Welt in sich aufgenommen hat. Hier soll es aber nur um die nachhaltigeren Einflüsse gehen, die im wesentlichen von den Nachbarsprachen ausgegangen sind. Ich will dabei so vorgehen, daß ich den betreffenden Entlehnungskreis kurz umreiße und dann ein wichtiges Beispiel oder eine Beispielgruppe daraus ausführlicher bespreche. Allgemeine Nachschlagewerke sind unter B 17 aufgeführt.

B. Die kulturellen Wanderwörter: *Ingwer*

§ 101. Da es selbstverständlich schon seit frühester Zeit Lehnbeziehungen gegeben hat, fängt dieses Kapitel mit einer Zeit an, in der man von Deutsch noch gar nicht reden kann: Die ersten Lehnwörter, die man als eine ausgesprochene Lehnwörter-Schicht fassen kann, sind die sogenannten kulturellen Wanderwörter – Wörter wie *Silber, Hanf, Erbse* usw.; das heißt also, die Bezeichnungen für viele Rohstoffe und Pflanzen (besonders Gewürze), die irgendwann irgendwo die Aufmerksamkeit des tätigen Menschen erregten und von ihm bezeichnet wurden, worauf dann andere Völker und Sprachen mit der Kenntnis der Sache auch deren Bezeichnung übernahmen. Für diese Wanderwörter kann man keine einheitliche Ursprungssprache voraussetzen – ich will mich deshalb darauf beschränken, als Beispiel den Entlehnungsweg des Wortes *Ingwer* kurz nachzuzeichnen, den Alan S. C. Ross in einer ausführlichen Abhandlung untersucht hat[71]: Unser Wort *Ingwer* geht zurück auf ahd. *gingibero, gingeber, ingúber*. Diese Formenvielfalt zeigt zunächst, daß solche Entlehnungen, die ja der Lautstruktur einer fremden Sprache entsprechen, angepaßt werden müssen, wobei meist mehrere Möglichkeiten versucht werden, aus denen dann im Laufe der Zeit eine einzige Form als Sieger hervorgeht. Das deutsche Wort geht dabei zurück auf das altfranzösische *gimgibre* (auch hier mit zahlreichen Nebenformen), dieses ist aus lateinisch *zingiber(i)* ererbt (lt. *z* entwickelt sich in den romanischen Sprachen gleich wie palatalisiertes *g*), und dieses wiederum ist eine Entlehnung aus gr. *zingíberis*. Das lateinische Wort ist der Ausgangspunkt für die entsprechenden Wörter fast aller europäischer Sprachen geworden, wie aus dem beigefügten Schaubild (S. 101) hervorgeht. (Verwandte Sprachen sind in diesem in einer senkrechten oder waagrechten Reihe zusammengestellt, so daß ersichtlich ist, daß sie ihr Wort häufig nicht aus der gleichen Quelle haben; vgl. etwa die slavischen Sprachen auf der rechten Seite!). Einige wenige osteuropäische Sprachen haben ihr Wort nicht aus dem Lateinischen entlehnt, sondern von den mitteliranischen Sprachen (gegebenenfalls auf dem Umweg über das Arabische und Türkische). Beide Überlieferungswege (über das Griechisch/Lateinische und über das Mitteliranische) treffen sich in den mittelindischen Sprachen als gemeinsamen Ausgangspunkt; als Beispiel für diese sei Pali *singivera-* angeführt. Und hier läßt sich das Wort nun endlich analysieren, denn der zweite Bestandteil *(vera-)* ist ein aus den dravidischen Sprachen bekanntes Wort für ‚Wurzel‘, und da das Gewürz Ingwer aus einer Wurzel gewonnen wird, ist dies wohl kein Zufall. Auch der erste Bestandteil kommt – als selbständiges Wort in der Bedeutung ‚Ingwer‘ – in den dravidischen Sprachen vor (das sind die nicht-indogermanischen Sprachen Indiens). Darüber hinaus ist dieses einfachere Wort für Ingwer in praktisch allen Sprachen Südostasiens in ähnlichen Lautformen belegt, ohne daß sich hier ein Zentrum für die Entlehnung nachweisen ließe. Ross faßt alle diese Sprachen deshalb als die ‚Ursprungsgruppe‘ zusammen. Insgesamt haben wir also von einem südostasiatischen Wort für die Ingwerpflanze auszugehen, das in Indien aus den dravidischen Sprachen zusammen mit deren Wort für ‚Wurzel‘ in die mittelindischen Sprachen entlehnt wurde und von dort aus einerseits über die mitteliranischen Sprachen, andererseits über das Griechische in die Sprachen Europas und Afrikas verbreitet wurde. Es handelt sich dabei um ein vergleichsweise spätes Wanderwort – deshalb ist der Weg seiner Verbreitung auch verhältnismäßig gut zu erschließen.

C. Das Keltische: *Reich* und *Amt*

§ 102. Der frühest faßbare Einfluß einer bestimmten Sprache oder Sprachgruppe ist der keltische Einfluß auf der Stufe des frühen Germanischen, also zu einer Zeit, in der die Aufspaltung des germanischen Sprachbereichs noch nicht weit fortgeschritten gewesen sein kann. Keltisch und Germanisch haben eine große Zahl von Wörtern ausschließlich gemeinsam, und es ist eine schwierige Frage, ob man diese als gemeinsames Erbgut oder als Entlehnung von der einen zur anderen Sprache aufzufassen hat (vgl. B 18). Lange Zeit hat man – von der archäologisch faßbaren kulturellen

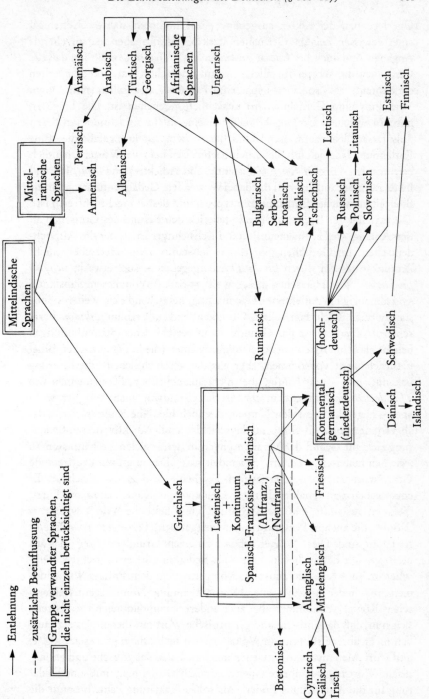

Der Entlehnungsweg des Wortes für ‚Ingwer' (nach Ross)

Überlegenheit der Kelten ausgehend – angenommen, daß die Kelten zu einer gewissen Zeit die Germanen stark beeinflußt haben (entsprechende Angaben sind auch bei Caesar zu finden). Man nahm deshalb an, daß die Germanen die Wörter für alles, was gut und schön war, von den Kelten entlehnten – also so, wie es später im Fall des Lateinischen (und seinem Verhältnis zum Germanischen) tatsächlich geschehen ist. Die Frage ist nun: In welchem Umfang können wir eine solche Entlehnung größeren Stils tatsächlich nachweisen? Und die Antwort ist kurzgefaßt die: Eine Entlehnung läßt sich mit Sicherheit nachweisen bei zwei Wörtern, nämlich bei unseren Wörtern *Reich* (Substantiv und Adjektiv) und *Amt*. Ich will beide kurz behandeln, weil die dabei verwendete Gedankenführung für die Beurteilung solcher Entlehnungen typisch und deshalb recht lehrreich ist:

§ 103. Bei der Sippe von *Reich* stelle ich den Befund des Gotischen an den Anfang, weil er in einem Punkt durchsichtiger ist als der des Althochdeutschen: Im Gotischen gibt es ein Substantiv *reiks* ‚Herrscher' (nicht ‚König' – das wir durch *þiudans* wiedergegeben –, aber etwa in *sa reiks þis fairƕaus* ‚der Herrscher dieser Welt' = Satan). Von diesem Substantiv sind abhängig ein Adjektiv *reikeis* ‚mächtig, herrschend', ein weiteres Substantiv *reiki* ‚Reich, Herrschaft, Obrigkeit' und ein Verbum *reikinon* ‚herrschen'. Außerdem ist das Grundwort in verschiedenen Stammbildungen beliebt als Hinterglied gotischer Männernamen (die in der gotischen Bibel natürlich nicht vorkommen, aber aus der geschichtlichen Überlieferung bekannt sind) – sehr häufig, aber nicht ausschließlich, Fürstennamen wie *Theoderich*. Im Althochdeutschen ist das Grundwort nicht belegbar, wohl aber – abgesehen von den Namen, die auch hier eine Rolle spielen – das abgeleitete Substantiv *rīhhi* und das gleichlautende Adjektiv, dessen Bedeutung sich auf Grund der Veränderungen in den sozialen Verhältnissen zu ‚reich an materiellen Gütern' gewandelt hat[72]. Das in gt. *reiks* auftretende Grundwort ist nun – oberflächlich gesehen – sehr gut vergleichbar: Es entsprechen dem Inhalt nach lt. *rex*, Genetiv *rēgis* ‚König', ai. *rājan-* ‚Fürst' (bekannt aus *Maha-radscha* ‚Großfürst') und keltische Wörter wie air. *rī* ‚König', die auch in Personennamen wie (gallisch) *Vercingeto-rix, Orgeto-rix* häufig sind. Diese Wörter gehören zu einem Grundverb **reg-*, das aus lt. *regere* am besten bekannt ist – als Bedeutung ist etwa ‚richten, herrschen' anzusetzen. Hierzu ist das Königswort ein dehnstufiges Wurzelnomen **rēg-* in der Funktion einer Täterbezeichnung (Nomen agentis) ‚Herrscher, König' – es kommen aber auch andere Stammbildungen vor. Es zeigt sich nun, daß das gotische und germanische Wort mit diesem Ansatz lautlich nicht übereinstimmt: die Vokale passen nicht, denn gt. *ei* setzt idg. *ei* und *ī* fort. Man muß also entweder annehmen, daß das gotische und germanische Wort mit den übrigen nichts zu tun hat, oder man muß eine Erklärung für die Abweichung finden. Als solche Erklärung käme hier nur die

Annahme einer Entlehnung in Frage, und diese Entlehnung müßte aus einer Sprache kommen, in der *ē* zu *ī* entwickelt wurde. Das trifft nun nur auf das Keltische zu – eine Möglichkeit des Zusammenhangs besteht also unter der Voraussetzung, daß das indogermanische Wort aus dem Keltischen ins Germanische entlehnt wurde, sei es, daß das Wort im Germanischen ausstarb und dann aus dem Keltischen neu eingeführt wurde, oder daß das Wort im Germanischen noch einen Fortsetzer hatte, der dann nach keltischem Vorbild umgeformt wurde. Lassen wir dies vorläufig auf sich beruhen, und nehmen wir gleich den nächsten Fall, das Wort *Amt:*

§ 104. Es geht zurück auf ahd. *ambahti* ‚Dienst‘ und dieses gehört zu *ambaht* ‚Diener‘ – ähnliche Wörter finden sich auch in anderen germanischen Sprachen. Außerhalb des Germanischen findet sich hierzu ein keltisches Wort, das auch als Lehnwort im Lateinischen eine geringe Rolle gespielt hat: *ambactus* – in lateinischen Glossen erklärt als *lingua gallica servus appellatur* (‚*ambactus* wird in gallischer Sprache ein Diener genannt‘). Dieses gallische, also keltische Wort ist nun aus dem keltischen Sprachmaterial ohne weiteres erklärbar: Es handelt sich um eine Bildung aus dem Präfix *ambi* ‚um, herum‘ und dem *to-*Partizip der Wurzel **aǵ-* ‚treiben‘ – ein entsprechendes Grundverb ist in den keltischen Sprachen vorhanden. Das Benennungsmotiv ist das gleiche wie in gr. *amphí-polos* ‚beschäftigt‘, substantiviert ‚Gefolgsmann‘, (fem.) ‚Dienerin‘ aus *amphí* ‚um, herum‘ und einer Ableitung von *pélomai* ‚rege mich, bewege mich‘ oder in ai. *pari-cará-* ‚sich bewegend‘, *(m)* ‚Gefolgsmann, Diener‘ zu *pári* ‚herum‘ und einer Ableitung von *cárati* ‚bewegt sich, geht‘; der Diener ist also bezeichnet als der ‚Begleiter, Gefolgsmann‘, als derjenige, der sich um seinen Herrn herum bewegt. Diese Analyse wäre nun im Prinzip auch bei den germanischen Wörtern möglich – mit einer kleinen Ausnahme: die betreffende Vorsilbe lautet im Germanischen *umbi* und im Gotischen *bi* – zu erwarten wäre also etwa ahd. **umbaht* o. ä. und im Gotischen etwas ganz anderes. Hinzu kommt, daß die Entsprechung von ahd. *ambaht* im Gotischen als *andbahts* erscheint, also mit einem *d* zuviel. Hier ist offenbar eine Nachdeutung des Wortes vorgenommen worden, die man etwa so erklären kann: Vermutlich ist im Gotischen wie anderswo *and* + *b-* (etwa in *andbeitan* ‚schelten‘, wörtlich ‚entgegenbeißen‘) zumindest bei schnellem oder nachlässigem Sprechen als *amb-* ausgesprochen worden (also in unserem Beispiel als **ambeitan*), etwa so, wie neben dem morphologisch durchsichtigen nl. *ont-bijten* ‚frühstücken‘ das infolge einer solchen Assimilation nicht mehr durchschaubare nhd. *Imbiß* steht. Vermutlich hat man bei den Goten nun geglaubt, daß auch **ambahts* auf eine solche Assimilation zurückzuführen sei, und hat sie in der konservativen Bibelsprache (vielleicht auch nur in der Schreibung) rückgängig gemacht – also zu *andbahts* verbessert (es würde sich hier also um einen sogenannten Hyperkorrektismus handeln). Diese Besonderheiten zeigen, daß ahd. *ambaht*, gt. *andbahts* mit großer Wahrscheinlichkeit keine germanischen Erbwörter, sondern Entlehnungen aus dem Keltischen sind.

§ 105. Nun hat man diese beiden nachweisbaren Entlehnungen *Reich* und *Amt* gewissermaßen für die sichtbare Spitze des viel größeren Eisbergs gehalten und angesetzt, daß die Mehrzahl der germanisch-keltischen Gemeinsamkeiten auf Entlehnungen des Germanischen aus dem Keltischen beruht. Daß gerade die Wörter für Herrscher und Diener als mit Sicherheit entlehnt erweisbar sind, konnte man dabei als ein Anzeichen dafür nehmen, daß die Kelten ein so vorbildliches soziales System hatten, daß es samt den zugehörigen Bezeichnungen von den Germanen übernommen wurde. Nun ist gegen diese Schlußfolgerung aber einiges einzuwenden: Erstens ist eine so pauschale Entlehnung eben wirklich *nicht* beweisbar; zweitens sieht es auch kulturgeschichtlich nicht so aus, als ob die Germanen das soziale System der Kelten pauschal übernommen hätten; und drittens müssen auch die beiden sicheren Beispiele in Bezug auf ihre Stellung in der Terminologie des sozialen Systems etwas vorsichtiger beurteilt werden: Gt. *reiks* bedeutet nämlich eben nicht ‚König‘ oder sonst ein Amt in der sozialen Stufenleiter, und *ambaht* ist nicht das normale Wort für ‚Diener‘, also den germanischen Verhältnissen entsprechend für den Unfreien. Um dies näher zu erläutern, ist ein Wort zu den germanischen Königen und zur germanischen sozialen Gliederung vonnöten: Die ständigen Könige, die wir etwa aus den germanischen Reichen der Völkerwanderungszeit kennen, sind ersichtlich eine junge Erscheinung. So weit wir das beurteilen können, hatten die Germanen ihre Könige ursprünglich nur für bestimmte Unternehmungen, etwa für Heerzüge; möglicherweise wurden überhaupt nur aus Anlaß solcher Unternehmungen Könige gewählt; ansonsten scheinen die germanischen Freien gleichberechtigt gewesen zu sein. Natürlich soll das nicht heißen, daß es bei den Germanen keine soziale Gliederung gab – es gab zumindest Freie und Unfreie und selbstverständlich hatten auch die Freien ein verschieden hohes Ansehen. Sicher gab es auch Leute, die die Möglichkeiten, andere in Abhängigkeit zu bringen, bis zum Äußersten ausnutzen konnten, während dies anderen nicht gelang oder von ihnen gar nicht erstrebt wurde. Aber vom sozialen System, von der ‚Verfassung‘ her gesehen, scheint ein Gegensatz König (Fürst/Herrscher) – Abhängiger nicht vorhanden gewesen zu sein.

§ 106. Es ist nun ersichtlich, daß gt. *reiks,* die Entlehnung aus dem keltischen Königswort, nicht dazu dient, die später auftretenden germanischen Könige zu bezeichnen, sondern vielmehr Mächtige, Herrschende, vielleicht gerade solche, die es verstanden, andere in Abhängigkeit zu bringen. Und dazu paßt ganz gut *ambaht,* das nicht den Sklaven, den Unfreien, bezeichnet (das wäre gt. *skalks,* ahd. *scalch*), sondern den Abhängigen, den

Diener. Wir dürfen die beiden Entlehnungen also nicht jeweils für sich betrachten, sondern müssen sie als die Entlehnung eines kleinen Teilsystems, eines kleinen Wortfelds, ansehen – des Wortfelds *reiks – andbahts* ‚Herrscher – Abhängiger'. Und das rückt die Entlehnung in ein ganz anderes Licht: Die Germanen haben nicht das soziale System der Kelten übernommen, sondern die Bezeichnungen für ein Abhängigkeitsverhältnis, das bei ihnen mindestens als Institution nicht vorhanden war. Und sie haben auch nicht diese Institution bei sich eingeführt, sondern nur mit diesen entlehnten Wörtern besonders Verhältnisse gekennzeichnet; teils solche, die bei anderen Völkern herrschten, teils solche, die bei ihnen selbst bestanden, aber wohl als untypisch oder als nicht wünschenswert empfunden wurden. Damit wird die Annahme der Vorbildlichkeit des keltischen sozialen Systems doch etwas eingeschränkt und mit ihr auch die Vorstellung vom Ausmaß der kulturellen Überlegenheit der Kelten. Tatsache bleibt für uns, daß von denjenigen Entlehnungsschichten unserer Sprache, deren Quelle feststellbar ist, die keltische als früheste angesehen werden muß. Wie groß man diese keltische Lehnwörter-Schicht anzusetzen hat, ist allerdings nicht durch Pauschalurteile zu klären – man muß sich hier schon die Mühe machen, jeden Einzelfall für sich abzuwägen.

D. Entlehnungen aus dem Germanischen ins Finnische

§ 107. Nur gerade erwähnt werden soll hier eine Entlehnungsschicht in umgekehrter Richtung, die für die Etymologie und allgemein die Geschichte der germanischen Sprachen von beträchtlicher Bedeutung ist: die Entlehnung aus den germanischen Sprachen in die finnischen (B 19). Diese Entlehnungen sind deshalb wichtig, weil ein Teil von ihnen in sehr frühe, vorliterarische Zeit zurückgeht. Zwar wird die früher allgemeine Annahme, daß die ältesten dieser Lehnwörter noch urgermanischer Herkunft seien, in neuester Zeit bestritten – Hans Fromm, ein Fachmann der germanischen wie auch der finnischen Sprachwissenschaft, hält die früheste Schicht für bereits einzelsprachlich, und zwar für gotisch –; aber dies ändert nichts daran, daß diese Entlehnungen teilweise einen älteren Stand zeigen als die uns in den germanischen Sprachen überlieferten Formen.

E. Das Lateinische: *Gehorsam*

§ 108. Damit kommen wir zur nächsten Entlehnungsschicht, bei der man eigentlich nicht *Schicht* sagen kann, denn es handelt sich um einen mächtigen und bis heute anhaltenden Einfluß: den des Lateinischen (B 20). Die frühesten Entlehnungen aus dem Lateinischen gehen meist über das ganze Gebiet der mittelalterlichen germanischen Sprachen – die Stellung des Gotischen muß allerdings im allgemeinen gesondert betrachtet werden. Trotz dieser weiten Verbreitung handelt es sich bei diesen Fällen nicht mehr um Entlehnung ‚ins Germanische‘, sondern um solche ‚in die (bereits voneinander unterscheidbaren) germanischen Sprachen‘, wobei sich der Einfluß eben jeweils in mehreren oder gar allen bemerkbar gemacht hat. Ich berücksichtige im folgenden nur das Deutsche und versuche, den großen Komplex der Entlehnungen aus dem Lateinischen in überschaubare Teilgebiete aufzuspalten. Als frühester Einfluß wären dabei die Entlehnungen im Bereich der Sachkultur zu nennen. Ich habe für sie bereits bei der Behandlung des Lehnwortes *Mauer* (§ 44) ein Beispiel gegeben, und ich will hier nur hinzufügen, daß diese Entlehnung eingebettet ist in eine ganze Lehn-Terminologie: So kommt *Ziegel* aus lt. *tegula*, *Kalk* aus lt. *calx*, *Mörtel* aus lt. *mortarium*, *Fenster* aus lt. *fenestra*, *Kammer* aus lt. *camara* usw. Und wie hier der Bereich des Steinbaus, so sind auch andere Bereiche der frühen Techniken mit Entlehnungen aus dem Lateinischen durchsetzt. Als zweites Teilgebiet wäre der Einfluß des Christentums zu nennen. Er ist letztlich natürlich ein Einfluß des Griechischen (und in bestimmtem Umfang sogar noch weiter zurück: des Hebräischen); aber da für uns das Lateinische bei weitem die wichtigste Vermittlersprache war, ist auch der sprachliche Einfluß im wesentlichen ein lateinischer. Es kommen auch andere Vermittlersprachen für das Christentum in Frage – man rechnet mit den Goten, dann mit den Iren, und schließlich mit den Angelsachsen – aber sprachlich ist deren Einfluß gering gewesen. Die typische Form der Entlehnung im Bereich des Christentums ist eine andere als bei der Sachkultur: hier wird im allgemeinen übersetzt, das heißt, die fremden Wörter werden mit einheimischem Sprachmaterial nachgeahmt. Als Beispiel hierfür will ich das Wort *Gehorsam* herausgreifen:

§ 109. Zugrunde liegt lt. *oboedientia*, die Bezeichnung einer Mönchstugend: des Gehorsams gegenüber den Oberen. Dieses lateinische Wort ist ein Abstraktum zu dem partizipialen Adjektiv *oboediens* ‚gehorsam‘ und dieses gehört wieder zu *oboedire* ‚gehorchen‘; *oboedire* ist das Verb *audire* ‚hören‘ in Nebentonstellung nach dem Präfix *ob-*, das eine nicht genau faßbare Bedeutung hat. Die ersten deutschen Übersetzungsversuche gingen nun möglichst genau von diesem Wortsinn aus und vernachlässigten das Präverb (*horen* ‚hören‘ im Sinn von ‚gehorchen‘) oder gaben es mit *gagan* ‚gegen‘ wieder (*gaganhoren, gaganhorenti*). Diese ersten Versuche waren aber zu unbeholfen – man konnte sich unter diesen deutschen Wörtern offenbar zu wenig vorstellen. Ein weiterer Versuch der frühen Zeit – im Rahmen des althochdeutschen Isidor – versuchte es mit dem Präfix *ge-* (*gehorig* für ‚oboediens‘); das Rennen machte dann aber eine Bildung, bei der der Sinn von lt. *oboediens* mit den Mitteln der deutschen Sprache wiedergegeben wurde. Man ging nicht vom Verbum, sondern vom Adjektiv aus und nahm Bildungen wie *arbeitsam* ‚zur Arbeit geneigt‘ neben *arbeit* als Vorbild. Entsprechend nahm der Übersetzer nun den Infinitiv *horen* (da der Infinitiv ja auch als ein Substantiv verwendet werden kann) und bildete zu ihm ein Adjektiv *horsam* ‚zum Hören geneigt‘ (bei Ableitungen aus dem Infinitiv wird das Infinitivzeichen *-en* unterdrückt). Unter diesem Adjektiv konnte man sich nun etwas vorstellen, das dem lt. *oboediens* ziemlich nahe kam: von jemand, der gerne auf andere hört, wird man auch annehmen können, daß er das tut, was er hört. Und von diesem Adjektiv geht dann im Althochdeutschen die ganze Wortsippe aus: das Abstraktum *horsami* ‚Gehorsam‘ und das Verb *horsamon* ‚gehorchen‘ (das Ableitungsverhältnis ist also umgekehrt wie im Lateinischen). Zu gleicher Zeit wurden die Bildungen teilweise durch ein *ga-* verstärkt – und das ist dann schon die normale Form bei Notker. Dieser Aufbau ist beim Adjektiv und beim Substantiv geblieben; für das Verbum hat sich später die Form *gehorchen* durchgesetzt, die wie das einfache Verb *horchen* erst spät aus dem mitteldeutschen Bereich nach Oberdeutschland und in die Hochsprache eingedrungen ist.

§ 110. In einem dritten Teilgebiet des lateinischen Einflusses verlassen wir bereits den Wortschatz, bei dem man dazusagen muß, daß es sich um Entlehnungen handelt: Es ist der Bereich der Wissenschaft und der antiken Kultur, die im Gefolge des Christentums Einzug in unserem Sprachgebiet hielten. Was hier an frühen Entlehnungen vorliegt, gehört auf eine so einfache Stufe, daß man es im Grunde noch zur Sachkultur rechnen muß: das Lehnwort *schreiben*, die Lehnbedeutung *lesen*, die Lehnwörter *Tinte* und *Schule* usw. oder Begriffe der einfachen Medizin wie *Arzt, Fieber, Pflaster* usw. Der Bereich der höheren Wissenschaften spielt bei den frühen Entlehnungen deshalb keine Rolle, weil diese Wissenschaften überhaupt nur in lateinischer Sprache gepflegt und vermittelt wurden. Das geht im Grunde bis zur Zeit des Humanismus so, also bis in die frühneuhochdeutsche Zeit. Dann wird Wissenschaft auch in den Volkssprachen betrieben, und jetzt dringt eine ganze Masse von wissenschaftlichen Ausdrücken aus der lateinischen – oder genauer: griechisch-lateinischen – Sprache in die Volkssprachen ein; aber diese Ausdrücke werden nicht mehr der deutschen Sprache angepaßt, sie bleiben Fremdwörter; nicht zuletzt deshalb, weil zur Zeit des Humanismus das Gefühl für richtiges Latein geschärft wurde und die dem deutschen Lautstand angepaßten Formen der Verachtung anheimfielen. Dieser Bereich der lateinischen (und heute internationalen) Wissenschaftssprache und dann weiter überhaupt der internationalen Begriffe auf lateinischer (oder griechisch-lateinischer) Grundlage wirkt selbstverständlich noch heute auf unsere Sprache, wie auf die übrigen Kultursprachen auch.

F. Das Französische: *Preis, hübsch* und *Tölpel*

§ 111. Damit kommen wir zum nächsten großen Fremdeinfluß auf das Deutsche: dem von unserem Nachbarn im Westen, dem Französischen (B 21). Dieser Einfluß setzt ein mit der mittelalterlichen Ritterkultur, die sehr stark nach dem französischen Vorbild ausgerichtet war: Fast alle Fachausdrücke der Ritter waren französisch – darunter viele Ausdrücke für Begriffe, die man auch auf Deutsch hätte bezeichnen können, die aber auf französisch eben viel vornehmer klangen. Dieser Einfluß ist auffallenderweise nur zum Teil unmittelbar aus Frankreich gekommen – bei einem beträchtlichen Teil der Entlehnungen kann man nachweisen, daß sie über das Niederländische eingedrungen sein müssen. Der Grund hierfür ist in dem hohen Ansehen der flämischen Ritterschaft zu suchen, die durch ihre politisch bedingte starke Ausrichtung auf das Französische eine wirksame Vermittlerrolle spielen konnte. Von diesem alten Fremdwortschatz der Ritter ist bei weitem nicht alles in unserer Sprache erhalten geblieben, aber einige zum Teil recht häufige Wörter der Gegenwartssprache gehen doch auf ihn zurück. Zu erwähnen sind dabei zunächst die einfachen Übernahmen aus dem Französischen. Sie sind – wegen der unterschiedlichen Betonungsverhältnisse – als fremde Wörter zu erkennen, wenn sie mehrsilbig sind; denn um diese Zeit sind Anpassungen an die deutsche Betonung nicht mehr häufig. Einsilbige sehen dagegen heute aus wie Erbwörter – als Beispiel für sie will ich das Wort *Preis* kurz besprechen. Die andere – erheblich weniger leicht faßbare – Schicht sind die Wörter, die in Flandern oder unter flämischem Einfluß französischen Wörtern nachgebildet wurden und deshalb Spuren nördlicher Herkunft an sich tragen. Sie sind nicht eigentlich französisch, sondern niederländisch oder mitteldeutsch, verdanken aber ihre Verbreitung der französischen Kultur, die sie vermittelt haben. Als Beispiel für sie will ich die beiden Wörter *hübsch* und *Tölpel* anführen, die letztlich auf ein wichtiges Wertungsschema der höfischen Welt zurückgehen: frz. *co(u)rtois* und *vil(l)ain*, die Bezeichnung des höfisch gebildeten Menschen gegenüber dem ungebildeten Bauern.

§ 112. Beginnen wir also mit dem Wort *Preis:* Es sieht ganz aus wie ein deutsches Erbwort, zumal es mit *preisen* zusammenhängt, das als starkes Verb zu der Flexionsklasse der primären Verben, also der wichtigsten Erbwörter, gehört. Aber dieser Schein trügt: das Verb *preisen* war in der klassisch mittelhochdeutschen Zeit noch schwach flektiert *(er prīste)*, ist allerdings kurz danach in die starke Klasse übergegangen, wie mehrere andere Wörter mit langem *ī* in der Stammsilbe (etwa die heutigen Wörter *schweigen* und *pfeifen* und das alte Lehnwort *schreiben*). Für den Sprachgeschichtler ist der Lautstand des Wortes auffällig: der Anlaut *pr-* kann we-

gen der zweiten Lautverschiebung einem hochdeutschen Wort nicht zukommen (dafür *pfr-*) und ist im übrigen auch bei niederdeutschen Erbwörtern selten. Die Sippe von *Preis* muß also auf unüblichem Wege in die
Hochsprache gelangt sein. Bei der Suche nach diesem unüblichen Weg
erweist sich das frz. *prīs (m)* als Ausgangspunkt. Es ist innerhalb des Französischen ein Erbwort aus dem Lateinischen (während sonst die deutschen
Entlehnungen aus dem Französischen gelegentlich auch Wörter betreffen,
die das Französische aus dem Westfränkischen, also einer germanischen
Sprache, entnommen hat). Das zugrundeliegende lt. *pretium (n)* bedeutete
den ,Kaufpreis', auch den ,Lohn' und dann alllgemeiner den ,Wert'. Mit
dieser Bedeutung ,Wert' ist das Wort zu einem zentralen Begriff des Ritter-
tums geworden, der etwa mit ,hohes Ansehen' umschrieben werden kann.
Der *prīs* wird von der übrigen Ritterschaft, von den Damen usw. dem
verdienten Ritter, im Einzelfall vor allem etwa dem Sieger im Kampf oder
im Turnier, zugesprochen, er ist aber auch ein Ausdruck der allgemeinen
Wertschätzung und damit die äußere Begleiterscheinung des für diese Gesellschaft vorbildlichen Menschen.

§ 113. Das französische Wort wird nun sehr früh (12. Jh.) ins Kontinentalgermanische (wie auch ins Englische, und vom Niederdeutschen aus in
die nordischen Sprachen) übernommen, wobei der Entlehnungsweg nicht
genau festgestellt werden kann. Im Deutschen wird das fremde Wort zunächst häufig in Doppelformeln *(ēre unde prīs)* verwendet, auch weist die
gelegentlich auftretende Schreibung *bris* auf Schwierigkeiten mit der Einordnung ins Lautsystem hin; aber bald ist das Wort völlig eingebürgert.
Früh taucht auch eine Ableitung *prīsen* ,loben' auf, die wohl nicht unmittelbar aus der französischen Entsprechung *preisier* entlehnt ist, weil solche
Entlehnungen im Deutschen im allgemeinen das Adaptionssuffix *-iren* zeigen. Später wird das deutsche *prīs* dann auch (im Anschluß an das Französische) in der Bedeutung ,Ehrengabe für den Sieger' verwendet, und
schließlich wird in noch späterer Zeit (2. Hälfte des 15. Jh.) auch der ursprüngliche Sinn des französischen Wortes, nämlich ,Kaufpreis', übernommen – diesmal sicher vom niederländischen Raum ausgehend, der schon
damals durch seine wirtschaftliche Blüte in Fragen des Handels und Verkehrs tonangehend war; im Süden hat sich das Wort in dieser Bedeutung
erst ein Jahrhundert später durchgesetzt. Es ist dabei ausdrücklich darauf
hinzuweisen, daß ,Kaufpreis' die ursprüngliche Bedeutung des lateinisch-
französischen Wortes ist, die nun neu in den kontinentalgermanischen
Bereich entlehnt wird – vom ,Ausdruck des Wandels vom Ethos des Ritter-
standes zum bürgerlichen Denken und Tun'[73] kann deshalb nicht die Rede
sein. In der wirtschaftlichen Bedeutung ,Kaufpreis' hat sich das Wort im
Französischen wie im Deutschen, Niederländischen (und anderen Sprachen) gehalten; dagegen ist die auf den höfischen Ausdruck zurückgehende

Bedeutung ‚Ruhm, Ehre' im heutigen Französischen ausgestorben. Im Niederländischen und nördlichen Deutschen blieb sie erhalten, weil *Preis* und *preisen* dort sehr früh zu Ausdrücken für das Gotteslob wurden und sich deshalb in der kirchlichen Sprache halten konnten. Von dort aus sind sie im Zuge der Verbreitung der Reformation auch in den Süden des Sprachgebiets gedrungen, wo sie zunächst durch die Entsprechungen *Lob* und *Ruhm* erklärt werden mußten – so in dem Glossar zum Nachdruck von Luthers Neuem Testament, das der Basler Buchdrucker Adam Petri seit 1523 dem Text beilegte[74].

§ 114. Nun weiter zu dem Paar frz. *co(u)rtois – vil(l)ain* – das erste ein Adjektiv ‚höfisch' zu dem Wort *cour* ‚Hof', das zweite ein Substantiv ‚Dörfler', zurückgehend auf mlt. *villānus* ‚Bauer' (zu *villa* ‚Landgut, Dorf'). Auch diese Wörter sind zu Schlüsselwörtern der Ritterkultur geworden, indem *cortois* das Betragen des gesitteten, höfischen Menschen bezeichnet, der den Leitbildern seiner Gesellschaft entspricht; *vilain* dagegen den rohen Dorfbewohner, der für Zucht und Sitte kein Verständnis hat – wobei nicht gesagt ist, daß jeder, der nicht *cortois* ist, gleich ein *vilain* sein muß. Die beiden Wörter werden nun auf dem eigentlich hochdeutschen Gebiet zunächst unmittelbar entlehnt als *kurteis* und *vilan* (so treten sie – besonders das erste – vor allem bei Wolfram auf). Später setzen sich dann die nördlichen Übertragungen dieser Ausdrücke durch. Im Falle von *cortois*[75] ist dies mnl. *heuvesc, hovesc*, später zusammengezogen zu *hovsch, heusch*, dann zu *hoosch*, noch erhalten in nnl. *heus* ‚höflich, liebenswürdig'. Dieses Wort ist eine Lehnübersetzung, denn es ist parallel zu *cour – cortois* mit einem Adjektivsuffix aus *hof* gebildet. Dabei ist *eu* (gesprochen *ö*) der allerdings nur regional auftretende Umlaut zu *u* und die genaue Entsprechung zu deutschen *ü;* und *ü* ist der historisch zu erwartende Umlaut zu einem Grundwort mit *o* (weil *o* immer aus *u* entstanden ist) – wir haben dieses Verhältnis noch in *Gold – gülden*, sonst ist bei uns nachträglich ein Umlautverhältnis *o – ö* eingeführt worden. Das *v* des mittelniederländischen Wortes ist durch die nördliche Sonorisierung von *f* zwischen Vokalen begründet und ist in dieser Stellung historisch mehrdeutig, weil auch *b* zwischen Vokalen als *v* erscheint (*leben* z. B. heißt auf nnl. *leven*). Bei der Verbreitung des Wortes in den Süden hat man sich nun offenbar nicht vom Sinn des Wortes leiten lassen, denn sonst hätte dort **hüfisch* oder **höfisch* gebildet werden müssen. Statt dessen bekommen wir dort ein *hübesch* (neben *hüvesch*), weiter nördlich auch *hövesch* – die Verteilung ist aber keineswegs eindeutig geregelt. Dieses *hübesch*, später *hübsch*, ist zunächst ein Ausdruck der Rittersprache für ‚gebildet, gesittet' (wie oben beschrieben), wird dann aber – weil der Zusammenhang mit seinem Grundwort *Hof* nicht mehr auf der Hand liegt – sehr bald verallgemeinert zu ‚schön, hübsch' und dann in dieser Bedeutung wieder ins Niederländische zurückentlehnt als nnl. *hups* ‚nett'. Die moderne Form *höfisch,* mit der wir heute die Ritterkultur bezeichnen (*höfische Literatur* usw.), ist jünger: in älterer Zeit bedeutete sie einfach ‚zu einem Hof gehörig' ohne jegliche Wertung; in neuerer Zeit wurde sie auch übertragen gebraucht, aber in Bezug auf moderne Höfe – im positiven Sinn etwa als ‚höflich, gewandt', im negativen als ‚nach Art der Höflinge'.

§ 115. Auch im Fall von *vilain* wurde das französische Wort ins Mittelniederländische übersetzt, bzw. das bestehende Wort nach dem französischen Vorbild gebraucht. In seiner flämischen Form (*dorpere* ‚Dörfler') ist es dann nach Süden gedrungen, und auch in diesem Fall hat man nicht lautlich umgesetzt – die echt hochdeutsche Form *dorfœre* ist (den wenigen Belegen nach zu schließen) eine wertfreie Bezeichnung gewesen. Das lautliche Schicksal dieser Binnenentlehnung *dorpere* ist nun etwas ungewöhnlich, was sicher damit zusammenhängt, daß es sich mehr oder weniger um ein Schimpfwort handelte, das allerlei unregelmäßigen lautlichen Veränderungen ausgesetzt war. Wenn man die Vielzahl der belegten Formen in eine Entwicklungsreihe bringen will, so ist zunächst von *dorpære* oder *dorpere* auszugehen, später auch mit dem Umlaut geschrieben, der diesen Bildungen normalerweise zukommt. Nach Abschwächung der Endung entsteht *dörper,* das bald zu *dörpel* umgeformt wird: die Folge der *r* im Silbenauslaut ist unbequem und wird deshalb verändert. Dabei wechselt der Anlaut zwischen *d* und *t,* was darin begründet ist, daß die meisten deutschen Mundarten *d* und *t* zusammenfallen ließen und das Wort in der Schriftsprache isoliert blieb. Merkwürdigerweise ist nun aber auch das erste *r* noch zu *l* verändert worden – man hat also die unbequeme Folge gleicher Silbenauslaute wiederhergestellt, allerdings mit *l* statt mit *r.* Dies ist eigentlich sprachwidrig und schwer verständlich (auch wenn es sich um eine regionale Form handeln sollte, in der die beiden *r* unmittelbar in zwei *l* umgesetzt wurden – etwa um nördliches Zungenspitzen-*r* in einer Mundart mit Rachen-*r* nachzuahmen) – es hat sicher mit dem Gebrauchswert der Wortes zu tun und soll wohl die Schwerfälligkeit des so Bezeichneten verspotten. In dieser Lautung *(Tölpel)* ist das Wort dann in der Hochsprache ein Schimpfwort für einen schwerfälligen, ungeschickten Menschen geblieben.

§ 116. So weit zum frühen Einfluß des Französischen, der für die Hochsprache vielfach mittelbar, also durch das Niederländische vermittelt, gewesen ist. Der französische Einfluß hat dann bis in die jüngste Zeit angehalten: das Französische war vielfach die Sprache der vornehmen Kreise, der Höfe, später auch der vornehmen Bürgerfamilien, die Sprache mancher Wissenschafts- und Kunstgebiete (die militärische Terminologie z. B. ist weitgehend französisch bestimmt) usw. Auf diese Weise drang eine Masse von französischen Wörtern ins Deutsche ein – aber die Mehrzahl von ihnen konnte sich nicht halten, und die übrigen sind – sofern es sich nicht um Nachbildungen handelt – als Fremdwörter erkennbar, so daß ich nicht weiter auf sie eingehen will.

G. Sonstiges

§ 117. Der letzte große Fremdeinfluß hat dann etwa in der Mitte des 19. Jahrhunderts eingesetzt: der des Englischen, später mehr in der besonderen Ausprägung des Amerikanischen (B 22). Auch hier sind die Entlehnungen im allgemeinen erkennbar; auch haben sie, wenn sie in der deutschen Sprache ein Heimatrecht erworben haben, wie etwa *Sport,* erst eine kurze Geschichte hinter sich, so daß sie von ihrem Ausgangspunkt erst wenig entfernt sind. Ich will mich deshalb bei diesem Bereich mit der bloßen Erwähnung begnügen. Ganz übergehen will ich auch den Einfluß anderer Nachbarsprachen, unter denen besonders das Italienische und die slavischen Sprachen noch zu nennen wären (B 23). Und nur kurz erwähnen will ich die Bewegung gegen das wachsende Ausmaß der Fremdwörter im Deutschen – die seit dem 17. Jahrhundert auftretenden Sprachgesellschaften und Sprachreiniger, die sich bemühten, Fremdwörter so weitgehend wie möglich durch eigens gebildete deutsche Ersatzwörter zu verdrängen (B 24). Trotz der vielverspotteten Auswüchse dieser Versuche haben sie auf den deutschen Wortschatz einen maßgeblichen und aufs ganze gesehen begrüßenswerten Einfluß gehabt.

ZWEITER TEIL
DIE ENTSTEHUNG LEXIKALISCHER EINHEITEN

I. Eine theoretische Frage:
Wie können wir etwas bezeichnen?

§ 118. In diesem zweiten Teil wollen wir uns der Frage zuwenden, wie Wörter (im Sinne von lexikalischen Einheiten) entstehen, und um einen ausreichenden theoretischen Hintergrund für die Behandlung dieser Frage zu haben, müssen wir zunächst zusammenstellen, wie Wirklichkeitsausschnitte überhaupt erfaßt *(bezeichnet)* werden können. Nun, der einfachste Fall liegt vor, wenn wir ein passendes Wort (und nur eines) zur Verfügung haben – wir können es gebrauchen, und der jeweilige Gebrauch wird lediglich die absolute Häufigkeit des betreffenden Wortes erhöhen, sonst aber keine Wirkung auf die Sprache haben. In diesem Fall sprechen wir von einer *Benennung.* Schon etwas verwickelter ist es, wenn wir zwischen mehreren Wörtern wählen können – auf diese Situation werden wir im zweiten Kapitel des dritten Teils eingehen. Was nun, wenn wir kein Wort zur Verfügung haben? Für diesen Fall bietet uns die Sprache zunächst zwei Möglichkeiten: den *Hinweis* und die *Beschreibung.* Auf das Gemeinte hinweisen können wir entweder durch Zeigen oder mit sprachlichen Mitteln (mit demonstrativen Pronomina und anderen Zeigewörtern), und zwar entweder mit den Zeigewörtern allein *(dieser, so)* oder in Verbindung mit Allgemeinbegriffen *(dieser Käfer, sich so drehen)* – auf jeden Fall sind die Hinweise aber an die Situation gebunden und können deshalb nicht zu neuen lexikalischen Einheiten führen. Bei den Beschreibungen unterscheiden wir Zeichenkombinationen und Bedeutungsabwandlungen. Zeichenkombinationen können in unserer Sprache syntaktische Fügungen *(großer Hund; kleiner roter Käfer mit schwarzen Punkten)* oder Wortbildungen *(umwerfbar, Zuckervergeuder)* sein – auf jeden Fall aber sind sie voll systematisch. Eine Bedeutungsabwandlung liegt etwa vor, wenn wir einen dicken Menschen eine *Kugel* nennen (,jemand, der so rund ist wie eine Kugel'), oder wenn ein Arzt im Krankenhaus von seinem ,Patienten mit Nierensteinen' als dem *Nierenstein* spricht. Solche Beschreibungen werden speziell für den Einzelfall gebildet; sie sind ein Akt der Sprachverwendung und haben auf die Sprachstruktur zunächst keinen Einfluß.

§ 119. Nun kann es aber sein, daß wir nicht einen speziellen Einzelfall bezeichnen wollen, sondern eine Klasse oder ein Exemplar einer Klasse, über deren Umfang und Abgrenzung wir bereits eine Vorstellung haben.

Das ist an sich ein Sonderfall, weil Begriffe ohne zugehörige Bezeichnung nicht vom Himmel fallen, es kommt aber vor bei neu-entdeckten oder neu-entwickelten Sachen, bei wissenschaftlichen Klassifikationen (bei denen zuerst die Einheiten erkannt werden und dann eine endgültige Bezeichnung für sie gesucht wird), dann bei Namengebungen (bei Namen von Personen und Produkten, auch bei geographischen Namen) und ähnlichem. In diesem Fall können wir die gleichen Verfahren wie bei der Beschreibung verwenden, jedoch mit dem Unterschied, daß wir sie nicht mit systematischer Bedeutung, sondern als lexikalisierte Wortprägungen gebrauchen. Zwar stehen besonders die wissenschaftlichen Prägungen den systematischen Bildungen häufig sehr nahe, weil die Neubildung das zuvor festgelegte Abgrenzungsmerkmal nennen kann; die Lexikalisierung läßt sich aber auch bei ihnen zeigen: So haben die Zoologen festgelegt, daß sie als höchste Klasse der Wirbeltiere alle die Tier-Ordnungen zusammenfassen wollen, die ihre Jungen mit Milch ernähren. Dem entsprechend heißt man diese Klasse im Deutschen *Säugetiere* oder *Säuger*. Das sieht wie eine systematische Bildung aus (,Tiere, die ihre Jungen säugen'); ist es aber dennoch nicht: Zum einen würden wir z. B. den Menschen, wenn er das Säugen der Jungen aufgeben würde, immer noch unter die Säugetiere rechnen, und zum andern sind wir in der Wahl dieser Bezeichnung nicht frei. Wir können z. B. nicht sagen *Milchtiere*, obwohl das die gleiche Klasse von Tieren beschreiben würde – wir müssen den üblichen, also lexikalisch festgelegten Ausdruck verwenden. Hier liegen also nicht mehr Beschreibungen, sondern *Benennungen* vor, die wir im Gegensatz zu den einfachen Benennungen (wie *Tisch, geben* usw.) *abhängige Benennungen* heißen wollen. In der Regel handelt es sich in unserer Sprache um morphologische Fügungen (Wortbildungen), es kommen aber auch syntaktische Fügungen (feste Wendungen) und Bedeutungsabwandlungen vor. Zur Benennung kann ferner auch die Urschöpfung (und mit ihr Verwandtes) herangezogen werden – sie ist allerdings nicht in gleicher Weise verfügbar –; dann die moderne Wortfabrikation (vor allem Abkürzungswörter), die bei der Bezeichnung von Produkten und Institutionen eine große Rolle spielt, im normalen Wortschatz aber kaum zur Geltung kommt; und schließlich kann eine Benennung auch aus einer anderen Sprache entlehnt werden – in der Regel vor allem, wenn auch die Sache oder die Vorstellung aus dem Gebiet dieser Sprache stammt.

§ 120. Noch einmal zurück zu den abhängigen Benennungen: Für ihre Verstehbarkeit ist ausschlaggebend, daß bei ihnen ein naheliegendes Benennungsmotiv verwendet wird, also etwa bei dem Wort *Säugetiere (Säuger)* die Nennung des Unterscheidungskriteriums ,(Tiere, die) ihre Jungen säugen'. Nun kann ein solches Benennungsmotiv auf verschiedene Weise zum Ausdruck gebracht werden. Das Merkmal ,Jungen säugen' kann z. B.

durch ein Wort für den Vorgang *(säugen),* durch ein Wort für ‚Brust, Euter' oder durch ein Wort für ‚Milch' zum Ausdruck gebracht werden – so haben etwa lt. *mammalia* und frz. *mammifère* das gleiche Benennungsmotiv, verwenden aber ein anderes Wort, um es auszudrücken, – einen anderen *Benennungsbegriff,* wie wir dies nennen wollen, nämlich ‚Tiere, die Zitzen haben'. Diese Unterscheidung zwischen Benennungsmotiv und Bennungsbegriff ist für die Etymologie sehr wichtig, weil der Benennungsbegriff häufig ohne weiteres erkannt werden kann, das Benennungsmotiv aber dunkel bleibt. So ist der Benennungsbegriff von *Steinbeere* für ‚Preißelbeere' durchaus klar – es handelt sich offenbar um eine Beere, die irgendetwas mit Steinen zu tun hat. Ein naheliegender (Kurz-)Schluß wäre nun die Annahme, die Beere heiße so, weil sie auf steinigem Boden wachsen kann. Aber abgesehen davon, daß auch die Preißelbeere weit häufiger auf nichtsteinigem Boden gefunden wird, ergibt sich aus der Verwendung der Preißelbeere in früherer Zeit ein ganz anderes Benennungsmotiv: sie wurde als Linderungsmittel gegen Schmerzen bei Harn- und Nierensteinen verwendet. In alten Kräuterbüchern wird der Name ausdrücklich auf diese Verwendung zurückgeführt (was allerdings für die Beurteilung der Etymologie nicht ausschlaggebend sein darf)[76]. Dieses Motiv ist nun sicher das richtige, weil das Verfahren der Benennung nach der Verwendung auch in zahlreichen anderen Bezeichnungen von Pflanzen und Tieren auftritt und deshalb näher liegt, als der Hinweis auf die Anspruchslosigkeit der Pflanze in Bezug auf den Boden.

§ 121. Das Auftreten einer solchen neuen Benennung führt noch nicht notwendigerweise zu einem neuen Bestandteil des Lexikons der betreffenden Sprache; es ist lediglich ein Angebot an die übrigen Sprecher, eine Benennungsschwierigkeit auf die gleiche Weise zu lösen. Nur in seltenen Fällen wird eine Neubildung sofort einen Siegeszug antreten, d. h. von den anderen Sprechern sofort übernommen werden. Im allgemeinen wird das Benennungsproblem mehrfach gelöst, worauf sich dann im Gebrauch und im Ausgleich der Verschiedenheiten der Vorschlag durchsetzt, der von den meisten Sprechern oder von den Sprechern mit dem größten Ansehen und Einfluß vertreten wird. Wird eine solche Benennung dann üblich, so läßt sich im allgemeinen eine *Polarisierung* im Gebrauch feststellen: die betreffende Vorstellung wird regelmäßig mit dem neuen Wort benannt, und andere Bezeichnungsmöglichkeiten des Wortes (die durch die systematische Bedeutung durchaus gedeckt wären) treten nicht mehr auf. Wenn der Maikäfer als ‚Käfer, der typischerweise im Mai auftritt' bezeichnet worden ist, dann wird man andere Käfer, die auch im Mai auftreten, nicht (mehr) so nennen, und das Wort auch nicht allgemein für ‚alle Käfer, die im Mai auftreten' verwenden (wie man dies etwa bei *Maiblumen* tut). Umgekehrt wird man das gleiche Tier auch Maikäfer nennen, wenn es einmal im April oder Juni auftaucht. Das Wort ist damit eine regelrechte lexikalische Einheit geworden; seine systematische Bedeutung hat auf den Wortgebrauch keinen Einfluß mehr.

§ 122. Ähnliches wie bei den Wortprägungen läßt sich auch von den Wortentfaltungen sagen, bei denen der Begriff, die Vorstellung, nicht vorgegeben ist, sondern sich zugleich mit der Lexikalisierung des Wortes entwickelt. Nehmen wir noch einmal das Wort *Wecker* (vgl. § 47): So lange es eine systematische Bildung (eine Beschreibung) war, konnte mit ihm alles mögliche bezeichnet werden, das die Eigenschaft hatte zu wecken: Tiere, die Sonne, besondere Geräte, Menschen, in religiöser Sprache besonders der Erwecker von den Toten oder der Erwecker zu einem bewußten religiösen Leben usw. Langsam wurden dabei die ,Geräte, mit denen geweckt wird' am wichtigsten, und so bekam das Wort neben der allgemeinen, systematischen Bedeutung eine besondere, spezielle. Mit dem Auftreten des wichtigsten dieser Geräte, dem Läutwerk an Uhren, wurde diese Sonderbedeutung stark betont, und eine Polarisierung setzte ein: Das Wort *Wecker* wurde jetzt überwiegend für das Läutwerk an Uhren verwendet (und von hier aus auch für andere Läutwerke, die gar nicht die Funktion des Weckens hatten); die religiöse Bedeutung von *Wecker* wurde mehr und mehr von *Erwecker* übernommen, und andere Verwendungen des Wortes traten zurück. Erst mit dieser Entwicklung ist überhaupt ein sprachlich relevanter Begriff ,Wecker = Läutwerk' entstanden, vorher gab es ihn noch nicht. Daneben wurde (was für unseren Zusammenhang nicht mehr wichtig ist) die Bezeichnung des Teils (des Läutwerks) auch als Bezeichnung des Ganzen (der Uhr mit Läutwerk) verwendet, und damit bekam das Wort die heute vorherrschende Bedeutung. Auch hier können wir von einem Benennungsmotiv und einem Benennungsbegriff reden, obwohl nicht genau dasselbe vorliegt wie bei der Wortprägung – es handelt sich hier eher um eine Art Festlegung des Wortgebrauchs; aber da in vielen Fällen ohnehin nicht (sicher) entschieden werden kann, ob eine Wortprägung oder eine Wortentfaltung vorliegt, wäre es unangemessen, beim Benennungsmotiv eine weitergehende terminologische Unterscheidung zu versuchen. Auch bei Urschöpfungen und Verwandtem können wir eine ähnlich langsame Festlegung auf bestimmte Bedeutungen voraussetzen; statt des Benennungsmotivs haben wir hier gegebenenfalls die Lautbedeutsamkeit als Erklärungsprinzip. Wortfabrikation und Entlehnung sind dagegen in der Regel auf die Wortprägung beschränkt.

II. Abgrenzung von Sonderbereichen

A. Namen

§ 123. Bevor wir nun auf die verschiedenen Möglichkeiten der Entstehung neuer Wörter näher eingehen, müssen wir noch drei Sonderbereiche besprechen, in denen Entstehung und Gebrauch neuer (lexikalischer) Einheiten unter besonderen Bedingungen stehen: die Namen, die Fachausdrücke und die Fremdbegriffe. Beginnen wir mit den Namen (B 25): Namen können zwar als Bestandteile der Sprache auf der Ebene der Wörter aufgefaßt werden, aber sie gehören nicht im engeren Sinn zum Wortschatz – wir führen sie ja im allgemeinen auch nicht im Lexikon auf. Nach einer gängigen Begriffsbestimmung dient ein Name (*Nomen proprium* ,Eigenname') dazu, ein Individuum als Individuum zu bezeichnen, wobei das Individuum eine Person *(Wilhelm)* oder allgemein ein Lebewesen oder ein Ort *(Zugspitze)* oder – seltener – sonst etwas Gegenständliches sein kann. *Individuum* ist hier in der sehr weiten Bedeutung ,etwas Individuelles' gebraucht. An sich können auch Vorgänge (wie *die Ermordung Caesars, meine Hochzeit* usw.) oder Eigenschaften (wie *meine Gesichtsfarbe*) individuell sein, doch haben wir für solche Fälle keine besondere Namengebung, so daß wir in unserer nur auf die Sprache ausgerichteten Untersuchung diesen Umstand beiseite lassen können. Die ,normalen' Wörter des Gegenstandsbereichs, die Appellative (*Nomina appellativa* ,Gattungsbezeichnungen') sind dagegen Klassenzeichen, d. h. sie stehen für Klassen von einander ähnlichen oder durch andere Beziehungen miteinander verbundenen Individuen, selbst in den Grenzfällen, bei denen die Klasse nur aus einem einzigen Exemplar besteht (die sogenannten *Unica* wie *Sonne* und *Mond*). – Nennen wir diese Auffassung die logische Begriffsbestimmung des Namens: Namen bezeichnen etwas Individuelles (sie sind *Individualnamen*); Wörter (Appellative) stehen dagegen für Klassen.

§ 124. Nun gibt es eine Reihe von Besonderheiten, die bei dieser Unterscheidung Schwierigkeiten machen. Zunächst ist es möglich, eine Summe von Individuen zusammen ebenfalls durch einen Namen zu bezeichnen – das sind solche Kollektivnamen wie *die Alpen, die Hebriden* usw. Dieser Fall kann noch einigermaßen sicher eingeordnet werden. Etwas schwieriger ist es bei den Familiennamen, denn mit ihnen bezeichnet man ja offensichtlich Klassen von Individuen. Aber hier müssen wir etwas schärfer unterscheiden als die Sprecher das tun: Zunächst bezeichnet der Familienname ebenfalls ein Kollektiv, nämlich eine bestimmte, individuelle Familie, wobei als Besonderheit lediglich zu vermerken ist, daß dieses Kollektiv ein Kontinuum ist: Es kommen (wenigstens in der Regel) ständig neue Mitglieder hinzu und andere scheiden aus. Der Familienname als Name zielt nun auf dieses Kollektiv: Ich trage den Namen *Seebold,* weil ich ein Mitglied, ein Bestandteil, des Kollektivs ‚Familie Seebold‘ bin. Und diese Familie ist durchaus etwas Individuelles, Besonderes, von anderen Familien Unterschiedenes (wobei wir *individuell* allerdings nicht in seinem etymologischen Sinn ‚unteilbar‘ nehmen dürfen, denn die Familie kann sich durchaus teilen, ohne daß die Teile den Charakter einer Familie verlieren würden). Beziehen wir uns dagegen mit dem Familiennamen auf die einzelnen Mitglieder einer Familie, dann ist er ebenfalls ein Klassenzeichen; und sprachlich wirkt sich das auch so aus, daß wir den Namen behandeln wie ein Appellativum – wir sagen etwa *Er ist ein echter Seebold* oder *Ein Seebold tut so etwas nicht!* usw. – Wieder ein anderes Problem sind die Einwohnerbezeichnungen wie *Freiburger, Genfer, Berliner* usw.: Hier handelt es sich offensichtlich um Bezeichnungen von Klassen (und sie werden auch syntaktisch als solche behandelt); allerdings haben diese Klassen die Besonderheit, daß ihre Elemente durch die Beziehung zu einem Individuum definiert sind (die einzelnen Freiburger also dadurch, daß sie in dem individuellen Ort Freiburg wohnen oder dort geboren sind).

§ 125. Und schließlich die Besonderheit, bei der sich die Sprache anders verhält als die logischen Analysen: die Tier- und Pflanzennamen usw. Hier handelt es sich um Artbezeichnungen, bei denen wir als naive Sprecher die einzelnen Exemplare als einander gleich ansehen, also etwa *Kohlmeise* oder *Stechpalme* (aber nicht etwa *Raubtier* oder *Baum* – das sind auch für den Sprecher Abstraktionen, also auf jeden Fall Klassenzeichen). In solchen Fällen sprechen wir von einem *Typ.* Logisch gesehen wäre der Typ eine Klasse mit einem sehr geringen Abstraktionsgrad. Dies würde in sich schließlich, daß die Zahl der gemeinsamen Merkmale sehr groß ist und die Zuweisung zu einem Typ – logisch gesehen – deshalb eine besonders umfangreiche Merkmalsanalyse voraussetzen würde. Vom Sprecher her gesehen ist der Fall aber einfacher: Er urteilt mit Hilfe des Eindrucks der Gleichheit oder Ungleichheit. Und von dieser Haltung her gesehen können wir verstehen, warum man von Tier- und Pflanzen*namen* spricht, obwohl es sich jeweils ganz eindeutig um Klassenbezeichnungen handelt. Und mit diesem Fall kommen wir auch bereits in den Bereich einer ganz anderen Begriffsbestimmung von *Name:* Es kommt z. B. immer wieder vor, daß ein Biologe eine bestimmte Tier- oder Pflanzenart genau untersucht, abgrenzt, beschreibt, einordnet und ihr schließlich auch einen Namen gibt (etwa indem er der Artbezeichnung seinen persönlichen Namen anhängt, um sich auf diese Weise in den Biologiebüchern zu verewigen). Es besteht kein

Zweifel daran, daß wir dabei von einem Namen sprechen, obwohl es hier nicht um Individuen, sondern um Typen (oder gar allgemein um Klassen) geht. Dieselbe Art von Bezeichnung finden wir massenweise bei den modernen Industrieprodukten wie *Mercedes, Durodont, Redoxon, Trevira* usw. – das sind zweifellos keine Wörter der deutschen Sprache, obwohl wir sie gebrauchen, indem wir deutsch sprechen; es sind, wie wir sagen, *Namen.* Es ist nun wichtig zu erkennen, daß hier eine ganz andere Vorstellung von Namen vorliegt, die mit der logischen (wie ich sie oben genannt habe) nur mittelbar zu tun hat: Es geht hier darum, daß jemand, der für die Sache verantwortlich ist, ihr den Namen gegeben, d. h. ihr eine verbindliche Bezeichnung verliehen hat. So wie die Eltern dem Kind, gibt der Fabrikant oder Produktionsleiter dem neuen Produkt, der Biologe der neu behandelten Art einen Namen. Nennen wir dies die umgangssprachliche Begriffsbestimmung des Namens. Für unsere Zwecke sind sowohl die logisch definierten wie die sprachlich definierten Namen Sonderbereiche des Wortschatzes. Eine scharfe Abgrenzung ist zwar nicht möglich, denn einerseits können Namen oder Namenelemente mit Wörtern oder Wortelementen identisch sein, und zum andern können Namen auch zu Appellativen werden. Wir können etwa einen Familiennamen in einem Vergleich gebrauchen *(Er ist der reinste Caruso),* und solche Vergleiche können so gebräuchlich werden, daß sie Appellativen sehr nahe kommen: *Er ist ein Judas* (Verräter), *ein Goliath* (großer Mensch), *ein Quisling* (Vaterlandsverräter) usw. Des weiteren können Namen durch Metonymie (meist als Übertragungen des Erfindernamens auf die neue Sache) zu Appellativen werden, wie etwa bei *Zeppelin.* Aber normalerweise ist ein Name nicht im gleichen Umfang Bestandteil der Sprache wie ein Wort.

§ 126. Namen werden in der Absicht gegeben, etwas Individuelles oder einen Typ ohne zusätzliche Hinweise (wie bei *dieser Mann*) oder nähere Bestimmungen (wie bei *der Mann mit der Narbe*) zu identifizieren, d. h. von gleichartigen Erscheinungen zu unterscheiden – im Gegensatz zu der Absicht bei der Verwendung normaler Wörter, mit deren Hilfe ein bestimmter Wirklichkeitsausschnitt als Exemplar einer Klasse von gleichartigen Erscheinungen aufgefaßt wird. Genaueres läßt sich aber nicht mehr in dieser allgemeinen Form sagen – wir müssen deshalb die verschiedenen möglichen Fälle unterscheiden, indem wir die Entstehung von Namen genauer betrachten. Ein Name kann zunächst durch den identifizierenden Gebrauch einer (im übrigen beschreibenden) Bezeichnung entstehen – viele Ortsnamen und die meisten Familiennamen haben diesen Ursprung. Wenn z. B. ein Sprecher sagt ‚ich gehe in die Schmiede‘ und tatsächlich in eine Schmiedewerkstatt geht, dann hat er den Ort, den er meint, beschrieben; wenn er aber zu dem Ort immer noch *die Schmiede* sagt, wenn die Schmiede dort aufgehoben worden ist, dann ist dieser Ausdruck schon weitgehend zu einem Namen geworden, und wenn schließlich auch Leute, die gar nicht wissen, daß dort einmal eine Schmiede war, ihn als *die Schmiede* bezeichnen, dann ist der Übergang zu einem Ortsnamen vollzogen. Seine identifizierende Kraft hat der Ausdruck ursprünglich durch die Situation erhalten: man kann zur einzigen Schmiede in der Umgebung einfach *die Schmiede* ohne genauere Bestimmung sagen. Nennen wir einen solchen Fall eine *Namensentfaltung* im Gegensatz zur ausdrücklichen *Namengebung,* bei der ein einzelner oder eine kleine Gruppe einem Individuum oder einem Typ eine Lautfolge als Name zuordnet. Auch bei der Namengebung sind wieder zwei Fälle zu unterscheiden: einmal die *Namenwahl,* bei der aus einer Anzahl bereits vorhandener Namen einer ausgewählt und dem Individuum (seltener einem Typ) als Name zugewiesen wird. So sind etwa unsere Vornamen zu verstehen: Noch vor nicht allzu langer Zeit konnte man etwa auf einem deutschen Standesamt beim Geburtseintrag nur Namen angeben, die auf einer bestimmten Liste standen; und auch heute – bei weniger strengen Regelungen – sind ‚neue‘ Vornamen in einer verschwindenden Minderheit. Der andere Fall ist die *Namenprägung,* bei der ein (wenigstens im Prinzip) neuer Name gebildet wird, um ein bestimmtes Individuum oder (hier nun sehr viel häufiger: einen Typ) zu erfassen. Dies ist besonders der Fall bei Produktnamen (hier ist bei den Markennamen die Unverwechselbarkeit sogar gesetzlich vorgeschrieben) oder bei (wirklich neuen) Ortsnamen, etwa Flurnamen und dergleichen. Stellen wir kurz zusammen, welche Erscheinungen bei der Entstehung von Namen auftreten können, und in welchem Umfang sie der Erschließung zugänglich sind. Ich beschränke mich dabei auf die Personen- und Ortsnamen – auf die Produktbezeichnungen werden wir bei der Besprechung der Urschöpfung und der Wortfabrikation (Kapitel VI und VII) gelegentlich eingehen.

§ 127. Beginnen wir mit den Ortsnamen. Kenntnis von Ortsnamengebungen in größerem Umfang erhalten wir zum Beispiel aus den Berichten von der Besiedlung Islands: Die Neusiedler kamen dort in ein praktisch unbewohntes, aber stark zergliedertes Land, hatten also sehr viel neu zu benennen. Da nun weiter in der isländischen Gesellschaft das Interesse an Namen und Namengebungen in allen Zeit sehr groß war, ist uns eine beträchtliche Anzahl von Berichten über solche Namengebungen (gesammelt vor allem in der *Landnamabók,* dem ‚Besiedlungsbuch‘)[77] erhalten. Die meisten von diesen Berichten verdienen dabei Vertrauen in Bezug auf ihre Richtigkeit, wenn auch nicht auszuschließen ist, daß der eine oder andere nicht auf eine wirkliche Überlieferung zurückgeht, sondern zu dem Namen hinzuerfunden ist. Bei diesen isländischen Namenprägungen ist nun immer ein deutliches *Namenmotiv* zu erkennen: Höfe werden im allgemeinen nach ihrem Besitzer benannt, andere Örtlichkeiten in der Re-

gel nach Vorfällen, die sich bei ihnen ereignet haben, selten nach (mehr
oder weniger beständigen) Eigenschaften des Ortes. So nennt der Land-
nehmer Skalla-Grim eine Landspitze, bei der er Schwäne findet, *Alpta-Nes,*
die ‚Schwanenspitze'[78], und Aud, eine vornehme Frau, die nach dem Tod
ihres Mannes und ihres Sohnes eine neue Heimat sucht, nennt eine Landspitze, auf der sie ihren Kamm verliert, *Kambs-Nes,* die ‚Kamm-Spitze'[79] –
nicht ganz so abwegig, wie man leicht denken könnte, denn nach dem
Kamm wurde sicher lange gesucht, so daß die Örtlichkeit aus diesem
Grund Auds Leuten gut bekannt war. Die Möglichkeiten für solche Namenprägungen sind keine grundsätzlich anderen als die der normalen
Wortbildung, die Schwerpunkte liegen aber anderes: Da ein Name etwas
von etwas Ähnlichem unterscheiden soll, ist für seine Funktion die Nennung eines zufällig dem betreffenden Individuum zukommenden Merkmals wesentlich günstiger als die eines charakteristischen Merkmals, das
auch anderen Einheiten dieser Art zukommt. Deshalb werden zur Namenprägung von vorneherein eher Merkmale herangezogen, die nur in der
kleinen namengebenden Gruppe bekannt sind, Außenstehenden dagegen
nur, wenn ihnen der Namengebungsakt erzählt wird. Bei normalen Wörtern ist dagegen die Benennung durch ein charakteristisches Merkmal wesentlich günstiger. Es kommt hinzu, daß bei normalen Wörtern solche, die
sich auf Umstände beziehen, die nur einer kleinen Gruppe bekannt sind,
im allgemeinen nicht über diese Gruppe hinaus verbreitet werden – allgemein durchsichtige Wörter haben viel größere Aussichten, sich durchzu-
setzen. Bei Ortsnamen dagegen hat die in der betreffenden Gegend ansäs-
sige Gesellschaft eine Art Vorrecht: sie wird gefragt, wie der betreffende
Berg, der Bach, das Tal, die Landspitze usw. heißt. Das hat zur Folge, daß
sich deren ‚zufällige' Namengebungen durchsetzen können, so daß sich
Ortsnamen in großem Umfang auf so zufällige Namenmotive beziehen,
daß sie nach einiger Zeit nicht mehr durchschaut werden können.

§ 128. Dies macht nun die etymologische Erschließung von Ortsnamen
zu einer heiklen Aufgabe. Bei Namen, die der (uns bekannten) am Ort
gesprochenen Sprache angehören, können wir zunächst eine Reihe von
Motiven finden, die so trivial sind, daß wir uns weitere Untersuchungen
sparen können: Der Gewässername *Mühlbach* zum Beispiel weist nur darauf hin, daß von dem betreffenden Bach mindestens eine Mühle betrieben
wurde – und das ist für die frühere Zeit von jedem größeren Dorfbach
vorauszusetzen. In anderen Fällen müssen wir eine *Realprobe* machen, wir
müssen an Ort und Stelle nachprüfen, ob das offenbar zur Benennung
verwandte Merkmal tatsächlich vorhanden ist (etwa, daß sich der Name
des Berges *Nacktarsch* bei dessen Betrachtung aus einer bestimmten Richtung als durchaus sinnvoll erweist). Bei verschwundenen Merkmalen und
bei der Namengebung nach Ereignissen oder Beziehungen kann in man-

chen Fällen das Studium älterer Quellen oder geschichtliche Nachfor-
schung (etwa Grabung) die Richtigkeit einer etymologischen Vermutung
erweisen. In allen anderen Fällen – wenn wir also nicht begründen können,
warum der Ort so benannt wurde – müssen wir auf eine Etymologie
verzichten, auch wenn das sprachliche Material verstehbar, der *Namenbe-
griff* also bekannt ist; denn die Möglichkeiten der Namenmotive sind so
vielfältig, daß bloßes Vermuten nur mit äußerst geringer Wahrscheinlichkeit das Richtige trifft. Was hat z. B. die *Schmalzwiese* mit Schmalz zu tun?
War sie besonders fruchtbar (fett)? Oder mußte für sie eine Abgabe in
Schmalz geleistet werden? Oder wurde sie gegen Schmalz eingehandelt?
Das alles und noch viel mehr ist denkbar – und wenn wir keine dieser
Möglichkeiten wahrscheinlich machen können, lohnt es sich nicht, sie auch
nur zu erwähnen. Wir wissen in einem solchen Fall ja nicht einmal, ob
tatsächlich das Wort *Schmalz* zugrundeliegt, oder ob es sich nicht eher um
eine nachträgliche Umdeutung handelt.

§ 129. Noch kritischer ist es mit den *dunklen Namen,* die aus der am Ort
gesprochenen Sprache (auch unter Berücksichtigung der frühen Belege und
der regionalen Formen) nicht verstehbar sind. Hier muß zunächst – da
Ortsnamen ja bodenständig sind – damit gerechnet werden, daß sie aus
einer anderen, früher am Ort gesprochenen Sprache stammen. Man könnte
also etwa bei einem dunklen Namen in der Schweiz oder in Süddeutschland mit der Möglichkeit rechnen, daß er von den Kelten übernommen
wurde. Das bedeutet aber noch nicht unbedingt, daß er damit keltisch ist,
denn auch die Kelten könnten ihn ja von noch früheren Einheimischen
übernommen haben. Deutungen als Übernahme aus einer früheren Sprache
können dann wahrscheinlich gemacht werden, wenn wir die Namengebung in dieser Sprache einigermaßen beurteilen können, oder wenn sich
bestimmte wiederkehrende Namentypen feststellen lassen. So zeigt sich
etwa bei der Gewässernamengebung Europas innerhalb bestimmter Grenzen ein Namengebungssystem, das eine bestimmte Anzahl von Elementen
in wechselnden Kombinationen aufweist – die von Hans Krahe untersuchte ‚alteuropäische Hydronymie‘[80]. Können wir einen Namen an ein
solches System anschließen, dann ist zunächst die Herkunft aus der früheren Sprache wahrscheinlich gemacht – die Entstehung des Namens im
engeren Sinn haben wir damit noch nicht geklärt, und können dies auch
nur in ganz besonders günstigen Fällen tun. Die Zurückführung solcher
Namen auf Wörter früherer (auch erschlossener) Sprachen wie Keltisch,
Indogermanisch usw. ist deshalb – auch bei Hans Krahes alteuropäischer
Hydronymie – eine bloße Spekulation und in den meisten Fällen so gut wie
sinnlos.

§ 130. Auch bei eigentlich durchsichtigen Namen können Schwierigkeiten hinzukommen, die eine etymologische Untersuchung erschweren oder

verfälschen. So haben wir etwa bei alten Ortsnamen, wie auch bei Götter- und Völkernamen (seltener auch bei Personennamen) häufig eine Überlieferung, die berichtet, wie es zu dem betreffenden Namen gekommen ist, eine sogenannte *Herkunftslegende.* In manchen dieser Herkunftslegenden mag ein durchaus richtiger Kern stecken, in der Regel sind sie aber – in vielen Fällen sogar nachweislich – erst aus dem Namen herausgesponnen worden, d. h. man hat den Namen an ein ähnliches Wort angeschlossen und dann eine Geschichte dazuerfunden. Solche Herkunftslegenden sind für die Etymologie natürlich wertlos, und eine große Gefahr obendrein, denn es kommt vor, daß die Namen nachträglich stärker an die Geschichte angepaßt werden, daß Umschreibungen auftauchen, die die falsche Etymologie zu stützen scheinen, und anderes mehr. Eine andere Gefahr besteht in den *Namenübertragungen,* dem Vorgang, daß ein bereits bestehender Ortsname auf eine andere Örtlichkeit übertragen wird, besonders wenn Neusiedler Namen aus ihrer alten Heimat mitbringen (so ist ein großer Teil der Ortsnamen in Amerika von den europäischen Siedlern mitgebracht worden). In diesen Fällen würde das Namenmotiv, wenn es erkennbar ist, nicht notwendigerweise auf den bezeichneten Ort zutreffen, so daß die richtige ‚etymologische‘ Erklärung für diesen Namen lediglich aus der Feststellung besteht, daß er von einem anderen Ort her übertragen wurde.

§ 131. Gehen wir über zu den Personennamen, und beginnen wir um der besseren Vergleichbarkeit willen mit dem Fall, daß einer erwachsenen oder bereits selbständig handelnden Person ein Name gegeben wird. Das ist bei unseren Personennamen nicht üblich, es kommt aber vor bei Übernamen, außerdem natürlich in Gesellschaften, in denen dem erwachsenen Menschen ein von seinem Kindernamen unterschiedener neuer Name gegeben wird. Hier haben wir im Prinzip die gleiche Situation wie bei den Ortsnamen: In der Regel wird ein Namenmotiv vorliegen, das sich auf Merkmale, Eigenschaften oder Angewohnheiten der bezeichneten Person bezieht, oder auf ein bestimmtes Ereignis aus seiner Geschichte anspielt. Dabei sind die Möglichkeiten, nach einem zufälligen Merkmal oder Ereignis zu bezeichnen, bei einer Person noch wesentlich vielfältiger als bei einem Ort. Es kommt aber noch hinzu, daß Personennamen in weit größerem Umfang als andere Namen gefühlshaft aufgeladen sind: sie können Kosenamen sein (die die Vertrautheit mit dem Benannten hervorheben), Spottnamen (die eine mehr Abstand haltende Vertrautheit zeigen), Wunschnamen, die Eltern ihren Kindern geben usw. Hier spielt dann zusätzlich noch die Haltung derjenigen mit, die den Namen geben. Formal spielen hier Lautbedeutsamkeit und Zufallsentstehung eine große Rolle; auch gibt es häufig Kurzformen, die teilweise sogar vom Namengebungssystem vorausgesetzt werden. So sah die germanische Namengebung – so weit wir sie beurteilen können – einen zweigliedrigen Personennamen wie *Dietrich* oder *Bernhard* vor, zu dem eine ein- oder zweisilbige Kurzform *(Dietz, Benz)* gebildet wurde. In diesem Bereich ist ferner auch die auffällige Erscheinung zu beobachten, daß Namen als ausschließlicher Besitz einer Gruppe oder einer einzelnen Person betrachtet werden[81]: Der Kosename für einen Geliebten oder der Spitzname innerhalb einer bestimmten Gruppe darf häufig von Außenstehenden nicht gebraucht werden – es gibt Schilderungen von außerordentlich heftigen Reaktionen gegen einen ‚Mißbrauch'. Solche Sondernamen weisen natürlich häufig ganz unregelmäßige Abweichungen und Verstümmelungen auf, die bei der Untersuchung des Namens das Namenmotiv verdecken. Im allgemeinen weiß der Benannte, woher sein Name kommt – kann man ihn und die namengebende Gruppe aber nicht mehr befragen, dann kann auch die Herkunft des Namens in solchen Fällen nicht mehr erschlossen werden.

§ 132. Aber die damit besprochenen Fälle sind von unserem Namengebungssystem her gesehen ja eigentlich keine ‚richtigen' Namen. Diese Stellung hat vielmehr zunächst der Vorname oder Rufname, der jedem Kind nach seiner Geburt verliehen wird. Solche Namengebungen können von dem Benannten kaum mehr beschreiben als das Geschlecht. Werden die bei der Geburt verliehenen Namen neu gebildet (was bei uns nicht üblich ist), dann sind sie in der Regel durchsichtig – es sind meistens Wunschnamen, die die Freude oder die Hoffnung und Erwartung der Eltern zum Ausdruck bringen. Sie haben damit eine systematische Bedeutung, und was wirklich mit ihnen gemeint ist, können allenfalls die Eltern dazusagen – das ist dann im einzelnen eine subjektive Angabe, die für die Sprachwissenschaft nicht einschlägig ist. Häufiger ist dagegen, daß eine Anzahl üblicher Rufnamen überliefert ist, aus denen nach Familientradition und Geschmack ausgewählt wird. Bei diesen Namen müßte eine Etymologie zeigen, was ihre Bedeutung bei der ersten Verwendung als Name war. Dabei kann es sich um gut verstehbare Bestandteile des allgemeinen Sprachschatzes handeln, bei denen zum Beispiel nur die ältere Form aufgedeckt werden muß, oder eine erratbare Bedeutungsübertragung historisch zu bestätigen ist (etwa bei der verhältnismäßig jungen Verwendung von Blumenbezeichnungen als Mädchennamen). In anderen Fällen stößt man auf andere Namensschichten, so bei den Rufnamen, die auf Heiligennamen oder Namen aus der Bibel zurückgehen. Hier besteht die Etymologie eigentlich nur in der Feststellung dieser Übernahme – die ‚ursprüngliche' Bedeutung in jener früheren Schicht mag von persönlichem Interesse sein, für die Etymologie der in der jetzigen Sprache gebräuchlichen Namen spielt sie keine Rolle.

§ 133. Schließlich gibt es auch Namen, die aus einer früheren Stufe der zugehörigen Sprache verstehbar sind, also deutsche Namen etwa aus dem Althochdeutschen oder einer noch früheren, erschlossenen Vorform. Hier muß man bei der Etymologie allerdings zurückhaltend sein – es gibt z. B. auch Namen, die aus üblichen Namenelementen zusammengefügt sind, ohne daß die Kombination notwendigerweise einen selbständigen Sinn ergeben muß. Die Elemente von *Hildegunde* zum Beispiel sind – wenn wir sie richtig verstehen – zwei Wörter für ‚Kampf‘, beide in germanischen Namen häufig, das zweite vor allem in Frauennamen – aber was soll das Kompositum denn bedeuten? Vermutlich handelt es sich hier lediglich um die Zusammensetzung von Namenelementen. Und diese Beobachtung muß vorsichtig machen: Der Name *Bernhardt* zum Beispiel besteht auch aus traditionellen Namenelementen (die den Wörtern für *Bär* und *hart* entsprechen). Hier kann man einen Sinn unterlegen, etwa ‚hart (= ausdauernd?) wie ein Bär‘; aber haben das diejenigen, die den Namen gebildet haben, wirklich gemeint? Mit einiger Wahrscheinlichkeit handelt es sich auch hier lediglich um die Zusammenfügung gebräuchlicher Namenelemente. Auf eine ziemlich allgemeine Erklärung in diesem Sinn weist auch die bekannte Erscheinung der *Namenvariation* bei den Germanen: Der Sohn (gelegentlich auch die Tochter) bekommt einen Namen, der den Namen des Vaters in einem Glied verändert (*Hadubrand* zu *Hildebrand*, *Siegfried* zu *Siegmund*) oder der sonstige Übereinstimmungen mit dem Namen des Vaters aufweist (etwa den gleichen Anlaut). Solche Erscheinungen widerraten der Versuchung, einem überlieferten Namen einen eindeutigen ‚Sinn‘ zu unterlegen.

§ 134. Den in unserem Namengebungssystem zweiten Namen, den Familiennamen, gibt es erst seit dem späten Mittelalter. Die älteste Form von Zweitnamen ist dabei der Vatersname *(Sohn des X)*, der noch kein Familienname ist, weil er sich von Generation zu Generation ändern kann; diese Zweitnamengebung haben wir noch regional als inoffizielle Namengebung, offiziell ist sie in größerem Umfang noch auf Island. Aus solchen Vatersnamen können Familiennamen entstehen – deutlich ist dies zum Beispiel der Fall bei denen auf *-son* und ähnlichen. Weitere Familiennamen entstanden aus Berufsbezeichnungen, Herkunftsbezeichnungen, Bezeichnungen des Wohnorts, Übernamen, Vornamen und anderem. Ihre Etymologie betrifft im Grunde genommen nur den Namentyp: Wir können zeigen, welche Familiennamen einmal Berufbezeichnungen waren usw., und aus solchen Feststellungen lassen sich wichtige geschichtliche und sprachgeschichtliche Schlüsse ziehen – daß aber jemand, der heute den Familiennamen *Schmid* trägt, irgendwann im Mittelalter einen Vorfahren hatte, der Schmied war und damit seinem Geschlecht den Namen gab, ist für die Etymologie (nicht notwendigerweise für die betreffende Person) gleichgültig. Schwierigkeiten bei der Bestimmung der Etymologie eines Familiennamens zeigen sich zunächst dort, wo etwa ein Beruf nicht unmittelbar, sondern übertragen (vor allem als Spottbezeichnung) angegeben ist, wie etwa bei *Hufnagel* für

Schmied. Dann sind Familiennamen häufig mehrdeutig: *Schweizer* kann z. B. jemand heißen, dessen Vorfahren aus der Schweiz gekommen sind oder nach den Ohren der Nachbarn wie Schweizer gesprochen haben, oder die Landsknechte (= Schweizer) oder Sennen (= Schweizer) waren. Eine ganz gefährliche Störung sind schließlich die Regularisierungen und Umdeutungen, besonders aus der Zeit, in der die Orthographie festgelegt wurde. Der Name war in dieser Zeit unter Umständen nicht mehr durchsichtig, und man hat dann durch die Veränderung von Lautung und Schriftbild gewaltsam eine Deutung in ihn hineingeheimnist. Das muß nicht unbedingt aus etymologischer Neugier geschehen sein – es kann auch einfach das Verlangen dahinter stehen, den Namen ‚richtig‘ zu schreiben.

B. Fachausdrücke

§ 135. Nun zum zweiten Sonderbereich im Rahmen des Wortschatzes: den Fachsprachen, wobei nicht solche Erscheinungen wie der Fachjargon (die Werkstattsprache) gemeint sind, sondern die Termini technici, die Fachausdrücke einzelner Wissenschaften, Techniken, Ideologien usw. (B 26). Diese Fachsprachen zeichnen sich zunächst einmal durch eine stärkere Spezialisierung aus: der Fachmann will und muß wesentlich schärfer unterscheiden, als der Laie das tut. Dabei ist es zweckmäßig, zwei Bereiche zu trennen (die dann im einzelnen nicht immer genau auseinandergehalten werden können, aber doch deutlich verschiedene Gebiete markieren): die Terminologie (das System der Termini) und die Nomenklaturen. Die *Terminologie* ist das Begriffssystem eines Sachbereichs, die *Nomenklatur* umfaßt die Bezeichnungen für die Objekte, um die es geht. In der Biologie z. B. wären Begriffe wie *Art, Familie, Stamm* oder *Evolution* usw. Termini, dagegen wären die Bezeichnungen der einzelnen Arten (von Tieren und Pflanzen) eine Nomenklatur. Während nun die Termini im allgemeinen aus der Umgangssprache entnommen und angepaßt worden sind, haben die Nomenklaturen immer die Neigung, sich von der normalen Sprache zu entfernen. In der biologischen Nomenklatur zum Beispiel werden lateinische Wörter verwendet, außerdem werden häufig die Namen der Entdecker oder Erst-Bearbeiter auf systematische Weise in die Bezeichnung eingefügt, dann haben wir z. B. die Formeln in der Chemie, die vielen aus Buchstaben und Ziffern bestehenden innerbetrieblichen Nomenklaturen (vom Typ *E 2–16* und *RSG 5* für bestimmte Produkte oder Elemente) usw.

§ 136. Aber es bleibt im allgemeinen nicht bei der Spezialisierung, die ja im Grunde lediglich eine Vergrößerung des normalen Wortschatzes in einem besonderen Sachgebiet darstellt: in der Regel wird auch in den Wortgebrauch eingegriffen. Man versucht, die Fachsprache zu vereinheitlichen (indem Varianten ausgeschieden werden) und geht dann auch dazu über, den Gebrauch festzulegen, zu *normieren*. Dadurch werden die Wörter natürlich dem normalen Wortgebrauch und der normalen Entwicklung entzogen, denn eine Abweichung von der festgelegten Norm gilt hier als falsch, sie wird gebrandmarkt und nach Möglichkeit vermieden. Und da die Normierung meistens auf die Bedürfnisse der fachlichen Systematik ausgerichtet ist, kommt es nicht selten vor, daß die Fachwörter einen anderen Sinn bekommen, als die entsprechenden Wörter der Umgangssprache. Ein aufschlußreiches Beispiel aus der Technik wird hierfür von Heinz Ischreyt[82] angeführt: Die technische Bezeichnung für die Glühbirne ist *Glühlampe* oder einfach *Lampe,* während das Gerät, in das die Glühbirne eingeschraubt wird – umgangssprachlich die *Lampe* – technisch als *Leuchte* bezeichnet wird. Während also jeder normale Sprecher (und teilweise auch Fachleute beim nachlässigeren Sprachgebrauch oder beim Umgang mit ‚Laien') eine Birne in die Lampe schraubt, wäre das für eine Elektrofachmann unter seiner Würde (d. h. es genügt nicht seinen terminoligischen Bedürfnissen): Er schraubt selbstverständlich die Lampe in die Leuchte. Wie Ischreyt ausführt, kommt diese Verschiedenheit davon, daß ursprünglich *Lampe* das ganze Gerät meinte. Dieses bestand bei der Einführung des elektrischen Glühlichts im wesentlichen aus der Glühbirne und einem einfachen Schirm. Als nun mehrteilige (und schönere) Geräte entwickelt wurden, nannte man zunächst sowohl das ganze Gerät wie auch seinen wichtigsten Bestandteil, die Glühbirne, *Lampe,* was in manchen Sprechsituationen mißverständlich gewesen sein mag. Die Fachsprache und die Umgangssprache haben nun auf jeweils für sie charakteristische Weise unterschieden: Die Fachsprache beschränkte das alte Wort *Lampe* auf die Glühbirne und führte für das ganze Gerät die funktionsbezogene Bezeichnung *Leuchte* ein, während die Umgangssprache für den zentralen Bestandteil das bildhafte Wort *Glühbirne* aufnahm und das alte Wort *Lampe* auf die Bezeichnung des Geräts einschränkte. Es ist allerdings zu beobachten, daß sich diese Unterschiede zwischen Fach- und Umgangssprache mit der Verbreitung moderner Beleuchtungskörper etwas verwischen. Ergebnis unserer allgemeinen Überlegung: Mindestens so weit Fachausdrücke auf spezieller Namengebung oder auf Normierung beruhen, gehören sie nicht dem normalen Wortschatz an. Sie haben auch keine eigentliche Etymologie – man kann lediglich darauf verweisen, wer wann wo mit welcher Absicht die betreffende Namengebung oder Normierung durchgeführt hat.

C. Fremdbegriffe

§ 137. Schließlich noch die Fremdwörter gegenüber den Erbwörtern. Wenn erkennbar fremde Wörter einen festen Platz in einer Sprache gefunden haben, wie etwa *Intellekt* oder *Abonnement* im Deutschen, so wird man sie dem normalen Wortschatz zurechnen müssen. Die Hauptmasse der Fremdwörter gehört allerdings in den Bereich der Fachsprachen und liegt damit außerhalb unserer Überlegung. Erwähnung verdient aber noch eine Sonderform, die wir hier die *Fremdbegriffe* nennen wollen. Dabei geht es um Wörter wie *Mokkasin, Tomahawk, Totem, Iglu, Geisha, Samurai, Samowar* usw., also Bezeichnungen für Gegenstände, Eigenschaften und Vorstellungen, die wir in unserer Kultur und in unserer Sprache nicht besitzen, von denen wir aber wissen, daß sie bei bestimmten anderen Völkern vorhanden sind. Die betreffenden Wörter werden deshalb allenfalls auftreten, wenn von diesen fremden Zuständen die Rede ist, oder – gar nicht so selten – wenn sie übertragen gebraucht werden. Der übertragene Gebrauch kann dann zu einem Fachwort oder gar zu einem normalen Wort in der aufnehmenden Sprache führen, wie etwa bei *Tabu*, das einerseits ein Fremdbegriff (für magisch-religiöse Meidungsgebote bei bestimmten Naturvölkern) ist, andererseits als Bezeichnung für gesellschaftlich gemiedene Ausdrücke, Themen und Handlungen ein Fachausdruck, und durch häufigen und zum Teil auch gedankenlosen Gebrauch fast schon ein Wort des normalen deutschen Wortschatzes geworden ist. Im übrigen handelt es sich in diesen Fällen sozusagen um fremdsprachiges Bildungsgut – zum deutschen Wortschatz sind solche Wörter nicht zu rechnen. Das gilt auch für die merkwürdigen Fälle, bei denen das Wort gar nicht aus der Kultur stammt, in die wir es verlagern, wie z. B. bei *Mandarin*, was nach unserer Vorstellung ein chinesischer Würdenträger sein soll – das Wort ist aber gar nicht chinesisch (es ist in China nicht bekannt und entspricht auch nicht dem Bau chinesischer Wörter), sondern stammt letztlich aus Indien.

Vorausschau

§ 138. In den folgenden Kapiteln dieses zweiten Teils wollen wir nun die verschiedenen Möglichkeiten der Gewinnung neuer lexikalischer Einheiten näher betrachten und ihre Besonderheiten für die etymologische Erschließung an Einzelbeispielen untersuchen: Zunächst die normalen Mittel, die jedem Sprecher zur Verfügung stehen – in erster Linie die Wortbildung (III), im Anschluß daran die syntaktischen Fügungen, die nur in Sonderfällen zur Benennung herangezogen werden (IV), und die semantische Begriffsschöpfung, die von bereits bestehenden Wörtern ausgeht und deren Bedeutung anpaßt (V). Anschließend befassen wir uns mit den verschiedenen Arten der Neu-Schöpfung, die in unterschiedlichem Umfang einer bewußten Bezeichnungsabsicht offenstehen (VI und VII); und schließlich mit den verschiedenen Arten der Entlehnung (VIII).

III. Die Wortbildung (vgl. B 27)

A. Allgemeines

§ 139. Um die zur Bildung neuer Wörter führenden Vorgänge genauer erfassen zu können, überlegen wir zuerst, woher der Sprecher denn eigentlich weiß, wie man neue Wörter bilden kann. Diese Überlegung führt uns zu den voll systematischen Bildungen, wie etwa den Adjektiven der Möglichkeiten auf *-bar:* Ein Sprecher des Deutschen hat während seines Spracherwerbs in zahlreichen Fällen festgestellt, daß zu einem Verb wie *abwaschen* ein Adjektiv wie *abwaschbar* (und entsprechend) gebildet werden kann, das ziemlich genau die gleiche Bedeutung hat wie die Fügung *kann abgewaschen werden.* Nach solchen Vorbildern hat er gelernt, ebenfalls neue Adjektive zu derartigen Verben zu bilden. Was er vor sich hat, sind also *Wortbildungsmuster,* Paare von Wörtern (wie *abwaschbar* neben *abwaschen, zusammenklappbar* neben *zusammenklappen, verstehbar* neben *verstehen* usw.), die sich in (Zeichen-)Körper und Inhalt auf gleiche Weise unterscheiden: die Adjektive weisen gegenüber dem Verb das Suffix *-bar* auf, und der Inhalt ist der eines passiven Adjektivs der Möglichkeit zu einem transitiven Verb. Mit dieser Beschreibung des Unterschieds zwischen den Partnerwörtern erfassen wir den *(Wort-)Bildungstyp* – eine Abstraktion, die dem normalen Sprecher nicht geläufig ist. Dabei unterscheiden wir das *Grundwort* (das ursprüngliche Wort, von dem wir bei der Bildung ausgehen), das *Bildungsverfahren,* das im Anfügen eines Affixes (eines unselbständigen Elements) oder in einer Zusammensetzung oder in bestimmten Veränderungen der Lautform des Grundworts bestehen kann, und die *Weiterbildung* (das neue Wort).

1. Wortbildungstypen

§ 140. Systematische Bildungen nach solchen Mustern werden – wie wir schon besprochen haben – für die Verwendung in bestimmten Situationen geschaffen und haben zunächst keine weitere Folge für den Wortschatz. Nun können wir aber nach solchen Mustern auch Wortprägungen vornehmen, und systematische Bildungen können lexikalisiert werden. Wir finden dann auch Wortpaare, deren Bedeutungsunterschied zwar deutlich regelmäßig, aber doch nicht mehr systematisch ist. So haben wir bei den Täterbezeichnungen auf *-er* zu Verben neben voll systematischen Bildungen wie *der Fahrer des Wagens* (= ‚derjenige, der den Wagen gefahren hat') auch Wörter mit bestimmter Bedeutung, wie Berufsbezeichnungen (*Bäcker* zu *backen, Dreher* zu *drehen* usw.) oder Benennungen gewohnheitsmäßiger Täter (*Trinker* zu *trinken, Spieler* zu *spielen* usw.). Wenn wir solche Einheiten im Lexikon vorfinden, können wir selbstverständlich voraussetzen, daß auch sie durch Wortbildung nach dem uns bekannten Muster entstanden sind. Weiter gibt es Fälle, die durchaus regelhaft sind, die aber nicht als Muster für Neubildungen herangezogen werden können. So ist *Erlaubnis* als Abstraktum zu *erlauben* verwendbar (also in völlig systematischer Bedeutung) – aber wir können dieses Muster nicht nachahmen, indem wir etwa zu *gestatten* ein *Gestattnis* bilden: Wir würden mit diesem Wort Befremden auslösen, vielleicht sogar nicht verstanden werden. Dennoch nehmen wir auch hier (auf Grund eines Analogie-Schlusses) an, daß das offenbar ein Suffix enthaltende Wort *Erlaubnis* ebenfalls durch Wortbildung entstanden ist. Wir sagen, der Typ der Verbalabstrakta auf *-nis* sei erloschen, er sei nicht mehr *produktiv*. Allerdings müssen wir bei solchen Annahmen vorsichtig sein: Wir dürfen nicht für beliebige etymologisch zusammengehörige Paare einen Bildungstyp voraussetzen. Würden wir z. B. das Verhältnis der offenkundig miteinander verwandten Wörter *tot* und *Tod* parallel zu *rot* und *Röte* auffassen und annehmen, daß in früherer Zeit Adjektiv-Abstrakta durch Auslauterweichung gebildet werden konnten, so würden wir uns täuschen: *tot* und *Tod* sind jeweils für sich aus einem dritten, das nicht mehr erhalten ist, gebildet.

§ 141. Versuchen wir nun, die verschiedenen Möglichkeiten von Wortbildungstypen zu vergleichen und zu ordnen, so stoßen wir – wie im übrigen in fast allen Bereichen der Sprachbeschreibung – auf die Schwierigkeit, daß die Gliederung der Ausdrucksseite (der Lautform und des morphologischen Baus) nur bis zu einem gewissen Grade der Gliederung auf der Inhaltsseite (der Bedeutung) entspricht. Es empfiehlt sich deshalb, die beiden Bereiche zunächst einmal gesondert zu betrachten, und wir wollen hier mit der Inhaltsseite beginnen. Wenn wir demzufolge zusammenstellen, welche Wortpaare den gleichen inhaltlichen Unterschied zeigen, so finden wir schnell, daß die inhaltlich zusammengehörigen Paare nicht notwendigerweise zum gleichen Wortbildungstyp gehören. So bilden wir die Adjektive der Möglichkeit normalerweise mit *-bar,* aber zum Beispiel zu *biegen* bilden wir *biegsam* in genau derselben Bedeutung. Im Grunde müssen wir sogar noch weiter gehen, denn wenn wir uns auf die inhaltliche Betrachtung beschränken, dann müssen wir zugeben, daß *Tod* zu *tot* im gleichen Verhältnis stehen kann wie *Röte* zu *rot* (nämlich dem eines Abstraktums zu einem Adjektiv), obwohl wir gesehen haben, daß wir für den Zusammenhang von *Tod* und *tot* gar keinen Wortbildungstyp verantwortlich machen dürfen. Deshalb ist es von diesem Standpunkt aus vertretbar, die gleiche Beziehung auch bei Wörtern von ganz verschiedenen Stämmen festzustellen, und schließlich ist durchaus zu erwägen, auch syntaktische Konstruktionen und Bedeutungsverschiebungen in die Betrachtung einzubeziehen. Hier liegt also etwas Umfassenderes vor als ein Wortbildungsverhältnis – offenbar sind in der Sprache bestimmte Bedeutungstypen oder Bedeutungsverhältnisse vorgesehen, die zwar weitgehend durch Wortbildungstypen besetzt werden, die aber auch aus anderen Quellen gespeist werden können. Sprechen wir hier von *Partnertypen* und definieren wir sie als Serien von Wortpaaren (oder gegebenenfalls Paaren aus einem Wort und einer syntaktischen Konstruktion), die sich inhaltlich in gleicher Weise unterscheiden.

2. *Partnertypen: Besonderung, Umwandlung, Anknüpfung*

§ 142. Bei diesen Partnertypen läßt sich nun auch noch eine weitere sehr wichtige Eigenschaft feststellen: die Richtung der Abhängigkeit ist bei ihnen nicht notwendigerweise allgemein festgelegt. So ist bei dem Partnertyp ,Einwohnerbezeichnungen : Länderbezeichnungen' einmal dies und das andere Mal jenes das Grundwort. *Engländer* ist abgeleitet von *England* (wie *Isländer* von *Island* und *Neuseeländer* von *Neuseeland*); aber *Rußland* gehört zu *Russe* (wie *Irland* zu *Ire* und *Estland* zu *Este*). Inhaltlich (ohne Rücksicht auf den morphologischen Bau) besteht zwischen den Partnerwörtern in allen Fällen das gleiche Verhältnis, und wir können auch (ganz nach Wahl) das eine mit Hilfe des anderen erklären: Ein Engländer ist ein Einwohner von England (wie ein Russe ein Einwohner von Rußland ist) – und umgekehrt ist Rußland das Land der Russen (wie England das Land der Engländer ist). Diese Wechselseitigkeit ist allerdings nicht allgemein: es gibt Partnertypen, bei denen die Abhängigkeit eindeutig ist. So können wir *abwaschbar* umschreiben mit ,kann abgewaschen werden'; aber umgekehrt geht es nicht – wir können *abwaschen* nicht mit Hilfe von *abwaschbar* erklären. Bei der inhaltlichen Beschreibung der Partnertypen scheint es deshalb zweckmäßig zu sein, zwischen *semantisch gleichrangigen* und *semantisch abhängigen* Partnertypen zu unterscheiden, wobei als Kriterium angesehen werden kann, ob nur ein Partner mit Hilfe des anderen erklärt werden kann oder beide. Das Wort, das umschrieben wird, ist dabei das abhängige; es ist immer eine Weiterbildung. Und schließlich noch eine letzte Besonderheit der Partnertypen gegenüber den Wortbildungstypen: Sie sind nicht notwendigerweise auf Paare beschränkt, sondern können auch Dreiergruppen (und gegebenenfalls umfangreichere Systeme) bilden. So können wir in das Teilsystem ,Länderbezeichnungen:

Einwohnerbezeichnungen' durchaus auch etwa die Herkunftsadjektive (*englisch, russisch* usw.) einbeziehen.

§ 143. Ordnen wir nun die möglichen Partnertypen nach allgemeineren inhaltlichen und funktionellen Merkmalen zusammen, so können wir zweckmäßigerweise drei Gruppen unterscheiden, wobei wir diese Gruppen – da sie nicht nur bei der Wortbildung, sondern auch bei den syntaktischen Fügungen und der semantischen Begriffsschöpfung auftreten – sehr allgemein fassen können. Es geht im wesentlichen darum, wie die beiden Partner bei der Bezeichnung eines Wirklichkeitsausschnitts eingesetzt werden können. In einem ersten Fall können beide Partner den gleichen Wirklichkeitsausschnitt bezeichnen, doch liefert einer von ihnen (der grundsätzlich als der semantisch abhängige aufzufassen ist) zusätzliche Merkmale. Diesen Typ wollen wir (mit einem neuen Terminus, um Verwechslungen auszuschließen) die *Besonderung* nennen. Für Sprachen wie das Deutsche ist es dabei zweckmäßig, zwei Untertypen zu unterscheiden. Beim ersten, der *(näheren) Bestimmung,* wird ein zusätzliches inhaltliches Merkmal genannt, sei es in Form eines Attributs (*roter Käfer* zu *Käfer*), eines Relativsatzes (*Käfer, der leuchtet,* zu *Käfer*), eines Bestimmungskompositums (*Braunbär* zu *Bär*), eines Suffixes, wie bei der sexuellen Motion (*Löwin* zu *Löwe*), oder durch andere Ausdrucksmittel. Beim anderen Untertyp, der *Abwandlung,* wird die Größenordnung näher bestimmt; das ist vor allem der Fall bei Diminutiven (*Gärtchen* zu *Garten*) und Kollektiven (*Gebirge* zu *Berg*); auch der Plural (*Gärten* zu *Garten*) und der Teilungsgenetiv (der im Deutschen keine Rolle spielt) gehören hierher. Bei den Verben kann auf iterativ-intensive Bildungen (wie *rupfen* zu *raufen*) oder ebenfalls Diminutive (wie *hüsteln* zu *husten*) verwiesen werden.

§ 144. Bei einer zweiten Gruppe von Partnertypen haben beide Partner den gleichen Inhalt und können somit auch den gleichen Wirklichkeitsausschnitt bezeichnen, gehören aber zu verschiedenen Wortarten, so daß sie nicht in der gleichen Konstruktion verwendet werden können. Jeder Partner vertritt dabei aber eines der zentralen Gefüge der Sprache: das (finite) Verb und das (prädikative) Adjektiv das Satzgefüge, das Substantiv das Nominalgefüge und das (attributive) Adjektiv das nominale Unterordnungsgefüge; und die betreffenden Partnertypen liefern die Möglichkeit, eines dieser Gefüge auf rein mechanischem Weg in eines der anderen umzuformen. Diese Typen wollen wir hier die *Umwandlungen* nennen. Das klassische Beispiel für sie zeigt sich in den Wortartveränderungen, die auftreten, wenn ein Satzgefüge in ein Nominalgefüge umgeformt wird, wie etwa bei *der Staat erhebt Steuern* (oder *Steuern werden durch den Staat erhoben*) – *die Erhebung von Steuern durch den Staat; die Schweiz ist von Amerika unabhängig* – *die Unabhängigkeit der Schweiz von Amerika.* Verändert wird dabei auf jeden Fall der Satzkern, der aus einem Verb oder

(Kopula +) Adjektiv zu einem Substantiv, dem sogenannten *Abstraktum*, wird; nennen wir diesen Typ die *Nominalisierung*. Verändert werden aber auch die meisten übrigen Glieder (z. B. das Akkusativ-Objekt zu einem Genetiv-Attribut, das Subjekt zu einem Genetiv-Attribut oder Präpositionalgefüge usw.). Im Deutschen wird die Veränderung und Unterordnung dieser übrigen Glieder ausschließlich durch grammatische Mittel (Kasus) bewirkt; wenn (in einer anderen Sprache) auch hier Wortbildungen auftreten, so sind sie ebenfalls als Umwandlungen (gewissermaßen als Begleit-Umwandlungen) aufzufassen. Zu beachten ist, daß die Entsprechung des Subjekts (und auch die anderer Satzteile) in dem Nominalgefüge ohne weiteres weggelassen werden kann.

§ 145. Bei den übrigen Umwandlungen treten stärkere funktionelle Unterschiede auf. Nehmen wir zunächst die *Substantivierung*, die Umwandlung eines Unterordnungsgefüges (eines – gegebenenfalls erweiterten – Adjektivs) in ein Nominalgefüge, um den Träger des bezeichneten Merkmals zu erfassen. Von der Funktion her gesehen liegt hier ein stärkerer Unterschied zwischen den Partnerwörtern vor, aber diese Funktionsverschiebung wird von der Grammatik unserer (und anderer) Sprachen dem Adjektiv grundsätzlich eingeräumt: es kann ein Merkmal oder den Träger eines Merkmals erfassen, so daß wir berechtigt sind, auch hier von einer Umwandlung zu sprechen. Ähnlich steht es mit den Umwandlungen in Unterordnungsgefüge (bei denen wir von *Attribuierung* sprechen wollen): Soll ein Substantiv einem anderen Substantiv untergeordnet werden, ohne daß dabei die Art dieser Unterordnung näher bezeichnet wird, so haben wir hierfür als grammatisches Mittel den Genetiv *(das Ohr des Menschen, die Epen Homers)* und – nicht in gleicher Weise frei verfügbar – bestimmte Adjektivbildungen *(das menschliche Ohr, die homerischen Epen)*. Auch hier besteht ein inhaltlicher Unterschied zwischen den Partnerwörtern, aber da er auf den diesem Wortartwechsel durch die Grammatik vorgegebenen Unterschied ('Unterordnung') beschränkt ist, sprechen wir auch hier von einer Umwandlung. Nur kurz erwähnt sei, daß auch die Zeit- und Ortspartikeln eine entsprechende Umwandlungsmöglichkeit besitzen: man vergleiche *die Universität hier – die hiesige Universität, das Theater dort – das dortige Theater, die Begeisterung damals – die damalige Begeisterung* usw. Ebenfalls zu den Attribuierungen gehört die Umwandlung von Satzgefügen in nominale Unterordnungsgefüge, durch die zum Beispiel das Subjekt näher bestimmt werden kann. Handelt es sich um (Kopula +) Abjektiv, so wird das Adjektiv im Deutschen einfach in die attributive Form übergeführt *(die von Amerika unabhängige Schweiz)*, aktive Verben werden in das partizipiale Adjektiv mit -nd- umgeformt (bei dem man sich streiten kann, ob es eine Wortbildung oder eine grammatische Form ist) und bei passiven Verben kommt das Partizip in die attributive Stellung *(der*

Steuern erhebende Staat; die durch den Staat erhobenen Steuern). Diese Attribuierung ist vor allem dadurch wichtig, daß für ihre Substantivierung (also einer zweistufigen Umwandlung) neben dem normalen Typ *(lacht – lachend – der Lachende)* auch ein Typ besteht, bei dem das Substantiv unmittelbar aus dem Verb gewonnen wird, die sogenannten *Nomina agentis (er besitzt die Mordwaffe – der Besitzer der Mordwaffe).*

§ 146. Rein theoretisch bliebe nun noch eine letzte Möglichkeit solcher Umwandlungen: die von Nominal- und Unterordnungsgefügen zu Satzgefügen, also von Substantiven und Adjektiven zu Verben. Für diese Fälle hat unsere Grammatik aber keinen einheitlichen oder ‚normalen‘ Übergang vorgesehen; wir können solche Verschiebungen zwar (durch die Wortbildung) vornehmen, aber sie folgen verschiedenen, semantisch näher bestimmten Typen, so daß man nicht von Umwandlungen sprechen kann. Zum Abschluß noch eine Besonderheit: Es gibt Partnertypen, die den hier besprochenen Umwandlungen funktionell entsprechen, sich aber inhaltlich von ihnen dadurch unterscheiden, daß sie abwertend gebraucht werden. Das sind die Abstrakttypen *Singerei* und *Gesinge,* die Nomina agentis wie *Emporkömmling* und die Substantivierungen wie *Feigling.* Bei ihnen handelt es sich um eine Umwandlung + Besonderung, wobei die Besonderung in der näheren Bestimmung durch das abwertende Element besteht.

§ 147. Die nach den Besonderungen und Umwandlungen dritte Gruppe von Partnertypen sei hier die *Anknüpfung* genannt: die Partner bezeichnen verschiedene Wirklichkeitsausschnitte, die zueinander in bestimmten festen Beziehungen stehen. Im Zentrum stehen dabei die Bildungen, bei denen beide Partner zur gleichen Wortart gehören. Nehmen wir als erstes die Substantive, so wären von den formalen Mitteln her zunächst die Bedeutungsabwandlungen zu nennen (etwa wenn der Arzt seinen Patienten mit Nierensteinen als *den Nierenstein* bezeichnet – die Partner sind *Nierenstein* ‚Körperteil‘ – *Nierenstein* ‚Patient mit Nierensteinen‘); dann bestimmte grammatikalische Ausdrucksmittel wie der Genetiv (das ist in unserer Sprache nicht üblich, aber in vielen alten und neuen Sprachen kann man einen Genetiv wie *des Stehlens* als Subjekt oder Objekt in der Bedeutung ‚Dieb‘ verwenden usw.); dann die *Anknüpfungskomposita* (exozentrische Komposita, Possessivkomposita, Bahuvrihis) wie *Langohr* für ‚jemand, der lange Ohren hat‘; und schließlich eine große Zahl von Ableitungstypen: Einwohner und Land *(Engländer – England),* Ort und Gegenstand *(Kartei – Karte),* Hersteller und Hergestelltes *(Schlosser – Schloß),* die Zugehörigkeitsmotion *(Königin* im Sinne von ‚Frau des Königs‘) und anderes. Bei den Verben gehören hierher etwa die Kausative *(tränken* zu *trinken)* und anderes mehr. Weiter gehört zu den Anknüpfungen eine Reihe von Fällen, die einen Wortartwechsel in sich schließen. Darunter fallen sämtliche Ableitungen von Verben aus Substantiven und Adjektiven, sowie die Ableitung von Adjektiven aus Substantiven und Verben, so weit sie inhaltlich stärker bestimmt ist als bei der Attribuierung. Das ist bei den Bildungen aus Substantiven etwa der Fall bei den Materialbezeichnungen *(gläsern – Glas)*, den Eigenschaftsangaben *(fleißig – Fleiß)*, den Vergleichen *(glasig – Glas)* und anderem dieser Art; bei den Bildungen aus Verben vor allem bei den Adjektiven der Möglichkeit *(abwaschbar* zu *abwaschen)* und ähnlichem. Abweichend zu beurteilen sind die Konkreta aus Verben (Orts- und Werkzeugbezeichnungen) wie *Wohnung* und *Kupplung:* Bei ihnen handelt es sich um Umwandlung + Anknüpfung (auf dem Weg einer Bedeutungsabwandlung): Eine Wohnung ist ‚der Ort, an dem das Wohnen stattfindet‘, eine Kupplung ‚das Gerät, mit dem das Aus- und Ein-Kuppeln vorgenommen wird‘ usw.

3. Morphologische Typen: Komposition und Ableitung

§ 148. Gehen wir nun über zur Gliederung auf der Ausdrucksseite, wo wir *morphologische Typen* unterscheiden. Die Bezeichnung als Typ schließt dabei in sich, daß die lautliche Verschiedenheit mit einer gewissen Regelmäßigkeit auftritt – es kann sich dabei um ein Affix, eine Zusammensetzung, einen Lautwechsel oder auch nur einen Wechsel der Wortart handeln, aber eine einmalige Verschiedenheit (wie etwa das Adjektiv *tot* neben dem Substantiv *Tod)* kann nicht als morphologische Verwandtschaft aufgefaßt werden. Ferner kann – besonders außerhalb der Affixbildung – eine morphologische Verwandtschaft nur angenommen werden, wenn auch eine ausreichende Nähe der Bedeutungen besteht – zwischen *Nuß* und *Genuß* dürfen wir keinen morphologischen Zusammenhang ansetzen. Die Kriterien für den Ansatz eines morphologischen Typs sind also nicht ausschließlich auf der Ausdrucksseite zu suchen. Wie nun am gleichen Partnertyp verschiedene morphologische Typen beteiligt sein können, so kann der gleiche morphologische Typ Wortpaare aus verschiedenen Partnertypen aufweisen. Zum Beispiel haben die Substantive auf -er zu Verben eine Reihe von Funktionen, die wir nicht alle dem gleichen Partnertyp zurechnen können: Täterbezeichnungen wie in *Schreiber* zu *schreiben,* Werkzeugbezeichnungen wie in *Bohrer* zu *bohren,* Vorgangsbezeichnungen wie in *Juchzer* zu *jauchzen* und noch anderes.

§ 149. Die Partnerwörter eines morphologischen Typs können *(morphologisch) gleichrangig* sein; d. h., daß sie gleich aussehen und sich nur in der Wortart unterscheiden (wie etwa *Arbeit* und *arbeiten* – -*en* ist nur Zeichen des Infinitivs, gehört also nicht zum Verb selbst); meistens erweist sich aber die eine Serie von Partnerwörtern als *morphologisch abhängig,* d. h. gegenüber dem Partner um ein Affix (einen zusätzlichen, unselbständigen

Wortbestandteil) oder ein Kompositionsglied erweitert. Das abhängige Glied ist dabei in der Regel die Weiterbildung, nur in den seltenen Fällen der Rückbildung, auf die wir in § 163 f. noch eingehen werden, ist die Entstehungsrichtung umgekehrt. Schwer zu beurteilen sind in diesem Zusammenhang morphologische Typen, deren Partnerwörter sich nur durch einen Lautwechsel unterscheiden (wie etwa Ablaut oder Umlaut im Deutschen): Bei ihnen kann man im allgemeinen keinen gemeinsamen Bestandteil aus dem Wortpaar herausheben (es sei denn, man rechnet damit, daß Lautfolgen Lücken haben können – was zweifellos mißlich ist); man muß den morphologischen Unterschied deshalb als eine Abwandlung, nicht als eine Hinzufügung auffassen. Ob sich dabei eine Abhängigkeit (das würde in diesem Fall heißen: eine gleichbleibende Richtung der Abwandlung) feststellen läßt, muß aus dem Gesamtsystem der betreffenden Sprache heraus festgestellt werden. Die morphologischen Typen der Wortbildung kann man einteilen in Komposita und Ableitungen, wobei sich im Einzelfall weitreichende Besonderheiten ergeben können. Da nun der Bereich der Wortbildung durch den Bereich der morphologischen Typen umrissen ist, läßt sich ein Überblick über die Möglichkeiten der Wortbildung am besten im Rahmen eines Überblicks über die morphologischen Typen durchführen (während bei einer Aufgliederung nach Partnertypen auch sprachliche Mittel außerhalb der Wortbildung in die Betrachtung einzubeziehen wären). Ich werde deshalb den folgenden knappen Überblick über die Wortbildungstypen nach diesem Kriterium aufteilen, dabei aber auch auf die beteiligten Partnertypen eingehen.

B. Die Wortbildungstypen

1. Komposition

a) Die morphologischen Typen

§ 150. Befassen wir uns zunächst mit der Komposition, die eine feste Verbindung zwischen zwei auch selbständig vorkommenden Wörtern darstellt. Die feste Verbindung ist in flektierenden Sprachen wie dem Deutschen im allgemeinen leicht zu erkennen: *brauner Bär* ist eine syntaktische Fügung, weil beide Teile flektieren, *Braunbär* ist ein Kompositum, weil nur ein Glied (das zweite) flektiert. Angebliche Ausnahmen beruhen auf falscher Einordnung: Wenn wir sagen *der Hohepriester, des Hohenpriesters,* so ist die Flexion des Adjektivs ein Zeichen dafür, daß es sich nicht um ein Kompositum handelt, sondern um eine lexikalisierte syntaktische Fügung – die vom Rechtschreibeduden verlangte Zusammenschreibung ist deshalb unbegründet. Schwieriger wird die Frage auch im Deutschen, wenn das Kompositum ein Fugenelement hat, das wie eine Kasusendung aussieht – also etwa *Waldeslust*, das ja = ,Lust des Waldes' sein könnte. Aber bei diesem Kompositum hat das erste Glied keinen Artikel, und auch sonst lassen sich einige Verschiedenheiten zur syntaktischen Fügung feststellen, so daß die Einordnung als Kompositum ausreichend gesichert ist. Weit schwieriger ist die Frage, was ein Kompositum ist und was eine syntaktische Fügung, etwa im Englischen zu klären, wo es fast keine Flexion gibt – hier muß die Frage, ob *black bird* zu den Komposita gehört, mit einigem Aufwand an sprachwissenschaftlichem Scharfsinn entschieden werden. Das Ergebnis ist dabei, daß sich die syntaktischen Fügungen dieser Art und die Gruppen, die man als Komposita auffassen kann, durch verschiedene Betonungsmuster unterscheiden und so voneinander getrennt werden können. Das allgemeine Ergebnis ist also: Man kann von einem Kompositum (im Gegensatz zu einer syntaktischen Fügung) dann sprechen, wenn die Bildung durch regelmäßige formale Merkmale von den entsprechenden syntaktischen Fügungen abgehoben ist. Was diese formalen Merkmale sind, ist von Sprache zu Sprache verschieden – es kann die Stellung der Glieder, die Betonung, die Flexion und anderes sein.

§ 151. Ein Kompositum ist in der Regel aus zwei Gliedern zusammengesetzt. Wenn deshalb Komposita auftreten, die mehrere Glieder aufweisen, so handelt es sich im allgemeinen um zweigliedrige Komposita, deren eines Glied wiederum ein Kompositum ist. Die Struktur dieses Aufbaus ($1 + 2 - 3$ oder $1 - 2 + 3$) muß man im allgemeinen semantisch ergründen, da beide Möglichkeiten gegeben sind *(Autobahn-Brücke – Haupt-Bahnhof)* und die Ausdrucksform keine Hilfe gibt. *Mädchenhandelsschule* kann also im Prinzip zweierlei bedeuten: 1. ,eine Handelsschule für Mädchen' und 2. ,eine Schule für Mädchenhandel'; aus den kulturellen Gegebenheiten wird sich im Einzelfall wohl erschließen lassen, was für eine Art von Schule gemeint ist. – Bei solchen mehrstufigen Komposita können nun gegebenenfalls Mittelglieder erspart werden (möglicherweise schon bei der Bildung, vielleicht aber auch erst durch Kürzung während der Wortgeschichte). Sie sehen dann aus wie normale zweigliedrige Komposita und sind recht unangenehme Fallstricke für die etymologische Untersuchung. So ist z. B. bei *Reißnagel* und *Reißzwecke* sicher ein Mittelglied erspart, denn anders als *Reißfeder, Reißnadel* usw. sind sie kein Gerät zum Reißen (d. h. zum Zeichnen), sondern Nägel (Zwecken) zum Befestigen des Papiers auf dem Reißbrett (dem ,Brett zum Reißen'). Sie sollten eigentlich *Reißbrettnägel* und *Reißbrettzwecken* heißen (so wie die technischer bezeichneten *Reißbrettstifte*), haben aber das Mittelstück erspart. Solche Bildungen nennt man im allgemeinen *Klammerformen*.

§ 152. Der Haupttyp der Komposition ist – wenigstens in unserer Sprache – die Verbindung von Substantiv + Substantiv (wie *Haustür*); seltener sind Substantive, die im Vorderglied Adjektive oder Verben haben, die Typen *Braunbär* und *Schreibfeder* (oder das eben genannte *Reißbrett*) – bei letzterem ist zu bemerken, daß das Verbum im Vorderglied eines Kompositums seine Infinitiv-Endung verliert. Komposita mit Adjektiven im Hinterglied sind vergleichsweise selten; dasselbe galt ursprünglich auch für die Verben, doch haben hier die näheren Bestimmungen durch Partikel (vor allem Ortsbestimmungen) im Laufe der Zeit zu einem eigenen Kompositionstyp geführt, der *Partikelkomposition,* die dann auch auf die Komposition von Substantiven und Adjektiven (zunächst nur Verbalsubstantive und -adjektive) übergegriffen hat. Die Partikelkomposition zeichnet sich vor allem dadurch aus, daß sie bestimmte Funktionstypen entwickelt hat, deren Zusammenhang mit der Bedeutung der selbständigen Partikel oft nicht mehr erkennbar ist. Darauf ist auch zurückzuführen, daß die Partikel, wie in selteneren Fällen auch zweite Kompositionsglieder, die häufig gebraucht werden, den Zusammenhang mit dem entsprechenden selbständigen Wort völlig verlieren können, so daß reine Ableitungstypen entstehen. Im Falle der Partikelkomposition führt dies zur *Präfigierung* (im Deutschen mit *ge-, be-, zer-* usw.); Suffixe, die nachweislich aus zweiten Kompositionsgliedern entstanden sind, sind etwa *-bar, -heit, -lich* und andere.

§ 153. In der frühen Zeit, bis zu den frühen germanischen Sprachen hin, erscheint das Vorderglied eines Kompositums grundsätzlich in der Stammform, d. h. in der Form, die das Wort hat, wenn man die (Kasus-)Endung abzieht; in der Regel sind die Stämme vokalisch, es erscheint also ein *Fugenvokal.* Durch die Auslautgesetze ist in der Flexion der Stamm schon in den frühen Sprachstufen des Germanischen meist nicht mehr klar erkennbar, so daß der in der Kompositionsfuge von den Auslautgesetzen ziemlich gut geschützte Fugenvokal nicht selten einen wertvollen Hinweis auf die Stammeszugehörigkeit des Wortes bietet. Schon im Gotischen ist aber die Entwicklung des Stammvokals in der Kompositionsfuge durch sekundäre Erscheinungen abgeschwächt, so daß die Regelung immer undeutlicher wird[83]. Später werden dann von den syntaktischen Fügungen her neue formale Bildungsmittel übernommen, vor allem Genetiv-Endungen, die aber nicht nach den Regeln der syntaktisch bedingten Genetive gebraucht werden. Wir haben etwa ein solches aus dem Genetiv stammendes *-es* nicht nur in *Gotteshaus,* wo man es begründen kann durch die Umschreibung *Haus Gottes,* sondern etwa auch in *Liebesdienst,* wo es syntaktisch gesehen nicht hingehören kann, da das Wort *Liebe* als Femininum gar keinen *s*-Genetiv haben kann. Diese Fugenelemente können deshalb nicht einfach als Genetive (o. ä.) erklärt werden – sie sind besondere Markierungen der Fuge, wenn sie auch ihren Ursprung in syntaktischen Fügungen mit einer Kasusform gehabt haben mögen. – Die Stammform des Hinterglieds mußte in der alten Sprache nicht mit der Stammform des einfachen Wortes (des *Simplex*) übereinstimmen. Hier konnte es zunächst vorkommen, daß das Kompositum eine ältere Flexionsweise bewahrte als das Simplex. Das Wort für *Herz* z. B. lautet im Ahd. *herza,* ist also ein *n-*Stamm. Vergleichen wir es mit den entsprechenden Wörtern in anderen indogermanischen Sprachen, so finden wir, daß es ursprünglich ein Konsonantstamm gewesen sein muß (vgl. etwa lt. *cor, cordis*), das *n-*Suffix ist also eine nachträgliche Erweiterung, wie sie im Germanischen häufiger vorkommt. Die kürzere Form findet sich nun aber noch im Kompositum, wo wir etwa *armherz* ‚barmherzig' haben, das wie ein *a-*Stamm flektiert, aber ohne weiteres auf einen alten Konsonantstamm zurückgehen kann. Auf jeden Fall zeigt das Kompositum einen Flexionstyp, der älter ist als die *n-*Erweiterung. – Anders ist es, wenn in der Komposition ein besonderes Suffix hinzukommt. Die usprüngliche Funktion und Verbreitung dieser Suffixe ist noch nicht ausreichend erforscht, sie spielen aber in der Komposition der früh-indogermanischen Sprachen eine beträchtliche Rolle. Für uns am wichtigsten ist das Kompositionssuffix *-ja-* mit neutralem Genus, das besonders im Germanischen, aber auch in anderen Sprachen weit verbreitet ist. So geht gt. *anda-nahti (n)* ‚Abend' auf *nahts* ‚Nacht' zurück, einem femininen Konsonantstamm, der in der Komposition mit *-ja-* erweitert wird, ohne daß sich für dieses Suffix eine besondere Funktion aufzeigen ließe. Dasselbe Suffix ist etwa in lt. *pleni-lunium (n)* ‚Vollmond' zu *luna (f)* ‚Mond' zu erkennen.

§ 154. Schließlich noch einige Sonderfälle, zunächst die *Zusammenbildungen*. Damit ist folgendes gemeint: Wenn wir z. B. zu einem Verbum ein Substantiv mit systematischer Bedeutung bilden, dann wird häufig der Satzzusammenhang in die Konstruktion des Substantivs übernommen. Dabei wird die Ergänzung des Verbs zu einer Ergänzung des Substantivs (*die Landschaft betrachten* wird zu *die Betrachtung der Landschaft*); häufig wird aber auch eine Komposition gebildet, besonders wenn das zugrundeliegende Verb vergleichsweise sinnleer ist. So bilden wir etwa zu *legen* als Simplex kein Abstraktum *Legung* und keine Täterbezeichnung *Leger,* weil das für sich allein zu allgemein wäre. Anders ist es aber, wenn *legen* näher bestimmt ist, etwa in *den Grundstein legen* oder in *Fliesen legen:* In diesem Fall haben wir *Grundsteinlegung* und *Fliesenleger*. Das sind keine Komposita aus *Grundstein + Legung* oder *Fliesen + Leger,* sondern unmittelbare Nominalbildungen aus der verbalen Fügung; die Form der Komposition ist mehr zufällig und durch besondere Begleitumstände bewirkt. – Bei dieser Gelegenheit sei auch kurz auf die *Zusammenrückungen* verwiesen, die keine Wortbildungen sind, wenn sie auch ähnlich aussehen können, sondern syntaktische Fügungen, bei denen das Gefühl für die Selbständigkeit der Glieder verloren gegangen ist, und die deshalb auch zusammengeschrieben werden, wie etwa *nichtsdestoweniger*. – Des weiteren eine Erscheinung, die bei der etymologischen Forschung immer wieder anzutreffen ist: die *verdeutlichende Komposition*. Hierbei geht es darum, daß bestimmte Wörter, die außer Gebrauch geraten, die man verwechseln könnte, oder die man selten gebraucht, gewissermaßen als Gedächtnisstütze mit einer Bezeichnung für einen Oberbegriff kombiniert werden. Musterbeispiel ist das Wort *Lindwurm:* Im Althochdeutschen gab es ein Wort *lint* mit der Bedeutung ‚Schlange, Drache'. Dieses Wort wurde seltener – vermutlich weil man die Drachen seltener antraf – und so wurde es mit *Wurm* komponiert (das in der älteren Sprache eine weitere Bedeutung hatte als heute – es schloß auch die Bezeichnung von Schlangen und ähnlichem Gezücht ein). Dadurch entstand das Wort *Lindwurm*, das in dieser Form bis heute erhalten ist – wenigstens in der archaischen Sprache – und nach seinem Muster nennt man diese Komposita gelegentlich *Lindwurm-Komposita*. An sich handelt es sich nicht um einen echten Kompositionsvorgang, weil ja keine neue Bezeichnung geschaffen, sondern lediglich eine bereits bestehende erweitert und verdeutlicht wird – aber als Grenzfall können wir es an dieser Stelle mitberücksichtigen. Weitere Beispiele sind *Maultier* (bis ins 18. Jh. noch die einfache Form *Maul* = lt. *mulus*), verdeutlicht wegen der Verwechslungsmöglichkeit mit *Maul* = ‚Mund', ebenso *Windhund* für *Wind* (das bis zum 16. Jh. als einfaches Wort vorkam und eigentlich ‚der Wendische' bedeutete), dann *Schwiegermutter, Auerochse, Turteltaube, Bimsstein* usw. – auch solche, bei denen wir die einfache Form noch heute daneben haben wie *Kebsweib* neben *Kebse, Witfrau* neben *Witwe, Walfisch* neben *Wal* usw.

b) Die Partnertypen

§ 155. Nach der Funktion können die Komposita in zwei große Gruppen eingeteilt werden. Die erste wird gebildet durch die *Bestimmungs-Komposita*, einen Besonderungstyp, bei dem ein Grundwort (in unserer Sprache ist das immer das Hinterglied, das auch das Genus und die Flexion des Kompositums festlegt) auf irgendeine Weise näher bestimmt wird durch das *Bestimmungswort* (bei uns im Vorderglied). Ein Beispiel wäre *Haustür*, bei dem das Grundwort *Tür* näher bestimmt wird durch das Bestimmungswort *Haus*, d. h. es handelt sich um die Tür, durch die man das Haus betritt. Untertypen der Bestimmungskomposita ergeben sich vor allem aus den verschiedenen Möglichkeiten der Wortart bei Grund- und Bestimmungswort; weitere Untergliederungen sind nach den Beziehungen zwischen dem durch Grund- und Bestimmungswort bezeichneten möglich. Einen Sondertyp, den man auch abtrennen könnte, wollen wir *Paar-Komposita* nennen, weil bei diesen die beiden Glieder semantisch eine verhältnismäßig gleichberechtigte Stellung haben. Wir können dabei Untertypen finden, bei denen sowohl A wie auch B eine zutreffende Bezeichnung des Gemeinten ist (ein *Elefantenweibchen* ist sowohl ein Elefant wie auch ein Weibchen); dann solche, bei denen nur A + B auf das Gemeinte zutrifft (eine *Hemdhose* ist weder ein Hemd noch eine Hose, sondern eine Kombination aus beidem) und schließlich, besonders bei Adjektiven, solche, bei denen das Gemeinte zwischen A und B liegt (wie *blaugrün* als Bezeichnung einer Farbe, die zwischen blau und grün liegt).

§ 156. Bei der zweiten Gruppe, den *Anknüpfungskomposita*, kann keines der beiden Glieder für sich allein das Gemeinte bezeichnen, vielmehr wird das Gemeinte durch ein charakteristisches Merkmal erfaßt, das die Kompositionsglieder beschreiben. So bezeichnet *Langohr* nicht ein Ohr und nicht etwas Langes, sondern ein Tier, das durch lange Ohren charakterisiert ist, einen Hasen oder einen Esel. Das Gemeinte selbst (Tier, Esel o. ä.) wird nicht genannt – deshalb nennt man diese Komposita auch exozentrisch. Im Prinzip ist mit diesem Kompositionstyp ein Wechsel der Wortart verbunden, insofern als die Hinterglieder in der Regel Substantive sind und die Bildung als ganze eigentlich den Wert eines Adjektivs hat. Wir können dieses Verhältnis deutlich sehen an dem deutschen Beispiel *barfuß* (‚jemand, dessen Füße bar sind‘): das Hinterglied ist ein Substantiv, das Kompositum ein Adjektiv. Aber diese Adjektive sind von vorneherein gern in substantivierter Form aufgetreten, so daß diese Besonderheit nicht ohne weiteres erkennbar ist. Die deutlich adjektivischen Anknüpfungskomposita sind in den späten Sprachen im allgemeinen durch Adjektiv-Suffixe erweitert worden (*zweirädrig, rothaarig* usw.). Ein Sonderfall ist der Typ mit einem Verbum im Vorderglied und einer näheren Bestimmung des Verbs (Objekt usw.) im Hinterglied, wie *Wendehals, Taugenichts, Springinsfeld, Vergißmeinnicht* usw. Da das Verbum bei ihnen äußerlich gesehen in der Form des Imperativs erscheint, nennt man sie auch *Imperativ-Komposita* (oder *Satznamen*); ursprünglich handelt es sich aber bei der Form des Vorderglieds wahrscheinlich nicht um Imperative, sondern um den reinen Verbalstamm. Ein *Wendehals* wird also heute aufgefaßt als ‚Wende den Hals‘, ursprünglicher ist – für den ganzen Typ – wohl die Auffassung ‚jemand, der den Hals wendet‘. Der Typ ist in den germanischen Sprachen erst sehr spät belegt, so daß nicht ohne weiteres zu entscheiden ist, in welcher Weise die germanischen Typen auf ererbte Vorbilder zurückgehen.

c) Das Beispiel ahd. ougatora

§ 157. Damit haben wir eine kurze Übersicht über die Möglichkeiten der Wortbildungstypen, die wir als Komposita zusammenfassen, gegeben und wollen nun als praktisches Beispiel ein Kompositum der älteren Sprache

etymologisch untersuchen. Wir haben schon oben (§ 108) gesehen, daß
unsere Vorfahren das Wort *Fenster* im Zuge einer ganzen Entlehnungsschicht des Sachwortschatzes aus dem Lateinischen übernommen haben.
Man könnte nun fragen: Wenn das Wort *Fenster* auf Grund der überlege-
nen Baukultur der Römer entlehnt wurde, haben dann die Germanen zunächst keine Fenster gehabt? Hierauf bekommen wir in der deutschen
Sprach- und Kulturgeschichte zunächst keine ausreichende Antwort –
wohl aber zeigen die nordischen Sprachen und die Kultur der nordischen
Völker einen früheren, primitiveren Zustand, den wir mit aller Vorsicht
auch auf die deutschen Verhältnisse übertragen können: Im nordischen
Bereich spielt sich die Ablösung der beiden Techniken vor unseren Augen
ab, und hier sehen wir nun, daß wirkliche große Fenster tatsächlich nur im
Steinbau oder allenfalls im Fachwerkbau möglich sind – nicht im Blockbau
(bei dem die Querbalken übereinanderliegen) und nicht bei der Technik
der lehmverschmierten Flechtwände. Bei diesen beiden Techniken finden
wir vielmehr nur kleine Luken, die meist rund oder oval sind – entweder in
eine Balkenfuge eingekerbt oder durch Auseinanderschieben des Flecht-
werks entstanden. In solche Luken, die im Norden rund waren, wurde ein
Rahmen eingeschoben, der mit einer durchsichtigen Haut bespannt war.
Diesen Rahmen konnte man nach Belieben einsetzen oder herausnehmen,
etwa wenn man lüften oder genauer sehen wollte. Der Rahmen und das so
gebaute Fenster hieß im Altnordischen *skjár*. Größere Öffnungen gab es
im Dach (das keine Trägerfunktion hat und deshalb größere Lücken haben
kann) – durch sie kam das Licht herein, und durch sie konnte der Rauch
abziehen –, genannt wurden sie *ljóri*. Die neue Technik ist dann der Steinbau oder Fachwerkbau, der große Fenster erlaubt, die in späterer Zeit
verglast wurden. Sie nannte man im Norden *gluggr* oder *gluggi*.

§ 158. Nun suchen wir einmal im Althochdeutschen nach Wörtern, die
möglicherweise die Entsprechung zu einem solchen *skjár* oder einem *ljóri*
sein könnten. Dabei finden wir gerade noch einen einzigen Beleg im sogenannten Vocabularius Libellus Sancti Galli, einer unserer ältesten Glossensammlungen, wo in einer Reihe von Wörtern für Bestandteile des Hauses
auch *fenestra: ougatora* auftaucht (Gl III, 1, 47). Das ist der einzige deutsche Beleg für dieses Wort, und da der Vocabularius unter altenglischem
Einfluß steht und das Wort auch im Altenglischen vorkommt, kann man
sogar Bedenken gegen diesen Beleg anmelden – aber auf jeden Fall ist er in
eindeutig althochdeutscher Lautform, so daß der Schreiber wohl etwas mit
diesem Wort anfangen konnte. Außerhalb des Deutschen ist das Wort
besser belegt – ich habe bereits das Altenglische erwähnt, in dem wir
eagduru finden (in mehreren Belegen, allerdings auch nicht häufig), außerdem haben wir im Gotischen einen Beleg für *auga-dauro (n)*. Wir können
also ein **auga-dur(ōn)* erschließen, das im Althochdeutschen, Altengli-

schen und Gotischen belegt ist – offenbar eine zusammengesetzte Form. Dieses Wort hat man zunächst als ‚Tür für die Augen' erklärt, d. h. eine Tür, durch die man nicht hinausgeht, sondern nur hinaussieht. Diese Erklärung wäre einwandfrei, zumal das Wort *Tür* in den frühen Sprachen (und eigentlich auch heute noch) nicht auf Türen beschränkt ist, durch die man gehen kann. Sie verliert aber etwas von ihrer Überzeugungskraft, wenn man die übrigen Wörter für Fenster in den germanischen Sprachen zum Vergleich heranzieht. Beginnen wir mit dem Altnordischen: Dort haben wir neben den bereits genannten Ausdrücken ein *vindauga,* das später auch ins Englische entlehnt wurde und dort das heutige *window* ergeben hat. Dieses Wort hat den Bestandteil *auga-* an zweiter Stelle, kann also nicht wie oben **auga-dur(ōn)* erklärt werden. Und hierzu ist nun festzustellen, daß runde oder ovale Öffnungen in vielen Sprachen häufig *Auge* genannt werden – im Deutschen zufällig weniger, aber etwa im Altnordischen, wo das Loch in der Axt, in das man den Stiel steckt, *auga* heißt; entsprechend das runde Loch im Mühlstein *kvarnar-auga* ‚Mühlsteinauge' zu *kvern* ‚Mühlstein' und das Nadelöhr *nálar-auga* ‚Nadelauge'. Ebenso ist im Altenglischen *eage* nicht nur das Wort für ‚Auge', sondern auch für ‚Nadelöhr'; im Französischen ist *œil* ein allgemeines Wort für runde Löcher (etwa im Käse oder im Brot) – ein *œil-de-bœuf,* wörtlich ‚Ochsenauge' ist ein kleines rundes Fenster, ins Englische entlehnt als *bulls-eye* und von dort mit einer merkwürdigen Halbübersetzung als *Bullauge* auch ins Deutsche gedrungen; und dergleichen gibt es noch mehr. Wir haben also awn. *vindauga* zu erklären als ‚runde Öffnung für den Wind, für die Luft', also ‚Öffnung zum Lüften'. Wenn wir das tun, dann fragt sich aber, ob *ougatora* tatsächlich ‚Tür für die Augen' bedeutete, oder ob hierin nicht das gleiche Wort *Auge* im Sinn von ‚Öffnung' enthalten ist.

§ 159. Prüfen wir diese Möglichkeit genauer nach: Gt. *augadauro* ist ein *n(n)*-Stamm; das Wort für ‚Tür' ist aber entweder ein *n(a)*-Stamm *daur* oder ein *f(n)*-Stamm, der nur im Plural erscheint *(daurons)* und offenbar eine zweiflügelige Tür bezeichnet. Der zweite Bestandteil von *augadauro* ist also nicht unbedingt das gotische Wort für ‚Tür' (kann es sein, wenn wir mit einem Kompositionssuffix rechnen) – es könnte aber auch ein allgemeineres Wort gewesen sein. Nun ist eine Erklärung als ‚Öffnung, die eine runde Öffnung ist' wenig sinnvoll – besser wäre ‚Öffnung in Form eines Auges' – aber dann ist der Bestandteil *auga-* in *ougatora* wieder nicht dem in *vindauga* gleichgesetzt. Prüfen wir daher zunächst noch weitere Wörter für ‚Fenster' – und hier finden wir in dem schier unerschöpflichen Altnordischen noch weiteres, nämlich *skjá-gluggi* und *skjá-vindauga,* das heißt Komposita, in denen offenbar im ersten und im zweiten Glied ein Wort für ‚Fenster' steht, was unter normalen Umständen nicht sinnvoll ist. Hier sind

wir also wohl gezwungen, eine verdeutlichende Komposition anzunehmen, also ein Wort wie *Lindwurm* oder *Maultier*. Das Wort *skjár* kam
offenbar außer Gebrauch (man kann vermuten: weil die Sache außer Gebrauch kam), und wenn man dennoch ein solches Sonderfenster bezeichnen mußte, fügte man dem technischen (und veralteten) Ausdruck ein
neueres Wort für ‚Fenster‘ hinzu, um die Verständigung sicherzustellen.
Ähnliches können wir auch für das Altenglische vermuten, wo wir für
‚Fenster‘ noch das Wort *eag-þyrel* finden – *þyrel* ist ein Wort für ‚Loch‘,
das aber auch, besonders in späterer Zeit, für ‚Fenster‘ gebraucht werden
kann. Man kann also annehmen, daß ein altes *eage* ‚Auge, Fenster‘ verdeutlicht wurde, einerseits zu *eagþyrel*, andererseits aber – und damit kommen
wir zu unserem Ausgangspunkt zurück – zu *eagduru*. Und da wir dieses
eagduru auch im Gotischen und Deutschen finden, muß diese Verdeutlichung alt sein.

§ 160. Wir können also als wahrscheinlichstes Ergebnis unserer Analyse
von ahd. *ougatora* folgende Geschichte feststellen: Als erstes müssen wir
ein Wort für ‚Fenster‘ erschließen, das identisch war mit dem Wort für
‚Auge‘, also **augōn* (oder **auga-*) ‚runde Öffnung, Fenster‘. Dieses Wort
ist in einfacher Form nicht erhalten, ist aber zu fordern durch die unterschiedliche Art der Weiterbildung in den verschiedenen germanischen
Sprachen. Im Nordischen ist ein echtes Kompositum *vindauga* ‚Öffnung
für die Luft‘ belegt; im Gotischen, Englischen und Deutschen tritt dagegen
ein verdeutlichendes Kompositum **auga-dur(ōn)* auf, daneben auch ae.
eag-þyrel (zu einem anderen Wort für Maueröffnungen). Möglicherweise
rührt diese frühe Verdeutlichung daher, daß man im Süden schon früh von
den primitiven Fensterformen abgekommen ist. Im Norden ist die Sache
selbst ja noch viel länger, bis in die historische Zeit hinein, gut bezeugt. Es
ist allerdings nicht sicher auszuschließen, daß die Bedeutungsübertragung
*augōn ‚runde Öffnung‘ nur nordisch ist, und die übrigen Sprachen von
vorneherein ein Bestimmungskompositum **auga-dur(ōn)* ‚Öffnung in
Form eines Auges‘ hatten – auf jeden Fall aber war damit nicht eine ‚Tür
für die Augen‘ gemeint. Mit dem römischen Steinbau kommt dann der
neue Typ von Fenstern zu den Germanen. Ihn bezeichnet man im Deutschen mit der Entlehnung aus lt. *fenestra* (also mit unserem Wort *Fenster*);
im Englischen benützt man zunächst einheimische Wörter und entlehnt
dann das nordische *vindauga*, das heutige *window*. Im Nordischen selbst
hat man ein besonderes Wort gebildet, nämlich *gluggi* oder *gluggr*, von
denen das erste das heute noch gültige isländische Wort ist. – Diese Analyse zeigt, daß man sich auch bei den scheinbar so durchsichtigen Komposita nicht mit einer durchaus naheliegenden ersten Erklärung (‚Tür für die
Augen‘) begnügen darf, sondern alle erdenklichen morphologischen, semantischen und sachlichen Besonderheiten daraufhin überprüfen muß, ob

sie zu der Arbeitshypothese stimmen – erst wenn sich keine gewichtigen Bedenken ergeben, kann man eine Etymologie als zufriedenstellend ansehen. Das Ergebnis dieses Verfahrens ist häufig viel komplizierter als die erste Arbeitshypothese – wir haben ja in unserem Fall eine ganze Geschichte der Benennungen für ,Fenster' aufrollen müssen und dabei mit einer ersten Benennung gerechnet, die wir gar nicht belegt haben (nämlich das Wort für Auge als Bezeichnung der Fensteröffnung); aber die Etymologie wird durch diese Umwege nicht nur verwickelter, sondern auch farbiger und aufschlußreicher, so daß die Forderung nach Genauigkeit und nach Überprüfung aller erdenklichen Kriterien nicht nur eine methodische Forderung der Wissenschaft ist, sondern zugleich auch zur Bereicherung der Antwort auf die Frage nach dem ,woher?' beiträgt.

2. Ableitung

a) *Affigierung:* Geburt

§ 161. Gehen wir nun zur zweiten Möglichkeit von Wortbildungstypen über, der *Ableitung*. Wir betrachten zuerst den Normalfall, die Affigierung, und gehen dann auf die beiden Sonderfälle der Ableitung durch Lautwechsel und der Nullableitung ein. Bei der *Affigierung* unterscheiden sich Grundwort und Ableitung durch eine zusätzliche, in selbständiger Form nicht auftretende Lautfolge, das *Affix*. Es kann entweder dem Grundwort nachfolgen, dann spricht man von *Suffix* und *Suffigierung,* oder ihm vorausgehen (*Präfix* und *Präfigierung*) – in Sonderfällen, die im heutigen Deutsch nicht mehr vorkommen, kann das Affix auch in das Grundwort eingefügt werden (*Infix* und *Infigierung*). Da beim Zusammenstoß von Affix und Grundwort gegebenenfalls Lautverbindungen entstehen, die in der betreffenden Sprache gemieden werden, treten an den morphologischen Fugen häufig Lautveränderungen (meistens Assimilationen) ein, wodurch lautliche Abweichungen vom selbständigen Grundwort und vom Affix in anderen Kombinationen entstehen können; diese Erscheinung nennen wir *inneren* oder *morphologischen Sandhi.* Ein Beispiel sind die (nicht mehr produktiven) Abstraktbildungen des Deutschen auf *-t* wie *Geburt* zu *gebären*, *Saat* zu *säen*, *Sucht* zu *siechen*. Bei ihnen finden wir auch *Verlust* zu *verlieren (s – r)*, *Zucht* zu *ziehen (ch – h)*, *Gift* zu *geben (f – b)*, *Ankunft* zu *ankommen (nf – m)* u. a. Wir haben also eine Fülle von Veränderungen, die aber in sich regelmäßig sind (*ziehen – Zucht, fliehen – Flucht, verzeihen – Verzicht* usw.) und vom historischen Standpunkt aus als Ergebnisse bestimmter Assimilationen erklärt werden können. Die Beispiele zeigen zugleich, daß zwischen der Form des selbständigen Grundworts und der Entsprechung innerhalb der Ableitung Lautwechsel auftreten können, die nicht auf Assimilation o. ä. beruhen. Sie sind jeweils sprachgeschichtlich zu erklären: Bei den Vokalwechseln handelt es sich in den frühen indogermanischen Sprachen um den sogenannten Ablaut, in späteren germanischen Sprachstufen spielt auch der sogenannte Umlaut eine entsprechende Rolle.

§ 162. Bei der Suffigierung tritt das Suffix in der frühen Zeit an die Stammform des Grundworts, es gibt allerdings auch Besonderheiten, bei denen besondere Ableitungsstämme oder andere Unregelmäßigkeiten auftreten. Auch die Affixe können in Varianten erscheinen, die nicht unmittelbar mit Assimilation usw. zu tun haben. So haben wir im Deutschen einen Bildungstyp für Adjektiv-Abstrakta, der die Varianten *-heit, -keit* und *-igkeit* aufweist. Die Verteilung dieser Varianten ist – von erstarrten Bildungen abgesehen – regelmäßig: Bei einsilbigen Grundwörtern steht *-heit (Neuheit)*, ebenso bei Partizipien *(Verlegenheit);* bei mehrsilbigen Grundlagen steht *-keit (Eitelkeit)*, außer bei den Bildungen auf *-haft* und *-los,* die die erweiterte Form auf *-igkeit* verwenden *(Lebhaftigkeit, Wirkungslosigkeit).* Diese Varianten und ihre Regeln muß man selbstverständlich kennen, wenn man eine einschlägige Bildung beurteilen will. Wir können z. B. aus diesen Regeln sofort ersehen, daß *Sicherheit* eine erstarrte Bildung sein muß, weil es der Variantenverteilung widerspricht (eine zweisilbige Grundlage sollte *-keit* bekommen). Solche Regelungen und Besonderheiten müssen für jeden Ableitungstyp genau (und unter Berücksichtigung der geschichtlichen Entwicklung) untersucht werden, damit ausreichend gesicherte Aussagen über die Ableitung bestimmter Wörter und damit über deren Etymologie gemacht werden können. Auch bei der Ableitung wird im allgemeinen nur ein Element an ein Grundwort gefügt; es gibt aber komplexe Wortbildungsvorgänge, an denen mehrere Bildungsstufen zugleich beteiligt sind. Das gilt im Deutschen besonders für die Möglichkeit der Ableitung präfigierter Verben. Wenn wir etwa bei *entziffern* untersuchen, wie es gebildet ist, so sehen wir, daß es ein Verbum *ziffern* nicht gibt und nie gegeben hat, auch ein Substantivum *Entziffer* ist in unserer Sprache unmöglich, so daß nur eine unmittelbare Ableitung aus *Ziffer* in Frage kommt. Das bedeutet, daß im gleichen Wortbildungsvorgang abgeleitet (Substantiv – Verb) und präfigiert worden ist *(ent-).* Dieser Fall zeigt deutlich, daß die Beschreibung als Affix usw. eine Abstraktion ist: Die Wortbildung geht von Mustern aus, wie wir gerade an diesem Fall gut verdeutlichen können. Hier haben wir zuerst Ableitungen vom Typ *Kleid – kleiden,* also Bildungen eines Verbs zu einem Substantiv. Diese Verben können nun zusätzlich mit *ent-* präfigiert werden, um die entgegengesetzte Handlung auszudrücken *(kleiden – entkleiden).* Nun kann auch unmittelbar zwischen *Kleid* und *entkleiden* eine Verbindung hergestellt werden, die dann für Wortbildungen typisch wird, bei denen nur der negative Vorgang eine

Rolle spielen kann (z. B. *Gräte – entgräten*), und so kann es dann auch zu semantisch weiter abstehenden Bildungen wie *Ziffer – entziffern* kommen. Zu solchen komplexen Wortbildungen gehören selbstverständlich auch die Zusammenbildungen, die wir bereits (§ 154) besprochen haben.

§ 163. Zu erwähnen wäre dann noch der Sonderfall der sogenannten *Rückbildungen,* der zwar bei allen Bildungstypen auftreten kann, aber bei der Ableitung eine besonders große Rolle spielt. Nehmen wir als Beispiel das deutsche Wort *Unnatur,* das noch nicht voll in die Sprache aufgenommen ist und den meisten Sprechern etwas künstlich vorkommt. Die Bedeutung ist nicht, wie durch die morphologische Struktur nahegelegt wird, ,Nicht-Natur', also etwa ,alles, was künstlich ist', sondern ,Unnatürlichkeit, Widernatürlichkeit'. Auffallenderweise haben wir nun ein Wort, das wie eine Ableitung aus *Unnatur* aussieht, das aber in unserem Wortschatz einen festen Platz hat: das Adjektiv *unnatürlich.* Dieses Wort ist uns so geläufig, daß wir es sogar zur Erklärung des vermeintlichen Grundworts heranziehen (*Unnatur* bedeutet ,Unnatürlichkeit'), wir erklären also das Grundwort mit der Ableitung, während sonst das umgekehrte vorauszusetzen ist. Diese Besonderheit zeigt, daß wir hier mit einem ganz anderen Abhängigkeitsverhältnis zu tun haben: Auszugehen ist von dem Substantiv *Natur* und dessen Adjektiv *natürlich;* zu diesem Adjektiv wird eine verneinte Form *unnatürlich* gebildet. Nun ist dieses *un-* morphologisch mehrdeutig: es kann sowohl Adjektive wie auch Substantive verneinen; wir haben also bei einem Adjektiv wie *unschuldig* grundsätzlich zwei Möglichkeiten der Analyse: Es kann entweder eine Verneinung von *schuldig* vorliegen (und *schuldig* ist eine Ableitung von *Schuld*) oder eine Ableitung von *Unschuld* (der verneinten Form von *Schuld*). Daß diese Analysemöglichkeit auch sprachlich relevante Folgen haben kann, sieht man nun an unserem Beispiel: *Unnatürlich* kann gar nicht anders analysiert werden als ,nicht natürlich' (und *natürlich* ist eine Ableitung zu *Natur*); aber die im Prinzip vorhandene zweite Möglichkeit führt nun dazu, daß das potentielle andere Grundwort, das gar nicht existiert, geschaffen wird – und so entsteht *Unnatur,* das zwar aussieht wie das Grundwort zu *unnatürlich,* aber in Wirklichkeit erst aus diesem herausgesponnen und deshalb semantisch völlig von ihm abhängig ist.

§ 164. Im allgemeinen merkt man diesen Rückbildungen ihre sekundäre Entstehungsweise an und kann dementsprechend bei der Analyse vorsichtig sein. Zum Teil spiegelt sich die Besonderheit sogar in der Verwendungsmöglichkeit dieser Wörter, so bei dem Typ verbaler Rückbildungen der etwa in *notlanden* vorliegt. Dieses Wort können wir nicht in allen syntaktischen Fügungen verwenden: Wir sagen zwar *Wir müssen notlanden* oder auch *wenn wir notlanden* – aber wir können keinen normalen Aussagesatz bilden, etwa *wir notlandeten* oder *wir landeten not* oder wie sonst – das geht nicht, ein deutliches Zeichen, daß hier eine Rückbildung zu *Notlandung* vorliegt, das seinerseits aus *Landung* und *Not* komponiert ist, und *Landung* ist das Abstraktum zu *landen.* Man merkt also auch hier der Rückbildung ihre ungewöhnliche Herkunft an. Aber das ist nicht notwendigerweise so, und deshalb müssen wir bei einem Verhältnis von Grundwort und Ableitung auch mit der Möglichkeit der umgekehrten Richtung beim Bildungsverfahren rechnen. So empfinden wir etwa *Zwiespalt* als ein ganz normales Wort, zu dem das Adjektiv *zwiespältig* gebildet wäre. Aber bei genauerer Betrachtung kann das gar nicht sein – denn wie sollte ein Spalt durch das Wort *zwei* näher bestimmt werden? Auch hier liegt eine Rückbildung vor: *zwiespältig* ist das ältere (was man auch durch die Beleglage erweisen kann). Das Adjektiv seinerseits geht auf *spalten* im intransitiven Sinn von ‚klaffen‘ mit *zwie-* im Sinn von ‚entzwei‘ zurück, bedeutet also etwa ‚auseinanderklaffend‘, und ist damit semantisch durchaus sinnvoll.

§ 165. Als Beispiel für die etymologische Analyse einer Affigierung wollen wir einen semantisch problemlosen Fall nehmen, das Wort *Geburt* als Ableitung zu *gebären.* Es geht zurück auf ahd. *giburt,* as. *giburd* und kann verglichen werden mit afr. *berd(e), berthe,* ae. *gebyrd,* awn. *burðr (m)* und gt. *gabaurþs;* die Bedeutung ist jeweils ‚Geburt‘ (und davon abhängiges wie ‚Herkunft, Natur‘ usw.), die Abweichungen auf der Ausdrucksseite lassen sich erklären: Im Friesischen, Nordischen und teilweise im Englischen sind die unbetonten Präfixe nachträglich abgefallen, das maskuline Genus im Nordischen kann mit der dortigen Entwicklung der *i*-Stämme in Verbindung gebracht werden, und der stimmlose Dental des Gotischen *(þ* statt *ð)* ist fast immer zu erwarten, wenn der stimmhafte Laut auf ‚grammatischem Wechsel‘ beruht (was hier der Fall ist). Wir können also für die gemeingermanische oder vielleicht sogar schon urgermanische Zeit ein **ga-bur-di-z (f)* ‚Geburt‘ erschließen, ursprünglich ein reines Abstraktum zu **ga-ber-a-* ‚gebären‘. Hierzu kann man etwa in Kluges etymologischem Wörterbuch (L 24) finden, daß diese Bildung indogermanischen Alters sei, da sie eine genaue Entsprechung in ai. *bhṛti-* ‚das Tragen‘ und lt. *fors* ‚Zufall‘ habe. Mit dieser Annahme wollen wir uns etwas näher beschäftigen, da sie ein bei vielen Ableitungen zu berücksichtigendes Problem aufwirft. Die Möglichkeit indogermanischen Alters ist für diese Bildung zunächst einmal gegeben, da das Grundwort (idg. **bher-* ‚tragen‘) ein einzelsprachlich gut bezeugtes und sicher schon in der Grundsprache vorhandenes Primärverb ist.

§ 166. Schauen wir uns zunächst noch den Bildungstyp an, die eben schon erwähnten *ti*-Abstrakta: Von den germanischen Einzelsprachen aus ist zu sagen, daß es sich um feminine Abstrakta zu Primärverben (in der Regel starke Verben) handelt, bei denen ein *t* mit der Flexion eines *i*-Stammes (also *-ti-*) an den abgelauteten Verbalstamm tritt (im allgemeinen an die Schwundstufe). Der Typ ist in den germanischen Einzelsprachen nicht mehr produktiv, sondern beschränkt sich auf einige überlieferte Bildungen, die aber semantisch meist gut durchschaubar sind. Mit dem Fehlen der Produktivität hängt zusammen, daß die meisten Bildungen nicht mehr nur die Funktion reiner Abstrakta, sondern auch weiterentwickelte Bedeutungen haben: Im Neuhochdeutschen etwa sind *Gift* zu *geben, Naht* zu *nähen*, und *Saat* zu *säen* Konkreta. Je weiter wir in den germanischen Sprachen zurückgehen, desto stärker zeigt sich ein weiteres Merkmal: Die *ti*-Abstrakta werden überwiegend zu präfigierten Verben gebildet. Dies ist möglicherweise kein Zufall, den 1. gehören die Ausnahmen (also die *ti*-Abstrakta zu Simplizia) ihrerseits zu bestimmten Klassen, sind also regelrechte Ausnahmen (diese Klassen sind einerseits die Präterito-Präsentien, eine Klasse mit besonderen Ausdrucks- und Inhaltsmerkmalen, andererseits deutliche Durativ-Verba, also eine Klasse mit besonderen Inhaltsmerkmalen), und 2. haben wir in einigen wenigen anderen Fällen Simplexbildungen mit einem anderen Suffix, so daß sich also die Abstraktbildungen von Simplex und Präfigierung unterscheiden. Die deutlichsten Gegensatzpaare sind: gt. *gakusts* zu *gakiusan* mit *-ti-*, aber *kustus* zu *kiusan* mit *-tu-;* beide Verben bedeuten etwa ‚jemanden prüfen, erproben‘, die Abstrakta bedeuten etwa ‚Bewährung‘. Weiter haben wir neben *uswahsans* ‚erwachsen‘ (Partizip zu einem sonst nicht belegten Verb) *uswahsts* ‚Wachstum‘ mit *-ti-* neben *wahsjan* ‚wachsen‘ und dem Abstraktum *wahstus* mit *-tu-*. Diese Verschiedenheit legt den Schluß nahe, daß hier eine regelmäßige Verteilung vorliegt: *-tu-* vom Simplex – *-ti-* von der Präfigierung, allerdings ist diese Verteilung nur noch in diesen beiden Fällen unmittelbar zu belegen. In Bezug auf die Lautform der *ti*-Abstrakta ist für die frühen Sprachen zu bemerken, daß umfangreiche Erscheinungen des inneren Sandhi auftreten, die einerseits auf die voreinzelsprachlichen Assimilierungen, andererseits auf deren Weiterentwicklung in den beiden Lautverschiebungen zurückgehen. In den Fällen, in denen sich der Dental des Suffixes ohne Assimilation an die Nachbarlaute entwickelt hat, finden wir außerhalb des Gotischen grammatischen Wechsel, was darauf hinweist, daß der ursprüngliche Wortton nicht auf der Wurzelsilbe (sondern wahrscheinlich auf dem Suffix) lag.

§ 167. Auch in den übrigen indogermanischen Einzelsprachen ist das Suffix meist nicht mehr produktiv; lediglich im Indischen und Griechischen hat es noch deutlich weitergelebt und auch neue Besonderheiten entwickelt. Im Lateinischen ist das Suffix in seiner ursprünglichen Form nur noch in Relikten erhalten; produktiv geworden ist dagegen eine Weiterbildung mit *n*-Stämmen *(-tio)*, die in gleicher oder ähnlicher Form auch in anderen Sprachen (Keltisch, Armenisch, Germanisch) auftritt. Die formalen Merkmale, die wir im Germanischen gefunden haben, lassen sich mehr oder weniger deutlich bestätigen: Die Suffix-Form ist *-ti-*, womit feminine Verbalabstrakta aus der Schwundstufe von Primärverben (seltener aus anderen Stufen) gebildet werden; die Betonung ist nach Ausweis der frühen Stufen des Altindischen beim Simplex auf dem Suffix, beim Kompositum auf dem Vorderglied – doch ist letzteres möglicherweise eine Besonderheit des Indischen. Das Vorherrschen komponierter (besonders präfigierter) Bildungen finden wir auch im Indischen, sonst nicht. Der Verdacht, daß komponierte *ti*-Bildungen neben einfachen *tu*-Bildungen stehen, ist deshalb zwar nicht von der Hand zu weisen, aber auch nicht ausreichend zu stützen.

§ 168. Gehen wir nun mit diesen Informationen über den Bildungstyp an die Frage des Alters der germanischen Bildung **gaburdi-* heran. Vom Germanischen her ist die belegbare Bedeutung des Wortes so wenig von der systematischen Bedeutung entfernt, daß das Wort ohne weiteres im Germanischen, ja sogar in den germanischen Einzelsprachen gebildet worden sein könnte. Dem widerspricht allerdings, daß der Bildungstyp einzelsprachlich nicht mehr deutlich produktiv ist; auch weist die lückenlose Verbreitung in den germanischen Sprachen eher darauf hin, daß wir es mit einer mindestens urgermanischen Bildung zu tun haben. Gehen wir über zu ai. *bhṛtí-*, dem Verbalabstraktum zu *bhṛ-* ‚tragen' (Präsens *bíbharti*): Dieses Verbalabstraktum ist vom indischen Standpunkt aus ganz regelmäßig; es ist formal einwandfrei und die Bedeutungen von Verb und Abstraktum stimmen miteinander überein: das Abstraktum bedeutet ‚das Tragen, Bringen' wie das Verb, dann ‚Unterhalt, Unterstützung', passend zu der Verbalbedeutung ‚unterstützen', und schließlich ‚angebotene Speise', passend zu der Verbalbedeutung ‚herbeibringen, anbieten'. Was das indische Wort anbelangt, so wäre die Behauptung, es sei eine erst indische Abstraktbildung zu *bíbharti*, nicht zu widerlegen, denn die Bildung ist systematisch und die *ti*-Abstrakta sind im Indischen praktisch frei verfügbar. Gehen wir weiter zu lt. *fors,* so finden wir einen komplizierteren Fall vor: Das Wort bedeutet ‚blinder Zufall' und ist als Appellativ defektiv, das heißt, es bildet nicht alle Flexionsformen, sondern nur den Nominativ und Ablativ. Als Name, zur Bezeichnung einer Glücksgöttin, bildet es alle Formen. Weiter sind die *ti*-Abstrakta im Lateinischen als solche nicht mehr produktiv, und auch alte Bildungen sind erweitert worden, wenn sie sich nicht bereits von ihrem Grundwort semantisch gelöst hatten, also lexikalisiert waren. Nun ist das hier der Fall, denn das Grundverb *fero* bedeutet allgemein ‚tragen, bringen', ohne auf das, was der Zufall bringt, spezialisiert zu sein. Das lateinische Wort ist also auf jeden Fall alt – es könnte allerdings in vorlateinischer, aber schon einzelsprachlicher Zeit gebildet sein. Vergleichen wir es mit dem germanischen Wort, so ist vor allem die unterschiedliche Bedeutung zu berücksichtigen. Es gibt zwar im Altnordischen ein *atburðr* ‚Zufall, Ereignis', doch ist dies ein regelmäßiges Abstraktum zu *bera at* ,sich ereignen', so daß dieser Übereinstimmung wohl kein großer Wert beizulegen ist. Schließlich ist noch das Altirische zu nennen, das ein Verbalabstraktum *breth, brith* aufweist, mit mehrdeutiger Flexion, die auf einen *ti*-Stamm zurückgehen könnte[84]. Seine Bedeutung ist unter anderem ,Geburt', so wie auch das Grundwort *beirid* ,trägt' unter anderem ,hervorbringen', passiv auch ,geboren werden' bedeuten kann (letzteres allerdings häufiger bei dem suppletiven *ro-ucc-*, da *ber-* keine *ro*-Formen bilden kann – die irischen *ro-* Formen haben im Verbalparadigma eine ähnliche Stellung wie *ga-* im Germanischen).

§ 169. Was können wir nun aus dieser Beleglage schließen? Wir können erstens annehmen, daß schon in grundsprachlicher Zeit zu dem sicher vorhandenen Verbum **bher-* ,tragen' jederzeit ein systematisches Abstraktum **bhṛ-tí- (f)* gebildet werden konnte, zumindest wenn das Verb (und das Abstraktum) komponiert war. Diese Annahme ist ziemlich wahrscheinlich – sie ist aber auch ziemlich uninteressant. Einen weitergehenden Vergleich der lexikalischen Einheit gm. **gaburdi-* könnten wir nur dann durchführen, wenn sich die besondere Präfigierung oder die besondere Bedeutungsspezialisierung (wenn möglich beides zusammen) auch in anderen Sprachen nachweisen ließe. Und hier ist wenig auszurichten: Die Präfigierung mit *ga-* ist nur mit schwerwiegenden Zusatzannahmen an Bildungen außerhalb des Germanischen anzuknüpfen, und auch unter diesen Voraussetzungen ist nichts Vergleichbares zu finden. Die Bedeutung ,gebären' zeigt sich ansatzweise auch im Lateinischen und etwas deutlicher im Altirischen, also zwei Nachbarsprachen des Germanischen, aber nicht so ausgeprägt wie in diesem. Der Schluß ist also: Eine genaue Entsprechung zu gm. **gaburdi-* in der Grundsprache ist unerweislich und unwahrscheinlich, wenn auch nicht auszuschließen. Im West-Indogermanischen (lt., kelt., germ.) finden wir den Gebrauch der Wurzel **bher-* in der Bedeutung ,gebären'; diese Bedeutung ist im Germanischen bei der Präfigierung mit *ga-* verallgemeinert worden; im Germanischen und im Irischen weist auch das *ti*-Abstraktum eine entsprechende Bedeutung auf, was in Anbetracht der Altertümlichkeit dieser Bildungsweise (und unter Vernachlässigung des Unterschieds in der Präfigierung) voreinzelsprachlich sein könnte – vielleicht auch in entsprechender Weise die Verwendung von awn. *atburðr* im Vergleich mit lt. *fors.*

b) Ableitung durch Lautwechsel: Schwager

§ 170. Gehen wir nun über zur Ableitung durch Lautwechsel. Wie wir bereits gesehen haben, können als Begleiterscheinung zur Affigierung auch Lautwechsel zwischen der Lautform des Grundworts und seiner Entsprechung in der Ableitung auftreten. Diese Lautwechsel gehen zunächst darauf zurück, daß die entsprechende Lautfolge in der Ableitung in einer anderen Lautumgebung steht; der Unterschied kann dann aber im Laufe der Geschichte automatisiert, ja – wenn das Affix im Laufe der Lautentwicklung unkenntlich wird – sogar funktionalisiert werden, d. h. der Lautwechsel übernimmt die Funktion, den Gegensatz zwischen Grundwort und Ableitung zu markieren. Solche funktionalisierten Lautwechsel, vor allem Ablaut und Umlaut, haben wir auf allen Stufen der Geschichte unserer Sprache. Gelegentlich treten auch Lautwechsel auf, bei denen wir geneigt sind zu glauben, daß sie als ursprüngliche Wortbildungsmittel eingesetzt wurden, vor allem Dehnungen und Akzentversetzungen – aber wir können natürlich nie mit Sicherheit sagen, ob nicht auch solchen Wortbildungsmitteln letztlich eine Lautentwicklung vorausgegangen ist. Für das Altindische und das Germanische (seltener auch für andere Sprachen) läßt sich dabei ein auffälliger Derivationstyp dieser Art feststellen: die Vṛddhi-Ableitung. *Vṛddhi* ist ein Ausdruck der indischen Grammatiker, die sich zuerst mit dieser Erscheinung ihrer Sprache auseinandergesetzt haben. Es bedeutet eigentlich ‚Wachstum‘ und ist zunächst ein Ausdruck für die Dehnstufe im Rahmen des Ablautsystems; bezeichnet dann aber auch die Wortbildung mit diesem Mittel. Es geht dabei um einen ziemlich komplexen Typ, mit dessen Hilfe Zugehörigkeitsbildungen zu Substantiven gebildet werden. Auf der Ausdrucksseite ist er gekennzeichnet durch Dehnstufe der ersten Silbe der Ableitung, Kontrastakzent der Ableitung (d. h. wenn das Grundwort Anfangsakzent hat, bekommt die Ableitung Endakzent und umgekehrt), und in der Regel auch durch eine Abweichung in der Stammbildung. Die Veränderungen der Stammbildung spielen dabei aber keine deutliche Rolle, so daß wir es hier im Grunde genommen nicht mit einer Affigierung, sondern mit einer Ableitung durch Lautwechsel (die auch andere Kennzeichen in sich schließt) zu tun haben. Da es bei der Vṛddhi nicht um eine einfache Dehnstufe geht, sondern bei *i, u* und *ṛ* die Dehnstufe des zugehörigen Diphthongs eintritt, muß die Bildungsweise auf alte Ablautverschiedenheiten zurückgehen. Das ältere Verfahren, in dem offenbar mit Hilfe von Ablauten (nicht Dehnstufen) abgeleitet wurde, können wir aber nur noch in Resten fassen, es ist nirgends mehr produktiv. Das weitere wollen wir an einem Beispiel betrachten, dem ersten germanischen Wort, das in diesem Zusammenhang untersucht wurde, dem Wort *Schwager*[85].

§ 171. Zunächst eine allgemeine Bemerkung zur Bezeichnung der Heiratsverwandtschaft in unserer Sprache. Wir bezeichnen heute die durch Heirat verwandten (genauer gesagt: verschwägerten) innerhalb der gleichen Generation als *Schwager* und *Schwägerin*, die der anderen Generation durch Zusammensetzungen mit dem Element *Schwieger-*, also *Schwieger-*

vater, -mutter, -sohn, -tochter. In der älteren Zeit war dieses System noch mit mehreren selbständigen Ausdrücken besetzt: Neben *Schwager* und *Schwägerin* gab es *Schwäher* ‚Schwiegervater‘, *Schwieger* ‚Schwiegermutter‘, *Eidam* ‚Schwiegersohn‘ und *Schnur* Schwiegertochter‘. Die Neubenennung erfolgte vermutlich deshalb, weil die Ausdrücke *Schwäher, Schwieger* und *Schwager* einander zu ähnlich sind, so daß man zu verdeutlichenden Zusätzen griff, vor allem bei *Schwähervater* und *Schwiegermutter.* Darauf wurde offenbar das wichtigste Wort dieser Gruppe, *Schwiegermutter,* zum Vorbild für neue Benennungen, indem der durch Heirat erworbene Vater (und dann auch der Sohn und die Tochter) mit dem gleichen Element wie die durch Heirat erworbene Mutter bezeichnet wurden. Nun aber zurück zu den älteren Ausdrücken: *Schwäher* geht zurück auf ahd. *swehur,* das zunächst mit ae. *sweor* und mnl. *sweer,* dann mit lt. *socer,* gr. *hekurós* (ein Archaismus, nicht das normale Wort) und ai. *śvásura-* gleicher Bedeutung verglichen werden kann. Bei dem altindischen Wort stimmt der Anlaut nicht ganz genau überein – aber der Vergleich ist trotzdem nicht anzuzweifeln. Als Grundform zu erschließen ist idg. **swékuro-.* Dieses Wort bezeichnete ursprünglich nur den Vater des Ehemannes, für den Vater der Ehefrau gab es kein besonderes Wort. Das hat einen soziologischen Grund: Mit der Heirat wechselte die Frau die Sippe, sie wurde in die Hausgemeinschaft, in die Großfamilie des Vaters ihres Mannes eingeordnet (nicht umgekehrt) und in der Regel auch nicht so, daß die jungen Leute einen eigenen Hausstand, eine eigene Sippe gründeten, bevor der Vater starb oder die Herrschaft abgab. Das bedeutete, daß durch die Heirat das Mädchen aus ihrer ursprünglichen Sippe herausgelöst wurde; sie hatte jetzt eine neue Verwandtschaft und diese Verwandtschaft mußte bezeichnet werden, während sich der Mann um die ursprüngliche Sippe seiner Frau im Prinzip nicht mehr kümmern mußte. Dieser Übertritt des Mädchens in eine andere Sippe wird auch durch zahlreiche Hochzeitsriten gespiegelt, war also einstmals etwas außerordentlich Wichtiges. In späterer Zeit haben sich dann die strengen Sippen-Einteilungen gelockert, der Übertritt in die andere Sippe verlor damit seine Bedeutung und das Wort **swékuro-* konnte auch für den Vater der Ehefrau gebraucht werden.

§ 172. Das Wort *Schwieger* (ahd. *swigar*) vergleicht sich – neben anderen – mit lt. *socrus* und ai. *śvaśrū;* zu erschließen ist **swekrú-* ‚Mutter des Ehemanns‘ (später auch ‚Mutter der Ehefrau‘). Der formale Zusammenhang zwischen **swékuro-* und **swekrú-* ist nicht ausreichend klar. Teilweise wird (wie eigentlich zu erwarten) das Maskulinum für das ursprüngliche und das Femininum als für eine (nicht ganz regelmäßige) Ableitung dazu gehalten; teilweise gilt das Femininum als das ursprüngliche und das Maskulinum als aus **swekru-ro-* dissimiliert; wieder andere halten beide Wörter für selbständige Komposita aus **swe-* und verschiedenen Formen eines anderen Wortes; aber entscheidende Gründe sind für keine Auffassung beigebracht worden. Wir können dieses Wort auch beiseite lassen, weil es erst in der späteren Sprache eine größere Rolle spielt und uns hier ein anderes, nämlich *Schwager,* mehr interessiert. Dieses ist außerhalb von ahd. *swäger* nicht bezeugt (afr. *swäger* ist aus dem Deutschen entlehnt) und sein Bildungsverhältnis zu *Schwäher* und *Schwieger* ist zunächst unklar. Einen Hinweis auf die Erklärung gibt ai. *śvaśurya-* ‚Schwager‘, eine Zugehörigkeitsbildung auf *-ya-* zu der Entsprechung von *Schwäher:* der Schwager wird also aufgefaßt als ‚zum Schwiegervater gehörig‘, als ‚Sohn des Schwiegervaters‘. Neben *śvaśurya-* hat das Altindische noch *śvāśurya-* und *śvāśuri-* mit Vṛddhi; es tritt auch eine lautlich genaue Entsprechung zu dt. *Schwager* auf in dem vergleichsweise später bezeugten *śvāśura-,* aber da dies ganz allgemein ‚zum Schwiegervater gehörig‘ bedeutet, läßt sich wohl kein voreinzelsprachliches Wort für ‚Schwager‘ erschließen (obwohl dies selbstverständlich nicht ausgeschlossen werden kann). Auf jeden Fall kann aber so die Bildungsweise des deutschen Wortes erklärt werden: Es ist eine Zugehörigkeitsbildung zu *Schwäher,* ausgedrückt durch Dehnstufe der ersten Silbe und Kontrastakzent (darauf weist die Verschiedenheit *h/g* im Germanischen), also **swēkuró-* zu **swékuro-.*

c) *Nullableitung:* scheren *und* grätschen

§ 173. Schließlich der letzte Ableitungstyp: die Nullableitung, d. h. ein Bildungstyp, bei dem sich Grundwort und Ableitung äußerlich nicht unterscheiden – abgesehen natürlich von den Unterschieden der Wortart. Auch die Nullableitung kann sekundär entstehen, wenn nämlich Affixe oder andere Bildungsmittel den Lautgesetzen zum Opfer fallen und der Bildungstyp als solcher erhalten bleibt. Das Verfahren kann funktionalisiert werden (etwa wie im heutigen Englischen), wodurch dann Übertritte von einer Wortart in die andere (teils mit, teils ohne zusätzliche Bedeutungsmerkmale) sehr erleichtert werden. Ob alle in den verschiedenen Sprachen belegbaren Typen mit Nullableitung sekundär aus markierten Typen hervorgegangen sind, läßt sich dabei, wie üblich, nicht sagen. Außer der Nullableitung im engeren Sinn gibt es einige Erscheinungen, die ebenfalls Wortartwechsel ohne äußere Merkmale aufweisen, die aber etwas anders aufzufassen sind. Ich will die wichtigsten von ihnen kurz nennen: Zur Wortbildung zu rechnen sind die lexikalisierten Substantivierungen und Nominalisierungen (vgl. § 144–147). So etwa *Schwarzer* in der Bedeutung ‚Neger‘ (wohl zur Übersetzung von span.-port. *negro* gleicher Bedeutung) oder *Vermögen* in der heute fast ausschließlich gebrauchten konkreten Bedeutung, ursprünglich ein Infinitiv. Von den Substantivierungen nicht ohne weiteres zu trennen (und von ihnen im Grunde auch nicht wesentlich verschieden) sind die sogenannten *Ellipsen*, bei denen in einer syntaktischen Fügung der Oberbegriff weggelassen wird, weil er sich aus der Situation als selbstverständlich ergibt. Deutliche Fälle dieser Art sind etwa bei den Getränkebezeichnungen *ein Helles* (Bier), *Roter* und *Weißer* (Wein) und ähnliches. Eine verwandte Erscheinung ist die *Hypostase*, bei der aus einer syntaktischen Fügung (in der Regel mit einer Präposition) ein neues Wort gleichen Inhalts gewonnen wird. Ein solcher Fall liegt etwa bei unserem Adjektiv *zufrieden* vor: Es ist eigentlich eine syntaktische Fügung aus *zu* + dem Dativ von *Friede*. In der Wendung *zufrieden sein* wurde der Ausdruck schließlich als Adjektiv aufgefaßt (vielleicht weil er aussieht wie ein Partizip) und dann auch attributiv verwendet *(ein zufriedener Mensch)*. Hier handelt es sich um Sonderfälle der Wortgeschichte, nicht eigentlich um Wortbildungen.

§ 174. Die Nullableitung bietet eine Anzahl von Sonderproblemen für die etymologische Untersuchung, vor allem was die Bestimmung der Ableitungsrichtung und die gegenseitige Beeinflussung der Partnerwörter anbelangt. Ich will dafür ein Beispiel geben, bei dem ich mich auf die Gegenwartssprache beschränkte, da es uns hier mehr um das Grundsätzliche geht: Von dem alten Primärverb *scheren* ‚(Haare usw.) schneiden‘ haben wir die Werkzeugbezeichnung *Schere (f)* abgeleitet (ursprünglich eine dehnstufige Ableitung, was in der heutigen Form nicht mehr zum Ausdruck kommt). Diese Werkzeugbezeichnung wurde nun übertragen auch auf eine Turnübung bezogen, bei der die Beine wie die Glieder einer Schere gegeneinander bewegt werden. Und für das Ausführen dieser Turnübung sagt man (mit einer Nullableitung) *(die Beine) scheren.* Die beiden an sich gleichlautenden Verben sind aber dadurch unterschieden, daß das eine stark, das andere schwach flektiert (*scheren, schor* gegenüber *scheren, scherte* – die starke Flexion ist allerdings im Rückgang begriffen). Wenn nun aber bei solchen Ableitungen schon das Grundverb schwach flektiert, dann bleiben diese Besonderheiten unmarkiert: So bezeichnet man in der Turnersprache die Stellung mit gespreizten Beinen als *Grätsche,* abgeleitet von dem schwachen Verbum *grätschen* ‚die Beine spreizen‘. Der Sprung über den Barren mit gegrätschten Beinen wurde zunächst *Grätschsprung,* dann aber kurz ebenfalls *Grätsche* genannt. Und einen solchen Sprung, eine solche Grätsche machen, heißen die Turner wiederum *grätschen* (etwa *über den Barren grätschen*), was nun gegenüber dem ursprünglichen Grundverb nicht durch eine andere Flexion abgehoben ist. Wir haben also *grätschen* 1. ‚die Beine spreizen‘, 2. ‚mit gespreizten Beinen über ein Turngerät springen‘, und eine genaue Analyse muß hier vermerken, daß Bedeutung$_2$ nicht eine Weiterentwicklung von Bedeutung$_1$ ist, sondern ein an sich anderes, wenn auch verwandtes Wort: die Ableitung von einer Ableitung. Man darf allerdings nicht glauben, daß solche Besonderheiten in allen Fäl len genau bestimmbar wären – hier kommt wieder ins Spiel, daß die Sprecher ihre Neubezeichnungen nach dem Muster vorhandener Wortpaare vornehmen und deren Verhältnis nicht notwendigerweise eindeutig sein muß. Gerade im Bereich der Nullableitung haben wir also Verwicklungen, die nicht ausschließlich auf der Schwierigkeit in der Bestimmbarkeit, sondern zum Teil auch auf der Nachahmung untypischer Muster im Sprachgebrauch beruhen.

3. Unklare morphologische Typen

§ 175. Zum Abschluß der Behandlung der morphologischen Typen sei noch einmal darauf hingewiesen, daß wir bei unseren etymologischen Untersuchungen auch auf Bildungsweisen stoßen können, die in keiner Einzelsprache mehr lebendig sind und die wir – besonders in ihrer Funktion – nicht ausreichend durchschauen. Das wichtigste Beispiel hierfür sind die sogenannten *Wurzeldeterminative* (B 28), bei denen es darum geht, daß wir in den indogermanischen Einzelsprachen immer wieder ‚längere‘ und ‚kürzere‘ Formen der offenbar gleichen Wurzel vorfinden. Ich greife den wichtigsten Typ heraus, die Erweiterung diphthongischer Wurzeln durch voreinzelsprachliches *d*, wobei recht häufig in einzelnen Sprachen ein nasalinfigierendes Präsens hinzutritt. Dies ist offenbar der Fall bei *beißen*, gm. **beit-a-*, voreinzelsprachlich **bhei-d-* mit Nasalpräsentien in lt. *findo* ‚spalte‘ und ai. *bhinátti* ‚zerstört‘ gegenüber einfachem **bhi-* z. B. in aksl. *biti* ‚schlagen‘ (*-ti* ist die Infinitiv-Endung) und air. *benaid* ‚schlägt‘; *gießen*, gm. **geut-a-*, voreinzelsprachlich **gheu-d-* mit Nasalpräsens in lt. *fundo* ‚gieße‘, zu **gheu-* in ai. *juhóti* ‚opfert, gießt Butter ins Feuer‘ und gr. *chéō* ‚gieße, schmelze‘; *wissen*, gm. **wait*, voreinzelsprachlich **wei-d-* mit einem erstarrten Nasalpräsens in ai. *vindáti* ‚findet‘ (usw.) zu **weiə-* ‚verfolgen‘ in ai. *véti* ‚verfolgt‘ usw.; *scheißen*, gm. **skeit-a-*, voreinzelsprachlich **skei-d-* ‚scheiden‘ (gm. ‚abscheiden‘) mit Nasalpräsens in lt. *scindo* ‚spalte‘, ai. *chinátti* ‚spaltet‘ usw. zu **skei-* in ai. *chyati* ‚schneidet ab‘ usw.; *heißen*, gm. *hait-a-*, voreinzelsprachlich **keiə-*, vor allem in lt. *cieo* ‚setze in Bewegung, rufe‘; *schießen*, gm. **skeut-a-*, voreinzelsprachlich **skeu-* in lit. *šáuti* ‚schießen‘ (*-ti* ist wieder Infinitiv-Endung), und anderes, weniger Deutliches. Die Erklärungsmöglichkeiten dieser Erscheinung können sich einerseits darauf abstützen, daß unter Umständen die baltischen Kausativ-Bildungen auf *-d-* mit dieser Erscheinung zusammenhängen könnten, und andererseits darauf, daß zwischen der unerweiterten und der erweiterten Wurzel gelegentlich ein Bedeutungsverhältnis von ‚Verlauf‘ gegenüber ‚Abschluß‘ besteht[86]. Die Schwierigkeiten bestehen darin, daß diese Erscheinung nicht nur bei *d*, sondern auch bei mehreren anderen Konsonanten (allerdings in verschieden starkem Ausmaß) auftritt und daß wir diesen Typ in keiner Einzelsprache noch lebendig vorfinden. Wegen der lautlichen Vielfalt wird man am ehesten daran denken, daß alte Bildungen mit einem Verbalstamm im Hinterglied vorliegen – bei den *d*-Erweiterungen kann man dabei an die Wurzel **dō-* ‚geben' denken. Aber das sind vorläufig nur Spekulationen, und es ist unsicher, ob wir bei den Wurzeldeterminativen über solche Spekulationen je hinauskommen werden.

C. Untersuchungsbeispiele: *Hirn* und *Horn*

§ 176. Zum Abschluß dieses Kapitels wollen wir uns mit dem Bereich der Wortbildung auch noch in einem ausführlicheren Untersuchungsbeispiel auseinandersetzen. In den etymologischen Wörterbüchern macht man sich häufig nicht die Mühe, die bei einer bestimmten Etymologie vorausgesetzten Wortbildungsvorgänge wirklich zu erschließen; häufig begnügt man sich sogar einfach damit, aus den als verwandt angesehenen Wörtern den gemeinsamen Bestandteil, die sogenannte Wurzel, herauszulösen und unter diesem Ansatz teils mehr teils weniger zusammenhangslos die einzelsprachlichen Wörter aufzuführen. Gegenüber solchen Darstellungsverfahren muß mit allem Nachdruck festgehalten werden, daß Wörter immer zu einer bestimmten Zeit in einer bestimmten Sprache aus bestimmten anderen Wörtern gebildet werden, wobei ganz bestimmte Muster oder Typen als Vorbild dienen. Eine Zusammenstellung nach Wurzeln bietet bestenfalls einen Steinbruch von sprachlichem Material und läßt die Etymologie im engeren Sinn unbearbeitet. Das Verfahren mag in der Frühzeit der Sprachvergleichung, als es noch um ein erstes Fadenschlagen ging, vertretbar gewesen sein – beim heutigen Stand unseres Wissens über die germanischen und indogermanischen Sprachen ist es in keiner Weise mehr zu verantworten. Ich will nun hier als praktisches Beispiel einen solchen Wörterbuchartikel genauer analysieren, um zu zeigen, welche Zusammenhänge bei einer Etymologie unbedingt herausgestellt werden müssen; darüber hinaus aber auch, welche Zusammenhänge durchaus unklar sind. Ich nehme als Beispiel die Sippe **ker(ə)-* ‚das Oberste am Körper: Kopf, Horn (und gehörnte Tiere); Gipfel' aus dem *Indogermanischen etymologischen Wörterbuch* (L 89), S. 574–577. Fachlich gebildete Leser seien eingeladen, den betreffenden Artikel zunächst einmal für sich durchzusehen und zu prüfen, wie weit die dort vorausgesetzten Ableitungszusammenhänge ihnen klar werden. Damit wollen wir nun aber beginnen – und um das Problem wiederum an das Neuhochdeutsche anzuschließen, können wir die Frage stellen: Wie gehören *Hirn* und *Horn* zusammen?

§ 177. Beginnen wir mit den zu dieser Sippe gehörigen Wörtern für

‚Kopf', die unmittelbar nur im Indisch-Iranischen und Griechischen belegt sind. Das Altindische hat einen auf Nominativ und Akkusativ beschränkten *s*-Stamm *śíras- (n)*, zu dem die weiteren Kasusformen von einer Erweiterung *śīrṣán-* gebildet werden. Als Grundform läßt sich **kr̥ə-ós-/kr̥əs-én-* erschließen. Damit vergleichbar ist die Sippe von gr. *kárā-*, Gen. *krāatos* (und eine große Vielfalt von Kasusformen) *(n)* ‚Kopf' mit zahlreichen Varianten und Erweiterungen, die alle auf **kr̥əsn̥-*zurückgeführt werden können. Vereinzelte griechische Wörter scheinen zwar ein einfacheres **kar* ‚Kopf' vorauszusetzen, doch sind die wichtigsten von ihnen inzwischen anderweitig besser erklärt worden[87]; was noch bleibt, sind einige seltene Wörter für ‚Gehirn', nämlich *énkaros (m)* und die nur in Glossensammlungen belegten *akarós* und *ínkros*. Nun gehören das erste und dritte dieser Wörter zweifellos zu dem Bezeichnungstyp, der für ‚Gehirn' eine Hypostase oder eine Komposition aus ‚in' + ‚Kopf' vorsieht (‚das im Kopf/Schädel befindliche'); vergleichbar sind – bei anderem Wortmaterial – gr. *enképhalos* ‚Gehirn' zu *kephalḗ* ‚Kopf' und die keltischen Wörter air. *inchinn*, cymr. *ymennidd* ‚Gehirn' zu air. *cenn*, cymr. *penn* ‚Kopf' (mit regelmäßigen Lautveränderungen). Zwar zeigen *énkaros* und *ínkros* nicht den für *karā* vorauszusetzenden *s*- (+ *n*-)Stamm, aber *énkaros* kann zu einer Zeit gebildet worden sein, als gr. *karā* seine komplizierte Lautgeschichte schon hinter sich hatte, und *ínkros* kann als **en-kr̥ə-o-* mit auch sonst nachweisbarem Einsatz des *s*-Stammes durch einen *o*-Stamm bei der Ableitung[88] erklärt werden, wobei lediglich die Zusatzannahme gemacht werden muß, daß das *r̥* hier unsilbisch realisiert wurde (das kann eine mundartliche Besonderheit oder eine sogenannte ‚Allegroform', eine für das schnelle Sprechen typische Form, sein). Auf *akarós* wird gleich noch einzugehen sein.

§ 178. Zu diesem indisch-griechischen Wort für ‚Kopf' lassen sich nun im westindogermanischen Bereich Wörter nachweisen, die eindeutig als Ableitungen zu ihm aufzufassen sind. Beginnen wir mit awn. *hjarsi*, einem seltenen Wort, das aber noch erhalten ist in isl. (archaisch) und norw. (mundartlich) *hjassi*, schwed. *hjässa*, dän. *isse*, älter *jesse* ‚Scheitel, Schädeldecke'. Es würde einem gm. **hersōn-* aus **kerəsen-* entsprechen, womit bret. *cern (f)* ‚Scheitel, Tonsur, Gipfel' unmittelbar verglichen werden kann, wenn eine nachträgliche Umgestaltung zu einem *ā*- oder *i*-Stamm vorausgesetzt wird. Auf diese Bildung wiederum geht zurück ahd. *hirni*, mnl. *hersene (n)* ‚Hirn', das einem gm. **hersnja-* aus **kerəsnjo-* entsprechen würde. Das sicher damit zusammenhängende anord. *hjarni* ‚Hirn' (wohl ein ostnordisches Wort, dem im Westnordischen *heili* entspricht) sollte eigentlich auf **hersnōn* zurückführen, aber da die Ableitung eines *n*-Stammes aus einem *n*-Stamm nicht recht wahrscheinlich ist, wird man eher an eine nachträgliche, wenn auch frühe, Umgestaltung aus **hersnja-* unter dem Einfluß des Grundworts **hersōn-* denken. Gleichbedeutend mit diesen germanischen Wörtern ist lt. *cerebrum (n)* ‚Gehirn‘, für das **kerəs-ro-* vorauszusetzen ist. Wir haben also im italisch-keltisch-germanischen Bereich mit einem **kérəs-(en)-* ‚Scheitel, Schädeldecke‘ zu rechnen, zu dem im Lateinischen und Germanischen (unabhängig voneinander) Wörter für ‚Gehirn‘ gebildet worden sind. Nun ist die Ableitung eines Wortes für ‚Gehirn‘ aus einem Wort für ‚Scheitel‘ oder allenfalls ‚Kopf‘ nicht ganz so selbstverständlich: Beide Bedeutungen beim gleichen Wort oder einer den üblichen Typen folgenden Ableitung ist nur dann sicher nachweisbar, wenn ‚Gehirn‘ die Ausgangsbedeutung ist[89]. In diesem Fall kann sich aus Kraftausdrücken wie ‚jemandem aufs Gehirn schlagen‘ oder ‚die Sonne schien ihm aufs Gehirn‘ die Bedeutung ‚Kopf‘ entwickeln. Ist diese aber die Ausgangsbedeutung, so führt der Weg zu der Bedeutung ‚Gehirn‘ in der Regel nur über den Typ ‚in‘ + ‚Kopf‘. Ahd. *hirni* und lt. *cerebrum* scheinen hier eine Ausnahme zu machen – Grund genug, sich diese Bildungsweise sorgfältig anzusehen.

§ 179. Einen Schlüssel zur Beurteilung des Bedeutungsverhältnisses finden wir nun in dem zu dt. *Hirn* morphologisch parallelen griechischen Wort *krānion* ‚Schädeldecke, Scheitel‘ aus **kr̥əsnijo-*, dessen auffällige Betonung von vorneherein nur eine beschränkte Zahl morphologischer Deutungen als möglich erscheinen läßt. Unter diesen erweist sich eine als die natürlichste: Gerade das Griechische kennt einen deutlichen Ableitungstyp, bei dem aus Partikeln (vor allem Adverbien) Adjektive auf *-o-* gebildet werden, wobei der Akzent des Grundwortes erhalten bleibt[90]. So wird zu der Präposition *antí* ‚gegenüber‘ (sicher ein alter Lokativ, ein Ortskasus, der auf die Frage ‚wo?‘ antwortet, zu einem Wurzelnomen) das Adjektiv *antíos* ‚gegenüberliegend‘ gebildet, und dieses Muster ist auch wirksam, wenn es sich bei dem *-i* um einen noch erkennbaren Lokativ handelt. Nun wäre der Lokativ zu dem griechischen Wort für ‚Kopf‘ als **krāni* ‚beim/ im/am Kopf‘ anzusetzen, obwohl der Lokativ im allgemeinen die Vollstufe der Stammsilbe aufweist; denn im Griechischen sind die Ablautstufen außerhalb des Nominativs (und gegebenenfalls Akkusativs) ausgeglichen worden. Das Adjektiv zu diesem Lokativ wäre **krānios* ‚beim/im/am Kopf befindlich‘, und dazu ist *krānion* ‚das am Kopf befindliche‘ = ‚Scheitel, Schädeldecke‘ offenbar die Substantivierung. Die bei dieser Erklärung vorausgesetzten Zwischenstufen brauchen dabei nicht alle sprachüblich gewesen zu sein – es genügt, daß es zur Zeit der Bildung entsprechende Vorbilder gab. Ähnliches kann nun für *Hirn* angesetzt werden: Zu einem **kerəsen-* ‚Scheitel, Schädeldecke‘ könnten der Lokativ **kerəsni-*, das zugehörige Adjektiv **kerəsnio-* und die neutrale Substantivierung **kerəsniom* gelautet haben; als Bedeutung wäre anzusetzen ‚das bei/in/an der Schädeldecke Befindliche‘, eine Ausdrucksweise, die zu der Fügung ‚in‘ + ‚Kopf‘

ausreichend parallel ist, um als wahrscheinlich angesetzt werden zu können. Ganz Entsprechendes kann auch für lt. *cerebrum* gelten, da es alte
lokative Adverbien gibt, die mit *-er-* gebildet werden, und die Adjektive
auf *-ero-* oder *-ro-* neben sich haben[91]. Da diese Adverbien einen deutlichen Hang zum Plural haben, könnte sogar die stärker kollektive Bedeutung des lateinischen Wortes genauer begründet werden. Lautlich wäre am
ehesten von einem unerweiterten **kerəs-* auszugehen; morphologisch wäre
dagegen vorzuziehen, auch hier das in den beiden Nachbarsprachen bezeugte **kerəsen-* zugrundezulegen. Wie sich die Gruppe *-snr-* in dem dabei
vorauszusetzenden **kerəsnro-* entwickelt hätte, ist mangels Parallelen
nicht zu entscheiden: Wäre die Gruppe wie einfaches *-sn-* behandelt worden (d. h. zu *n* mit Ersatzdehnung), dann wäre der Ansatz unmöglich;
wäre dagegen die Entwicklung von *-nr-* ausschlaggebend gewesen (nach
der Entwicklung an der Kompositionsfuge zu schließen ein *-rr-*), dann
könnte mit regelrechtem *-srr-* zu *-sr-* zu *-br-* gerechnet werden), womit wir
die belegte Lautform erreichen würden. Schließlich ist auch nicht völlig
ausgeschlossen, daß das flektierende *n*-Suffix bei der Ableitung unterdrückt wurde. Auf jeden Fall sind damit die Wörter für ,Hirn, Gehirn'
ausreichend erklärt, und es bleibt noch, das Verhältnis von westidg. **kerə-
sen-* ,Scheitel, Schädeldecke' zu gr.-ai. **kṛə-os-(n)-* ,Kopf' näher zu bestimmen. Da ein paradigmatischer Ablaut nicht wahrscheinlich ist und die
Bedeutungen nicht genau übereinstimmen, ist es wohl ratsam, die beiden
Wörter nicht unmittelbar gleichzusetzen. Bevor wir aber eine genauere
Bestimmung versuchen, sei zunächst noch weiteres Material zusammenge-
tragen.

§ 180. Wenden wir uns damit dem zweiten Schwerpunkt der Sippe zu,
der Bedeutung ,Horn', der wir drei Bildungsweisen zuzuordnen haben.
Die erste ist vertreten durch gr. *kéras (n)* ,Horn', das ersichtlich als ein *s*-
Stamm **kerə-s* aufzufassen ist. Vermutlich gehört zu ihm auch das Adjektiv gr. *keraós* ,gehörnt' (aus **kerəs-ó-*), obwohl morphologisch für dieses
die Ableitung aus einem (gleich nachzuweisenden) *u*-Stamm näher läge.
Man wird aber zwei innerhalb einer Sprache zusammengehörige Wörter
(wie gr. *kéras* und *keraós*) nicht ohne Not voneinander trennen, so daß wir
hier die übliche Zuweisung von *keraós* zu einem *u*-Stamm als weniger
wahrscheinlich ansehen wollen. Nehmen wir als zweite Bildungsweise
eben diesen *u*-Stamm, für den offenbar **kerə-u-* anzusetzen ist: Das Wort
selbst liegt nur mit (naheliegender) Umbildung in av. *sru, srvā (f)* ,Horn,
Nagel (an Fingern und Zehen)' vor; besser bezeugt sind einige Ableitungen
in der Bedeutung ,Hirsch': cymr. *carw* (mit vorvokalischer Realisierung des
ṛ, also wohl **kṛəwo-*), lt. *cervus* (mit *e*-Stufe) und mit einer altertümlichen
Dentalableitung gm. **herut-* in awn. *hjǫrtr*, ae. *heorot*, ahd. *hiruz*, ein
vermutlich schon urgermanisches Wort. Die systematische Bedeutung die-

ser Ableitung wäre ‚der ein Horn/Geweih hat'. Andere Wörter für Hornträger (vor allem ‚Rind' und – semantisch eigentlich nicht zu rechtfertigen – ‚Reh') stehen deutlich weiter entfernt und sind wohl abzutrennen. Dagegen gehört zum gleichen Grundwort wahrscheinlich das seltene heth. *karauar* ‚Gehörn'[92], ein *r/n*-Stamm, zu dem gr. *keraunós* ‚Blitzschlag, Wetterstrahl' eine Erweiterung (**kerə-un-ó-* ‚das mit Spitzen/Zacken versehene') sein kann. Diese Annahme setzt für den *u*-Stamm neben ‚Horn' eine ursprünglichere und allgemeinere Bedeutung ‚Spitze' voraus, die auch durch die Weiterbildung gr. *koruphḗ (f)* ‚Scheitel, Spitze, äußerstes Ende' nahegelegt wird. Unter diesen Umständen kann auch heth. *karu* (adv.) ‚früher' = ‚an der Spitze' in die Betrachtung einbezogen werden. Was den Wurzelvokalismus anbelangt, so ist es in diesem Fall am wahrscheinlichsten, daß das Grundwort einen paradigmatischen Wechsel zwischen Voll- und Schwundstufe aufwies. Diese Annahme läßt sich insofern stützen, als *u*-Stämme mit dieser Eigenschaft auch sonst nachweisbar sind. Die dritte Bildungsweise mit der Bedeutung ‚Horn' weicht stärker ab: Es ist zunächst gm. **hurna- (n)* ‚Horn', in den nordischen Sprachen auch ‚Ecke, Winkel', bezeugt durch gt. *haurn*, awn., ae., afr., as., ahd. *horn;* und neben diesen der lateinische *u*-Stamm *cornu (n)* ‚Horn, Spitze, Vorderstes; Zweig'. Bei diesen Wörtern könnte eine *no-* oder *nu*-Ableitung vorliegen; wenn man aber das morphologisch wesentlich kompliziertere ai. *śṛṅga- (n)* ‚Horn' in die Betrachtung einbezieht (was wohl ratsam sein dürfte), dann müssen *o-* oder *u*-Ableitungen eines *n*-Stammes angesetzt werden. Der lateinische *u*-Stamm könnte allerdings auch durch Einmischung eines anderen Wortes (etwa einer Entsprechung zu dem oben besprochenen *u*-Stamm) entstanden sein, so daß wir allgemein von einem *o*-Stamm ausgehen könnten. Das in dem indischen Wort enthaltene *g* ist morphologisch nicht ausreichend geklärt; man vergleicht es, wenn auch nur mit schwachen Gründen, mit dem *k*, das in einigen heteroklitischen Stämmen (= Stämmen mit zwei einander ergänzenden Stammbildungen im gleichen Paradigma) ohne erkennbare Bedeutungsveränderung an einzelne Kasusformen, besonders den Nominativ, antritt. Wir hätten also von *o*-Ableitungen zu einem *n*-Stamm (mit unbestimmter Wurzelstufe und unbestimmter Bedeutung) auszugehen, bei dem kein wurzelschließendes ə vorauszusetzen ist. Die Vermutung, daß bei diesem in Wirklichkeit nicht eine *n*-Ableitung zu einer Wurzel auf *r* vorliegt, sondern ein alter *r/n*-Stamm, etwa ***aker/akn-(g)*, dessen Formen vermischt wurden[93], ist dabei nicht völlig von der Hand zu weisen.

§ 181. Wie hängen die Wörter für ‚Kopf' und ‚Horn' nun miteinander zusammen? Ersichtlich gehen sie auf die gleiche Grundlage zurück; aber da neben ‚Horn' mehrfach eine ursprünglichere Bedeutung ‚Spitze' durchschimmert, ist ‚Horn' sicher nicht als ‚das zum Kopf gehörige' o. ä. zu erklären, sondern einfach = ‚Spitze'. Für die Bedeutung ‚Kopf' ist dann davon auszugehen, daß ‚an der Spitze' ganz gewöhnlich für ‚ganz vorn, ganz oben' gesagt werden kann, und daß der Kopf als der oberste oder vorderste Körperteil bezeichnet sein könnte. Versuchen wir, diese Hypothese morphologisch zu stützen. Wenn *kṛə-os- ‚Kopf' eigentlich ‚das an der Spitze' bedeutet, dann findet sich eine morphologische Erklärung, die zugleich auch die merkwürdige Ergänzung durch den *n*-Stamm aufhellt: Diese Defektivität läßt sich nämlich am leichtesten verstehen, wenn man annimmt, daß hier gar kein *s*-Stamm, sondern eine Kasusform mit *s*, ein Genetiv, vorliegt. Das heißt, wir hätten hier den schon in § 147 erwähnten Bildungstyp vor uns: so wie *des Stehlens* als ein Subjekt oder Objekt in der Bedeutung ‚Dieb' verwendet werden kann, so *(an) der Spitze* als Subjekt oder Objekt in der Bedeutung ‚Kopf'. Eine solche Bildung mußte endungsbetont sein[94], was in der alten Zeit die Schwundstufe der Wurzel nach sich zog. Flektierbar wurde sie (nachdem der Genetiv lexikalisiert war) durch eine *n*-Weiterbildung[95]. Dieses *kṛə-ós ‚(an) der Spitze' kann als adverbiale Fügung noch unmittelbar bezeugt sein in heth. *kit-karaš* ‚oben, zu Häupten', wörtlich ‚hier, an der Spitze' (neben *kit-kar* und *kit-karaz* gleicher Bedeutung mit anderen Kasusformen, aber ohne Belege für ein zugrundeliegendes Substantiv). Das normale hethitische Wort für ‚Kopf', *haršar* (r/ *n*-Stamm) würde dem griechisch-indischen Wort für ‚Kopf' morphologisch genau entsprechen (lediglich mit der Abweichung, daß auch der Nominativ und Akkusativ weitergebildet wurde – hier durch einen *r*-Stamm); lautlich ergeben sich aber Schwierigkeiten, die vielleicht geklärt werden können, wenn sich der Ansatz eines Wandels von *k* zu *h* vor *r* (und *w*?) in den außerhethitischen anatolischen Sprachen bestätigen läßt[96]. Ein gleichartiges Adverb ‚an der Spitze' kann dann auch noch in einem semantisch abweichenden lateinischen Wort gespiegelt sein: *crās* ‚morgen' geht sehr wahrscheinlich auf ‚in der Morgenfrühe' zurück, und dieses wäre als *kṛə-(o)s* ‚an der Spitze (des Tages)' ohne weiteres erklärbar. Unter diesen Voraussetzungen läßt sich nun auch die west-idg. Bildung *kérəs-en- ‚Scheitel' verstehen: Das gleichbedeutende gr. *krā́nion* haben wir als Substantivierung eines Adjektivs auf -o- zu dem Lokativ von *kṛs-n-* erkannt; entsprechend kann west-idg. *kérəs-en- die Substantivierung eines *n*-stämmigen Adjektivs zu derselben Grundlage sein, wobei statt eines Ableitungssuffixes einfach der vorhandene *n*-Stamm flektiert wurde (solche Fälle sind auch sonst bekannt – man nennt sie mit einem allgemeinen Ausdruck *Konzentrationen*[97]). Hier wie dort müssen die einzelnen Zwischenstufen nicht unbedingt sprachüblich gewesen sein – es genügen gleichartige Vorbilder. Es bleibt bei dieser Annahme allerdings noch eine Schwierigkeit: die unterschiedliche Ablautstufe von *kṛs-n-* ‚Kopf' und *kérəs-en- ‚Scheitel'. Sie läßt sich aber mit dem Hinweis darauf erklären, daß Substantivierungen in alter Zeit mehrfach durch einen Akzentwechsel charakterisiert wurden, der in ganz alten Bildungen von einem entsprechenden Lautwechsel begleitet sein konnte[98]. Ein Beispiel wäre etwa ai. *márta-* ,der Mensch' zu *mṛtá-* ,tot, sterblich'. Das Adjektiv wird bei solchen Substantivierungen semantisch eingeschränkt: *márta-* ist nicht ein beliebiger Sterblicher, sondern derjenige, bei dem das Sterblich-Sein als besonders wichtig hervortritt: der Mensch. Ebenso ist **kérəsen-* nicht etwas Beliebiges an der Spitze oder am Kopf, sondern das für den Menschen an der Spitze liegende, ,der Scheitel, die Schädeldecke' (wenn dieser Ausdruck dann auch nachträglich metaphorisch gebraucht werden konnte).

§ 182. Zu dem damit vorausgesetzen **kerə-* ,Spitze' gehören auch der *u*-Stamm **kerə-u-* ,Horn' und der *s*-Stamm **kerə-s-* ,Horn' (*s*- und *u*-Stämme stehen auch sonst in gleicher Bedeutung nebeneinander und ergänzen sich gegebenenfalls[99]. Auf ein einfacheres **ker-* sind die übrigen Wörter für ,Horn' zurückzuführen – ein bekannter Unterschied in der Wurzelform, da Stammformen mit neben solchen ohne ə-Erweiterungen auch sonst, vor allem beim Verbum, anzutreffen sind. Ist nun das damit vorausgesetzte Grundwort auch selbst noch nachweisbar? Nun – so, wie wir es brauchen, nicht, aber möglicherweise in Formen, die als Umbildungen gut verständlich sind[100]. Im Griechischen finden wir zunächst ein *ákra (f)*, *ákron (n)* ,äußerstes Ende, Oberstes' mit mehreren Sonderanwendungen, z. B. für ,Vorgebirge, Gipfel' und anderes. Das Nebeneinander von *f(ā)*- und *n(o)*-Stamm kann dabei darauf hinweisen, daß von einer ə-Bildung auszugehen ist, die später einerseits als Plural eines *n(o)*-Stammes, andererseits als *f(ā)*-Stamm umgedeutet und umgeformt wurde. Wir können diese Wörter also auf **akrə-* zurückführen und das zugehörige Adjektiv *ákros* als eine Ableitung mit der Bedeutung ,am äußersten Ende befindlich' auffassen (gewöhnlich setzt man die umgekehrte Ableitungsrichtung an). Weiter könnte hierher – mit noch silbischer Realisierung des *r* – gr. *ákaros* ,Kopf' gehören. Die bei diesem nur einmal in einem Glossar bezeugten Wort ebenfalls angegebene Bedeutung ,Gehirn' verdient nur insofern Glauben, als das Wort aus Kontexten entnommen sein könnte, in denen es ,das oberste' bedeutete. Wahrscheinlicher ist mir allerdings, daß die Angabe der Bedeutung ,Gehirn' auf einem Überlieferungsfehler beruht. Nun wird die Sippe von gr. *ákron* usw. im allgemeinen auf *ak-* ,spitz' zurückgeführt, was durchaus naheliegend ist – man muß aber (zumindest für einen unmittelbaren Vergleich) einiges abtrennen, das normalerweise dazugestellt wird, nämlich die Wörter mit der Bedeutung- ,scharf' (nicht ,spitz') und ,Schärfe, Schneide, Zacken' (nicht ,Spitze') – obwohl die beiden Bedeutungen ,spitz' und ,scharf' gelegentlich ineinander übergehen. Diese Abtrennung ist vor allem deshalb ratsam, weil diese andere Gruppe ganz deutlich *o*-Vokalismus zeigt – so die auf **okri-* ,Zacken, Kante, Winkel' und auf *okr-/oks-* ‚scharf' zurückgehende Wörter. Eine noch weiter zu-rückliegende Zusammengehörigkeit von *ak-* ‚spitz' und *ok-* ‚scharf' soll damit nicht bestritten werden – aber zunächst sind die beiden Gruppen zu trennen, was unter anderem besagt, daß gr. *ákrón* usw. keine unmittelbare Vergleichsmöglichkeit hat (allenfalls kann angenommen werden, daß in ai. *aśri-* ‚Kante, Schneide, Winkel, Ecke' die beiden Formen *okri-* und *akrə-* zusammengefallen sind).

§ 183. Fassen wir nun unsere Überlegungen zusammen, zunächst in ei-nem Schaubild, das die herausgestellten Zusammenhänge noch einmal ver-deutlichen soll (** = hypothetisch vorausgesetzte Stellen und Wurzel-ansätze. Die von uns untersuchten Formen stehen unterhalb der Trenn-linie – – –):

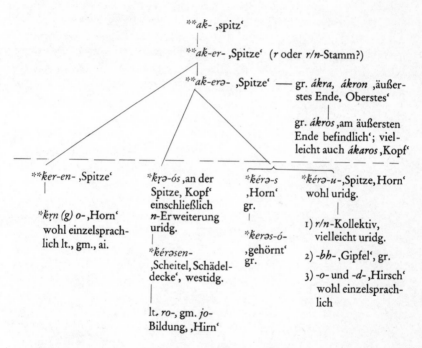

Nach dieser Analyse läge den hier von uns untersuchten Wörtern al-so die Wurzel **ak-* ‚spitz' zugrunde, zu der eine nicht näher bestimm-bare Erweiterung auf -r- vorauszusetzen ist (vielleicht ein r- oder r/n-Stamm). Zu dieser Erweiterung gab es vermutlich einen ebenfalls nicht unmittelbar nachzuweisenden n-Stamm, von dem die dritte Gruppe unse-rer Wörter für ‚Horn' stammt – die Möglichkeit der Vermischung eines r- und eines n-Stammes ist dabei nicht auszuschließen. Alles Weitere geht von einer ə-Erweiterung der r-Bildung aus, deren Funktion wiederum nicht feststellbar ist, die aber umgeformt in gr. *ákra* und *ákron* noch bezeugt sein könnte. Die uns eigentlich interessierenden Wörter, die Genetiv-Bildung auf -*ós* und der *u* + *s*-Stamm mit der Bedeutung ‚Horn', haben (wie auch die oben erwähnten Ableitungen des *n*-Stammes) das ursprüngliche anlautende *a* verloren – wohl wegen der Akzentverlagerung. Damit hätten wir nun unsere Frage beantwortet, wie *Hirn* und *Horn* miteinander zusammenhängen – sie sind nach alledem gar nicht so eng miteinander verwandt, wie die lautliche Ähnlichkeit vermuten lassen könnte.

IV. Syntaktische Fügungen (B 29)

§ 184. Wie wir bereits (in § 46 und § 49) besprochen haben, nehmen die festen Wendungen bei der Etymologie eine Sonderstellung ein, da syntaktische Fügungen in der Regel systematisch sind und nur in Sonderfällen zur Benennung dienen. Diese (im übrigen gar nicht so seltenen) Sonderfälle sind in den letzten Jahrzehnten zum Gegenstand ausgedehnter Untersuchungen und Überlegungen (hauptsächlich der russischen Linguistik) geworden. Man spricht dort von einem eigenen Teilbereich der Sprachwissenschaft, der *Phraseologie,* und rechnet auch mit selbständigen Beschreibungen der Einheiten dieses Bereichs, also mit phraseologischen Wörterbüchern. Wir wollen die damit verbundenen Fragestellungen hier nicht aufrollen, sondern nur zur Ergänzung unseres unmittelbaren Anliegens (der Entstehung von Wörtern) noch kurz die Möglichkeiten der Entstehung fester syntaktischer Wendungen besprechen. Vom Verfahren her gesehen (vgl. § 118) handelt es sich bei ihnen um Beschreibungen, und zwar verhältnismäßig selten um einfache Kombinationen wie *gelbe Rüben* oder *grüner Salat,* sondern in den weitaus meisten Fällen zugleich um Bedeutungsabwandlungen. Diese gleichzeitige Bedeutungsanpassung hebt solche Wendungen von vornherein aus den einfachen Beschreibungen heraus und gibt ihnen einen benennungsähnlichen Status, selbst wenn sie (mit Hilfe des Zusammenhangs) unmittelbar aus den Bestandteilen verstehbar sind, wie etwa die (aus der Bibel stammenden) festen Wendungen *die Spreu vom Weizen sondern, auf Sand bauen, Perlen vor die Säue werfen* usw. Befassen wir uns kurz mit den drei wichtigsten Möglichkeiten der Entstehung solcher fester Wendungen (Phrasen):

A. Prägung

§ 185. Die erste besteht in der Bildung syntaktischer Fügungen, die von vorneherein etwas Spezielleres bezeichnen, als die bloße systematische Bedeutung angibt, selbst wenn die Fügung auch ohne Vorkenntnis verstehbar ist. Wie wir eben gesehen haben, ist dies vor allem der Fall bei übertragen gebrauchten Wendungen. Nehmen wir als Beispiel den Ausdruck *unter die Haube kommen* für ‚geheiratet werden‘ oder *unter die Haube bringen* für ‚verheiraten‘. Diese Ausdrucksweise bezieht sich auf die mittelalterliche Sitte, daß freie Jungfrauen bis zu ihrer Heirat das Haar offen (‚fliegend‘)

trugen und es nach der Hochzeit aufbanden und unter eine Haube steckten. *Unter der Haube* konnte somit ein bildlicher Ausdruck für ‚verheiratet' sein. Heute ist diese Sitte nicht mehr üblich – der Ausdruck *unter die Haube kommen* ist also eine feste Wendung, die gelernt werden muß, wenn man sie richtig verstehen und gebrauchen will. Aber schon bei der Entstehung dieser Wendung unterschied sie sich von anderen wie etwa *unter einem Baum stehen:* durch die bildliche Verwendung wurde die systematische Bedeutung von vorneherein in bestimmter Weise festgelegt. Wir können deshalb durchaus von der *Prägung* einer festen Wendung reden (vgl. § 47); in unserem Fall zusätzlich deshalb, weil *unter der Haube* (u. ä.) frühestens seit dem 17. Jahrhundert belegt ist, also aus einer Zeit, in der die betreffende Sitte gar nicht mehr ausgeübt wurde, sondern nur noch als romantische Erinnerung an frühere Zeiten bekannt war.

B. Entfaltung

§ 186. Nicht-bildliche feste Wendungen sind in der Regel nähere Bestimmungen (vgl. § 143), die auf Grund einer nachträglichen Lexikalisierung in ihrer Anwendung eingeschränkt wurden, oder fachsprachliche Ausdrucksweisen, die auf andersartige Zusammenhänge übertragen werden, wie etwa *auf den Leim gehen* (vom Vogelfang mit der Leimrute her) oder *zu Tage fördern* (aus der Sprache der Bergleute) usw. Es handelt sich also um *Entfaltungen* (vgl. § 47), die eigentlich aus unserem Rahmen der ‚Neubildung' herausfallen. Dennoch sei zur Veranschaulichung auch für sie ein Beispiel aufgeführt, die Wendung *grüner Salat*, die in mehreren Gegenden Deutschlands als Benennung des Kopfsalats dient. Diese Salatsorte ist zwar tatsächlich grün (bis auf das Herz, das im allgemeinen gelb ist), aber eigentlich ist dies als Benennungsmerkmal nicht ausreichend, weil es auch andere Salatsorten gibt, die grün sind, vor allem Ackersalat und Endivie. Die Kulturgeschichte gibt uns nun folgende Hinweise auf die Hintergründe dieser Benennung: Zunächst war *Salat*, seinem ursprünglichen Sinn entsprechend, die Benennung einer bestimmten Art von Gericht, denn es stammt aus it. *(in)salata* ‚das Eingesalzene', sozusagen ‚das Marinierte'. Die Zuchtform des Kopfsalats ist dabei erst spät nach Deutschland gekommen (gegen das 16. Jahrhundert). Um diese Zeit gab es den Endiviensalat bei uns noch nicht, und der Ackersalat (oder Feldsalat) galt – wie ja schon der Name vermuten läßt – immer noch als Bauernnahrung. In vornehmen Kreisen hat man so etwas nicht gegessen. Erst später hat man auch diesen Grünsalat als eine Bereicherung auch der vornehmen Tafel schätzen gelernt. Unter den damals bekannten Salatgerichten fiel also der Kopfsalat tatsächlich durch seine grüne Farbe auf, denn meistens bestanden die Salate aus Fleisch, Fisch und dergleichen, und sofern Pflanzen benützt wurden (wie etwa beim Krautsalat), waren sie nicht grün. Später bezeichnete man dann auch die Pflanze im Garten als *(grünen) Salat* – was natürlich erst möglich war, als man nicht mehr an den Wortsinn (Eingesalzenes) dachte. Als nun weitere ‚grüne‘ Salate üblich wurden, gab es für die Benennung zwei Möglichkeiten: Entweder die Bezeichnung *grüner Salat* für den Kopfsalat (und nur für diesen) beizubehalten und auf dem Weg einer Polarisierung andere grüne Salate anders zu nennen – und das hat man in mehreren Gegenden Deutschlands getan (mir zum Beispiel ist die Bezeichnung *grüner Salat* für ‚Kopfsalat‘ und nur für diesen durchaus vertraut). Die andere Möglichkeit war, auch die anderen Salate so zu bezeichnen, wodurch die Fügung *grüner Salat* systematisch blieb. Das ist ein Verfahren, das in anderen Teilen Deutschlands geübt wurde – dort bedeutet *grüner Salat* ‚Kopfsalat, Ackersalat, Endivie oder andere Salatsorten, die grün sind‘. So wird etwa in dem bekannten ‚Praktischen Kochbuch‘ der Henriette Davidis allgemein von *den grünen Salaten* gesprochen[101]. Dies ist ein deutlicher Hinweis darauf, daß *grüner Salat* ursprünglich eine voll systematische Bildung war, die erste durch eine nachträgliche Lexikalisierung zu ihrer (regional) eingeschränkten Bedeutung kam.

C. Zitat

§ 187. Als eine Besonderheit bei der Entstehung fester Wendungen ist schließlich das Zitat zu erwähnen: In Goethes Faust I, in der Szene *Studierzimmer,* bringt Faust von seinem Sparziergang einen Pudel mit, der sich bald etwas ungewöhnlich benimmt. Auf Fausts Beschwörungen hin löst er sich in Nebel auf, und aus dem Nebel tritt Mephistopheles. Darauf Faust: *Das also war des Pudels Kern!* (1323). In dieser Situation ist *des Pudels Kern* eine vollkommen systematische Bildung: Mephisto ist offenbar aus dem Pudel herausgekommen, er war das Innere, der Kern des Pudels. Wenn nun jemand bei der überraschenden, aber einleuchtenden Lösung eines schwierigen Problems sagte, das sei *des Pudels Kern,* so hat er – zumindest in den ersten Fällen – diese Stelle aus dem Faust zitiert, er hat seine überraschende Lösung mit jener überraschenden Lösung gleichgesetzt. Dabei hat seine Situation (vermutlich) weder mit einem Pudel noch mit einem Kern zu tun; die Ausdrucksweise wäre also als solche unverständlich und bezieht ihren Sinn ausschließlich aus der zitierten Stelle. Wird ein solches Zitat nun gebräuchlich, dann wird es auch von Leuten verwendet, die gar nicht wissen, daß es sich um ein Zitat aus dem Faust handelt – der Ausdruck *des Pudels Kern* ist damit zu einer festen Wendung, einer Phrase des Deutschen geworden und bedeutet einfach ‚ein entscheidender Gesichtspunkt, eine überraschende Lösung'. Hier ist die Entstehung der festen Wendung also das Zitat, und die systematische Bedeutung ist von der zitierten Stelle her zu verstehen. – Damit wollen wir den Sonderfall der syntaktischen Fügungen verlassen und uns einem zweiten Sonderfall zuwenden: der semantischen Begriffsschöpfung, bei der zwar neue Benennungen entstehen, aber (zumindest vom Zeichenkörper her gesehen) kein neues Wort.

V. Die semantische Begriffsschöpfung (B 30)

A. Grenzfall: Verdeutlichung

§ 188. Hier geht es also um das Verfahren der Anpassung bereits bestehender Wörter zur Benennung von etwas Neuem oder zur neuen Benennung von etwas Altem. Man kann einwenden, daß eine Anpassung bereits
bestehender lexikalischer Einheiten nicht im Rahmen der Entstehung neuer
lexikalischer Einheiten behandelt werden sollte, und dies ist, wenn man
vom Wortbestand her urteilt, durchaus richtig. Von diesem Standpunkt aus
stellen wir fest, welche Wörter (usw.) vorhanden sind und was sie bedeuten
– es ist im Bereich der Bedeutung die Sichtweise der *Semasiologie* oder
Semantik (von gr. *sēmaínō* ‚zeige an, bedeute‘ zu *sēma* ‚Zeichen‘). Von ihr
aus ist das, was wir hier behandeln wollen, lediglich eine Bedeutungsentwicklung, eine Bedeutungserweiterung. Fragen wir aber umgekehrt, wie
eine bestimmte Sache oder Vorstellung in einer bestimmten Sprache bezeichnet werden kann – die Sichtweise der *Onomasiologie* (zu gr. *ónoma*
‚Name, Bezeichnung‘) –, dann können wir bei einer solchen Neu-Verwen-
dung eines Wortes durchaus von einer ‚neuen Einheit‘ sprechen. Es kommt
also bei der Frage, ob wir in diesem zweiten Teil des Buches auch über
‚semantische Begriffsschöpfung‘ reden sollen, auf den Standpunkt an, und
insofern nimmt dieser Bereich eine Stellung zwischen Wortentstehung und
Wortgeschichte ein. Allgemein gesagt geht es bei der semantischen Begriffsschöpfung darum, daß etwas mit der Bezeichnung von etwas anderem, das aber mit ihm in bestimmten Beziehungen steht, beschrieben wird
(vgl. § 118). Das haben wir oben (§ 147) ‚Anknüpfung‘ genannt, und deshalb wollen wir hier auch von der *Ausgangsbedeutung* und der *Anknüpfungsbedeutung* des betreffenden Wortes reden. Ein Grenzfall sind dabei
die bereits (§ 173) besprochenen Substantivierungen, die das Gemeinte
durch ein kennzeichnendes Merkmal unmittelbar benennen (*ein Schwarzer*
usw.). Vom semantischen Standpunkt aus handelt es sich bei ihnen um
Verdichtungen der Bedeutung: Das Gemeinte kann im Rahmen einer systematischen Fügung durchaus mit dem betreffenden Wort beschrieben
werden; neu ist lediglich die Absicht, das Wort nach der Überführung in
die angemessene Wortart nur noch in diesem engeren Sinn zu gebrauchen,
und nicht in einem anderen, der auf Grund der systematischen Bedeutung
ebenfalls möglich wäre. Nur kurz ein etymologisches Beispiel: Der Pflan-
zenname *Sauerampfer* oder einfach *Ampfer* erklärt sich aus einem Adjek-

tiv, das im älteren und regionalen Niederländischen noch als *amper* ,scharf, sauer' erhalten ist. Man nannte die Pflanze früher also einfach ,die Saure', und als man die ursprüngliche Bedeutung des Wortes nicht mehr kannte, wurde es verdeutlicht zu *Sauerampfer.* Solche Verdichtungen können also durchaus zu ,normalen' Wörtern führen. Da sie aber mit einer Substantivierung und damit im Grunde mit einem Wortartwechsel verbunden sind, gehören sie mehr in die Wortbildungslehre als zu den Bedeutungsabwandlungen im engeren Sinn.

B. Bedeutungsverschiebungen

1. Verschiebung des Abstraktionsgrades

§ 189. Bei den Bedeutungsabwandlungen will ich zwei Gruppen von Möglichkeiten unterscheiden, die Bedeutungsverschiebungen und die Bedeutungsübertragungen. Mit *Bedeutungsverschiebung* bezeichne ich eine Reihe von Abwandlungen, bei denen das mit der Ausgangsbedeutung und das mit der Anknüpfungsbedeutung Gemeinte sachlich zusammenhängt. Die einzelnen Typen lassen sich nicht ohne weiteres von einander trennen, zeigen aber deutlich verschiedene Schwerpunkte. Der erste Typ ist die Verschiebung des Abstraktionsgrades. Dabei geht es im Grunde um den einfachen Tatbestand, daß wir einen Wirklichkeitsausschnitt mit Wörtern von verschiedenen Abstraktionsstufen bezeichnen können (den gleichen Gegenstand zum Beispiel als *Pudel,* als *Hund,* als *Vierbeiner,* als *Tier,* als *Lebewesen* usw.). Im Normalfall wählt man die genaueste der in der betreffenden Sprachausprägung allgemein üblichen Benennungen, also in dem genannten Fall *Pudel* oder allenfalls *Hund,* nicht eine spezielle Rassenbezeichnung, aber auf der anderen Seite auch nicht einen zu allgemeinen Ausdruck wie *Lebewesen.* Nun kommt es gelegentlich vor, daß Ausdrücke benützt werden, die einen höheren Abstraktionsgrad aufweisen, als in der betreffenden Situation eigentlich angemessen wäre (also in unserem Beispiel etwa *Vierbeiner* oder *Hund*). Wenn damit eine bestimmte Absicht verbunden ist und der Gebrauch sich wiederholt, dann handelt es sich um eine absichtliche Verschiebung des Abstraktheitsgrades, die dazu führt, daß das allgemeinere Wort neben seiner allgemeinen Ausgangsbedeutung eine speziellere Anknüpfungsbedeutung bekommt. Solche Erscheinungen finden wir zunächst häufiger im Bereich der gesellschaftlichen Tabus: Dort sagt man etwa *Glied* für das männliche Geschlechtsteil, was an sich eine viel zu allgemeine Bezeichnung ist. Und dieser Wortgebrauch führt nun dazu, daß das Wort *Glied* außer seiner allgemeinen Bedeutung noch die spezielle ,männliches Geschlechtsteil' bekommt. Ein anderer Bereich ist die

Sprache des Alltags und des Berufs, wo Wörter für die selbstverständlichen Dinge, mit denen man andauernd zu tun hat, häufig gemieden werden, unter anderem dadurch, daß man sie durch allgemeinere Wörter ersetzt. So sprechen Bauern, die hauptsächlich Viehwirtschaft betreiben, von ihren Rindern häufig als *den Tieren*, und dieser Sprachgebrauch kann so allgemein werden, daß *die Tiere* regional normalerweise ‚die Rinder' bedeutet. Noch deutlicher ist es bei *Korn:* Dieses Wort wird sehr häufig zur Bezeichnung des regional am häufigsten angebauten Getreides benutzt, so daß es gebietsweise zur normalen Benennung dieses Hauptgetreides (teils Weizen, teils Roggen, teils anderes) wird. Diese Verschiebungen führen also zu einer (mehr oder weniger starken) *Verengung* der Bedeutung des Allgemeinbegriffs. Die umgekehrte Erscheinung, daß allgemeine Klassen durch Wörter für Teilklassen bezeichnet werden, wodurch eine *Bedeutungsausweitung* entsteht, ist wesentlich seltener, kommt aber gelegentlich vor (etwa wenn alle Rabenvögel als *die Raben* bezeichnet werden, weil ein allgemeinerer Ausdruck nicht vorhanden ist).

2. Verschiebung des Bezeichnungsumfangs

§ 190. Bei einem anderen Typ wird der Bezeichnungsumfang verschoben, in der Regel dadurch, daß die Benennung eines wichtigen Teils zur Bezeichnung des Ganzen herangezogen wird. Diese Möglichkeit nannte man in der antiken Rhetorik *Synekdoche* und beschrieb sie als *pars pro toto* (‚Teil für das Ganze') – beide Ausdrücke werden heute häufig im Sinn von ‚Verschiebung des Bezeichnungsumfangs' verwendet. Auch diese Verschiebung hat eine Wurzel im Wortgebrauch, weil man einen bestimmten Wirklichkeitsausschnitt verschieden genau bezeichnen kann (z. B. *ich habe seine Nase getroffen – ich habe sein Gesicht getroffen* oder *er setzte sich ans Steuer – er setzte sich ins Auto* usw.); aber die Verschiebung ist nicht auf Fälle beschränkt, in denen die Benennung des Teils lediglich eine genauere Aussage ergeben würde. So finden wir in älteren Texten zum Beispiel, daß Einwohner nach Seelen und das Vieh nach Häuptern gezählt wird, eine an sich unnötige und nicht das Gemeinte treffende ‚Verdeutlichung'. Ein etymologisches Beispiel: *(ein-)schenken* (ahd. *skenken*, as. *skenkian*, afr. *skenka* ae. *scencan*) bedeutet ursprünglich ‚schräg halten' (zu awn. *skakkr* ‚schief, schräg' aus **skanka-*), bezeichnet also eigentlich nur einen Teilvorgang des Einschenkens, der aber zur Benennung des Ganzen herangezogen werden konnte. Erfahrungsgemäß geht die normale Verschiebung in diesem Bedeutungsbereich von ‚schräg halten, kippen' zu ‚ausgießen'[102], so daß die Bedeutung ‚einschenken' zusätzlich eine Verschiebung des Blickwinkels (s. u. § 191) voraussetzt. – Auch bei diesen Verschiebungen ist der umgekehrte Bezeichnungsvorgang (die Bezeichnung des Teils durch das Ganze) wesentlich seltener.

3. Verschiebung des Blickwinkels

§ 191. Eine dritte Gruppe schließlich bildet die Hauptmasse der Bedeutungsverschiebungen – ich will sie die Verschiebungen des Blickwinkels nennen. Dabei geht es um folgendes: Wir können in einer bestimmten Situation einen Wirklichkeitsausschnitt meist unter verschiedenen Blickwinkeln benennen, wobei wir in der Regel den auswählen, der für den Zusammenhang unserer Aussage wesentlich ist. So können wir die gleiche Person als *Hausangestellte* bezeichnen (wenn es um das Anstellungsverhältnis geht), als *Mädchen* (wenn es um ihr Geschlecht und ihre Jugend geht, gegebenenfalls auch darum, daß sie unverheiratet ist), als *Blondschopf* (wenn wir ein auffallendes Merkmal an ihrer Erscheinung hervorheben wollen), als *Gärtnerin* (wenn es um ihre Fähigkeiten oder ihre Tätigkeit geht) usw. Nun werden aber manche Blickwinkel weniger gern betont als andere – so spricht man z. B. weniger gern von der Hausangestellten (z. B. weil dadurch das Abhängigkeitsverhältnis betont wird, das man lieber in den Hintergrund stellen möchte) und sagt dafür – auch in Fällen, bei denen vom Anstellungsverhältnis gesprochen wird, – *das* oder *unser Mädchen.* Und dieser Wechsel des Blickwinkels ist zu allen Zeiten so üblich gewesen, daß Wörter für ,Dienerin, (Haus-)Angestellte‘ ziemlich regelmäßig aus Wörtern für ,Mädchen‘ gewonnen worden sind – so etwa bei *Magd,* das völlig auf diesen Bereich festgelegt worden ist, obwohl seine Verkleinerungsform *Mädchen* und die (ursprünglich regionale) Variante *Maid* zeigen, daß es ursprünglich ,Mädchen‘ bedeutete. Ganz ähnlich geht es beim Gebrauch von Wörtern für ,Mädchen‘ bei der Bezeichnung käuflicher Damen (für die es schon immer besondere Benennungen gegeben hat – aber man hat diese offenbar häufig gemieden): in diesem Fall hat die Veränderung des Blickwinkels dazu geführt, daß das alte Wort *Dirne* (ursprünglich = ,Mädchen‘) in der heutigen Hochsprache praktisch nur noch ,Prostituierte‘ bedeutet.

§ 192. Natürlich können solche Verschiebungen des Blickwinkels verschiedene Ursachen haben – vom Fehlen eines besonderen Wortes bis hin zum bloßen Wunsch nach Abwechslung in der Wortwahl. Im allgemeinen folgen sie bestimmten Mustern, die man in der antiken Rhetorik als *Metonymien* bezeichnet hat: Wir haben schon bei dem Wort *Frauenzimmer* von dem Muster ,Räumlichkeit und Bewohner‘ gesprochen (§ 10), Entsprechendes gilt für ,Speise und ihr Rohmaterial‘ bei *Salat* (§ 186) oder bei der Gewinnung von Allgemeinbezeichnungen für ,Fisch‘ aus Wörtern für ‚Zukost‘, d. h. also aus Wörtern, die zunächst die Speise ‚Fisch‘ bezeichneten, dann erst den Fisch im Wasser. Am deutlichsten ist dies bei neu-gr. *psári* ‚Fisch‘ zu beobachten: es ist aus alt-gr. *opsárion* entstanden, dem Diminutiv zu *ópson* ‚Zukost (zum Brot)‘, wobei besonders in Athen Fische als Zukost beliebt waren, und *ópson* dort deshalb häufig den Fisch als Speise bezeichnete (während der Fisch im Wasser *ichthýs* hieß). Andere Muster dieser Art sind ‚Gerät und sein Material‘ (*das Leder* = ‚Ball‘), ‚Körperteil und Kleidungsstück‘ *(Kragen)*, ‚Person und Kleidungsstück (u. ä.)‘ *(Maske in Blau)*, ‚Ausdrucksbewegung und Gemütsbewegung‘ *(die Hände ringen, rot anlaufen)*, ‚Gefäß und Inhalt‘ *(ein Glas)* usw. Die Verschiebung des Blickwinkels erfolgt im allgemeinen immer in der gleichen Richtung, doch gibt es Muster (wie ‚Speise und ihr Rohmaterial‘), die die Verschiebung nach beiden Richtungen zulassen. Betrachten wir noch ein Beispiel für die Verschiebung der Blickrichtung aus der Etymologie, das Wort *erschrecken*, das für uns heute eine Gemütsbewegung bezeichnet. Das Wort *schrecken* bedeutete aber ursprünglich ‚springen‘ und *erschrecken* ‚aufspringen, auffahren‘ (vgl. *Heu-schreck*, eigentlich ‚Gras-hüpfer‘). Da aber das Aufspringen wie das Zusammenfahren eine Schreckreaktion ist, konnte das Wort mit Verschiebung der Blickrichtung von der Ausdrucksbewegung zur Gemütsbewegung für ‚erschrecken‘ verwendet werden, worauf dann seine ursprüngliche Bedeutung in unserer Sprache ausstarb. Das Beispiel zeigt im übrigen auch, daß bei den Verben die Verschiebung der Blickrichtung von der Verschiebung des Bezeichnungsumfangs nicht immer deutlich zu trennen ist. So könnte das ‚Auffahren‘ auch als eine Teilhandlung des Erschreckens aufgefaßt werden; da aber beim Erschrecken nur die Reaktion sichtbar ist (die Gemütsbewegung kann man eigentlich nur von sich selbst aussagen), ziehe ich die eben gegebene Deutung vor.

4. Ersparung der Beziehungsangabe

§ 193. Schließlich noch eine Gruppe von sehr weitgehenden Verschiebungen, bei denen ich von Ersparung der Beziehungsangabe sprechen will, weil die Beziehungen zwischen Ausgangsbedeutung und Anknüpfungsbedeutung zum Teil sehr kompliziert und untypisch sind. Ein einfacher Fall liegt vor, wenn ich sage, ich hätte etwas *im Schiller* gefunden: Hier steht *Schiller* für ‚Schillers Werke‘, der Name des Autors für sein Werk, ebenfalls eine Metonymie, bei der aber mehr als eine Verschiebung des Blickwinkels vorliegt, da *Schiller* niemals eine direkte Bezeichnung eines literarischen Werks sein kann. Wesentlich komplizierter ist ein Ausdruck wie *Er ist eine Waage*, womit gemeint ist ‚er wurde geboren, als die Sonne im Tierkreiszeichen Waage stand‘ – womit im übrigen aber lediglich die äußeren Umstände angegeben sind, nicht der Grund, warum wir diesen Umstand zum Anlaß für eine besondere Bezeichnung nehmen.

C. Bedeutungsübertragungen

§ 194. Gehen wir nun über zu den Bedeutungsübertragungen (oder nach dem Ausdruck der antiken Rhetorik, den *Metaphern*). Bei ihnen geht es darum, daß ein Wort, das zunächst Erscheinungen der Klasse A bezeichnet, auf die Bezeichnung von Erscheinungen der Klasse B übertragen wird, weil A und B gemeinsame Merkmale haben (oder vom Sprecher aus gesehen: weil sie sich in irgendeinem Punkt, dem *Vergleichsmerkmal* oder *tertium comparationis,* ähnlich sind). Ein Beispiel: Mit *Herz* bezeichnen wir einen bestimmten Körperteil; wir können aber auch sagen *das Herz des Salats* (beim Kopfsalat), womit das Innere, der gelbliche Teil, gemeint ist. Diese Übertragung ist möglich, weil das menschliche und tierische Herz auf der einen und das Salatherz auf der anderen Seite ein gemeinsames Merkmal haben: sie sind im Innern (nach der primitiven Vorstellung: in der Mitte) des jeweiligen Ganzen. Solche Bedeutungsübertragungen sind selbstverständlich nicht beschränkt auf die Wortart Substantiv. Beim Verbum haben wir etwa eine Metapher, wenn wir sagen *da bin ich aber explodiert* im Sinne von ‚da habe ich einen Wutanfall bekommen‘. Dem Wortsinn nach würde das bedeuten ‚es hat mich in Stücke zerrissen‘ – und das ist in dieser Fügung nie gemeint (sonst könnte der Betreffende ja nicht mehr davon berichten); der Sinn ist vielmehr ‚ich habe mich bis dahin zusammengehalten, aber dann unter starker Lärmentwicklung meine Zurückhaltung aufgegeben‘. Die gemeinsamen Merkmale sind also der plötzliche Umschlag von einem Zustand zum andern, die starke Lärmentwicklung und gegebenenfalls noch andere aggressive Verhaltensweisen. Noch ein Beispiel aus der Etymologie: Das Wort *Strahl* gebrauchen wir heute für Licht- oder Wasserstrahlen, so daß die ursprüngliche Bedeutung gar nicht mehr erkennbar ist. Ursprünglich handelt es sich nämlich um ein Wort für ‚Pfeil, Geschoß‘ (so ahd., as. *strāla (f),* vergleichbar mit aksl. *strěla* ‚Pfeil, Geschoß‘). Das Wort ist schon früh auf den ‚Blitzstrahl‘ (also ‚Pfeil des Blitzes‘) übertragen worden, später auch auf die ‚Strahlen‘ anderer Lichtquellen.

D. Besonderheiten

§ 195. Es sind hier noch einige Besonderheiten aus dem Bereich der Bedeutungsabwandlung zu erwähnen. Zum einen muß es sich nicht jeweils um ein einzelnes Wort handeln, das der Abwandlung unterliegt – es kann auch (wie wir schon § 184 f. gesehen haben) ein umfangreicheres Bezeichnungsgefüge sein. So nennt man etwa (mit einem Substantivgefüge) eine Sekretärin die *rechte Hand* ihres Chefs (gleich unentbehrlich – also Übertragung) oder eine bestimmte Speise eine *kalte Schale* (‚Gefäß für den Inhalt‘, also Verschiebung des Blickwinkels). Oder etwas Umfangreicheres aus der Umgangssprache: *er hat bei mir einen roten Reiter gemietet* für ‚ich kann ihn nicht leiden‘ – eine Übertragung, die ein Kaufmann sofort versteht: sie bezieht sich darauf, daß man in der Kundenkartei die Karten für säumige Zahler meist besonders markiert hat, um bei der Auslieferung vorsichtig sein zu können. Diese Markierung geschah – wenigstens früher – im allgemeinen durch einen roten Karteireiter. Wenn der Kunde nun den roten Reiter *gemietet* hat (ständig wie bei einem Mietverhältnis – also Übertragung), so heißt das, daß man bei ihm ständig vorsichtig sein muß. Und wenn man diesen Ausdruck auf eine ganz andere Situation überträgt, bei der es nicht um Lieferanten und Kunden geht, dann ist das gemeinsame Merkmal, daß man den Betreffenden vorsichtig behandelt und ihm mit Vorliebe aus dem Weg geht.

§ 196. Eine zweite Besonderheit besteht darin, daß die zu der übertragenen Bezeichnung herangezogenen Merkmale nicht real vorhanden sein müssen, sondern auf einem Vergleich beruhen oder symbolisch gemeint sein können. Wenn wir einen Menschen eine *Teerjacke* nennen, dann ist das eine Verschiebung des Blickwinkels von der Kleidung auf die Person: Er trägt als Seemann eine Teerjacke. Wenn wir ihn aber eine *Schlafmütze* nennen, dann heißt das nicht unbedingt, daß er vorwiegend eine Schlafmütze trägt – es ist sogar möglich, daß er das gar nie tut. Gemeint ist vielmehr: er ist so verschlafen, wie jemand, der gerade aufgestanden ist oder aus dem Schlaf geweckt wurde (und noch eine Schlafmütze trägt). Noch eine Stufe weiter gehen Ausdrucksweisen, die sachlich gar keinen Rückhalt haben können wie *es geht zum einen Ohr hinein und zum andern hinaus*, wenn jemand eine Mahnung oder ähnliches überhaupt nicht beachtet. Hier ist an etwas zu denken wie *er geht zur einen Tür hinein und zur anderen (der Hintertür) wieder hinaus* nebst Übertragung vom Gehen auf das Hören. Mit diesem Verfahren steht eine dritte Besonderheit in Verbindung, die ich die *Bildvariation* nennen möchte – eine für die Beurteilung des übertragenen Wortgebrauchs sehr gefährliche Erscheinung: Das Bild besteht in der Variation eines bereits bestehenden Bildes. Wenn wir etwa sagen *er schreibt eine wüste Klaue*, dann ist das zweifellos ein übertragener Wortgebrauch; die zugrundeliegende Bedeutungsübertragung ist aber nicht leicht zu erkennen. Auszugehen ist hier von der gängigen alten Bezeichnung eines in seiner Schrift erkennbaren Schreibers als *Hand*: Ein Manuskript ist etwa von drei Händen geschrieben (‚Teil für das Ganze‘). Daraus entwickelt sich die Bedeutung ‚charakteristische Schrift‘ oder

‚Schrift' überhaupt (Ersparung der Beziehungsangabe); man kann also sagen *er schreibt eine schöne Hand* = ‚er hat eine schöne Schrift'. Will man nun das Gegenteil zum Ausdruck bringen, so wäre das natürlicherweise *er schreibt eine wüste Hand*. Man tut nun aber ein übriges und ersetzt nicht nur *schön* durch *wüst*, sondern auch *Hand* durch *Klaue* – was im Grunde genommen keinen Sinn ergibt. Schließlich noch eine vierte Besonderheit: die Nachdeutung bereits bestehender Ausdrücke. Zur Zeit der Kohlenöfen gab es z. B. einen Typ, der als *Dauerbrenner* bezeichnet wurde, weil er so eingerichtet war, daß die Glut in ihm über die Nacht erhalten werden konnte. Dieser Ausdruck wurde nun scherzhaft verwendet zur Bezeichnung der lang anhaltenden Küsse der Hauptdarsteller in Filmen mit Happy End – zweifellos im Anschluß an *brennende Küsse* und ähnliche Ausdrucksweisen; aber der Witz bestand in der Verwendung eines bereits bestehenden, ziemlich technischen Wortes, dem eine andere Bedeutung unterlegt werden konnte. – Ausdrucksweisen mit solchen Besonderheiten sind im allgemeinen umgangssprachlich; sie verschwinden schnell wieder und sind bei der Etymologisierung des normalen Wortschatzes kaum anzutreffen. Man muß sie aber kennen – aus systematischen Gründen und auch, um für Sonderfälle gewappnet zu sein.

E. Beispiel *schenken*

§ 197. Betrachten wir nun als etwas ausführlicheres Beispiel noch den Übergang von der Bedeutung ‚einschenken' zu ‚ein Geschenk machen' bei unserem Verbum *schenken*. Die Entwicklung der Bedeutung ‚einschenken' aus ‚schräg halten' haben wir bereits (§ 190) besprochen; für das weitere läßt sich zwar eine entfernte Ähnlichkeit der Bedeutungen erkennen, doch ist der Übergang als solcher unklar. Im Hinblick auf eine Klärung ist zunächst die Stellung des Anbietens von Getränken im Rahmen der mittelalterlichen (und neuzeitlichen) gesellschaftlichen Bräuche zu bedenken: Mit dem Anbieten eines Trunks wurden gesellschaftliche Ereignisse gefeiert, besonders Willkommen und Abschied bei Anlässen wie Besuchen, Taufen, Hochzeiten usw. Bei festlichen Bewillkommungen ist es dann nicht beim Trunk geblieben: Es wurde auch Essen angeboten und des weiteren Geschenke – je nach Anlaß vom Bewillkommneten oder vom Gastgeber oder von beiden. Für die Bedeutungsentwicklung ist nun wichtig, daß zunächst die Ableitung *Schenk(e)* in einer heute nicht mehr erhaltenen Bedeutung (nicht ‚Wirtshaus', sondern ‚das Einschenken, das Anbieten von Getränken') zu ‚Anlaß, bei dem Getränke zum Zeichen des Willkommens angeboten werden' lexikalisiert wurde (Verschiebung des Bezeichnungsumfangs). Daraus ist die spätmittelalterliche Redewendung zu verstehen, daß etwas *zur Schenke gegeben,* oder daß *eine Schenke zur Ehr gegeben* wird, daß also Ehrengeschenke überreicht werden; und mit einer Verschiebung des Blickwinkels kann dann *Schenke* von der Bezeichnung des Anlasses zu einer solchen der damit verbundenen Ehrung und schließlich auch der überreichten Gaben werden. Heute verwenden wir in dieser Bedeutung ausschließlich das erst später aufkommende Kollektivum *Geschenk.* Diese Bedeutungsentwicklung ist offenbar schon im Ausgang der mittelhochdeutschen Zeit eingetreten, worauf die Bedeutungsentwicklung des Substantivs eine entsprechende Entwicklung beim Verbum nach sich gezogen hat: *schenken* bedeutete dann auch ,zur Schenke geben, ein (Ehren-)Geschenk machen' – die neue Bedeutung gehört also streng genommen zu einem neuen Wort, zu einer Ableitung aus dem Substantiv. Auf dieser Stufe meint *schenken* ,Ehrengeschenke geben' oder in mehr bürgerlichem Rahmen ,die bei einem bestimmten Anlaß (Taufe usw.) üblichen Geschenke geben'. Die Wörter müssen daraufhin auch in Situationen verwendet worden sein, bei denen nicht die Ehrung durch die Gabe oder die Befolgung des Brauchs im Vordergrund stand, sondern der materielle Wert, der freiwillig, nicht als Gegenleistung für etwas anderes hingegeben wurde. So konnten *schenken* und *Geschenk* durch eine Verschiebung des Abstraktionsgrades zu allgemeinen Ausdrücken für ,etwas freiwillig ohne Gegenleistung hingeben' und das Verbum schließlich auch zu ,auf etwas verzichten' werden.

VI. Urschöpfung und Zufallsentstehung (B 31)

A. Urschöpfung

§ 198. Nach den Mitteln, die der bewußten Sprachverwendung zur Bildung neuer lexikalischer Einheiten offenstehen, kommen wir nun zu einem Bereich, der in einem viel radikaleren Sinn als bei der Wortbildung zu ‚neuen‘ Einheiten führt, der aber nicht in gleicher Weise der bewußten Bildung zugänglich ist: der Urschöpfung, der wir die Zufallsentstehung anreihen wollen, weil diese beiden Bereiche in vielen Fällen nicht auseinandergehalten werden können. Wir haben bereits in der Einleitung (§ 24–§ 28) gesehen, daß bei dem großen Bereich der Urschöpfung drei miteinander zusammenhängende Fragestellungen unterschieden werden müssen: die Frage der Lautbedeutsamkeit (‚gibt der Lautkörper die bezeichnete Sache angemessen wieder?‘ – eine Frage der Sprachbeschreibung), dann die Frage der Entstehung der menschlichen Sprache (bei der Lautnachahmungen eine große Rolle gespielt haben mögen), und schließlich die Frage der Etymologie ganz konkreter Wörter (die gegebenenfalls auf Lautnachahmungen zurückzuführen sind). Unserem Anliegen gemäß wollen wir uns hier auf die dritte Fragestellung beschränken, also auf die Frage: Wie können ganz neue Lautfolgen zur Bezeichnung von Wirklichkeitsausschnitten eingesetzt werden? Dabei werden wir im wesentlichen die drei bereits (aus § 25) bekannten Verfahren der Lautnachahmung, der Lautgebärde und des Lautbildes eingehender zu besprechen haben.

1. Lautnachahmung

§ 199. Beginnen wir mit den Lautnachahmungen, bei denen ein nichtsprachliches Geräusch durch eine Folge von Sprachlauten nachgeahmt werden soll. Es kann dabei vorkommen, daß in Bildungen, die noch nicht voll in das Lexikon eingegliedert sind, Laute auftreten, die in der betreffenden Sprache nicht üblich sind, oder – noch häufiger –, daß Lautfolgen gebraucht werden, die den Regelungen der Lautstruktur in der betreffenden Sprache nicht folgen; aber normalerweise zeigen Lautnachahmungen nur Einheiten des üblichen Lautbestands und folgen auch den gültigen Kombinationsregeln. Dies ist ein erster Grund dafür, daß Nachahmungen desselben Lautes in verschiedenen Sprachen recht verschieden sein können.

So kräht der Hahn bekannterweise auf deutsch *kikeriki,* auf französisch *cocorico* und auf englisch *cock-a-doodle-doo* usw. Der zweite Grund für solche Verschiedenheiten liegt darin, daß außersprachliche Geräusche (und im Prinzip auch Tierstimmen) nicht in regelmäßige Segmente (Laute) gegliedert sind, so daß für die Wiedergabeversuche notwendigerweise eine recht starke Streuung vorausgesetzt werden muß; und schließlich können sich auch bei der Lautnachahmung bereits bestehende Wörter der betreffenden Sprache einmischen – etwa bei der englischen Art zu krähen der Anfang *cock-* (e. *cock* ‚Hahn‘). Trotz dieser Freiheit in der Wiedergabe können verhältnismäßig einheitliche, immer wiederkehrende Geräusche wie Tierstimmen in den einzelnen Sprachen so gut nachgeahmt werden, daß das Gemeinte schon bei einer ersten Verwendung erraten werden kann (besonders natürlich, wenn es in der Sprechsituation anwesend ist). Ist das Geräusch nicht in gleicher Weise einheitlich (wird also eine Anzahl ähnlicher Eindrücke mit einer Lautnachahmung zusammengefaßt, wie bei *zischen, poltern, kullern* usw.), ist der Nachahmungscharakter naturgemäß schwächer. Im allgemeinen werden Lautnachahmungen nicht vom Sprecher erfunden (also tatsächlich der Wirklichkeit nachgeahmt), sondern gelernt wie andere Wörter. Auch die sogenannte Ammensprache (das heißt, die dem Kind vorgesagten ‚kindersprachlichen‘ Wörter wie *Wauwau* und *Ticktack*) hat eine Tradition wie die normale Sprache. Die häufig anzutreffende Verachtung dieser ‚Verstümmelungen‘ ist übrigens nicht ganz gerechtfertigt: solche Formen können vom Kind tatsächlich leichter aufgefaßt, nachgeahmt und behalten werden.

2. Lautgebärde

§ 200. Bei den Lautgebärden geht es um natürliche lautliche Begleiterscheinungen zu menschlichen Handlungen und Reaktionen. Es sind dabei zwei Untertypen zu unterscheiden, die zwar voneinander und von verwandten Erscheinungen nicht ohne weiteres getrennt werden können, die aber hier doch als Schwerpunkte deutlich gemacht werden sollen. Nennen wir den einen den Typ *Mama.* Es geht dabei darum, daß unsere Sprechwerkzeuge nur ‚unter anderem‘ Sprechwerkzeuge sind – wir machen mit ihnen noch vieles andere: wir atmen, essen, blasen zum Beispiel mit ihnen, dann sind sie Bestandteile des für die Verständigung sehr wichtigen Mienenspiels und anderes mehr. Wenn nun bei einer solchen Handlung oder einem solchen Mienenspiel zugleich Laute entstehen, dann sind sie durch die Stellung der Sprechwerkzeuge, die durch die außersprachliche Handlung bedingt ist, geformt, und wir empfinden deshalb diese Laute als natürlich und zur Situation passend. So werden wir, wenn wir etwas essen, die Lippen normalerweise geschlossen halten, und ein dabei gebildeter Laut wird ein *m* oder etwas ähnliches sein. Deshalb stehen solche Lautungen wie *mm* gerne als Ausdruckslaute (gutes) Essen, Befriedigung, Genuß; beim ganz kleinen Kind (das diese Laute selbstverständlich noch nicht bewußt gebraucht) stehen sie im Zusammenhang mit dem Saugen, mit der ersten und wichtigsten Bedürfnisbefriedigung an der Mutterbrust usw., und so ist es sicher auch kein Zufall, daß in vielen Sprachen die Wörter für Mutter, besonders die kinderspachlichen Wörter, ein *m* enthalten[103] – sie folgen eben dem Typ *Mama.* Anderes dieser Art ist etwa das *p* oder (falls in der betreffenden Sprache vorhanden) ein bilabialer Reibelaut (,Blaslaut') für Blasen, für die damit ausgedrückte Abneigung, den Widerwillen usw. Die andere Art von Lautgebärde wollen wir den Typ *bibbern* nennen. Bei ihm ahmen die Sprechwerkzeuge eine Bewegung des Gemeinten (oder gegebenenfalls das Gemeinte selbst) nach. So wird in dem umgangssprachlichen Wort *bibbern* durch die rasche Wiederholung des *b* und den ,Zitterlaut' *r* die gemeinte Bewegung, das Zittern, nachgeahmt. Oder – ein in der Fachliteratur ausgiebig behandelter Fall[104] – Lautfolgen mit Kurzvokal + *p* (oder andere Explosivlaute) als Lautgebärden für ,packen, schnappen' o. ä., wie etwa gerade das Wort *schnappen:* das rasche Zusammenklappen der Kiefer gibt den Eindruck des raschen Packens wieder, ahmt ihn nach. Zu den Lautgebärden (im allgemeinen nach dem Typ *Mama*) wird man schließlich auch die Ausdruckslautungen rechnen müssen: die bei einer starken Gefühlsbewegung, bei Schmerz oder anderem ,unwillkürlich' ausgestoßenen Lautfolgen. Selbst wenn sie dem Lautsystem einer Sprache gar nicht folgen, sind sie doch häufig in starkem Umfang durch die Konvention bestimmt.

3. Lautbild

§ 201. Von Lautbildern können wir sprechen, wenn die Sprecher eine Lautfolge zur Bezeichnung eines Wirklichkeitsausschnitts bilden, die ihnen in besonders starkem Ausmaß lautbedeutsam zu sein scheint. Lautbilder sind also gewissermaßen ,frei erfunden', sie sind keine Nachahmungen und keine unwillkürlich entstehenden Gebärden, sondern Lautgestalten, die das Gemeinte irgendwie gestalthaft wiedergeben. Da bei akustisch erfaßbaren Erscheinungen in der Regel eine Lautnachahmung vorliegen wird, sind die Lautbilder mehr oder weniger beschränkt auf Wirklichkeitsausschnitte, die ganz oder überwiegend mit den anderen Sinnen erfaßt werden. Über die Lautbedeutsamkeit haben wir das wichtigste in allgemeiner Form bereits zusammengestellt (§ 25); hier sollen nur noch einige ergänzende Bemerkungen folgen, die sich auf alle drei Typen von Urschöpfungen beziehen. Es sind bei ihnen über die Bedeutsamkeit der Laute und Lautfolgen hinaus noch besondere Bildungsmittel festzustellen, vor allem die Reduplikation (Wiederholung des gleichen Wortteils, wie bei *Wauwau*) und die Lautabwandlung (Wiederholung mit Abwandlung des zweiten Teils, wie bei *klipp-klapp, ping-pong* usw.). Es gibt sogar morphologische Typen, für die Urschöpfungen als Grundlage typisch sind; im Deutschen vor allem die Verben auf *-z-en* (*grunzen, maunzen, krächzen, ächzen* usw.). Des weiteren gibt es besondere Lautwechsel, vor allem die Geminationen und Dehnungen, die für ‚expressive Wortbildungen‘ eingesetzt werden können. So gibt es z. B. auch im Deutschen einen Typ von Intensivbildungen, der durch Gemination (gegebenenfalls mit Verschärfung) des Inlauts charakterisiert ist: *nicken* zu *neigen, bücken* zu *beugen, rupfen* zu *raufen* usw.[105]. Nur am Rande unserer Fragestellung ist schließlich auch die Feststellung wichtig, daß es auch außerhalb des Sprachsystems, bei der Einzelrede, Ausdruckslautungen gibt, die sich etwa in Überdehnungen, besonderen Betonungen, in der Melodie, in Lautabwandlungen usw. äußern[106].

4. Urschöpfung bei Wortgeschichte und Wortentstehung

§ 202. Fragen wir nun, was die Urschöpfung für die Etymologie bedeutet, so ist zunächst auf einige Erscheinungen der Wortgeschichte hinzuweisen, die wir zweckmäßigerweise hier einfügen: Ein Sprecher wird in bestimmten Situationen lautbedeutsame Wörter anderen (als ausdrucksstärker) vorziehen – in anderen Situationen wird er sie eher (als zu umgangssprachlich, zu emotional usw.) meiden. Je nach der Bedeutung des Wortes kann sich das sehr schnell auf seine Häufigkeit und damit auf sein weiteres Schicksal auswirken. Solche Erscheinungen lassen sich naturgemäß sehr schwer (wenn überhaupt) erfassen – rechnen müssen wir aber mit ihnen. Für uns noch wichtiger und auch heikler ist die Möglichkeit, daß ein Wort in seiner Lautgestalt Ansätze von Lautbedeutsamkeit enthält, die dann durch eine sekundäre *Umprägung* verstärkt werden, oder daß seine Lautgestalt dem Inhalt zuwiderläuft (wenn etwa ein Wort für ‚klein‘ Vokale wie *a, o* oder *u* enthält) und die Neigung zur Lautbedeutsamkeit zu einer Veränderung der Lautform (wiederum einer Umprägung) führt, so daß die lautgesetzliche Entwicklung gestört wird. Man kann solche Fälle zwar sehr schwer nachweisen, aber denkbar und wahrscheinlich sind sie durchaus. Was nun die Wortentstehung anbelangt, so ist zunächst noch einmal daran zu erinnern, daß eine erstmalige und einmalige Urschöpfung zwar eine aktuelle Verständigung ermöglichen mag, daß sie aber damit noch keine lexikalische Einheit ist (§ 48): Es kann einfach die Möglichkeit der Lautbedeutsamkeit zur Verständigung in der Einzelsituation herangezogen werden. Diese ‚Urschöpfung' ist dann noch ganz im Bereich der gefühlsmäßigen, allgemeinen Erfassung des Gemeinten, bei der die Situation noch ganz wesentlich die Bedeutung mitbestimmt. Erst wenn der Gebrauch wiederholt und auf bestimmte Situationen festgelegt wird, kann eine solche Bildung eine wirkliche Bedeutung bekommen und damit zu einer lexikalischen Einheit werden. Worin besteht nun die Etymologie, wenn wir es mit einem lautbedeutsamen Wort zu tun haben, oder im Verlauf unserer Untersuchung feststellen, daß ein ‚normales' Wort durch Laut- oder Bedeutungsentwicklung aus einer Urschöpfung hervorgegangen ist?[107] Nun – die Etymologie verlangt zunächst eine möglichst genaue Erfassung der ursprünglichen Lautform und der Ausgangsbedeutung. Darauf wäre zu zeigen, daß diese Lautform für die vorliegende Bedeutung (oder gegebenenfalls eine ihr zugrundeliegende, noch ursprünglichere) in der betreffenden Sprache bedeutsam sein kann. Dies kann durch Parallelen mit entsprechender Bedeutung und ähnlichen Lautfolgen geschehen: je mehr Parallelen aufgewiesen werden können, desto wahrscheinlicher ist die Annahme einer Urschöpfung. Wenn dann weiter keine Möglichkeit für einen historischen Anschluß zu finden ist (und die Lautfolge nicht nahelegt, daß eine Wortbildung oder eine Umprägung stattfand), kann die Hypothese aufgestellt werden, daß es sich um eine Urschöpfung handelt. Die Wahrscheinlichkeit dieser Hypothese ist umso größer, je besser die Lautbedeutsamkeit aufgezeigt werden konnte. Einen Beweis wird es in diesem Bereich allerdings nicht geben können – nicht einmal eine Begründung, die einem Beweis nahekommt (was wir für die Wortbildung durchaus behaupten können), da die Lautbedeutsamkeit ja immer auch sekundär sein kann. Immerhin legen einige Bedeutungsbereiche die Annahme von Urschöpfungen für ihre Bezeichnungen besonders nahe (vgl. etwa die in Anm. 107 genannte Arbeit).

B. Untersuchungsbeispiel: schweizerdt. *Dutsch*

§ 203. Mindestens ebenso wichtig wie die Frage, was bei der Urschöpfung eigentlich unter Etymologie zu verstehen sei, ist die Frage, in welchem Umfang die Wörter einer Sprache auf solche Urschöpfungen zurückgehen können. Deshalb wollen wir als Beispiel an einem Einzelfall untersuchen, welche Bedeutungsverzweigungen sich aus einer Lautnachbildung ergeben können. Ich wähle hierzu eine stärker mundartliche Wortsippe, bei der der lautmalende Charakter besser hervortritt, das schweizerdeutsche *dutsch* zur Bezeichnung dumpfer Geräusche[108]. Zunächst zur Lautbedeutsamkeit: Neben *dutsch (datsch, dätsch)* haben wir mit ähnlichen Bedeutungen *butsch (batsch, bätsch, botsch)* und *blutsch (blatsch, blätsch, blotsch)*. Offenbar ist das auslautende *-tsch* für solche Geräuschnachahmungen typisch (vgl. auch nhd. *klatschen, patschen* usw.); wobei das vorangehende *u* eher für ein dumpferes, dunkleres Geräusch steht, das *a/ä* mehr für ein Knallen, Krachen oder Prasseln – allerdings ist dies nur eine Tendenz, kein notwendiger Zusammenhang. Der Anlaut scheint verhältnismäßig frei zu sein – er zeigt regelmäßig einen Verschlußlaut (wobei *d/t* und *b/p* in der Mundart nicht unterschieden werden); ihm kann ein *l* folgen, besonders wenn der Aufprall auf Wasser lautlich wiedergegeben werden soll. Für das von uns zu untersuchende *Dutsch,* mit den erstarrten Diminutiven *Dütschi* und *Dütschel,* den lebendigen Diminutiven *Dutsch(e)li* und *Dütschli* und den Verben *dütschen* und *dutschelen (-ü-)* läßt sich dabei als Ausgangsbedeutung aufweisen ‚der Schall, der entsteht, wenn schwere Holzkörper auf etwas aufprallen‘. Grundlage ist das Substantiv *Dutsch,* das in der einfachsten Bedeutung lediglich den Laut bezeichnet (*es tut einen Dutsch* ‚es gibt einen dumpfen Ton‘), wobei der Anwendungsbereich vergleichsweise weit ist – die Spezialisierung auf bestimmte Situationen zeigt sich erst bei den semantisch abhängigen Substantiven und Verben. Diese wollen wir nun jeweils für sich etwas genauer betrachten.

§ 204. Die Übertragung der Schallbezeichnung auf das, was den Schall hervorbringt, zeigt zunächst einen Hauptanwendungsbereich mit zahlreichen Verästelungen: Mit ihr, genauer mit der Besonderungsbildung *Dütschi,* wird der von einem gefällten Stamm abgesägte, mehrere Meter lange Abschnitt bezeichnet, der dann zu Brettern verarbeitet wird (daher auch *Ladendütschi* zu *Laden* ‚Brett‘; *ein Dütschi Laden* sind ‚die beieinanderliegenden Bretter, die aus einem Dütschi gesägt sind‘). *Am gleichen Dütschi sägen* ist eine schweizerdeutsche Entsprechung zu ‚am gleichen Strick ziehen‘. Auch ein bereits halbbearbeiteter Block (mit wenigstens zwei parallelen Seiten) wird *Dütschi* genannt. Das Benennungsmotiv ist klar: Wenn man das Dütschi vom Stamm absägt, fällt es mit einem dumpfen Ton zu Boden; auch wenn man einen bereits gesägten Block fallen läßt, macht es *dutsch.* Diese Ausgangsbedeutung erfährt nun mehrere Ausweitungen, je nachdem, welches Merkmal des *Dutsch/Dütschi* im Vordergrund steht. Beginnen wir mit dem augenfälligsten, dem Merkmal ‚unbehauen, grob, schwer‘: Nahe an der Ausgangsbedeutung bleiben wir, wenn mit dem Wort ein beliebiger grober Holzklotz (auch etwa zum Heizen) bezeichnet wird, dann speziell die Holzklötze als Arbeitsunterlage (*Hack-* ‚Hackklotz‘, *Fleisch-* ‚Klotz, auf dem das Fleisch geklopft, geschnitten und gehackt wird‘); ein *Ofen-Dütschi* ist ein grober Holzklotz vor dem Ofen (oder auch in den Ofen); an die Füße von Delinquenten wurde ein *Dütschi* gekettet, dann ist *Dütschi* ein ‚Schneeklumpen am Schuh‘, und mehr spöttisch nannte man auch große, hohe Absätze an den Schuhen so. In den Redensarten läßt man sich fallen wie ein Dutsch, schläft wie ein Dutsch und anderes. In der Übertragung auf Menschen ist ein *(Ofen-)Dutsch/*

Dütschi jemand Ungeschlachtes, oder aber jemand Dummes, Unbeholfenes oder Hartherziges. Als Vulgärwort steht *Dutsch* für ‚Kopf‘, in der Fachsprache der Viehzucht für eine grob viereckige Ohrenkerbe als Eigentumsmarkierung bei Schafen[109]. Das verwandte Merkmal ‚groß, schwer‘ liegt vor, wenn ein großes Exemplar (etwa einer Kartoffel) so genannt wird oder wenn Rudolf von Tavel einen großen Steinblock ein *Steindütschi* nennt. Seltener zeigt sich das Merkmal ‚lang‘, vor allem bei *Chämi-Dütschi/li*, das ist ein Backstein, dessen Längsseite mehr als doppelt so lang ist wie die Breitseite, und der vorwiegend zum Kaminbau verwendet wird.

§ 205. In ganz andere Bereiche führt das Merkmal ‚abgesägt‘: Dabei geht die Bedeutung zunächst über auf die kleineren ‚Holzrugel‘ mit der Länge eines Scheits, obwohl sie beim Fallen gar nicht *dutsch,* sondern höchstens *dätsch* machen. Man kann sie – außer zum Verheizen – auch als einfache Sitzgelegenheit benützen, so daß mit *Dütschi* schließlich auch behelfsmäßige Sitzgelegenheiten, selbst einfache Schemel, bezeichnet werden. Ganz zurück tritt die ursprüngliche Schallbedeutung, wenn mit den Diminutiven die einfachen Absäglinge bezeichnet werden, die Reststücke, die beim Zimmermann und Schreiner anfallen. Da es Abfallstücke sind, dürfen die Kinder sie zum Spielen nehmen – deshalb sind *Dütschi/li* auch ‚Holzklötzchen‘ und *dütschelen* ist ‚mit Holzklötzchen spielen‘. Noch weiter entfernt: *gedütschelt* ist ‚gewürfelt‘ (von Stoffmustern) nach den Mustern, die man mit solchen Klötzchen legen kann. – Merkwürdigerweise heißen auch die Fensterläden *(Balken-)Dütschi,* obwohl sie weder aus Rundholz bestehen, noch besonders schwere Klötze sind. Hier muß eine selbständige Übertragung der Schallbedeutung vorliegen: ein Fensterladen ist als etwas verstanden, das *dutsch* macht (nämlich wenn man ihn schließt, oder wenn der Wind ihn zuschlägt). Schwieriger zu beurteilen ist das Verhältnis zu einigen Bezeichnungen für gebackene Speisen (‚Eierkuchen‘, *Chäs-* ‚Käsekuchen‘, *Chriesi-Dütschli* ‚am Stiel zusammenhängende Kirschen, die mit Teig umgeben und in Fett gebacken werden‘), einmal deshalb, weil nur Speisen, und nicht beliebige weiche oder unförmige Massen so bezeichnet werden, und zum andern deshalb, weil bei dieser Bedeutung die Lautform besonders stark schwankt (im Vokalismus auch *ä, o, a;* ferner *Dusch, Blutsch* und anderes). Daß hier unmittelbar von der Schallbedeutung auszugehen sein soll, scheint mir nicht wahrscheinlich zu sein; denkbar ist aber, daß es ursprünglich um ‚zerschlagene Eier‘ ging (dann ist aber eher von einer Variante auszugehen, die nachträglich abgewandelt wurde, vermutlich *dätsch*); möglich ist aber auch, daß die Bedeutung ‚Klotz‘ zugrundeliegt. Eine genaue Entscheidung läßt sich nicht treffen – auf jeden Fall aber ist die umgangssprachliche Bezeichnung für ‚Hut‘ als *Dutsch* auf einen Vergleich mit solchen Gebäcken zurückzuführen: er sieht aus, wie wenn man dem Betreffenden einen Eierkuchen über den Kopf gestülpt hätte.

Sicher abzutrennen sind die Ausdrücke, die Metallstücke bezeichnen (sie gehören im Idiotikon zu *Tutsch* II, d. h. zu frz. *touche*) und die Bedeutung ‚Sauger für Kinder‘ mit dem von ihr abhängigen Verbum: ihre ursprüngliche Lautform ist *Dutz,* das seinerseits zu *Dutten* ‚Zitzen an der Brust‘ gehört; die lautliche Umgestaltung ist vielleicht unter dem Einfluß von *lutsch(en)* erfolgt.

§ 206. Bei den Verben haben wir ein besonders starkes Durcheinander. Für abhängig von der Schallbezeichnung halte ich *dütschen* im Sinne von ‚Fleisch klopfen‘ (wobei es *dutsch* macht). Dagegen ist wohl alles, das mit ‚stoßen‘, besonders ‚zusammenstoßen‘ zusammenhängt (einschließlich der nominalen Ableitung *Dutsch* ‚Stoß, Zusammenstoß‘) auf ein altes *dutzen* (u. ä.) zurückzuführen, das ‚stoßen‘ bedeutete und später lautlich abgewandelt wurde. Ähnliche Bedeutungen sind auch bei *butschen* anzutreffen. Der Bedeutungsbereich ‚stoßen‘ ist bei unserer Sippe am deutlichsten ausgeprägt bei *Eier dütschen* ‚Ostereier gegeneinanderstoßen, wobei das unversehrt bleibende gewinnt‘ und beim Stoßen mit dem Kopf von Geißen, auch von Menschen. Unklar ist *Nüsse dütschen* ‚Nüsse knacken‘ – hier könnte eine Schallbedeutung zugrundeliegen, wobei der Ausgangspunkt aber eher bei einer der zahlreichen Varianten gleicher Bedeutung zu suchen ist. – Die Wortsippe *dutsch* zeigt also wie die meisten Lautnachbildungen eine unfeste Lautgestalt, mehrere Lautvarianten mit ähnlicher Bedeutung, und starke gegenseitige Beeinflussung gegenüber anderen lautmalenden Wortsippen ähnlicher Bedeutung. Immerhin läßt sich eine zentrale, und durch die Lautnachahmung durchaus begründete Bedeutung herausheben, aus der eine Anzahl Bedeutungsverzweigungen stammen, deren Verbindung mit der Lautnachahmung nach jedem Schritt schwächer wird. Wer denkt schon bei *gedütschelt* ‚gewürfelt‘ noch an fallendes Holz? Nur die für expressive Bildungen typische Lautform (*-tsch*) verrät in solchen Fällen, daß letztlich eine Lautnachahmung zugrunde liegen könnte.

C. Zufallsentstehung

§ 207. Eine mit der Urschöpfung zusammenhängende Möglichkeit der Neu-Entstehung von lexikalischen Einheiten ist die *Zufallsentstehung.* Bei ihr wird eine in einer Einzelsituation zufällig auftretende Lautfolge einem bestimmten Bedeutungsumkreis zugeordnet; sie kann dann bei Wiederholung bestimmte Gebrauchsgewohnheiten entwickeln und zu einer lexikalischen Einheit werden. Stellen wir zunächst fest, daß die Verwendung solcher ‚Wörter‘ vor allem für kleine, intime Gruppen mit starken emotionalen Beziehungen typisch ist: für (Liebes-)Paare[110], für Familien mit kleinen Kindern, für kleine Gruppen (besonders von Heranwachsenden) und ähnlichem. Sie verwenden Zufallsentstehungen besonders häufig für Namen (Spitznamen, Kosenamen usw.), aber auch für den Wortschatz des täglichen Umgangs in mehr oder minder großem Maße. Fügen wir dem gleich hinzu, daß ‚ungestützte' Lautfolgen, die gewissermaßen aus dem Nichts entstehen, sehr selten sind; ja, wahrscheinlich überhaupt nicht vorkommen. Die Quellen für solche Neubildungen sind vielmehr zunächst einmal häufig in der normalen Umgangssprache zu finden. Solange dabei die Lautform normaler Wörter verwendet wird (und diese lediglich eine besondere, in einer Einzelsituation entstandene Bedeutung bekommen), handelt es sich (wenigstens in der Regel) um semantische Begriffsschöpfungen, selbst wenn der Gebrauch auf die Kleingruppe beschränkt bleibt. Sobald aber die umgangssprachlichen Wörter zusätzlich verstümmelt oder sonstwie verändert werden, liegt die Schöpfung eines neuen Zeichenkörpers vor. Obwohl solche Vorgänge vergleichsweise bewußt sein können, und obwohl die Verstümmelung die Erkennbarkeit des ‚Ausgangspunktes' auch weniger stark beeinträchtigen kann, wollen wir hier von Zufallsentstehung reden, weil es sich um vereinzelte und ganz unsystematische Vorgänge handelt. Etwas Ähnliches wie die Verstümmelungen tritt in der Kindersprache auf: Das Kind faßt neue Eindrücke mit einer Lautfolge zusammen, die seiner jeweiligen Entwicklungsstufe entspricht, also im allgemeinen wesentlich einfacher ist als die Wörter der Erwachsenensprache. Auch der Bedeutungsumfang solcher Kinderwörter entspricht normalerweise nicht dem Bedeutungsumfang eines Wortes der Erwachsenensprache. Solche Bildungen können nun auch von den Erwachsenen aufgenommen und in der betreffenden Familie wie normale Wörter gebraucht werden. Natürlich stammen sie aus der Auseinandersetzung des Kindes mit der Sprache seiner Umwelt und sind somit eigentlich ‚als richtige Wörter geplant'; sobald sie aber von den Erwachsenen aufgenommen werden, stellen sie in deren Sprache einen neuen, fremden Bestandteil dar, der aber durchaus den Rang eines selbständigen Wortes erhalten kann.

§ 208. Des weiteren sind in diesem Zusammenhang die sprachlichen Mißverständnisse zu erwähnen, die unter bestimmten Umständen erhalten bleiben können. So ist das französische *vasistas (m)* ,Guckfenster, Oberlichtfenster' ersichtlich aus dt. *was ist das?* entstanden, sehr wahrscheinlich auf Grund eines Mißverständnisses. (Um eine Entlehnung handelt es sich hier deshalb nicht, weil zwischen der Bedeutung der deutschen Fügung und der des französischen Wortes kein systematischer Zusammenhang besteht). Schließlich wirken bei der Zufallsentstehung häufig die Mechanismen der Urschöpfung mit – in vielen Fällen sind die beiden Gebiete praktisch nicht voneinander zu trennen –, sowie Anklänge an vorhandene Wörter, besonders an solche, die mit einem Gefühlswert beladen sind (und dies wiederum ist schwer von den Verstümmelungen zu unterscheiden). Solche

Zufallsentstehungen können nun im Prinzip aus ihrer Kleingruppe auch in die allgemeine Sprache gelangen. Wie viele Wörter unseres Wortschatzes eine solche Herkunft haben, ist dabei unbekannt und nicht nachprüfbar, denn die Zufallsentstehungen tragen keine äußeren Merkmale an sich, die ihre Herkunft verraten würden (wie die Lautbedeutsamkeit bei der Urschöpfung). Aufs ganze gesehen werden aber wohl nur wenige Einheiten unseres Wortschatzes auf Zufallsentstehungen zurückzuführen sein, da allgemein verständliche Bildungen bei der nachträglichen Verbreitung bessere Aussichten haben als Bildungen, die nur für eine kleine Sprechergruppe durchsichtig sind. Am ehesten faßbar wären solche Fälle, wenn Bildungen von ‚Nonsense‘-Schriftstellern wie Lewis Carroll im Englischen oder Christian Morgenstern im Deutschen in die allgemeine Sprache übergehen würden – aber wenigstens für das Deutsche ist mir kein solcher Fall bekannt.

VII. Wortfabrikation

A. Hybridbildungen

§ 209. Damit kommen wir schließlich zu den Kunstwörtern, deren immer stärker werdende Verbreitung das Bedürfnis unserer Zeit nach einer großen Zahl neuer Bezeichnungen spiegelt – wobei die regelmäßige Wortbildung als zu umständlich empfunden wird und auch in Bezug auf die internationale Verstehbarkeit den künstlichen Bildungen unterlegen ist. Kunstwörter finden wir zunächst in der Wissenschaftssprache und den Fachsprachen überhaupt; dann bei Ämtern, Behörden und anderen Organisationen, in der Industrie (bei den Produkten und damit zusammenhängend: in der Werbung); aber auch – mit einigen Typen – in der Umgangssprache. Einen Übergang zur normalen Wortbildung zeigen die *Hybridbildungen* (= aus den Elementen verschiedener Sprachen zusammengesetzte Bildungen) der Wissenschaftssprache. Diese war im Mittelalter (und zum Teil noch in der frühen Neuzeit) lateinisch mit griechischen Bestandteilen; und ihre Terminologie hat man später auch in den volkssprachlichen Wissenschaftsbetrieb übernommen. Bei neuem terminologischem Bedarf – im Zuge von Neu-Entdeckungen oder sonstigen Entwicklungen – wurde nun weiterhin aus diesem lateinischen Bestand geschöpft. Im Laufe der Zeit ist man aber mit dieser Terminologie sehr willkürlich verfahren: Man hat sich nicht mehr an die Bildungsregeln der lateinischen und der griechischen Sprache gehalten, sondern erstens Elemente aus verschiedenen Sprachen unbesorgt gemischt und zweitens die einzelnen Elemente ‚irgendwie‘ aneinandergehängt und sogar miteinander verschmolzen. Der daraus erwachsene neulateinische Wortschatz ist weitgehend international und im allgemeinen auch durchsichtig: Es ist klar, aus welchen Elementen ein solches Fachwort besteht, und wieso diese Elemente zur Bezeichnung ausgewählt wurden. Von einer Wortbildung im engeren Sinn kann man aber aus den genannten Gründen in vielen Fällen nicht sprechen. Zudem können in diesen Terminologien auch Elemente von außerhalb des normalen Wortschatzes eine Rolle spielen: formelhafte Ausdrücke, Namen von Entdeckern, sowie Kürzungen und Vermischungen aller Art. Ein beliebiges Beispiel: das Wort *Vitamin.* Casimir Funk untersuchte im Anfang dieses Jahrhunderts die Beriberi-Krankheit und stellte dabei fest, daß bei den Kranken eine bestimmte Stickstoff-Verbindung (ein *Amin*) fehlte. Da diese Verbindungen offenbar lebenswichtig waren, bezeichnete sie Funk mit einer Bildung aus lt. *vita* ‚Leben' + *Amin* (das seinerseits auf eine barbarische Verstümmelung von *Ammoniak*, splt. *ammōnia* mit Anfügen des Elementes *-in* in der Chemikersprache zurückgeht) als *Vitamine* – ein nicht gerade korrekt gebildetes Wort, das sich aber nach der Veröffentlichung von Funks Ergebnissen (1913) auch außerhalb der Fachsprache durchsetzte.

B. Kurzwörter

§ 210. In anderer Weise eine Übergangsform bilden die *Kurzwörter* der Umgangssprache. Dabei wollen wir Ersparungen wie *Wagen* für *Kraftwagen* oder die Klammerformen wie *Reißnagel* als verhältnismäßig systematische Fälle nicht in Betracht ziehen, und auch die seltenen Fälle von Teilaufzählungen (*ABC* für die Buchstabenfolge) beiseite lassen. Es geht vielmehr darum, daß längere Wörter (bei uns sind es meist Fremdwörter) ohne Rücksicht auf ihre Bildung abgeschnitten und somit gekürzt werden. Da neben diesen Kurzwörtern in der Regel eine volle Form steht, könnten diese Bildungen auch als Erscheinungen der Lautgeschichte betrachtet werden, aber weil sie manchmal von semantischen Besonderheiten begleitet sind, weil manchmal die Kurzform von vorneherein lebenskräftiger ist als die volle Form, und schließlich, weil in einigen Fällen echte Neubildungen vorliegen, sei dieses Gebiet hier zusammenhängend besprochen. Im Deutschen handelt es sich in der Regel um *Kopfwörter* (bei denen nur der Kopf, also der Anfang, erhalten bleibt), wie *Uni* für *Universität, Akku* für *Akkumulator* (*Lok, Labor, Foto* usw.), wobei in Sonderfällen ein neuer Wortausgang auftreten kann (*Profi* für *Professional*). *Schwanzformen* (bei denen nur das Ende bleibt) sind auch möglich, kommen aber eher im Englischen vor (das überhaupt eine größere Vielfalt an Möglichkeiten der Wortfabrikation zeigt). Beispiele wären *Cello* für *Violoncello* oder *Bus* für *Omnibus*. Zusammenziehungen (mit Anfang des ersten Wortes + Schluß des zweiten) sind bei uns ganz ungebräuchlich, ein nicht sehr lebensfähiges Beispiel wäre das Militärwort *Krad* aus *Kraftrad*. Verwandt damit ist eine im Englischen sehr beliebte Form echter Neubildung, die sogenannten *blendings*, bei denen eine Kombination von Bedeutungen durch die Verschmelzung der Wörter ausgedrückt wird, so bei *smog* aus *smoke* und *fog* (‚Rauch' und ‚Nebel' für die über den Industriestädten hängende Dunstglocke) oder *brunch* aus *breakfast* und *lunch* (‚Frühstück' und ‚Mittagessen' für ein ausgedehntes spätes Frühstück, das zugleich das Mittagessen ersetzt). Im Deutschen sind solche Bildungen nur als Scherzformen üblich.

C. Initialwörter

§ 211. Nicht eigentlich umgangssprachlich, sondern eher eine Sache der Behörden usw. ist eine andere Form von Kurzwörtern: die *Initialwörter*, bei denen eine Wortgruppe durch die Folge der Anfangsbuchstaben der Elemente ersetzt wird. Dabei werden entweder die Buchstabennamen gesprochen (*AG* = Aktiengesellschaft, *LKW* = Lastkraftwagen) oder die Initialenfolge als Lautfolge behandelt (*NATO* = *North Atlantic Treaty Organization,* oder *Laser* = light amplification by stimulated emission of radiation ‚Lichtverstärkung durch Strahlungsanregung‘). Die Aussprache der Lautfolge kann erleichtert werden, indem nicht nur der Anfangsbuchstabe, sondern eine längere Lautfolge gewählt wird (*Schupo* = Schutzpolizist; *Radar* = radio detecting and ranging ‚Ortung und Messung durch Funk‘). Eine weitere Sonderform besteht in dem Typ, bei dem ein Anfangsbuchstabe mit einem Vollwort kombiniert wird (*D-Zug* = Durchgangszug, *U-Boot* = Unterseeboot; dagegen ist *U-Rohr* kein Initialwort, sondern eine in seltenen Fällen mögliche Art der Nachbildung: ‚Rohr in Form des Buchstabens U‘). Von reinen Abkürzungen unterscheiden sich die Initialwörter dadurch, daß man sie auch als Kurzform ausspricht, während Abkürzungen (wie *usw., dgl., km*) beim Sprechen durch die Vollformen ersetzt werden. Bei den Initialwörtern handelt es sich häufig um Namen (die also nicht eigentlich hierhergehören); wobei nicht selten die Kombination der Elemente der Vollform so gewählt wird, daß sich eine sprechbare und sogar sinnvolle Initialform ergibt. Ein hübsches Beispiel hierfür ist der Name der amerikanischen Hilfsorganisation für Europa nach dem Krieg: sie hieß CARE, also ‚Sorge‘ – sicher kein Zufall, obwohl die Bezeichnung offiziell nur die Initialform ist für *Cooperative for American Remittances to Europe* ‚Vereinigung für amerikanische Sendungen nach Europa‘. Die Etymologie der Kurzwörter besteht selbstverständlich in der Angabe der Vollformen, gegebenenfalls mit Bemerkungen zur Bedeutungsveränderung oder zu den Umständen der Einführung der Kurzform. Können wir die Vollform nicht mehr feststellen, wie etwa bei dem vielumrätselten amerikanischen *o. k.* (*okay* ‚in Ordnung‘), dann ist die Klärung zwar genau so wichtig wie die Etymologie normaler Wörter, aber ungleich schwieriger, weil wir für die Herkunft solcher willkürlicher Bildungen keine genaueren Bestimmungsverfahren haben. Am Rande dieses Gebiets stehen dann noch die Bezeichnungen, die einen formelartigen Charakter haben – bei ihnen ist eine Erklärung der Formelbestandteile meist Sache irgendeines Nomenklaturen-Systems, dessen Erläuterung aus dem Rahmen einer sprachlichen Erklärung fällt – hier ist die Einordnung als Formel wohl ein genügender Hinweis auf die Entstehung.

D. Phantasiewörter

§ 212. Die letzte Gruppe der Kunstwörter sind die *Phantasiewörter*, die in der Regel nur bei Produktbezeichnungen und ähnlichem auftreten – also wiederum nur am Rande mit unserem Thema zu tun haben. Dabei geht es um Lautfolgen, die in der betreffenden Sprache völlig neu sind, wobei Anklänge an andere Wörter aber durchaus eine Rolle spielen können. Ein Beispiel ist der Name der Textilfaser *Qiana,* der aus Lautfolgen ausgewählt wurde, die ein Computer nach bestimmten Anordnungsregeln aus den Buchstaben der englischen Sprache bildete[111]. Als Gegenstück auf der Bedeutungsseite seien die *Phantasiebezeichnungen* genannt: die Verwendung eines bereits bestehenden Wortes oder einer Wortgruppe (auch eines Namens) zur Bezeichnung von etwas völlig andersartigem, das keine erkennbare semantische Beziehung zum ursprünglichen Wortsinn hat (z. B. *Golf* für ein Auto). In solchen Fällen gibt es keine ‚Etymologie' – man kann feststellen, wer wann was mit der betreffenden Lautfolge bezeichnet hat –, aber das ist eher eine Information über die Sache als über den Wortschatz und die Sprache. Assoziationen und ästhetische Wirkungen, die darüber hinaus eine Rolle spielen mögen, können nicht mit dem gleichen Ausmaß von Wahrscheinlichkeit erfaßt werden wie etwa die Lautbedeutsamkeit und müssen deshalb außer Betracht bleiben. – Trotz dieser Einschränkung wäre es bei bedeutenderen Produktbezeichnungen u. ä. nicht uninteressant zu wissen, wie sie entstanden sind, wenn das auch mehr in den Bereich der Psychologie als in den der Etymologie gehören würde. So ist es für viele Leute eine aufreizende Frage, woher der Name des erst 1939 eingeführten Kunststoffs *Nylon* kommt – denn um eine reine Phantasiebildung hat es sich in dieser Zeit wohl noch nicht gehandelt, und die Herstellerfirma Du Pont de Nemours kann nicht mehr verbindlich feststellen, was in dem namengebenden Gremium besprochen worden war – die Erklärung, es handle sich um eine Umgestaltung aus *no run* (im Sinne von ‚keine Laufmaschen', da mit Nylon ursprünglich nur Damenstrümpfe hergestellt wurden) ist nicht recht überzeugend.[112]

VIII. Die Entlehnung

A. Gründe der Entlehnung

§ 213. Mit der Entlehnung kommen wir zu ‚neuen‘ Wörtern, die zwar bereits vorhanden, aber nur in anderen Sprachen oder Sprachausprägungen üblich sind und deshalb aus diesen übernommen werden. Die erste Frage, die dabei zu stellen wäre, ist die, warum eigentlich Wörter entlehnt werden. Ein zwingender Grund läßt sich natürlich in keinem Fall angeben – wir können nicht sagen: ‚Wenn die und die Situation vorliegt, dann tritt eine Entlehnung ein‘; aber wir können doch auf einige Umstände hinweisen, die eine Entlehnung zumindest stark begünstigen. Der erste und wichtigste Fall ist dabei der, daß die Wortentlehnung der Sachentlehnung folgt: Eine Sache oder eine Technik wird von einem anderen Volk mit einer anderen Sprache übernommen und mit der fremden Sache zugleich das fremde Wort. Das zeigt einen der bewahrenden Züge der Sprache: Wenn etwas bereits eine Benennung hat, dann gibt man ihm nicht ohne Not eine neue. Zudem hat im allgemeinen die Benennung aus dem Herkunftsland der Sache ein größeres Prestige als Konkurrenzbezeichnungen, so daß sich diese nur schwer durchsetzen können. Von solche Entlehnungen in unsere Sprache und deren Vorstufen haben wir schon (§ 100–117) gesprochen: von den kulturellen Wanderwörtern, den Entlehnungen aus der römischen Sachkultur, dann könnte man auf die Wörter für spätere Genußmittel verweisen (*Kaffee, Tee, Tabak, Kakao, Schokolade* usw.) und schließlich auf die wissenschaftliche Terminologie und die technischen Ausdrücke der neueren Zeit – beide meist dem internationalen Wortschatz zugehörig.

§ 214. Nur um eine Abart handelt es sich, wenn nicht konkrete Sachen, sondern neue Vorstellungen und neue Begriffe entlehnt werden. Der wichtigste Fall dieser Art in der Geschichte unserer Sprache ist die Einführung des Christentums bei den germanischen Völkern (vgl. § 108–110), bei der eine fast unübersehbare Menge von neuen Vorstellungen, ein ganzes Weltbild mit allen seinen Bestandteilen, neu bezeichnet werden mußte. Es braucht aber nicht in diesem großen Stil zuzugehen – es werden auch vereinzelte Vorstellungen und ihre Bezeichnung entlehnt – etwa *Gentleman* (und die damit bezeichnete Idealvorstellung) oder der Begriff der *Fairness* im Sport. Der Umstand, daß diese Wörter aus dem Englischen entlehnt wurden, braucht nicht zu besagen, daß es Leute mit den wesentlichen Eigenschaften eines Gentleman oder die sportliche Fairness vor der

Entlehnung außerhalb Englands nicht gegeben hätte – wesentlich ist hier die ganz bestimmte Ausprägung der Vorstellung, ihre Stellung in einem bestimmten Wertsystem usw., auf die man sich bezieht, wenn das Wort entlehnt wird. Einen Grenzfall solcher Entlehnungen bilden die Fremdbegriffe (vgl. § 137), bei denen die bezeichneten Sachen nicht entlehnt, sondern lediglich bekannt gemacht werden, so daß ihre Kenntnis in der darauffolgenden Zeit in gewissem Maße zum Bildungsbestand der aufnehmenden Sprachgemeinschaft gehört.

§ 215. In anderen Fällen handelt es sich um ‚Luxusentlehnungen‘: es könnte eigentlich zur Bezeichnung des Gemeinten auch ein Wort der eigenen Sprache gebraucht werden, aber das fremde wird vorgezogen – zum Beispiel, weil es eine neue Haltung zu der bezeichneten Sache spiegelt. So sagt man heute von einem jungen Mädchen nicht mehr, sie sei ein Backfisch, sondern eher, sie sei ein Teenager. Das ist nicht einfach ein neues Wort für eine alte Sache, sondern ein Anzeichen für einen Wandel der sozialen Verhältnisse, der in dem englischen Wort deutlicher zum Ausdruck kommt. Ein Backfisch schwärmt, kichert, ist im Grunde unselbständig und unerfahren usw. – und solange das Bild halbwüchsiger Mädchen in weiten Kreisen von solchen Klischeevorstellungen bestimmt war, konnte man auch in den meisten Situationen ein junges Mädchen einen Backfisch nennen. Nachdem sich nun heute die jungen Mädchen mehr eigene Vorstellungen und mehr Selbstbewußtsein erlauben und auch weitere Kreise der Gesellschaft mehr Verständnis für diese Altersstufe aufzubringen suchen, paßt das alte Wort nicht mehr so gut. Man bevorzugt deshalb – wenn man ein positives oder wertneutrales Wort benützen will – den englischen Ausdruck, der auf rein beschreibende Weise sagt ‚jemand, dessen Alter in *-teens* angegeben wird‘, also *thirteen* bis *nineteen* (13–19). Andere Fälle von Entlehnungen dieser Art sind *service* statt Bedienung (mit dem Nebensinn ‚wirkungsvoller, gut ausgeführter Kundendienst‘), *Party* statt *(Kaffee-) Kränzchen* oder *Einladung* (betont nüchtern), *Trip* statt *Ausflug* (sportlicher) und andere mehr. Im übrigen stammt bei solchen Entlehnungen nicht alles aus der Ausgangssprache, was sich diesen Anschein gibt: einiges wird abgeändert – so ist das *Happy End* im Englischen ein *happy ending* – und anderes kommt in der ‚Ausgangssprache‘ gar nicht vor: Was ein *Smoking* sein soll, weiß in England niemand, der nicht deutsch oder französisch kann – auf englisch heißt dieses Kleidungsstück *dinner jacket;* einen *Oldtimer* gibt es nur auf dem Kontinent – in England heißt das betreffende Fahrzeug *veteran car;* statt *slip* sagt man dort *pants* (für Männer) oder *panties* (für Frauen); *trampen* steht für englisch *hitch-hike,* und von dieser Art gibt es noch mehr.

§ 216. Es muß aber gar nicht immer um eine neue Haltung gehen – häufig genügt das, was man früher den Reiz des Fremden nannte, und das, was man heute das Prestige der fremden Sprache heißt. Jemand, der aus diesem Grund Wörter einer fremden Sprache (heute meist des Englischen, früher des Französischen, aber durchaus auch z. B. exotischer Sprachen) gebraucht, zeigt, daß er die Dinge von der Quelle her kennt, von dort, wo man mit ihnen vertraut ist, wo sie jetzt gerade besonders nachhaltig gepflegt werden, wo man die modernsten Gedanken darüber entwickelt usw. Das ist keine Erscheinung, die erst aus der Neuzeit stammt: Es ist z. B. auffallend, daß die Griechen sehr wenig von den Römern entlehnt haben, die Römer dagegen massenweise von den Griechen (obwohl die Römer ja lange Zeit die Herren der Griechen waren) – hier hat sich (neben sachlichen Gründen, die aber für sich allein keine so starke Wirkung gehabt hätten) vor allem das Prestige der griechischen Sprache ausgewirkt. Allgemein kann man sagen, daß diejenige Sprache das höhere Prestige hat, die von den Sprechern der anderen Sprache gelernt wird. – Besonders deutlich wird der Einfluß des Sprach-Prestiges dort, wo sich dieses Prestige ändert. So wird seit dem Ausgang des 19. Jahrhunderts im deutschsprachigen Bereich das Französische als Prestige-Sprache durch das Englische verdrängt, und man kann ganze Serien von Fremdwortgleichungen aufstellen, die den Ersatz eines französischen Wortes durch ein englisches zeigen. Mit diesem Ersatz ist häufig ein Wechsel in der Haltung zur Sache verbunden – aber das ist nur die andere Seite der gleichen Erscheinung. So sagen wir heute *Image* statt *Renommee*, *Flirt* statt *Affäre* oder *Galanterie*, *Song* für *Chanson* usw. Natürlich ist *Renommee* etwas anderes als *Image;* urteilt man aber von den Situationen aus, in denen diese Wörter gebraucht werden, so zeigt sich die Verdrängung deutlich: wenn es um den sorgfältig gehüteten Ruf und die Bekanntheit einer Firma geht, sprach man früher eben vom Renommee, heute vom Image. – Schon sehr geringe Besonderheiten können bei der Entscheidung, ob eigenes oder fremdes Wort, den Ausschlag geben, wenn durchgängige Zweisprachigkeit herrscht, etwa in Grenzzonen, in Aussiedler-Kolonien, beim Aufenthalt von Berufsgruppen gleicher Herkunft im Ausland usw.

§ 217. Vielfach werden fremde Wörter auch herangezogen, wenn das Wort der eigenen Sprache nicht gebraucht werden soll. Das kann einmal der Fall sein bei den Glimpfwörtern: Die Wörter der eigenen Sprache haben durch ihren Gebrauch im Laufe der Geschichte einen bestimmten Gefühlswert erworben, außerdem sind sie teilweise motiviert und deshalb anschaulich und deutlich. Fremde Wörter sind dagegen zumindest am Anfang ihres Gebrauchs wertneutral und werden deshalb häufig vorgezogen, wenn man ein unbelastetes Wort gebrauchen will. So kann man sich über die Sexualsphäre eigentlich nur mit Fremdwörtern (oder mit einer anderen Ausweichmöglichkeit: Privatwörtern) unbefangen unterhalten – der deutsche Wortschatz ist hier einfach vorbelastet. Ähnlich ist es bei gefürchteten

Krankheiten: *Meningitis* ist nicht so schreckerregend wie *Hirnhautentzündung*. Ein anderer Grund für die Vermeidung des eigenen Wortes sind störende Mehrdeutigkeiten oder Nebenbedeutungen (besonders wenn sie obszön sind), Konkurrenz verschiedener regionaler Wörter, mißverständliche Lautformen usw. So werden die regional beschränkten Berufsbezeichnungen *Flaschner, Spengler, Klempner* – die man z. B. bei Anzeigen in überregionalen Zeitungen nicht verwenden kann – mehr und mehr verdrängt durch das Fremdwort *Installateur*, das nicht regional gebunden ist und deshalb in weiteren Kreisen verstanden wird. Oder ein Fall von Vorbeugung gegen Mißverständnisse: In Rednerkreisen war es lange Zeit üblich, die störende Ähnlichkeit der Monatsnamen *Juni* und *Juli* dadurch zu vermeiden, daß man im einen Fall *Juno* sagte (das ist eine alte kanzleisprachliche Form), im anderen *Julai* (mit einer Entlehnung oder zumindest Anpassung aus dem Englischen). *Juno* und *Julai* sind lautlich weit genug voneinander entfernt, um Mißverständnisse zu verhindern.

B. Formen der Entlehnung

§ 218. Damit haben wir die Frage, warum ein Wort entlehnt wird, mit einiger Ausführlichkeit besprochen und wenden uns nun der Frage zu, wie ein Wort entlehnt werden kann. Die heute in der Sprachwissenschaft übliche Terminologie für die verschiedenen Entlehnungsformen ist entwickelt worden von Werner Betz, der diese Fragen vom theoretischen, methodischen und praktischen Standpunkt aus untersucht hat (B 32). Er ist mit dieser Terminologie zumindest in der deutschen Wissenschaft unbestritten geblieben, und auch im Ausland haben sich ihm die bedeutendsten Forscher auf diesem Gebiet (etwa Uriel Weinreich in seinem Buch *Sprachen in Kontakt*) zumindest in Teilen angeschlossen – es hat dort allerdings auch Gegenvorschläge gegeben. Die Betzsche Terminologie hat den Nachteil, daß in ihr zu viel unterschieden wird, wodurch zugleich eine Anzahl von nicht gerade wichtigen Oberbegriffen notwendig wird. Ich werde hier das in meinen Augen wesentliche besprechen, anderes mit Begründung zurückweisen, und das ganze Terminologie-Gebäude wenigstens nennen. Dabei ist zunächst zu erwähnen, daß Entlehnungen in allen Teilen einer Sprache auftreten können. Wir nennen die Gesamtheit solcher Entlehnungen das *Lehngut* und stellen es dem *Erbgut* der Sprache gegenüber. Im übrigen beschränken wir unsere Besprechung aber auf die Entlehnung von Wörtern und vorgeprägten Wendungen.

1. Fremdwörter – Beutewörter – Erbwörter

§ 219. Bei einer ersten Form der Entlehnung wird das fremde Wort oder die fremde Wendung in der fremden Lautgestalt – gegebenenfalls mit notwendigen Anpassungen – übernommen. Gehen wir zunächst von der Beschreibung des Wortschatzes aus, so können wir die Wörter mit normaler Struktur, den Grundwortschatz, unterscheiden von den Wörtern mit irgendwelchen strukturellen Besonderheiten (abweichender Betonung, unüblicher Lautung usw.), dem peripheren Wortschatz. Innerhalb dieses peripheren Wortschatzes weisen sich eine große Anzahl von Elementen als ersichtlich entlehnt aus – Wörter wie *intelligent, Abonnement, Vokalismus* usw. –, andere werden durch eine einfache Überlegung hierhergestellt; sie nennen wir *Fremdwörter*. Wenn wir nun den Grundwortschatz historisch untersuchen, so stellen wir in vielen Fällen fest, daß auch er Entlehnungen enthält, die aber entweder von vornherein zu der deutschen Sprachstruktur paßten oder ihr nachträglich angepaßt worden sind. Nennen wir diese die *Beutewörter* im Gegensatz zu denjenigen, die so weit wir sehen können, schon immer in der Sprache vorhanden waren (oder doch zumindest nicht nachweisbar entlehnt wurden), den *Erbwörtern*. Vom historischen Standpunkt aus unterscheiden wir also Erbwörter und Lehnwörter, wobei die Lehnwörter sich je nach dem Grad ihrer Anpassung aufgliedern in Fremdwörter und Beutewörter (dieser Terminus ist von mir, nicht von Betz). Die Grenze ist dabei nicht überall gleich scharf – der eine Sprecher hat ein schärferes Gefühl für das Fremde als der andere; auch kann bei Wörtern, die erst vor kurzer Zeit entlehnt wurden, trotz struktureller Anpassung das Bewußtsein der Entlehnung bei den Sprechern noch vorhanden sein usw.

2. Lehnübersetzung und Lehnübertragung

§ 220. Bei einer zweiten Form der Entlehnung wird nicht die Lautform, sondern das Benennungsmotiv entlehnt, wobei sich mehrere Untergruppen ergeben. Der deutlichste Fall sind die *Lehnübersetzungen*, bei denen ein gegliedertes fremdes Wort Stück um Stück übersetzt wird, wie etwa das englische Wort *sky-scraper* durch nhd. *Wolkenkratzer: sky* bedeutet eigentlich ‚Himmel‘, früher auch ‚Wolken‘ – zum Zeitpunkt der Bildung dieses Wortes war es vielleicht schon keine genaue Entsprechung mehr –, *to scrape* bedeutet ‚kratzen‘ und das Element *-er* dient in beiden Sprachen zur Bildung von Täterbezeichnungen. In anderen Fällen hat – trotz des gleichen Benennungsmotivs – nur ein Teil des neuen Wortes eine Entsprechung in seinem Vorbild; so etwa bei *Fegefeuer,* das lt. *purgatorium* wiedergibt: Das lateinische Wort ist eine Ortsbezeichnung, die aus dem Partizip von *purgare* ‚fegen, reinigen‘ gebildet ist, also ‚Ort, an dem gereinigt wird‘. Nun gibt es im Deutschen keine gleich bequeme Möglichkeit zur Bildung von Ortsbezeichnungen, deshalb wurde bei der Nachbildung eine im Deutschen beliebtere morphologische Möglichkeit gewählt, die Zusammensetzung. Die systematische Bedeutung von *Fegefeuer* ‚Feuer, in dem gefegt (gereinigt) wird‘ ist also nicht genau die gleiche wie die von lt. *purgatorium,* doch handelt es sich ersichtlich nur um verschiedene Ausprägungen des gleichen Benennungsmotivs. Diese Fälle nennt Betz *Lehnübertragungen.*

3. Lehnschöpfung, Lehnformung und Lehnbildung?

§ 221. Nun führt Betz als ‚Lehnschöpfung‘ einen weiteren Fall, bei dem in der aufnehmenden Sprache ein vom Vorbild sprachlich unabhängiges Wort gebildet wird, um die übernommene Sache oder die übernommene Vorstellung zu bezeichnen. Ein Beispiel wäre etwa nhd. *Weinbrand* zur Wiedergabe von frz. *Cognac: Cognac* ist eigentlich die Bezeichnung der Gegend, in der dieses Genußmittel vorwiegend hergestellt wird; sie ist dann auf das Genußmittel selbst verschoben worden. *Weinbrand* dagegen nennt das Ausgangsmaterial Wein und die Herstellungsart (brennen) – das Benennungsmotiv ist also ein ganz anderes. Hier muß ich nun einen grundsätzlichen Einwand vorbringen[113], der auch für andere Fälle gilt: Daß die Sache Cognac aus Frankreich nach Deutschland entlehnt wurde, steht außer Zweifel – das ist eine kulturelle Entlehnung, eine Sachentlehnung. Von sprachlicher Entlehnung können wir aber erst reden, wenn irgendetwas an dem neuen Wort aus dem Vorbild übernommen wurde. Natürlich gehen kulturelle und sprachliche Entlehnung meist Hand in Hand; aber das muß nicht so sein – und es hat wenig Sinn, die beiden Bereiche durcheinanderzubringen. Sprachlich gesehen ist *Weinbrand* eine deutsche Neubildung – daß mit ihr eine aus Frankreich kommende Sache bezeichnet wird, ist für die Sprache nicht wesentlich; irgendein Zusammenhang mit der französischen Sprache besteht hier nicht. Diese Entscheidung gegen die ‚Lehnschöpfung‘ wirkt sich auch auf die Oberbegriffe aus, da Betz Lehnübersetzung und Lehnübertragung zusammenfaßt als ‚Lehnformung‘ und diese mit der ‚Lehnschöpfung‘ zusammen als ‚Lehnbildung‘ bezeichnet. Ich übernehme von alledem nur den Oberbegriff *Lehnbildung* (= Bildung eines neuen Wortes unter Einfluß des fremden Vorbilds) als Oberbegriff zu Lehnübersetzung und Lehnübertragung.

4. *Lehnbedeutung:* lesen

§ 222. Um einen wirklichen Entlehnungsvorgang handelt es sich aber wieder bei den *Lehnbedeutungen,* bei denen ein bereits bestehendes Wort von einem gleichbedeutenden Wort der fremden Sprache eine zusätzliche Bedeutung übernimmt. So übernehmen mnl. und mhd. *vinden* ‚finden‘ in der Zeit der starken Beeinflussung der deutschen Dichtung durch die französische die zusätzliche Bedeutung ‚dichten‘ aus afrz. *trover,* aprov. *trobar,* die außer ‚finden‘ auch ‚dichten‘ bedeuten (*Troubadour* ‚Dichter‘)[114]. Der Entlehnungsvorgang ist bei den Lehnbedeutungen umso auffälliger, je weniger wahrscheinlich eine entsprechende Bedeutungsentwicklung ist und umgekehrt – liegt eine Bedeutungsentwicklung nahe, so wird sich die Hypothese einer Bedeutungsentlehnung nicht bestätigen (aber im allgemeinen auch nicht widerlegen) lassen. Auch hier kann man nicht von Entlehnung reden, wenn in der Sprache, die einen neuen Begriff aufnimmt, ein bereits bestehendes Wort zu seiner Bezeichnung herangezogen wird, ohne daß sich dessen Ausgangsbedeutung bereits im fremden Vorbild findet. Wir wollen diese wichtige theoretische Überlegung an zwei Beispielen etwas näher betrachten, den Wörtern *lesen* und *Sünde:*

§ 223. Das erste, *lesen,* bedeutet im Deutschen ‚auflesen, sammeln‘ (Beeren, Ähren usw.) und ‚Geschriebenes auffassen‘ (Buch, Schrift usw.). Das Wort selbst ist ein gemeingermanisches Primärverb (gt. *lisan,* awn. *lesa,* ae. *lesan,* afr. *lesa,* as., ahd. *lesan*), wobei die Bedeutung allgemein ‚auflesen‘ ist; nur im kontinentalgermanischen Bereich, sowie in späten nordischen Belegen (die sicher vom deutschen Wortgebrauch abhängen), tritt auch die Bedeutung ‚Schrift lesen‘ auf. Außergermanisch läßt sich das Wort nicht besonders gut vergleichen: Wir haben lit. *lèsti* ‚aufpicken‘ mit der Ableitung *lasýti* ‚lesen, sammeln‘; dann – merkwürdig weit entfernt – heth. *leššai-* ‚auflesen‘, und vielleicht eine Ableitung in cymr. *llestr* ‚Gefäß‘. Griechisch und Lateinisch haben ein bedeutungsgleiches Verbum von der Wurzel **leg-;* der Zusammenhang zwischen **leg-* und **les-* ist unklar – vielleicht bedeuten beide ursprünglich ‚bücken‘ und gehen auf ein **el-* ‚beugen, biegen‘ zurück. – Woher kommt nun die Bedeutung ‚Schrift lesen‘ bei dt. *lesen?* Diese Frage hat man früher mit einer Theorie beantwortet, die sich auf eine Stelle bei Tacitus, *Germania,* Kapitel 10 beruft. Dort steht folgendes über das Weissagen bei den Germanen:

Einen Zweig, den sie von einem fruchtbringenden Baum abgeschnitten haben, zerteilen sie in Stäblein; diese unterscheiden sie durch gewisse Zeichen und streuen sie aufs Geratewohl und wie der Zufall es will über eine weiße Decke. Dann betet der Priester, wenn öffentlich, der Familienvater, wenn von einzelnen um Rat gefragt wird, zu den Göttern, indem er zum

Himmel aufblickt und drei Stäblein nacheinander aufhebt. Diese deutet er
dann nach dem Zeichen, das vorher auf jedes eingeritzt war. (Übersetzung
nach Eugen Fehrle)

Diese Stelle hat man so gedeutet: Die eingeritzten Zeichen waren
Runen (germanische Schriftzeichen); der Priester oder Familienvater hat
sie aufgelesen (Bedeutung 1), um sie zu deuten (zu ,lesen' nach Bedeutung 2), und aus dieser Situation entwickelte *lesen* die Bedeutung ,Schrift
lesen'.

§ 224. Dieser Ansatz läßt sich nicht halten, wenn man die einschlägigen
germanischen Wörter etwas näher betrachtet; denn 1. hat im Altnordischen, das die alten germanischen Zustände am besten bewahrt hat, *lesa*
ursprünglich nicht die Bedeutung ,Schrift lesen', und ,Runen lesen' bedeutet es gar nie; 2. ist uns der Fachausdruck für das Deuten der Runen
durchaus bekannt – es war im Nordischen *ráða rúnar*, im Englischen
rǣdan, auf Deutsch also *Runen raten*. Dieser Ausdruck ist im Englischen
tatsächlich zum Ausdruck für ,(Schrift) lesen' geworden, denn auf ihn geht
ne. *to read* ,lesen' zurück. Das Englische hat überhaupt die Terminologie
der Runentechnik auf die neue Technik des Manuskriptschreibens übertragen, so auch das Gegenstück ,schreiben': Runen wurden geritzt (ae.
wrītan), und *wrītan* (ne. *to write*) sagte man im Altenglischen dann auch
zum Schreiben der Manuskripte, obwohl diese ja nicht geritzt wurden. Im
Deutschen dagegen hat man die alte Terminologie nicht beibehalten – die
Missionierung in Deutschland war später als die in England und außerdem
wesentlich weniger duldsam gegenüber heidnischen Ausdrücken. Die
deutsche Terminologie ist vielmehr abhängig von der lateinischen: *schrei-*
ben ist (obwohl es merkwürdigerweise ein starkes Verb wurde) aus lt.
scrībere entlehnt, und *lesen* ist offenbar eine Bedeutungsentlehnung aus lt.
legere: Dieses hat nämlich von Hause aus eine etwas andere Bedeutungsstruktur als gm. *les-a-*. Es bedeutet nicht nur ,auflesen' und ,auslesen' (wie
das germanische Verb), sondern auch ,Schritt für Schritt etwas folgen'
(einer Spur, dem Strand, einer Unterhaltung – und offenbar auch den
Schriftzeichen). Vergleichbar ist gr. *légō*, das außer ,lese auf' auch geradezu
,zähle' (also ,füge eine Zahl an die andere') bedeutet. Nun finden sich auch
im Baltischen und Slavischen die Bedeutungen ,zählen' und ,lesen' nebeneinander, so daß der Bedeutungsübergang klar ist: ,lesen' ist nach lateinischer, baltischer und slavischer Auffassung ,ein Schriftzeichen nach dem
anderen aufnehmen', ,der Schriftzeile folgen', es geht also darum, daß eines
nach dem anderen in einer Reihe aufgenommen wird. Nun zeigt gm. *les-*
a- die Sonderbedeutung ,folgen' (oder ,zählen') nicht – der Übergang zu
,Schrift lesen' ist also nicht zu erwarten, und nach dem Gang der kulturellen Entwicklung im deutschsprachigen Bereich ist er deshalb ganz sicher
von lt. *legere* abhängig: Die Deutschen verstanden lt. *legere* ,Schrift lesen'

als ‚Buchstaben auflesen‘ und gaben diese Bedeutung deshalb mit ihrem Wort für ‚auflesen‘ wieder.

5. Der Fall Sünde

§ 225. Wenden wir uns nun dem zweiten Beispiel zu, dem Wort *Sünde:* Hier liegt ein germanischer Rechtsausdruck zugrunde, der ‚Schuld‘ bedeutet, aber in einer ganz besonderen Art. Die Germanen unterschieden zwischen der Schuld, die im Verüben einer strafwürdigen Tat besteht, also der Feststellung, daß jemand eine solche Tat ausgeführt hat, und der Schuld, die im bewußten Veranlassen oder Planen einer solchen Tat liegt. Wenn also jemand z. B. eine Waffe unvorsichtig trug und dabei einen anderen verletzte, dann war er schuldig im ersten, aber nicht im zweiten Sinne (er hatte keine böse Absicht). Im allgemeinen wurde für einen solchen Fall bestimmt, daß der Täter für den angerichteten Schaden aufkommen, aber kein Friedensgeld zahlen mußte. ‚Schuldig‘ im ersten Sinn wurde nun mit dem Partizip Präsens der Wurzel **es-* ‚sein‘ bezeichnet, also als ‚seiend‘ (= derjenige, der es gewesen ist); in anderen Zusammenhängen bedeutet dieses Partizip auch ‚wahr, wirklich‘ u. ä. Zu ihm gab es ein feminines Abstraktum, das auf den ursprünglich der Flexion zugehörigen Femininformen beruhte und das in allen Bedeutungen des adjektivischen Partizips auftrat, also als ‚Wahrheit‘ (so in gt. *sunja*) und als ‚Schuld$_I$‘ in ae. *synn,* afr. *sinne* und as. *sundea*[115].

§ 226. Als nun das Christentum übernommen wurde, zog man im westgermanischen Bereich dieses Wort für ‚Schuld$_I$‘ heran um lt. *peccatum* ‚Sünde (gegen Gott)‘ wiederzugeben. Ist deshalb das westgermanische Wort für ‚Sünde‘ eine Bedeutungsentlehnung aus dem Lateinischen? Zunächst ist unbestreitbar, daß der Begriff ‚Sünde‘ als christlicher Terminus aus dem lateinischen Sprachgebiet kommt, durch Sprecher des Lateinischen vermittelt wurde, und daß das westgermanische Wort *Sünde* gegebenenfalls lt. *peccatum* übersetzt. Man könnte nun sagen: ‚In einem solchen Fall muß es sich immer um einen Entlehnungsvorgang handeln, ganz gleich *wie* die aufnehmende Sprache das Problem der Bezeichnung bewältigt hat‘. Aber betrachten wir dieses *Wie* bei unserem Fall einmal genauer: lt. *peccatum* bedeutet eigentlich – wie auch gr. *hamartía* ‚Sünde‘ – ‚die Verfehlung, der Fehler, der Anstoß‘, der christliche Begriff ist also lediglich eine spezielle Anwendung eines Wortes, das von vorneherein entsprechendes bedeutet hat. Im Westgermanischen ist das nun nicht der Fall: Es ist hier nicht (wie sonst, etwa auch bei gt. *frawaurhts* ‚Sünde‘) ein Wort für ‚Verfehlung‘ oder ‚Missetat‘ zur Übersetzung herangezogen worden, sondern ein spezieller Rechtsterminus für ‚Schuld‘ (‚Schuld$_I$‘). Wieso haben nun diejenigen, auf die die Übersetzung zurückgeht (und das werden wohl die ersten Missionare gewesen sein) diesen Weg gewählt? Die Antwort ist gar nicht schwer zu finden: Prüft man nach, in welchen Zusammenhängen etwa im Neuen Testament von ‚Sünde' gesprochen wird, so zeigt sich, daß dies sehr häufig beim ‚Vergeben von Sünden' der Fall ist. Nun war es für das germanische Rechtsdenken jener Zeit und jener Gegend sicher höchst anstößig, daß eine (geplante und durchgeführte) Missetat ungesühnt bleiben oder vergeben werden sollte – dagegen war es durchaus normal, daß bei jemandem, der eine Tat ausgeführt hatte, darüber zu beraten war, ob er für sie tatsächlich verantwortlich sei. Bei der Bezeichnung einer Tat, die vergeben werden kann, lag es daher vom germanischen Rechtsstandpunkt aus wesentlich näher, von *Sünde* zu sprechen als etwa von *Missetat* (wie das lateinische Vorbild es nahegelegt hätte). Stellt man solche Überlegungen an, dann kann man auf die Frage, was an dem westgermanischen Wort *Sünde* aus dem Lateinischen entlehnt sei, eigentlich nur antworten: ‚Nichts – so wenig wie etwas an ae. *wrītan* aus lt. *scribere* oder an ae. *rǣdan* aus lt. *legere* entlehnt ist'. Die Entlehnung ist hier jeweils eine kulturelle (der Begriff ‚Sünde' als Bestandteil der christlichen Lehre usw.), nicht eine sprachliche. Auf Grund solcher Überlegungen werden wir die oben (§ 222) gemachten Einschränkungen für notwendig ansehen müssen und unsere Begriffsbestimmung verschärfen, indem wir festlegen: Eine Lehnbedeutung liegt dann vor, wenn ein bereits bestehendes Wort dazu verwendet wird, einen neuen Begriff *nach dem Vorbild der Bedeutungsstruktur des fremden Wortes* mitzubezeichnen. Als Oberbegriff für Lehnbildung und Lehnbedeutung übernehme ich von Betz den Ausdruck *Lehnprägung* (= Nachbildung aus den Mitteln der eigenen Sprache).

6. Terminologie

§ 227. Wir haben damit die Betzsche Terminologie mit zwei Veränderungen übernommen. Die eine ist weniger wichtig – sie betrifft die Einführung des mehr für die Beschreibung des Wortschatzes wichtigen Ausdrucks ‚Beutewörter'. Die andere ist dagegen ziemlich einschneidend: Wir haben verlangt, daß bei einer Entlehnung eine *sprachliche* Beeinflussung vorliegen muß und damit einige Erscheinungen, die Betz noch unter das Lehngut fallen läßt, nebst den zugehörigen Oberbegriffen ausgeschieden. Nach meiner Ansicht liegen in diesen Fällen lediglich kulturelle, nicht sprachliche Entlehnungen vor. Wir stehen hier vor dem gleichen Problem wie bei den Ersatzwörtern (mit denen Fremdwörter aus einer Sprache verdrängt werden sollen): auch sie sind nicht automatisch Lehngut, sondern teilweise alte Wörter, wie *tarnen* und seine Ableitung *Tarnung* für *camouflieren* und *camouflage*, teilweise tatsächliche Entlehnungen wie *Stelldichein* für *Rendezvous* (Lehnübersetzung) und teilweise schließlich echte Neubildungen wie *Fahrrad* für *Veloziped*. Vom Bereich des Lehnguts außerhalb des Wortschatzes im engeren Sinn sind für uns noch die *Lehnwendungen* von Bedeutung, die Entlehnung fester Ausdrucksweisen, die Glied für Glied übersetzt werden (also der Lehnübersetzung entsprechen). Ein Beispiel wäre *den Hof machen* für frz. *faire la cour.* Zum Schluß noch eine Übersicht über die Hierarchie des lexikalischen Lehnguts, wie es sich aus unserer Behandlung ergibt, jeweils mit einem Beispiel:

7. Besonderheiten

§ 228. Schließlich ist noch auf einige Besonderheiten im Bereich der Entlehnung einzugehen, zunächst auf die *Anpassungen.* Wenn ein fremdes Wort übernommen wird, das Laute enthält, die in der aufnehmenden Sprache (wenigstens an der betreffenden Wortstelle) nicht vorkommen, so können die Sprecher entweder versuchen, den fremden Laut zu übernehmen (so im Deutschen die französischen Nasalvokale in Wörtern wie *Abonnement*), oder aber – der weitaus häufigere Fall – ihn durch den nächstähnlichen der eigenen Sprache zu ersetzen (die sogenannte *Lautsubstitution*). Diese Erscheinung kann bei der historischen Beurteilung einer Entlehnung beträchtliche Schwierigkeiten machen, auf die wir noch eingehen werden (§ 240). Auf der Seite der Flexion haben wir etwas Ähnliches in den *Adaptionselementen,* das sind Elemente, die wie Wortbildungssuffixe aussehen, aber lediglich dazu dienen, in flektierenden Sprachen das fremde Wort reibungslos in die betreffende Wortart und Wortklasse (mit der zugehörigen Flexion) überzuführen. Ein solches Anpassungselement ist im Deutschen *-ieren* für entlehnte Verben (*discutere – diskutieren, reducere – reduzieren* usw.) oder *-isch* für Adjektive (*africanus – afrikanisch* usw.). Hier liegen trotz der gegebenenfalls deutschen Herkunft der Elemente (*-isch* ist deutsch, *-ieren* aus dem Französischen entlehnt) keine Wortbildungen, sondern nur Anpassungen vor. Schließlich können fremde Wörter bereits vorhandenen Wörtern angeglichen werden, teils um sie der Sprachstruktur besser anzupassen, teils aber auch, um ihnen den Anschein eines gegliederten Wortes zu geben. Dies ist eine der Auswirkungen der *Nachdeutung* oder Sekundärmotivation (auch Volksetymologie genannt). Ein Beispiel wäre *Hängematte* zu dem Indianerwort *hammoka*: dabei ist eigentlich nur *Matte* auffällig (von der Sache her würde man eher *Netz* erwarten) – sonst könnte man geradezu von einer durch das fremde Wort lautlich angeregten Neubildung reden; oder etwa *Felleisen* aus frz. *valise*, bei dem allenfalls der Bestandteil *Fell* einen Sinn ergibt – es besteht also nur der Anschein eines durchsichtigen Kompositums.

§ 229. Ein Sonderfall von Entlehnung liegt vor, wenn ein einheimisches Wort an ein fremdes lautlich angepaßt wird. Dies scheint bei unserem Wort *Ulme* der Fall zu sein. Ahd. heißt es *elm, elmo* oder *elmboum*, auch *ilme*, und so noch im Mittelhochdeutschen. Seit dem 12. Jahrhundert tritt aber unter dem Einfluß von lt. *ulmus* zunächst ein *ulmboum*, dann schließlich auch (seit dem 15. Jh.) ein *ulme* auf, das sich heute durchgesetzt hat. Die Tatsache, daß zuerst die Zusammensetzung *ulmboum* auftritt, weist darauf hin, daß wir es hier mit einer lautlichen Anpassung, nicht mit einer echten Entlehnung zu tun haben (vielleicht hat man in Gelehrtenkreisen das Wort für eine Entlehnung gehalten und deshalb lautlich angepaßt). Diese Erscheinung ist ziemlich selten und hat bis jetzt noch keinen eigenen Terminus gefunden. – Häufiger sind Mischungen aus Eigenem und Fremdem bei den hybriden Bildungen wie *hyperklug* und *superklug* oder Ableitungen wie *Grobian*. Hybride Bildungen kommen vor allem in der neulateinischen Wissenschaftssprache vor; aber auch Adaptionsbildungen (*afrikanisch*, vgl. § 233) und andere Zusammenstellungen sind anzutreffen. – Weniger ein eigener Typ als ein kulturgeschichtlich amüsanter Sonderfall sind die sogenannten *Rückwanderer* – Wörter, die erst von Sprache A in Sprache B entlehnt werden, um dann in veränderter Gestalt von B wieder nach A zurückzukommen. Musterbeispiele sind Wörter wie *Boulevard* und *Fauteuil* im Deutschen – die französischen Vorbilder stammen aus Vorformen von dt. *Bollwerk* und *Faltstuhl*.

§ 230. Im Anschluß hieran noch eine kurze Bemerkung zum Verhalten der Einzelsprachen gegenüber der Entlehnung, weil dies gelegentlich bei der Beurteilung eine wesentliche Rolle spielen kann. Zunächst können verschiedene Sprachen besonders leicht entlehnen (etwa das Englische, zeitweise auch das Deutsche), andere nur schwer (etwa das Isländische); dann werden verschiedene Sprachen verschiedene Entlehnungsformen bevorzugen: so entlehnt das Englische fast nur auf dem Weg der Lehnwörter – Lehnprägungen (die im Altenglischen noch die Hauptrolle spielten) sind sehr selten. Das Isländische dagegen (das wegen seiner umfangreichen Flexion und seinen ausgeprägten paradigmatischen Lautwechseln nur schwer Lehnwörter aufnehmen kann) hat z. B. den ganzen technischen Alltagswortschatz durch isländische Wörter (also Lehnprägungen oder selbständige Neubildungen) gedeckt. Das Deutsche nimmt hier eine Mittelstellung ein – wir haben beides in verhältnismäßig reichem Maße. Für das Deutsche und Französische ist dabei noch eine andere Erscheinung typisch: die Reaktion auf bereits bestehende Fremdwörter. Diese werden in immer neuen Wellen ausgeschieden durch bewußt geformte Ersatzwörter oder durch neubelebte Wörter, durch Neubildungen u. a. Viele Vorschläge dieser Ersatzbemühungen finden keine Gegenliebe bei der Sprachgemeinschaft und gehen deshalb wieder unter; es gehen aber doch auch eine ganze Reihe heute eingebürgerter deutscher Wörter (wie *abstimmen, Bahnsteig, Leidenschaft, Nebenbuhler* und andere) auf bewußte Ersatzbildungen zu Fremdwörtern zurück. Vergleichsweise günstige Einführungsbedingungen haben die Ersatzbildungen natürlich, wenn sie durch amtliche Stellen wie die Post oder Eisenbahn bewußt gefördert werden.

C. Quellen der Entlehnung

1. Äußere und innere Entlehnung

§ 231. Nachdem wir nun besprochen haben, warum und wie entlehnt wird, noch einiges zu der Frage ‚woher?‘. Die Hauptmasse der Entlehnungen stammt naturgemäß aus fremden Sprachen, wobei sich durch den Grad der (verwandtschaftlichen und typologischen) Fremdheit recht unterschiedliche Bedingungen für eine Entlehnung ergeben können, die im einzelnen festzustellen Sache der Geschichte der aufnehmenden Sprache ist. Entlehnen kann man aber auch innerhalb derselben Sprache (die *innere Entlehnung* im Gegensatz zur *äußeren*, die aus fremden Sprachen stammt) – und hier müssen wir etwas genauere Unterscheidungen treffen: Wir haben bei einander entsprechenden Wörtern verschiedener Ausprägungen einer Sprache (etwa verschiedener Mundarten) zunächst die Möglichkeit, daß sie urverwandt sind, d. h., daß sie bereits in der gemeinsamen Ursprache vorhanden waren und in den verglichenen Sprachausprägungen erhalten geblieben sind, und dann die Möglichkeit der nachträglichen Verbreitung, bei der wir überlegen müssen, in welchem Umfang wir hier von Entlehnung zu reden haben. Nehmen wir als Beispiel das Wort *Teer*, die Bezeichnung des durch Schwelung aus Holz oder Kohle gewonnenen schweren Öls. Es war zunächst nur im Norden des Sprachgebiets verbreitet (dort war der Teer für den Schiffbau besonders wichtig) und wurde dann langsam von immer weiter südlich wohnenden Sprechern übernommen. Im Laufe dieser Ausbreitung wurde nun auch die Grenze erreicht, die die nördliche Aussprache *tān, tain* usw. von der südlichen Aussprache *Zahn, zehn* usw. trennt. An dieser Stelle gab es für die Weitergabe des Wortes *Teer* zwei Möglichkeiten: es entweder wie die bereits vorhandenen Wörter *Zahn, zehn* usw. zu behandeln und jenseits der ‚Lautverschiebungsgrenze' *Zeer* zu sagen, oder es zu übernehmen wie es war und jenseits der Grenze *Teer* beizubehalten. Wird ein solches Wort einfach übernommen, so ergeben sich Lautentsprechungen, die den regelmäßigen Lautentsprechungen in überlieferten Wörtern widersprechen *(t – t* statt *t – z);* und da wir diese Lautentsprechungen im allgemeinen gut beurteilen können, ersehen wir aus diesem Befund sofort, daß das Wort – wenn es sich um das ‚gleiche' Wort handelt – nicht altererbt, urverwandt sein kann sondern auf *(nachträglicher) Übernahme* beruhen muß. Kommt es dagegen bei der Verbreitung zu einer (lautlichen) *Umsetzung* (von *Teer* zu *Zeer*), so unterscheiden sich die Lautentsprechungen nicht von den Lautentsprechungen urverwandter Wörter (wenn nicht ‚falsch' umgesetzt wurde, was gelegentlich vorkommt). Bei Wörtern mit regelmäßigen Lautentsprechungen kann also nur dann entschieden werden, ob Urverwandtschaft oder Verbreitung mit lautlicher Umsetzung (oder natürlich auch *ungehinderte Verbreitung*) vorliegt, wenn zusätzliche Angaben eine solche Entscheidung möglich machen (etwa eine aus Quellen belegbare Rekonstruktion der Ausbreitung). Deshalb kann man auch bei dem tatsächlich in den Mundarten südlich der Lautverschiebungsgrenze auftretenden Wort *Zeer* ‚Teer' nicht sicher sagen, ob es sich um ein in diesen Gegenden altererbtes Wort mit normaler Lautverschiebung handelt, oder um das Ergebnis der Ausbreitung des niederdeutschen Wortes *Teer* mit Umsetzung in die normale hochdeutsche Lautform. Es erscheint nun sinnvoll, lediglich im Fall der Übernahme von (innerer) Entlehnung zu reden, also in den Fällen, in denen ein Wort einer bestimmten Sprachausprägung strukturelle Merkmale aufweist, die aus der Geschichte dieser Sprachausprägung nicht zu erklären sind.

§ 232. Diese strukturellen Merkmale können schon äußerlich auffällig sein, wie etwa der Anlaut *wr- (Wrack, wringen)* in süddeutschen Sprachausprägungen und in der Hochsprache, wo er nicht zu den üblichen Anlautkombinationen gehört, oder aber sich erst aus einer Unstimmigkeit beim Sprachvergleich ergeben. Betrachten wir einen solchen Fall etwas genauer: das hochsprachliche Wort *Drohne* ‚männliche Biene'. Die entsprechenden Formen der früheren Sprachstufen sind ahd. *treno (m)* und mhd. *trene (m)* – aber diese Formen stimmen mit unserem Wort in mehreren Punkten nicht überein. Zunächst ist unser Wort im Gegensatz zu den früheren Wörtern ein Femininum, was bei einem männlichen Tier eigentlich auffallen muß. Der Grund für diese Unempfindlichkeit gegen das natürliche Geschlecht liegt in der biologischen Kenntnis der früheren Zeit: Man hatte zwar schon erkannt, daß es verschiedene Sorten Bienen gibt und hat sie auch bezeichnet – die Einsicht in die biologische Funktion hat aber regelmäßig gefehlt. Bekannt war im Fall der Drohnen, daß sie im Herbst von den übrigen Bienen umgebracht werden (Drohnenschlacht), dann, daß sie keinen Stachel haben, und schließlich, daß sie keinen Honig sammeln. Man gebrauchte das Wort für Drohne deshalb häufig auch zur Bezeichnung von faulen, nichtsnutzigen Menschen. Für die Funktion der Drohnen hielt man bis ins 19. Jahrhundert hinein das Ausbrüten der Jungbienen, weshalb man sie häufig *Brutbienen* u. ä. nannte – und von daher ist das feminine Genus zu erklären. Daß das alte Wort *treno* ein Maskulinum ist, hängt nicht mit einer tieferen biologischen Einsicht zusammen; es ist ein Zufall der Wortbildung. Nun gibt es aber noch andere Unterschiede zwischen dem neuhochdeutschen Wort und seinen Vorgängern: der anlautende Dental stimmt nicht mit der zu erwartenden Entwicklung überein (was man durch den Zusammenfall von *d* und *t* in vielen Mundarten noch erklären könnte) – und schließlich läßt sich auch der Wurzelvokal weder auf eine lautgesetzliche noch auf eine sonstwie zu erwartende Entwicklung zurückführen – hier muß also eine Unregelmäßigkeit vorliegen. Diese Unregelmäßigkeit erweist sich als die Übernahme eines niederdeutschen Wortes, das letztlich auf as. *drān(a)* zurückgeht (das ist nicht genau die gleiche Form wie ahd. *treno*, sondern zeigt diesem gegenüber eine Dehnstufe). Die ndd. Form ist erst sehr spät in das hochdeutsche Gebiet gelangt – ungefähr im 17. Jahrhundert. Die damaligen Wörterbücher von Schottel und Adelung geben bei *Drohne* ausdrücklich an, es sei ein niederdeutsches Wort – und Adelung fügt hinzu, die ndd. Form sei die richtige. Diese merkwürdige Geschichte findet ihre Erklärung darin, daß die echt hochdeutsche Form nach der Dehnung in offener Silbe *Träne* lautete und darauf mit einem anderen Wort *Träne* (‚Augenwasser‘ aus ahd. *trahan* mit Umlaut aus dem häufigen Plural) lautlich zusammenfiel. Der Zusammenfall war offensichtlich unbequem, und man versuchte deshalb zunächst, ihm mit einer verdeutlichenden Zusammensetzung auszuweichen: *Tränbiene* (wie *Maultier* und *Lindwurm*). Das hat aber offensichtlich nicht ausgereicht, so daß schließlich die niederdeutsche Form der hochdeutschen vorgezogen wurde.

§ 233. Hier haben wir also deutlich den von uns als Voraussetzung für die Annahme einer Entlehnung bezeichneten Fall: Der Sprachvergleich (hier mit den altdeutschen Formen) zeigt, daß die Lautform nicht ursprünglich sein kann. Die Lautform ist aber nur der deutlichste Fall eines Merkmals von Nicht-Ursprünglichkeit; andere – allerdings weniger sichere – sind die Verbreitung von Wortbildungselementen, Wortbildungstypen und von Wörtern überhaupt. Eine Unstimmigkeit in der Verbreitung von

Wortbildungstypen liegt etwa vor, wenn ein Süddeutscher in seiner Mundart von dem *Mädchen* (in der Regel im Sinne von ‚Dienstmädchen‘) spricht: Die Verkleinerungsform auf -*chen* ist mitteldeutsch (und in diesem Fall über die Hochsprache in die süddeutschen Mundarten eingedrungen, die sonst -*lein* haben). Eine andere Möglichkeit wollen wir an einem Beispiel besprechen: Wenn mit der neuen Sache Sauerkraut das Wort *Sauerkraut* auftaucht und verbreitet wird, so ergibt sich in Gebieten, die zum Weißkohl nicht *Kraut*, sondern *Kohl* oder *Kappis* sagen, die Frage, ob sie das Wort *Sauerkraut* einfach übernehmen oder in ihren einheimischen Wortgebrauch umsetzen sollen. Bei der tatsächlichen Ausbreitung dieses Wortes ist beides eingetreten: Man findet sowohl das Wort *Sauerkraut* in Gegenden, in denen zum Weißkohl nicht *Kraut* gesagt wird, als auch die Nachbildungen *Sauerkohl* und *Sauerkappis (saurer Kappis)* parallel zu den jeweiligen Bezeichnungen des Weißkohls[116]. Bei der etymologischen Untersuchung kann man auch hier den Fall der einfachen Übernahme sofort erkennen: Wenn in einer Gegend *Kohl*, aber *Sauerkraut* gesagt wird, dann ist mit großer Wahrscheinlichkeit *Sauerkraut* erst durch nachträgliche Verbreitung dorthin gelangt. Bei den Nachbildungen (eigentlich Entlehnungen des Benennungsmotivs, eine Art Lehnübersetzung) ist es dagegen schwieriger. Hier könnten zunächst voneinander unabhängige Bildungen vorliegen, weil die Bezeichnung ja naheliegt. Und wenn wir mit Nachbildungen rechnen, dann ist es in einem solchen Fall schwer zu entscheiden, welches Wort den Ausgangspunkt gebildet hat, denn natürlich könnte im Prinzip ja auch *Sauerkraut* eine Nachbildung von *Sauerkohl* o. a. sein – auch hier brauchen wir also zur Entscheidung zusätzliche Hinweise. So haben wir etwa zahlreiche Mundartwörter für ‚Heuschreck‘, die alle das gleiche Benennungsmotiv variieren: ‚(ein Tier, das) im Gras springt‘, oder Wörter für ‚Ohrwurm‘, die alle ‚(ein Tier, das) in das Ohr kriecht‘ besagen. Hier läßt sich im zweiten Fall auf Grund besonderer Umstände, die wir noch besprechen werden, sagen, daß ein einheitlicher Ausgangspunkt vorliegt, im ersten Fall ist es nicht sicher. Über die Art der Weitergabe dieses Benennungsmotivs können wir aber im einen wie im anderen Fall nur Vermutungen anstellen.

2. Wiederbelebung

§ 234. Als eine letzte Quelle von Entlehnungen sei noch erwähnt, daß Wörter auch aus früheren Sprachzuständen entlehnt werden können (was natürlich eine schriftliche Überlieferung voraussetzt). So haben wir in unserer Sprache eine Reihe von *Wiederbelebungen*[117] alter Wörter: solche, die bereits ausgestorben waren und bei neuem Bedarf aus den älteren Sprachzuständen übernommen und wieder eingebürgert wurden. Der wohl verblüffendste Fall dieser Art ist das Wort *tarnen:* Es bezeichnete ursprünglich das ‚verbergen‘, besonders die nach germanischem Glauben vorhandene Möglichkeit, mittels einer ‚Tarnkappe‘ unsichtbar zu werden. Das Wort starb aus, als dieser Glaube zurückging; wurde aber nach dem ersten Weltkrieg wiederbelebt, um frz. *camoufler* als Ausdruck für die militärische Anpassung an die Umgebung zur Deckung gegen Feindeinsicht zu ersetzen. Das Wort setzte sich sofort durch und kann heute als ganz normales Wort gelten, das sogar auf andere Bereiche übertragen wird. Zu bemerken ist dabei, daß bei *tarnen* kein strukturelles Merkmal auf diese Besonderheit seiner Geschichte hinweist – wir wissen es aus unseren Quellen. Hier liegt also eine weitere Störungsmöglichkeit für unsere Erschließung der Wortgeschichte verborgen, doch sind diese Fälle naturgemäß nur selten und treten erst in neueren Sprachstufen auf.

D. Methodische Fragen

§ 235. Wir müssen uns nun noch kurz den bei der Erschließung von Entlehnungen auftretenden methodischen Problemen zuwenden: der Frage der Erkennbarkeit einer Entlehnung und der Frage der Entlehnungsrichtung, wobei es zweckmäßig ist, Lehnwort und Lehnprägung getrennt zu betrachten. Beginnen wir mit dem Lehnwort: Bei ähnlichen Wörtern in verwandten Sprachen, deren Sprecher auch in geschichtlicher Zeit miteinander verkehrten, erhebt sich für uns regelmäßig die Frage ‚urverwandt oder entlehnt?‘, die wir vor allem für den Bereich ‚Germanisch und Keltisch‘ schon (§ 102) besprochen haben. Eine Entlehnung kann im allgemeinen erwiesen werden, wenn eines der verglichenen Wörter eine Entwicklung oder Bildung voraussetzt, die nur in der anderen Sprache eingetreten sein kann. Im allgemeinen geht es dabei um Lautentsprechungen (*Reich* muß aus dem Keltischen entlehnt sein, weil es einen Lautwandel $\bar{e}$ zu $\bar{\imath}$ voraussetzt, der nur in den keltischen Sprachen eingetreten ist); aber auch Wortbildungstypen u. dgl. können mit der notwendigen Vorsicht als Entscheidungsmerkmale herangezogen werden. Schwierigkeiten in der Beurteilung ergeben sich vor allem durch die Anpassungserscheinungen bei der Entlehnung, besonders durch die Lautsubstitution: Wenn ein in der aufnehmenden Sprache nicht vorhandener Laut durch den nächstähnlichen ersetzt wird, dann ist bei verwandten Sprachen die Wahrscheinlichkeit groß, daß die Wahl (natürlich unabsichtlich) auf den historisch verwandten Laut fällt, so daß wir so etwas Ähnliches wie eine lautliche Umsetzung bekommen. Wenn also eine Entlehnung nicht erwiesen werden kann, ist sie damit auch bei Lauten, die verändert worden sind, noch nicht notwendigerweise ausgeschlossen; die einschlägigen Wortgleichungen sind deshalb für bestimmte Zwecke (etwa für die Bestimmung der Lautentsprechungen zwischen den beiden Sprachen) gegebenenfalls nur bedingt brauchbar.

§ 236. Hilfskriterien für eine Entscheidung können sein: Auftreten und Verbreitung eines Wortes (etwa nur im Grenzgebiet), die Seltenheit von Laut- und Bildungsmerkmalen (so etwa anlautend *pf-* im Deutschen – sehr viele Wörter mit diesem Anlaut sind aus dem Lateinischen entlehnt); die Wahrscheinlichkeit der kulturellen Entlehnung und ähnliches – aber diese Kriterien haben nicht das gleiche Gewicht wie deutliche Unstimmigkeiten im Lautstand und der Bildungsweise. Sehr gefährlich und im allgemeinen abzulehnen sind Analogie-Schlüsse: Wenn wir bei *Reich* und *Amt* nachweisen können, daß sie aus dem Keltischen entlehnt sind, dann können wir dies auch bei anderen germanischen Wörtern vermuten, die eine genaue Entsprechung im Keltischen haben (wenn sie zu Bedeutungsbereichen gehören, bei denen eine Entlehnung denkbar ist) – ein Gegenstand für solche Vermutungen wäre etwa das Wort *Eid* (gt. *aiþs*, awn. *eiðr*, ae. *āþ*, afr., as. *ēth*, ahd. *eid*), das genau zu air. *oeth* gleicher Bedeutung stimmt. Aber abgesehen davon, daß auch an der engen Verwandtschaft zwischen Germanisch und Keltisch kein Zweifel bestehen kann (und die betreffenden Gleichungen deshalb auch auf Urverwandtschaft beruhen könnten), lassen sich in den klaren Fällen die Bedingungen für die Entlehnung nicht so eindeutig feststellen, daß Analogieschlüsse ausreichend wahrscheinlich gemacht werden könnten. Die Entlehnungsrichtung ist bei den klaren Fällen im allgemeinen bereits durch den Entlehnungsnachweis gegeben; als Stütze spielt hier das ‚Kulturgefälle‘ eine wesentliche Rolle: Eine Entlehnung aus dem Lateinischen ins Germanische ist von vorneherein weit wahrscheinlicher als der umgekehrte Fall.

§ 237. Bei den Lehnprägungen geht es im wesentlichen um die Frage, ob sie tatsächlich von der fremden Sprache beeinflußt sind oder nicht – das Sprachmaterial selbst ist ja einheimisch. Bei den Lehnbildungen können wir zunächst die *Bauentsprechung* feststellen; als Deutungsmöglichkeit für die Entsprechung kommen unabhängige Neubildung und Entlehnung in Frage – es geht also darum, die Entlehnung als wahrscheinlich zu erweisen. Die Kriterien hierfür sind von Fall zu Fall verschieden, die gewichtigste Rolle spielt dabei das Ausmaß der terminologischen Festlegung des betreffenden Wortes. Die Entlehnungsrichtung ist im allgemeinen durch das Kulturgefälle bestimmt. Zu beachten ist, daß auch bei gegliederten Wörtern die Möglichkeit einer Lehnbedeutung in Frage kommt (also die Annahme, daß das Wort mit anderer Bedeutung schon vor der Entlehnung bestanden hat). Bei den Lehnbedeutungen (handle es sich um gegliederte oder ungegliederte Wörter) ist zu erweisen, daß ein Bedeutungszusammenhang des fremden Vorbilds nachgeahmt wurde. Wenn dieser Bedeutungszusammenhang nahe liegt, läßt sich ein solcher Nachweis allerdings kaum

führen. Man sollte in solchen Fällen auch nicht zu pedantisch sein, und ein
fremdes Vorbild nur dort voraussetzen, wo triftige Gründe vorliegen, und
sich sonst mit dem Hinweis auf die Parallelität beschränken.

E. Untersuchungsbeispiel: *Kartoffel*

§ 238. Unser Überblick über die Gewinnung neuer Wörter durch Entlehnung sei abgeschlossen durch ein Untersuchungsbeispiel, in dem wir
uns dem Wort *Kartoffel* und seinen Konkurrenten zuwenden wollen[118].
Zur Sache selbst ist zunächst zu sagen, daß nach der Entdeckung Amerikas
von dort drei eßbare Sorten von Knollengewächsen eingeführt wurden, die
dann in Europa größere Verbreitung fanden, nämlich 1. die Kartoffel (*so-
lanum tuberosum*, ein Nachtschattengewächs), 2. die Topinambur oder
Roßkartoffel (*helianthus tuberosus*, ein sonnenblumenartiger Korbblütler)
und 3. die Batate oder Süßkartoffel, auch Knollenwinde genannt (*Ipomoea
batatas*, ein Windengewächs). Die Kartoffel wurde den Spaniern in der
1. Hälfte des 16. Jahrhunderts in Peru bekannt und von ihnen im Verlauf
der 2. Jahrhunderthälfte nach Spanien gebracht, wobei zunächst der einheimische Name *Papa* (ursprünglich *Papas*) beibehalten wurde. Sichere
Kenntnis haben wir nur von der Übersendung einer Kiste Kartoffeln an
den spanischen Hof im Jahre 1565 und die von dort ausgehende Pflanzung
in Ziergärten (sowie der gelegentlichen Verwendung als Leckerbissen).
Von Spanien aus gelangte die Knolle nach Italien und von dort wiederum
in das übrige Europa, wo die Kartoffel zunächst ebenfalls auf die Ziergärten beschränkt blieb, im Laufe der Zeit jedoch in beschränktem Umfang
auch als Gemüse angebaut wurde. In gelehrten Kreisen wurde die Pflanze
weiterhin *Papa* (mit verschiedenen Varianten) genannt, dagegen scheint
sich für die Knollen bald die Bezeichnung als ‚Trüffel' durchgesetzt zu
haben: Mit Trüffeln wird die Kartoffel schon in den frühesten Berichten
verglichen, und wird dann geradezu auch so bezeichnet, und zwar sowohl
im spanisch-sprechenden Amerika als auch in den Gebieten von Frankreich und Italien, in denen Trüffeln kultiviert wurden. In welchem Umfang
dabei Bedeutungsentlehnungen vorliegen, läßt sich schwer ausmachen – es
ist durchaus denkbar, daß die Bedeutungsübertragung von verschiedenen
Zentren ausging. Da diese Bezeichnung später verdrängt wurde, läßt sich
mit einiger Wahrscheinlichkeit annehmen, daß die Verbreitung der als
(mundartliche und andere) Relikte noch anzutreffenden Wörter dieses
Typs das Verbreitungsgebiet des frühen Anbaus in Gemüsegärten und
ähnlichem im 16. und 17. Jahrhundert spiegelt. Es handelt sich dabei um
Norditalien und das angrenzende Frankreich ungefähr bis zur Rhone und
Saone[119]. Aus direkten Zeugnissen können wir weiter entnehmen, daß zu

dem frühen Anbaugebiet auch die Schweiz gehörte, sowie mindestens ein Teil von Burgund, da dort die Kartoffel schon früh verboten wurde (weil sie angeblich Lepra verursachte). Nördlich von diesem Anbaugebiet dürfte die Kartoffel in der frühen Zeit auf Ziergärten und botanische Sammlungen beschränkt gewesen sein. Für uns wichtig ist dabei die italienische Bezeichnung *tartufli* (aus einem spätlt. *territūberum ‚Erdknolle‘), die letztlich zu unserem Wort Kartoffel geführt hat. Eine gelehrte Lehnübertragung ins Deutsche, *Grüblingsbaum* (zu *Grübling* ‚Trüffel‘, so benannt nach den Grübchen in der Haut dieses Pilzes) hat keine weitere Verbreitung gefunden.

§ 239. Verhältnismäßig kurze Zeit nach der Einführung der Kartoffel in Spanien scheint eine zweite, unabhängige Einführung über England erfolgt zu sein, die – außer den üblichen Anpflanzungen in Ziergärten – zu einem Anbau größeren Umfangs in Irland, bald darauf auch in England selbst führte. Die Bezeichnung ging dort aber einen anderen Weg: Die Kartoffel wurde – wenigstens als Knolle – nicht von der Süßkartoffel unterschieden, die schon früher (und wiederum in zwei Zügen: einer nach England und der andere nach Spanien) aus Amerika eingeführt worden war. Diese Pflanze wurde in Spanien in einigem Umfang angebaut und auch in andere Länder ausgeführt, vor allem nach England, da die Süßkartoffel (die ein warmes Klima verlangt) dort nicht angebaut werden konnte. Auch diese Knolle war mit ihrem einheimischen Namen nach Europa gebracht worden: sie hieß *batata* mit einem Wort aus der heute ausgestorbenen Tainos-Sprache in Haiti. Und während nun in Spanien Kartoffel *(Papa)* und Süßkartoffel *(Batata)* unterschieden wurden, nannte man in England den Neuankömmling (die Kartoffel) gleich wie die bereits bekannte Knolle (die Süßkartoffel), nämlich *potato*. Und nun ist wichtig festzustellen, daß die Einführung der Kartoffel in größerem Stil, veranlaßt durch die bekannten schweren Hungersnöte, ganz wesentlich vom englischen Anbau bestimmt war und deshalb auch weithin die englische Bezeichnung übernahm; so ist vor allem in Spanien und Italien das alte Wort durch das vom Englischen beeinflußte *patata* weitgehend verdrängt worden. Andere Bezeichnungen finden wir dagegen in Deutschland und Frankreich, und diesen wollen wir uns nun im einzelnen zuwenden.

1. Die Typen ERDAPFEL *und* GRUNDBIRNE

§ 240. Der erste und wichtigste Ausdruck zur Bezeichnung der Kartoffel bei ihrer späteren allgemeinen Einführung ist eindeutig *Erdapfel*, ndl. *aardappel*, it. *pomo di terra* (in der Lombardei und angrenzenden Gebieten), frz. *pomme de terre* und schließlich auch Wörter anderer Sprachen, die von den eben genannten abhängig sind. Daneben taucht im Deutschen der Typ *Grundbirne* auf, der sich in mehreren Punkten anders verhält: Er ist im wesentlichen auf das Deutsche beschränkt, zeigt nicht einheitliches *Erd-* im Vorderglied, sondern je nach Region *Erd-, Grund-* oder *Boden-,* und ist an sich unerwartet, da zwar *Apfel* häufig zu Übertragungen herangezogen wird, *Birne* aber nicht. Dies läßt mit großer Sicherheit vermuten, daß *Grundbirne* eine Gegensatzbildung zu älterem *Erdapfel* ist, und zwar offensichtlich zur Unterscheidung zweier verschiedener Knollen: Nach Lage der Dinge hat man *Erdapfel* ursprünglich unterschiedslos für Kartoffel und Topinambur (und so weit man sie kannte auch die Batate) gebraucht; und in den Gegenden, in denen beides in größerem Umfang angebaut wurde, nachträglich die längliche Kartoffel als *Grund-(Erd-, Boden-)Birne* von der runden Topinambur-Knolle als *Erdapfel* unterschieden. Unmittelbar bezeugt ist dieser Gegensatz in der nördlichen Pfalz mit *Erdapfel* für Topinambur und *Grundbirne* für Kartoffel. *Grundbirne* ist also eine rein deutsche Neubezeichnung im Zuge einer genaueren Unterscheidung der neuen Knollen. Diese Unterscheidung wurde zum Teil auch für die Nachbarsprachen vorbildlich: das französische Grenzgebiet hat die deutsche Form *Krombire* als *krōpir* entlehnt. Da im Norden anschließend an *krōpir* regionales *kanada* als Bezeichnung der Kartoffel auftaucht, muß es auch bei dieser Entlehnung um eine deutlichere Unterscheidung gegangen sein, denn *kanada* ist eine der älteren Bezeichnungen für die Topinambur. Schließlich dürfte auch die Bezeichnung *Nudel* für Kartoffel (nordöstlich von Berlin) als solche Gegensatzbildung zu erklären sein. – Wie steht es nun mit *Erdapfel?* Der früheste Vertreter der Bauentsprechungen dieser Bedeutung ist lt. *mālum terrae,* womit Plinius eine Gattung von Knollengewächsen bezeichnet, zu denen auch das Alpenveilchen (Cyclamen) gehört. Diese eßbaren Knollen dienten früher vor allem als Schweinefutter, so daß die Vergleichsmerkmale mit dem Apfel in der runden Form und der Eßbarkeit bestehen. Eine entsprechende deutsche Form ist seit ahd. Zeit *(erdaphul)* belegt als Namen eben dieser Pflanzen, sowie zur Bezeichnung einiger auf der Erde wachsender runder oder länglicher Früchte wie Kürbis, Melone, auch Gurke. Da es sich hierbei nicht um einheimische Pflanzen handelt, da der Typ *Erdapfel* eine gesamteuropäische Verbreitung zeigt, und da der erste Bestandteil im Deutschen nicht (wie bei *Grundbirne*) wechselt, scheint mir der Schluß unabweisbar, daß es sich hier um ein altes Gelehrtenwort zur Bezeichnung verschiedener Pflanzen mit runden oder länglichen Früchten unter oder unmittelbar auf der Erde handelt – letztlich eine Lehnübersetzung von lt. *malum terrae.* Die Anwendung auf Kartoffel und Topinambur ist dabei nur ein verhältnismäßig später, wenn auch wichtiger Sonderfall. In welchem Umfang das deutsche und das französische Wort sich bei diesem Sonderfall gegenseitig gestützt und beeinflußt haben, läßt sich nicht entscheiden – wenn eines von ihnen dem anderen als Vorbild gedient hat, so ist es das deutsche, das in dieser Bedeutung wesentlich früher bezeugt ist.

2. Der Typ BATATE

§ 241. Wie wir bereits gesehen haben, hat sich dieser Typ in allen alten Hauptanbaugebieten der Kartoffel außer Norditalien-Schweiz-Südostfrankreich durchgesetzt. Sekundär verbreitete er sich weiter im Westen Frankreichs (von Spanien aus) und im niederländischen Bereich (wohl von England aus). Verstreute Belege in Norddeutschland können von England oder Holland stammen, ebenso die Form *Potacken* in der Gegend von Erlangen-Nürnberg, wo aber auch oberitalienischer Einfluß in Frage kommt. Auffällig ist, daß in allen Gebieten außer England die Dissimilationsform *patake* (u. ä.) entweder regelmäßig oder als Variante auftaucht. Da die Belege für diese Dissimilierung teilweise recht verstreut sind, ist die Beurteilung schwer: ein gemeinsamer Ausgangspunkt, der im Spanischen liegen müßte, ist denkbar; aber voneinander unabhängige Dissimilierung an verschiedenen Orten ist ebenfalls in einigen Fällen wahrscheinlich zu machen. Die regionalen deutschen Wörter dieses Typs sind ersichtlich als Lehnwörter anzusehen, wobei die Herkunftssprache teils mehr, teils weniger genau feststellbar ist. Es handelt sich also um eine Art ‚kultureller Wanderwörter‘.

3. Die Typen ERTOFFEL und KARTOFFEL

§ 242. Fragen wir zunächst, ob das ‚alte‘ Wort *Tartufli* (mit verschieden starken Eindeutschungen bis zu *Tartoffel*) in den regionalen deutschen Wörtern einen Nachfolger hinterlassen hat, so ist darauf zu antworten: ‚Nicht mit Sicherheit‘, doch können die regionalen Formen *Toffel* und *Ertoffel* darauf zurückgehen. Bei *Toffel* ist dies ganz unsicher, da es einfach auf Ersparung der unbetonten ersten Silbe beruht und deshalb auch auf *Kartoffel* zurückgehen kann. Bei *Ertoffel* dagegen kommt es darauf an, ob es durch eine falsche Deutung von *Tartoffel* (mit t’ = bestimmter Artikel und gleichzeitiger oder nachträglicher Umdeutung des ersten Gliedes zu *Erd-*) entstanden ist oder auf eine Kreuzung von *Kartoffel* und *Erdapfel* zurückgeht. Da als Bedeutung gelegentlich ‚Trüffel‘ auftaucht, scheint mir unabweislich, daß wenigstens teilweise die erste Erklärungsmöglichkeit zutrifft, die zweite ist aber nicht allgemein auszuschließen. – Der Typ *Kartoffel* ist von den alten Anbauländern nur in Deutschland anzutreffen und hat dort auch zu dem normalen hochsprachlichen Wort geführt. Die Lautform ist eindeutig durch Dissimilierung des alten Wortes *Tartoffel* entstanden und hat sich ebenso eindeutig zusammen mit dem planmäßigen Anbau der Kartoffel durchgesetzt. Regional ist das Wort *Kartoffel* eine nord- und mitteldeutsche Form, doch tritt es auch in Bayern auf, wo es in einigen Gegenden möglicherweise alt ist. Der erste Beleg mit *K-* findet sich in einer französischen Quelle: Olivier de Serres (1600) mit *Cartoufle;* der nächste stammt (fast vierzig Jahre später) aus der Schweiz: Rhagorius (Bern 1639) hat *Cartoffel* (meint aber sicher die Topinambur damit). Der erste Beleg aus Deutschland ist wiederum mehr als 40 Jahre jünger und findet sich in Norddeutschland: In einer Braunschweiger Verordnung von 1688 wird von *cartouffles* gesprochen – gemeint sind die Früchte einer Gartenpflanze, auffällig ist die französische Schreibweise. Erst von 1729 an mehren sich – mit der Einführung des planmäßigen Anbaus – die Belege für die Form *Kartoffel;* gleichzeitig geht die Form *Tartuffel* (usw.) in der Sprache der Gelehrten und Gärtner zurück und stirbt gegen Ende des 18. Jahrhunderts aus.

§ 243. Woher stammt nun diese Dissimilierung? In den Belegen von 1600 und 1639 wird übereinstimmend gesagt, daß die Kartoffel von der Schweiz nach Frankreich gekommen sei, was zu der Vermutung geführt hat, die neue Form sei auf deutschem Sprachgebiet entstanden. Nun kann das aber gerade in dem Gebiet, das die frühen Quellen erwähnen, nämlich in der Schweiz, nicht gewesen sein, weil dort das Wort *Kartoffel* als regionales Wort völlig unbekannt ist – dort werden die Typen *Erdapfel* und *Erdbirne* gebraucht –, zum anderen gibt es in diesen Mundarten kein anlautendes *k-* (und *ch-* ist als Dissimilationsprodukt von *t-* praktisch ausgeschlossen). Verlegen wir die Dissimilierung dagegen nach Norddeutschland, wo sie lautlich wahrscheinlich wäre und wo *Kartoffel* tatsächlich auch das regionale Wort ist, dann sind die frühen Belege mit *K-* in der Schweiz und in Frankreich nicht verständlich. – Betrachten wir aber die romanischen regionalen Wörter (vgl. Anm. 119), so zeigt sich, daß in dem alten TRÜFFEL-Gebiet an mehreren Stellen, besonders deutlich in Frankreich, Formen mit *k-*Anlaut auftreten, und zwar ungefähr in der Gegend, die in den alten Quellen als Ursprungsgebiet für die nach (Mittel- und Nord-) Frankreich eingeführten Kartoffeln bezeichnet wird. Wie unsere frühen Belege zeigen, muß die regionale Form dieser Gegend in beschränktem Umfang in die Gelehrtensprache aufgenommen worden sein und ist dann offenbar in Norddeutschland auch im Bereich des Gartenbaus gebraucht worden. Die natürlichste Annahme ist deshalb, daß das Wort aus solchen Sprachschichten in Norddeutschland weiter verbreitet wurde, als der Kartoffelanbau größere Ausmaße annahm. Es ist dabei durchaus denkbar, daß die in diesen Gebieten ebenfalls belegten Typen *Toffel* und *Ertoffel* auf

Tartoffel zurückgehen und schon früh eine weitere Verbreitung besaßen, worauf sie dann nachträglich zu der neuen Vollform *Kartoffel* ‚aufgefüllt' wurden. Das würde bedeuten, daß das Wort *Kartoffel* ein Lehnwort aus einer regionalen Form des alten oberitalienisch-französischen Anbaugebiets ist, das (wie auch vermutlich *Erdapfel*) aus der Sprache der Gelehrten und Gärtner in die Volkssprache eingedrungen ist.

DRITTER TEIL
DIE GESCHICHTE DER WÖRTER

Allgemeines

§ 244. Die Untersuchung des Etymologen beginnt in der Regel mit der Wortgeschichte: Zunächst muß der ‚Bestand' des zu untersuchenden Wortes (seine Beleglage) aufgenommen werden; dann sind alle Besonderheiten daraufhin zu untersuchen, ob sie Hinweise auf Geschichte und Entstehung geben können, und schließlich müssen wir alle erkennbaren Entwicklungen zurücknehmen, um so zu der ältesten faßbaren Beleglage vorzudringen. Diese können wir dann auf die Entstehung des Wortes hin analysieren – aber sie ist nicht ein Ausgangspunkt, den wir vorfinden, sondern bereits das Ergebnis einer ersten Untersuchung – in nicht wenigen Fällen sogar des weitaus aufwendigsten Teils der etymologischen Arbeit. Aus diesem Grund ist die Kenntnis der Entwicklungsmöglichkeiten der Wörter für den Etymologen unerläßlich, und wir haben uns deshalb auch schon (§ 45–49) entschieden, sowohl die Wortentstehung wie die Wortgeschichte als Aufgabe des Etymologen anzusehen. Und nicht nur aus diesem Grund: Die ‚Entstehung' einer neuen lexikalischen Einheit setzt immer schon das Wirken bestimmter geschichtlicher Kräfte voraus, die der systematischen Kombination, dem Lautbild oder der Übernahme aus einer anderen Sprache überhaupt erst den Rang einer lexikalischen Einheit verleihen. Bei unserer Besprechung der geschichtlichen Entwicklung von Wörtern wollen wir deshalb zunächst auf diese am frühesten bemerkbaren Kräfte eingehen: Es sind in erster Linie die Lexikalisierung und ihre Gegenkraft (Kapitel I), dann – damit zusammenhängend – die Entwicklung und Auswirkung von Gebrauchsbedingungen (II) und schließlich – von weniger unmittelbarer Wichtigkeit – die Stellung des Wortes in der Gesamtsprache (III). Danach wollen wir uns den geschichtlichen Entwicklungen im üblichen Sinn zuwenden: der Lautentwicklung (IV), der Entwicklung der morphologischen Struktur (V) und der Bedeutungsentwicklung (VI).

I. Lexikalisierung und Verdeutlichung (B 33)

A. Lexikalisierung

1. Idiomatisierung

§ 245. Zunächst also die Lexikalisierung, die Abweichung von der systematischen Bildung, die bewirkt, daß das betreffende Wort eigens gelernt werden muß, wenn es richtig gebraucht werden soll, weshalb es auch im Lexikon der betreffenden Sprache geführt werden muß. Die gleiche Wirkung zeigt sich bei den syntaktischen Fügungen und – jeweils auf verschiedene Art – bei den semantischen Begriffsschöpfungen (durch die Verdunkelung des Zusammenhangs), den lautbedeutsamen Wörtern (durch Verlust der Lautbedeutsamkeit infolge von Laut- oder Bedeutungsentwicklung) und den Entlehnungen (Abweichen von der Ausgangsbedeutung). Ich unterscheide dabei die Idiomatisierung (= Entwicklung von Besonderheiten auf der Seite des Inhalts und des Gebrauchs), die Fusionierung (= Entwicklungen auf der Seite des Zeichenkörpers) und die Isolierung (= Verlust des Zusammenhangs mit den Ausgangselementen, etwa durch Aussterben des Grundworts einer Ableitung). Beginnen wir mit einem Beispiel für die Idiomatisierung: Das Wort *Junggeselle,* das als eine Zusammensetzung aus *jung + Geselle* vollkommen durchsichtig ist, gebrauchen wir nicht, um einen Gesellen in der heutigen Bedeutung des Wortes zu bezeichnen, sondern wir nennen so einen unverheirateten Mann, und in der Regel auch nicht einen jungen (wie es die systematische Bedeutung nahelegen könnte), sondern eher einen etwas älteren: von einem 19jährigen Studenten würde man allenfalls im Spaß sagen, er sei ein Junggeselle – hier sagt man, er sei unverheiratet oder noch nicht verheiratet oder ähnliches. Das Wort *Junggeselle* ist also eindeutig lexikalisiert: es kann nicht in seiner systematischen Bedeutung gebraucht werden, sondern nur in der, die sich im Laufe der Zeit herausentwickelt hat. Wie kommt es nun, daß eine Fügung auf diese Weise eine Bedeutung erwirbt, die der vollkommen durchsichtigen systematischen Bedeutung so wenig entspricht? Nun – das zugrundeliegende Prinzip ist folgendes: Eine systematische Bildung gebrauchen und verstehen wir auf Grund ihrer Elemente und der zugehörigen Bildungsregeln, unser Verständnis ist mittelbar, es handelt sich dabei um das Prinzp des Bildens und Verstehens von Sätzen und Satzbestandteilen. Unter bestimmten Bedingungen (die hier genauer zu nennen sein werden) können wir nun auch zu einem wirtschaftlicheren Verfahren greifen:

Wir erinnern uns an den früheren Gebrauch der Fügung und verwenden sie unmittelbar als Bezeichnung für das Gemeinte, das heißt, wir gehen zum unmittelbaren Verständnis, das für den Gebrauch ungegliederter Wörter typisch ist, über. Entsprechendes gilt für die Bedeutungsabwandlung, die Lautbedeutsamkeit und den Gebrauch fremder Wörter.

§ 246. Welches sind nun die Bedingungen, unter denen wir so verfahren? Nun – es beginnt mit etwas Harmlosem, der Wiederholung und damit der Gewöhnung an das Wort. Dies ist ein erster und sehr wichtiger Schritt, der allerdings auch folgenlos bleiben kann: er muß nicht notwendigerweise zu einer Lexikalisierung führen. Die Gewöhnung schließt allerdings bereits in sich, daß für die betreffende Bedeutung nur diese Fügung und keine ebenfalls mögliche andere gebraucht wird. Auch kann sich schon auf dieser Stufe eine Polarisierung (vgl. § 121) zeigen. Den zweiten Schritt wollen wir die *Verzeichlichung* nennen: den Gebrauch als unmittelbares Zeichen für das Gemeinte (nicht mehr auf dem Umweg über die Erfassung der Elemente, der Bedeutungsverschiebung, der Lautbedeutsamkeit oder der Einheit der fremden Sprache). Auch auf dieser Stufe muß sich die Bildung noch nicht notwendigerweise von ihrer systematischen Verwendung (oder ihrer Verwendung als Lautbild oder Übernahme aus einer fremden Sprache) entfernen, doch zeigen sich in der Regel schon hier Verwendungsweisen, die durch den systematischen Gebrauch eigentlich ausgeschlossen sein müßten. Damit im Zusammenhang steht die Entwicklung von Gebrauchsgewohnheiten (die wir in Kapitel II noch eingehender behandeln wollen): man gebraucht die Bildung in bestimmten Zusammenhängen bevorzugt, in anderen, in denen sie eigentlich auch brauchbar wäre, dagegen nicht; man verbindet mit ihr bestimmte Erfahrungen und Gefühle, weil sie in Sachbereichen gebraucht wird, mit denen solche Erfahrungen und Gefühle verknüpft sind usw. Auch dies setzt nicht notwendigerweise eine Entfernung von der systematischen Bedeutung voraus (außer vielleicht einer gewissen, nicht ohne weiteres bemerkbaren Einschränkung im Gebrauch); aber das übliche ist auch hier, daß die Bildung nun ein Eigenleben entwickelt, das von der systematischen Bedeutung (usw.) nicht vorgegeben ist, und sich von ihr mehr oder weniger stark entfernen kann.

§ 247. Den Sprechern wird meist gar nicht bewußt, wie sich so der Gebrauch, und damit die Bedeutung etwa eines Grundworts und seiner Ableitung voneinander entfernen können. So werden die Sprecher des Deutschen nicht bemerken, daß *unverantwortlich* keineswegs mehr eine Verneinung zu *verantwortlich* ist: *verantwortlich* sind im Deutschen Personen (z. B. der *verantwortliche Leiter*) oder allenfalls Aufgaben und Posten (bei denen *verantwortungsvoll* vorzuziehen wäre); *unverantwortlich* sind dagegen Handlungsweisen und Haltungen (wie z. B. *unverantwortlicher Leichtsinn*). *Unverantwortlich* ist deshalb etwas anderes als *nicht ver-*

antwortlich – es ist schon weitgehend idiomatisiert. Ähnliches gilt z. B. für *Funktion* und *funktionieren (der Motor funktioniert* bedeutet etwas anderes als *die Funktion des Motors)*, für *erfahren* und *Erfahrung*, für *Freund* und *freundlich*, für *Lust* und *lustig* und viele andere. Ist eine solche Idiomatisierung einmal eingetreten, dann wird sie sich in der Regel immer weiter verstärken, d. h. Grundwort und Weiterbildung werden sich in der Bedeutung immer weiter auseinanderentwickeln. Nicht zu übersehen ist dabei, daß diese Auseinanderentwicklung auch noch eine ganz andere Quelle haben kann: Wenn das Grundwort seine Bedeutung weiterentwickelt, dann kann die Ableitung auf dem alten Stand stehenbleiben. In diesem Fall kommt die treibende Kraft für die Idiomatisierung nicht vom Wortgebrauch der Ableitung (oder allenfalls in dem Sinn, daß die Sprecher es nicht für zweckmäßig gehalten haben, die Bedeutung der Ableitung zusammen mit der Bedeutung des Grundwortes weiterzuentwickeln).

2. Fusionierung und Isolierung

§ 248. Bei der Lexikalisierung auf der Ebene der Zeichenkörper, der *Fusionierung*, geht es zunächst darum, daß eine Bildung auf Grund von bestimmten Entwicklungen anders aussieht, als nach den zur betreffenden Zeit in der betreffenden Sprache geltenden produktiven Wortbildungsregeln zu erwarten wäre. Die Elemente sind also nicht mehr in gleicher Weise als Elemente fühlbar, sie sind in größerem oder geringerem Umfang fusioniert (verschmolzen). Dabei kann es darum gehen, daß der Wortbildungstyp außer Gebrauch gekommen ist (wie bei *Empfängnis* zu *empfangen*) oder sogar überhaupt nicht mehr erkannt werden kann: So wird jeder Sprecher des Deutschen vermuten, daß *Huhn* und *Henne* zu *Hahn* gehören, aber er kann nicht mehr sagen, auf welche Weise, denn *Huhn* geht auf eine Vṛddhi-Bildung zurück – ein Wortbildungsverfahren, das bei uns längst ausgestorben ist – und *Henne* beruht auf einer alten Motionsbildung (Bildung eines Femininums) mit einem Suffix, das letztlich zu unserem Motionssuffix *-in* geführt hat, hier aber in einer so alten Form verbaut ist, daß es nicht mehr abgelöst werden kann. Auch syntaktische Fügungen können auf diese Weise fusioniert werden, indem sie Bildungsregeln älterer (oder regional beschränkter) Sprachstufen zeigen, wie z. B. in *unverrichteter Dinge*. Eine zweite Möglichkeit der Fusionierung tritt ein, wenn eine Ableitung einen erstarrten Lautwechsel zeigt (wie *gülden* zu *Gold*, *hürnen* zu *Horn*, *irden* zu *Erde*), eine nicht mehr durchschaubare Assimilation (*empfinden* aus *ent-* + *finden;* bei *entrinnen* ist unklar, ob *ent-* + *rinnen* vorliegt oder *ent-* + ein Verb, das mit unserem *trennen* verwandt ist usw.). Durch Lautentwicklung kann auch ein lautbedeutsames Wort seine Lautbedeutsamkeit verlieren oder verändern, so daß wir auch hier – in etwas abgewandelter Bedeutung – von Fusionierung sprechen können; und schließlich können sich auch Lehnwörter durch Lautentwicklung von ihrem Ausgangspunkt entfernen. Noch stärker wirkt der Sonderfall der *Isolierung*, bei der das Grundwort unkenntlich wird – entweder weil es schwindet (so können wir *Gesinde* heute nicht mehr durchschauen, weil das Grundwort *sind* ‚Weg' in unserer Sprache nicht mehr vorhanden ist; bei *Himbeere* und *Brombeere* wissen wir nicht, was die Vorderglieder bedeuten usw.) oder weil stärkere Veränderungen des Zeichenkörpers (meist im Zusammenhang mit starken Veränderungen des Inhalts) den Zusammenhang nicht mehr erkennen lassen (so wird ein normaler Sprecher des Deutschen das Wort *Geselle* nicht mehr an *Saal* anschließen – er weiß nicht mehr, daß *Geselle* ursprünglich ein ‚Saalgenosse' war). Zu erwähnen wäre schließlich noch die syntaktische Isolierung, bei der ein Wort auf bestimmte Wendungen beschränkt wird (wie bei *gang und gäbe, in Saus und Braus* usw.); sie ist meistens die Vorstufe für das endgültige Aussterben des betreffenden Wortes.

§ 249. Bis hierher haben wir betrachtet, wie die normalen Entwicklungen des Zeichenkörpers die Fusionierung und damit die Lexikalisierung bewirken; es ist aber auch noch auf die Möglichkeit hinzuweisen, daß die Fusionierung solche Entwicklungen verstärkt, daß sie besondere, unregelmäßige Lautentwicklungen und sogar Verstümmelungen begünstigt. Ein besonders deutlicher Fall sind die nicht mehr durchsichtigen neuhochdeutschen Komposita *Nachtigall* (mit einer Ableitung von dem noch im Althochdeutschen belegten *galan* ‚singen' im Hinterglied) und *Bräutigam* (mit dem noch mittelhochdeutschen *gome* ‚Mann' im Hinterglied). Ihr *i* in der Kompositionsfuge entspricht nicht dem deutschen Lautsystem – an dieser Stelle dürfte allenfalls ein *e* stehen. Das *i* beruht auf regionalen Sonderentwicklungen, hätte sich aber sicher nicht in der Hochsprache durchgesetzt, wenn die jeweiligen Hinterglieder noch erkennbar und die Zusammensetzungen damit noch durchsichtig gewesen wären. Als Beispiel für eine noch weiter reichende Abschwächung sei das Wort *Messer* genannt, dessen Lautform immer umfangreicher wird, je weiter wir in die Geschichte zurückgehen: zunächst *mezzeres*, noch früher (in althochdeutscher Zeit) *mezzerahs*, neben dem (je einmal belegt) *mezzisahs* und *mazsahs* steht. Diese zuletzt genannten Bildungen sind vergleichbar und durchschaubar: Vergleichbar ist as. *mezas-kāp* ‚Messerkauf', zu verstehen als *met-sa(h)s-*, und ae. (nur einmal belegt) *metseacs* ‚Dolch'; durchschaubar sind sie als Zusammensetzungen aus gm. **mati- (m)* Essen, Speise' (in gt. *mats*, awn. *matr*, ae., afr. *mete*, ahd. *maz*) und **sahsa- (n)* ‚Schwert, Dolch' (in awn. *sax*, ae. *seax*, afr. *sax*, as., ahd. *sahs*), also **mati-sahsa- (n)* ‚Speise-Schwert'. Diese Bildung war zur Zeit unserer frühesten Belege offenbar schon stark lexikalisiert, denn an der einzigen altenglischen Belegstelle handelt es sich um Dolche (bei der Ermordung Caesars), und der altsächsische Beleg zeigt eine Schreibung, die die morphologische Struktur völlig verdunkelt. Entsprechendes gilt für das Deutsche, in dem der zweite Bestandteil der Zusammensetzung stark gekürzt worden ist. Für uns ist besonders die Entwicklung des intervokalischen *s* zu *r* (möglicherweise durch Dissimilation) lehrreich, weil sie ausgeschlossen war, solange man das *s* noch als Anlaut eines zweiten Wortes erkennen konnte.

§ 250. Noch ein Sonderfall der Fusionierung: Die Verschleierung durch Verkürzung, Ersparung, Dekomposition und dergleichen. Wenn wir heute als Gruß oder bei Tisch *Mahlzeit!* sagen, so ist das an sich unverständlich – es bekommt erst einen Sinn, wenn wir erkennen, daß es eine Verkürzung aus ‚Gesegnete Mahlzeit!‘, also einem durchaus angemessenen Segenswunsch, ist. Ebenso läßt man z. B. bei häufig gebrauchten Komposita gern die Bestimmungsglieder weg: Man sagt *Bahn* statt *Eisenbahn, Fahne* statt *Kriegsfahne, Bühne* statt *Schaubühne* usw. Diese Erscheinung ist für den Etymologen sehr gefährlich, weil ihr Ergebnis den Eindruck hervorruft, das Simplex hätte eine Bedeutungsentwicklung durchgemacht, während es sich in Wirklichkeit um eine Komposition + Ersparung des Vorderglieds handelt, also eigentlich um ein anderes Wort. Die umgekehrte Ersparung haben wir etwa bei *Korn (m)* ‚Kornbranntwein‘: An sich wäre diese Verkürzung unzweckmäßig, weil sie nicht erkennen läßt, worum es geht (es ist ja das Grundwort weggelassen worden); sie findet aber ihren Grund in der besonderen Situation etwa des Wirtshauses, wo gegebenenfalls klar ist, daß der Gast einen Schnaps oder Branntwein will, und das Wichtige in der Präzisierung liegt, ob er einen Korn oder einen Kirsch oder sonst etwas vorzieht. In diesem Fall zeigen die grammatischen Merkmale, daß es sich um eine Verkürzung handelt: *der Korn* als Branntwein ist ein Maskulinum, während der Grundstoff *Korn* ein Neutrum ist. Diese Verfahren stehen auf der Grenze zwischen Wortentwicklung und Wortentstehung – die Kürzung von Fremdwörtern zum Beispiel haben wir (in § 210) als eine Form der Wortentstehung behandelt – der Unterschied zu den hier besprochenen Fällen besteht darin, daß es sich dort nicht um durchschaubare Bestandteile handelt.

B. Verdeutlichung

1. Anpassung der Bedeutung

§ 251. Der Lexikalisierung wirkt nun eine andere Kraft entgegen, die wir nicht so ohne weiteres fassen können, weil sie im Normalfall lediglich bewirkt, daß alles so bleibt wie es ist und wie wir es erwarten – das ist die

Verdeutlichung. Sie bewirkt, daß eine Ableitung oder sonstige Weiterbildung immer wieder an die systematische Bedeutung angeschlossen wird, daß Bedeutungsanpassungen durchsichtig bleiben usw. Daß es sich dabei nicht um eine passive Möglichkeit, sondern eine aktive Kraft handelt, sehen wir erst dann, wenn Besonderheiten auftreten: wenn etwa im Rahmen der sogenannten *Attraktion* zwei Wörter aneinander angeschlossen werden, die lautlich gleich oder ähnlich sind, aber etymologisch gar nicht zusammengehören, sei es, daß das eine ein Fremdwort und das andere ein Erbwort ist, oder daß die beiden Wörter erst sekundär lautgleich (oder teilgleich) geworden sind; oder auch wenn sich (entgegen dem Üblichen) die Bedeutung des Grundworts nach der Bedeutung der Ableitung ausrichtet, oder in noch anderen Fällen. Betrachten wir hierzu einige Beispiele, zunächst für die Attraktion: Mhd. *wān* bedeutet im wesentlichen ‚Hoffnung, Meinung‘, das abgeleitete Verbum mhd. *wænen* ‚hoffen, meinen, glauben‘. Durch die frühneuhochdeutsche Dehnung in offener Silbe ist nun mit diesem Substantiv ahd., mhd. *wan* ‚leer‘ lautgleich geworden, worauf die beiden Bedeutungen aufeinanderen bezogen wurden, besonders in einigen Fügungen mit ähnlicher Gebrauchsweise wie *wahnwitzig,* ursprünglich ‚dessen Witz leer ist, unverständig, töricht‘ auf der einen Seite und *eitler Wahn,* ursprünglich ‚leere, eitle Hoffnung‘ auf der anderen. Als gemeinsamer Nenner dieser vermeintlich zusammengehörigen Wendungen erschien den Sprechern offenbar etwa ‚Selbsttäuschung, Mangel an Einsicht‘, und so wurden nun die Bedeutungen beider Wörter auf diesen gemeinsamen Nenner gebracht: das alte Substantiv *Wahn* wurde völlig auf die negative Seite abgedrängt, es bedeutet nicht mehr ‚Hoffnung‘, sondern ungefähr ‚Hirngespinst‘, auch ‚Selbstüberheblichkeit‘ und dergleichen. Das Adjektiv blieb selbständig nicht erhalten, aber seine Zusammensetzungen wurden neu gedeutet. So bedeutet *Wahnsinn* heute nicht mehr ‚Torheit‘, sondern ‚abwegige Überheblichkeit‘, seine Ableitung *wahnsinnig* häufig geradezu ‚geisteskrank‘. – Ein anderer Fall wäre *Braten,* das lautlich auf ahd. *brato* zurückgeht und in dieser Zeit eigentlich nur ‚Fleisch ohne Knochen und Speck‘ bedeutet (es ist in dieser Bedeutung noch etwa in *Brät* und weniger deutlich in *Wildbret* erhalten). Durch den Einfluß von *braten,* von dem es nicht abgeleitet ist, bekam das Wort immer mehr die heutige Bedeutung, so daß es schließlich funktionell gesehen tatsächlich den Wert eines Konkretums zu *braten* bekam.

§ 252. Gar nicht so selten sind derartige Umdeutungen auch bei Fremdwörtern: *intakt* bedeutet ursprünglich ‚unberührt‘ (zu dem passiven Partizip von lt. *tangere* ‚berühren‘). Das Wort ist dann aber als ‚im Takt‘ aufgefaßt worden (zu *Takt,* das aus lt. *tactus,* einer anderen Ableitung desselben Verbs, entlehnt ist), worauf das Adjektiv für ‚ordnungsgemäß funktionierend, unbeschädigt, einwandfrei‘ gebraucht wurde, also mit deutlicher Veränderung zugunsten der neuen Deutung. – Ein ähnlicher Fall ist *rasant,* das eigentlich ‚streifend‘ bedeutet (zu frz. *raser* ‚schaben, streifen‘, aus dem auch unser *rasieren* stammt). Dieses Wort wurde als Fachausdruck der Artillerie für flach verlaufende Flugbahnen von Geschossen verwendet, worauf man es dann – im Hinblick auf die Geschwindigkeit solcher Geschosse – mit deutsch *rasen* in Verbindung brachte und dann in der Bedeutung ‚schnell, mit Tempo‘ verwendete: *ein rasanter Start, ein rasantes Auto* usw. – Entsprechend *irritieren,* das erst etwa im 16. Jahrhundert aus dem Lateinischen übernommen wurde und ursprünglich ‚reizen, erregen‘ bedeutete. Im 19. Jahrhundert hat man es dann an *irre* angeschlossen, wodurch es die Bedeutung ‚irre machen, unsicher machen, beunruhigen‘ bekam.

§ 253. Den Fall, daß eine Sonderbedeutung der Ableitung auf das Grundwort zurückwirkt, haben wir etwa bei *frieren:* Seine indogermanische Grundlage (**preus-,* etwa in ai. *pruṣnoti*) bedeutete eigentlich ‚besprengen, besprühen‘. Davon wurden nun Ableitungen gebildet, um den nicht sichtbar fallenden Niederschlag (Tau, Rauhreif) zu bezeichnen, so ai. *pruṣvā* ‚(Tautropfen), Raureif‘, lt. *pruīna* ‚Reif, (Schnee, Winter)‘, cymr. *rhew* ‚Frost‘ und germanische Wörter, zu denen auch unser *Frost* gehört. Die Bedeutung wurde offensichtlich bald auf den gefrorenen Niederschlag eingeschränkt: so bedeutet das indische Wort auch ‚Eis‘, das lateinische auch ‚Schnee‘ und die germanischen und das cymrische vor allem ‚Kälte, Frost‘. Und nun wurde im Germanischen offenbar die Bedeutung des Grundworts nachgezogen: sie entwickelte sich zu ‚frieren‘; das Wort wurde also zu einer Bezeichnung des Vorgangs, der ‚Rauhreif, Kälte‘ hervorbringt. – Aus neuerer Zeit wäre etwa das alte starke Verb *leiden* (ahd. *līdan*) zu nennen, das eigentlich ‚gehen‘ bedeutete. Da es aber in der Präfigierung *irlīdan* ‚ergehen, erfahren, erdulden‘ (u. a.) semantisch in die Nähe des unverwandten Wortes *Leid* (ahd. *leid* ‚Leid, Unglück‘) geriet, wurde es an dessen Bedeutung angepaßt, so daß wir heute das *Leid* als eine Ableitung von *leiden* auffassen müssen.

2. Anpassung der Ausdrucksform

§ 254. Die Verdeutlichung kann weiter auch zu einer Anpassung der Ausdrucksform führen. Der einfachste und häufigste Fall besteht darin, daß ein erstarrter Lautwechsel beseitigt, eine Assimilation o. dgl. rückgängig gemacht wird. So wurde das alte *gülden* seit dem 18. Jahrhundert langsam durch *golden* verdrängt, also durch eine Lautform, die dem heute produktiven Ableitungstyp entspricht. Man könnte diesen Vorgang auch so beschreiben, daß man sagt, die veraltete Bildung sei durch eine gleichar-

tige Neubildung vom gleichen Grundwort ersetzt worden (so wie *hürnen*
durch die syntaktische Fügung *aus Horn* ersetzt wurde, *irden* durch *aus
Erde*), und in der Tat können die beiden Möglichkeiten Ausgleich und
Neubildung nur unterschieden werden, wenn irgendwelche Entgleisungen
oder ähnliches auf das eine oder andere weisen. Im Grunde ist auch unwe-
sentlich, wie man die Erscheinung benennt – Ausgleich und Neubildung
sind bei ihr nur zwei Seiten derselben Sache; wichtig ist dabei, daß die
lexikalisierte Bildung zugunsten einer durchsichtigeren aufgegeben wird.
Oder ein für die Etymologie etwas schwierigerer Fall, das Nebeneinander
von ahd. *wurfil* ‚Würfel‘ und awn. *verpill* ‚Würfel‘: Beide kommen vom
gleichen Grundwort *(werfen)*, zeigen aber verschiedene Ablautstufen (dt.
Schwundstufe, awn. *o*-Stufe mit Umlaut). Man könnte nun an zwei verschiedene Bildungen denken, aber die Berücksichtigung der nordischen
Lautgesetze weist auf eine andere Möglichkeit: eine lautlich genaue Ent-
sprechung zu ahd. *wurfil* wäre awn. **yrpill,* dessen Zusammenhang mit
dem Grundwort *verpa* praktisch nicht mehr erkennbar gewesen wäre. Die
Tendenz zur Verdeutlichung hat dies offenbar nicht zugelassen und das
Substantiv stärker an sein Grundwort angeschlossen *(verpill* zu *verpa).*
Eine noch weitergehende Form der Erneuerung finden wir vor, wenn ver-
altende Suffixe durch produktive ersetzt werden. Das kann zunächst bei
Varianten innerhalb des gleichen Typs der Fall sein *(hülzen* wird zu *höl-
zern,* also abgesehen vom Vokal *-en* zu *-ern)* oder aber beim Ersatz eines
Suffixes durch das andere. So werden z. B. die alten Suffixe zur Bildung
von Nomina agentis, die *m(n)*-Stämme wie *ezzo, gebo, helfo, sprecho, wi-
dersacho* und die *m(ila)*-Bildungen wie *wartil, wahtil, fuozgengil* ersetzt
durch die moderneren Bildungen auf *-ære,* nhd. *-er,* also *Esser, Geber,
Helfer, Sprecher, Widersacher, Wärter, Wächter, Fußgänger* usw. Natürlich
kann man auch hier Ersatz durch eine Neubildung annehmen, aber Sonderfälle zeigen, daß man mit einem regelrechten Suffixersatz rechnen muß:
Bei dem Wort *drahsil* ‚Drechsler‘ zum Beispiel war das Grundwort geschwunden, so daß das Wort nicht mehr analysiert werden konnte. Hier ist
nun an das ganze Wort das neue Suffix angehängt (das Nomen agentis also
zweimal ausgedrückt) worden: *drahsilære,* heute *Drechsler.* Es ist zwar zu
erwägen, ob es sich hier nicht in Wirklichkeit um eine Ableitung aus dem
Verb *drahsilen* handelt, aber die *ære*-Bildung ist erheblich früher belegt als
das Verb.

§ 255. Noch weiter geht ein Verfahren, das ich die Bilderneuerung nen-
nen möchte – eine Art Lehnübersetzung innerhalb der Sprache selbst.
Dabei wird tatsächlich ein neues Wort gebildet, aber mit dem gleichen
Benennungsmotiv, so daß das Ergebnis wie eine Erneuerung des alten
Wortes aussieht. So ist unser Wort *Heuschreck,* eigentlich ‚Grasspringer‘,
nicht mehr richtig durchsichtig, weil *Heu* heute nicht mehr ‚gemähtes

Gras', sondern ,gedörrtes Gras' bedeutet und das Wort *schricken, schrek-*
ken ,springen' hochsprachlich nur noch in Übertragungen (*erschrecken*
usw.) geläufig ist. Hier haben nun die Mundarten, also die Sprachausprägungen, die am wenigsten von der vereinheitlichenden Konvention abhängig sind, das Wort in ihrem Sprachmaterial erneuert, indem *-schreck* durch
-hüpfer, -hupfer, -hipper, -springer usw. und – weniger durchgehend –
Heu- durch Wörter wie *Gras-* oder *Wiesen-* ersetzt wurde. Daß es sich
tatsächlich um Erneuerungen, nicht um vollkommene Neubildungen handelt, sieht man daran, daß der Bestandteil *Heu-* teilweise nicht geneuert
wurde: bei selbständigen Neubildungen wäre sicher *Gras-* als Vorderglied
gewählt worden.

§ 256. Das Wirken der Verdeutlichung kann schließlich auch in den
Rückbildungen (vgl. § 163 f.) gesehen werden, obwohl man sie aufs ganze
betrachtet doch lieber den Neubildungen zuschlagen wird. Am klarsten
sichtbar wird es jedoch bei den *Nachdeutungen* (der Sekundärmotivation
oder Volksetymologie): wenn die Lautform eines Wortes verändert wird,
um die Ähnlichkeit mit einem anderen, historisch gesehen unverwandten
Wort zu erhöhen. In der Regel spielt dabei auch eine Angleichung der
Bedeutung mit, doch ist dies keine Voraussetzung. Eine befriedigende Bedeutung ergab sich zum Beispiel bei *Friedhof:* Dieses Wort lautete ursprünglich ahd., mhd. *frīthof* und bezeichnete einen eingehegten, eingefrie-
deten Raum, einen Vorhof u. dgl.; zugrunde liegt ein Verbum *frīten* ,he-
gen, beschützen'. Lautlich hätte daraus ein *Freithof* werden müssen, und
diese Form ist tatsächlich auch gelegentlich belegt. Zugleich mit der Bedeu-
tungseinengung auf die christliche Begräbnisstätte wurde das Wort dann
aber von *Friede* (das eine andere etymologische Wurzel hat) beeinflußt
(wohl ausgehend von der Formel ,sie mögen ruhen in Frieden'), und diese
Nachdeutung erwies sich als so stark, daß sie die Lautgestalt des Wortes in
der Hochsprache bestimmen konnte. Kein so befriedigendes Ergebnis ist
dagegen etwa bei dem Wort *Grasmücke* herausgekommen: Eine *Gras-*
mücke ist kein Insekt, sondern ein Vogel, und dieser lebt nicht im Gras,
sondern im Rohr oder im niedrigen Gebüsch. Der Name sieht schon in
seiner althochdeutschen Form so aus, doch läßt der Vergleich mit Bezeichnungen solcher kleiner Vögel in anderen Sprachen vermuten, daß etwas
anderes zugrundeliegt: die Namen für diese Tiere sind häufig von Wörtern
für ,schlüpfen' oder ähnlichem gebildet, und ein solches Wort kommt auch
hier in Betracht, nämlich *schmücken* (ein Intensivum zu *schmiegen*), und
die Ausgangsform ist entweder **grasa-smukkjō*, wenn es tatsächlich zu
Gras gehört, oder aber **grēwa-smukkjō* ,grauer Schlüpfer', weil wenigstens
einige Arten grau sind. – Ein weites und ergiebiges Feld für die Nachdeutungen sind dann die Entlehnungen aus anderen Sprachen, auch Wiederbelebungen aus alten Sprachzuständen. Am bekanntesten sind wohl *Arm-*

brust aus lt. *arcuballista*, wörtlich ‚Bogenschleuder‘ (während *Armbrust* vom Benennungsmotiv her gesehen ganz unsinnig ist) und *Vielfraß* für anorw. *fjeld-fross* ‚Bergbär‘ (*fjeld* ‚Berg‘ + *fross* ‚Kater, Bär‘). Im gleichen Zusammenhang wären die Fehlübersetzungen aus fremden Sprachen zu erwähnen, die gelegentlich weiterleben: das *Englische Horn* ist eigentlich ein *cor anglé*, ein ‚gebogenes Horn‘ und das Kinderspiel *Blinde Kuh* ist – halb übersetzt, halb entlehnt – eigentlich frz. *coup d'aveugle* ‚Schlag des Blinden‘.

§ 257. In den Rahmen der Verdeutlichung gehören schließlich auch noch die Erscheinungen, die wir als *formale Verdeutlichungen* zusammenfassen können. Das sind zunächst Differenzierungen mit morphologischen Mitteln (verdeutlichende Komposition, verdeutlichende Präfigierung und Suffigierung), aber auch Anpassungen von veraltenden Wörtern, Fremdwörtern und dergleichen. Bei der verdeutlichenden Komposition wird üblicherweise ein Wort für einen allgemeineren Begriff als Hinterglied gewählt, so bei *Windhund* und *Maultier* (vgl. § 154) und dem heute veralteten *Tränbiene* (§ 232). – Präfigierungen werden z. B. bei *laden* zur Differenzierung benützt: Im Althochdeutschen gibt es ein *ladan* mit der Bedeutung ‚aufladen‘ (ein starkes Verb) und ein *ladōn* ‚einladen‘ (ein schwaches Verb). Mit der Endsilbenschwächung werden die Präsensflexionen gleich, worauf auch die Präterita vereinheitlicht werden: beide Verben sind jetzt stark (also auch *ich lud ihn ein*, statt, wie von der Ausgangsform her zu erwarten, *ich ladete ihn ein*). Diese beiden Verben werden nun nachträglich so differenziert, daß man das Simplex fast nicht mehr gebraucht (es kommt nur noch in Spezialfällen vor, wie *ein Gewehr laden*) und die Vorsilben so verteilt, daß sie sich nicht überschneiden; also *aufladen, beladen* auf der einen, *einladen* und *vorladen* auf der anderen Seite. – Die Verdeutlichung durch Suffixe ist schwerer nachzuweisen, weil entsprechende Erweiterungen auch ohne erkennbaren Grund auftreten können. Wenn etwa einfache Verben zu solchen auf *-igen* erweitert werden, dann kann man bei *steinen* zu *steinigen* kaum viel mehr sagen, als daß der Charakter einer Ableitung stärker betont wird. Wenn dann in einem Fall wie *bescheinen* zu *bescheinigen* zwei Verben differenziert werden (*bescheinen, beschien* und *bescheinen* = *bescheinigen*), dann kann man nicht nachweisen, daß der Wunsch nach Verdeutlichung in diesem Fall besonders fördernd gewirkt hat. – Andere Differenzierungsmöglichkeiten betreffen uns weniger – sie gehören vor allem in den Bereich der Rechtschreibung (wie etwa bei *malen/mahlen*). Dabei kann der Unterschied historisch begründet sein (d. h. die Schreibung ist älter als der lautliche Zusammenfall) oder aber er beruht, was wesentlich häufiger ist, auf willkürlichen Festlegungen bei der Kodifizierung der Orthographie.

3. Die Motivation

§ 258. Nun ist es nicht ganz einfach, diese Kraft der Verdeutlichung irgendwo im Umgang mit der Sprache anzusiedeln, denn beim tatsächlichen Sprachgebrauch kommt sicher die andere Tendenz, die Lexikalisierung zum Zug. Bei der Verdeutlichung müssen wir dagegen an das Sprachverstehen und ganz besonders den Spracherwerb denken: Für den Spracherwerb und die Speicherung sprachlicher Einheiten bedeutet es eine erhebliche Erleichterung, wenn nicht jedes Zeichen eine Einheit für sich ist, sondern ganze Gruppen nach Zeichenkörper und Bedeutung zusammengehören. Das lernende Kind schließt deshalb neu gehörte Wörter in großem Umfang an bereits erlernte lautähnliche Wörter an – und jeder, der mit kleinen Kindern umgeht, kennt zahlreiche Beispiele für die gelegentlich auftretenden vergnüglichen ‚Fehlleistungen‘ (die ungleich größere Zahl von richtigen Anschlüssen bemerken wir natürlich nicht). Wir sind also von unserem Spracherwerb her gewöhnt, Wörter aufeinander zu beziehen und wir betreiben das auch noch als erwachsene Sprecher, wenn auch in geringerem Umfang. Das muß sich nicht unbedingt in einer ausgeprägten Reflexion über die Sprache niederschlagen, auch nicht notwendigerweise in sprachlicher Bewußtheit, wie sie etwa in Wortspielen und dergleichen zum Ausdruck kommt – es geht vielmehr um das Zergliedern von Satzzusammenhängen beim Hören, wobei die Zergliederung nicht auf der Ebene des Wortes aufhören muß, und um eine unbewußte, automatische Verarbeitung und Organisation des Wortschatzes. Irgendeine Art der Auseinandersetzung mit den Erweiterungsstrukturen des Wortschatzes außerhalb oder neben dem Sprechen dürfen wir wohl bei jedem Sprecher annehmen.

§ 259. Die Erscheinungen der Lexikalisierung und der Verdeutlichung bewirken, daß wir bei sprachlichen Kombinationen unterschiedlich enge Zusammenhänge vorfinden. Auf der einen Seite stehen solche, die völlig regelmäßig sind, eine systematische Bedeutung haben und frei verfügbar sind. Sie können, besonders wenn sie auch für den Aufbau des Satzes eine Rolle spielen, in großem Umfang zum Paradigma, zum Formenbestand eines Wortes gerechnet werden. Dann kommen die Bildungen, die zwar einem regelmäßigen Muster folgen, aber in größerem oder geringerem Umfang lexikalisiert sind. In diesem Bereich fassen wir die zusammengehörigen Wörter gern in Wortfamilien zusammen, das sind größere Komplexe von morphologisch zusammengehörigen Wörtern, die dadurch entstehen, daß von einem Wort verschiedene Ableitungen und Zusammensetzungen gebildet werden, die ihrerseits wieder Ausgangspunkt von Ableitungen und Zusammensetzungen werden können. Vor allem im Deutschen haben die Wortfamilien ein beträchtliches Gewicht, weil der deutsche Wortschatz vergleichsweise einheitlicher Herkunft ist, etwa gegenüber dem englischen, der ererbte, romanische und nordische Bestandteile aufweist, oder gegenüber dem französischen, der nicht nur aus lateinischen und germanischen Bestandteilen gemischt ist, sondern auch durch ständig erneuerte Rückgriffe auf das Lateinische die regelmäßigen Zusammenhänge vielfach verdunkelt hat. Bei den nicht mehr voll systematischen Zusammenhängen innerhalb des Wortschatzes scheint es mir nicht ganz unbedenklich zu sein, von ‚Struktur' zu reden; ich würde deshalb vorschlagen, hier vom *Gewebe* des Wortschatzes zu sprechen. Für die Sprachbeschreibung würden nach dieser Auffassung die regelmäßigen Strukturen fließend in die regelhaften, aber nicht mehr voll regelmäßigen Gewebezusammenhänge übergehen, die sich ihrerseits ebenso fließend in den Bereich der bloßen vereinzelten Ähnlichkeiten ohne klaren Zusammenhang verlieren würden. – Im allgemeinen nennt man die Verstehbarkeit einzelner Wörter auf Grund ihrer erkennbaren Bildung und des erkennbaren Grundwortes *Motivation,* und es ist durchaus zweckmäßig, von den verschiedenen Graden der Motivation innerhalb des Wortschatzes zu sprechen. Neben dieser morphologischen Motivation kann man in den Bedeutungsanpassungen eine semantische Motivation erblicken. Dagegen ist es wohl nicht ratsam, bei der Lautbedeutsamkeit von lautlicher oder phonologischer Motivation zu reden. Hier liegt ersichtlich etwas anderes vor, so daß wir hier bei unserem Ausdruck Lautbedeutsamkeit bleiben wollen.

C. Untersuchungsbeispiel: *Ohrwurm*

§ 260. Betrachten wir nun auch noch aus dem Gebiet von Lexikalisierung und Verdeutlichung ein ausführlicheres Beispiel: die wichtigsten Bezeichnungen des Ohrwurms *(forficula auricularis)* im Deutschen und den meisten seiner Nachbarsprachen. An diesen Bezeichnungen ist auffällig, daß zahllose, meist regional beschränkte Bildungen wie *Ohrenkriecher, -schliefer, -wuseler, -kneiper* usw.; frz. *perce-oreille* usw. vorliegen, die in ihrer überwiegenden Mehrzahl das Wort für Ohr als Element enthalten[120]. Greifen wir zunächst die in Deutschland am weitesten verbreitete Bezeichnung *Ohrwurm* heraus, so wäre zur Sache zu sagen, daß das so bezeichnete Tier kein Wurm im heutigen Sinne ist, sondern ein Insekt aus der Überordnung der Geradflügler (*Wurm* hatte früher allerdings eine weitere Bedeutung, die auch andere Gliederfüßer und Schlangen einschließen konnte). Das Tier hat am Hinterteil eine spitze Zange, die das Benennungsmotiv für eine ganze Anzahl von Bezeichnungen geworden ist, so bei it. *forfecchia* und *tanaglio* (‚Zange'), den Nachfolgern von lt. *furca* ‚Gabel' in französischen und italienischen Bezeichnungen, und bei deutschen und niederländischer Wörtern, die auf Gabel, Schere, Zange und dergleichen Bezug nehmen, auch solche vom Typ *Zweischwanz*. Auch der wissenschaftliche Name *forficula auricularis* weist auf die Zange (lt. *forficula* ‚Zänglein‘, kleine Schere, Vorstufe von it. *forfecchia*), zeigt aber in *auricularis* ‚zum Ohr gehörig‘ zugleich auch das Element, das in den übrigen Bildungen vorherrscht. Was hat nun die *forficula* (die wir im folgenden, um Verwechslungen auszuschließen, mit einem älteren und regionalen deutschen Ausdruck den *Zangenkäfer* nennen wollen) mit dem Ohr zu tun?

§ 261. Die Antwort darauf gibt uns zunächst der Volksglaube, daß der Zangenkäfer dem Menschen (besonders wenn dieser schläft) ins Ohr krieche. Weitergehende Überlieferungen wissen davon, daß er dort das Trommelfell zerbeiße und sogar ins Gehirn dringe, und daß er – abgesehen von dieser etwas unangenehmen (wie gelegentlich gesagt wird: tödlichen) Situation auch Ohrenkrankheiten hervorrufe[121]. In den mittelalterlichen Rezeptsammlungen, in mehr volksmedizinischen Abhandlungen bis ins späte 18. Jahrhundert und im Volksaberglauben bis heute findet man deshalb nicht selten Vorschläge darüber, was zu tun sei, wenn jemandem ein Zangenkäfer ins Ohr gekrochen ist[122]. Diese Geschichten werden nun von den Zoologen in den Bereich der Sage verwiesen. Sie versichern glaubhaft, der Zangenkäfer schätze vor allem junges Obst und Gemüse und verschmähe gelegentlich auch nicht ein paar Blattläuse – von Trommelfellen wolle er ganz sicher nichts wissen, und im Ohr von Menschen sei er – abgesehen von mehr sagenhaften Berichten – noch nie gefunden worden[123]. Nun kommt es bei einer Bezeichnung nicht so sehr darauf an, was die Wissenschaftler für richtig halten (die ja auch bestreiten, daß der Wal ein Fisch sei), sondern auf das, was die Sprecher für richtig halten – aber es bleibt hier doch die Frage, wie die Sprecher auf solche Gedanken kommen konnten, zumal diese Art von Bezeichnung des Zangenkäfers noch nicht sehr alt zu sein scheint: sie ist sehr wahrscheinlich erst im Mittelalter aufgekommen. Eine Antwort auf diese Frage gibt uns (ohne weitere Quellenangabe) ein französisches Lexikon aus dem Jahr 1854, bekräftigt durch namhafte Romanisten, die seine Deutung übernommen haben[124]: *(forficula) auricularis* hieß ursprünglich die Zange, mit der die Goldschmiede die Ohrläppchen durchbohrten, damit Ohrringe getragen werden konnten. Mit einer Bedeutungsübertragung wurde dann auch der Zangenkäfer so genannt, weil sein Schwanz gleich aussieht wie eine solche Zange. Später verstand man die Bezeichnung nicht mehr und spann nun aus dem Namen des Tieres die Vorstellung heraus, es krieche in die Ohren und zerkneife dort das Trommelfell – da das Tier bekanntermaßen in enge Höhlungen (z. B. unter Rinden) kriecht, hielt man es für möglich, daß es auch das enge und windungsreiche Mittelohr als Aufenthaltsort bevorzuge. Von dieser Vorstellung aus seien dann die deutlicheren Bezeichnungen wie frz. *perce-*

oreille oder deutsch *Ohrenschliefer* u. dgl. entstanden. Dies ist eine wirklich glänzende Hypothese, die mit durchaus glaubhaften Einzelannahmen vorgeht und die Entstehung dieser Wörter auf einleuchtende Weise erklärt. Sie hat nur einen Haken: die Grundvoraussetzung, die Bezeichnung der betreffenden Goldschmiedezange, läßt sich auf keine Weise in irgendeiner Zeit nachweisen; wir haben nicht einmal einen Hinweis darauf, daß es ein solches Instrument in früherer Zeit überhaupt gegeben hat – die mir bekannten Erwähnungen des Durchbohrens von Ohrläppchen sprechen nur von silbernen und goldenen Nadeln[125]. Und ist man durch diesen Befund einmal mißtrauisch geworden, so stößt man auf noch weitere Schwierigkeiten: Zu der Zeit, in der diese Bezeichnungen vermutlich entstanden sind, dem frühen Mittelalter, war das Tragen von Ohrringen nicht üblich; und schließlich: wenn der Fachausdruck *auricularis* für ,Ohrenzange' so speziell war, daß er uns an keiner einzigen Stelle überliefert ist, wie konnte er dann andererseits zu einer volkstümlichen Bedeutungsübertragung führen? Die Zange wäre vermutlich nur den Goldschmieden und Badern bekannt gewesen, der Zangenkäfer aber doch wohl eher den Bauern und Gemüsehändlern, also einer ganz anderen Sprechergruppe. Wie also könnte eine solche Übertragung vor sich gegangen sein?

§ 262. Stellen wir hierüber einmal genauere Untersuchungen an und fragen wir zunächst, seit wann der Zangenkäfer mit Wörtern bezeichnet wird, die das Element ,Ohr-' enthalten. Die mit weitem Abstand früheste Bezeichnung dieser Art (und zugleich der früheste Beleg für eine Bezeichnung des Zangenkäfers überhaupt) findet sich in der altenglischen Glossargruppe Epinal-Erfurt-Corpus (deren frühe Manuskripte auf dem Kontinent geschrieben sind). Ich greife zur Besprechung das etwas spätere Leidener Glossar heraus, weil es noch nicht (wie die andern) alphabetisiert ist, sondern die Glosse in ihrem ursprünglichen Zusammenhang zeigt. Sie lautet dort *auricula: ęrwigga* (in den alphabetischen Glossaren *auriculum*) und muß auf Grund des Alters der Manuskripte spätestens im 8. Jahrhundert entstanden sein. Das Kapitel des Leidener Glossars[126], in dem sie auftaucht, zeigt eine Reihe von ineinandergeschobenen sachlich geordneten Glossen, und die Gruppe, die auch das Wort für unseren Zangenkäfer enthält, umfaßt einige Quälgeister wie Bremsen und Darmschmarotzer, weshalb wohl auch der Zangenkäfer in seiner Eigenschaft als Quälgeist in die Sammlung aufgenommen worden ist – die Glosse setzt also wohl schon die Kenntnis des Volksglaubens voraus. In anderen Sprachen ist die Bezeugung wesentlich später: In französischen Quellen erscheint die entsprechende Form *oreilliee (f)* zuerst im 13. Jahrhundert, sowohl in Texten wie auch in Glossen zu lt. *aurialis (m)* – auch in der Schreibung *aureolus* und anderen[127] – offenbar galloromanische Fortsetzerformen von lt. *auricula* und Weiterbildungen von ihm. Im Deutschen ist ein entsprechendes Wort frühestens im

14. Jahrhundert nachweisbar. Es ist dabei gleich noch eine beträchtliche Schwierigkeit bei der Untersuchung dieser Wortgeschichte zu erwähnen: Die Bedeutung der entsprechenden Wörter ist keineswegs sicher, d. h. wir wissen nicht immer, welches Tier gemeint ist. Teilweise erfahren wir, daß es sich um ein Tier handelt, das in die Ohren kriecht, teilweise bekommen wir Beschreibungen und Übersetzungen, die gelegentlich auf andere Tiere hinweisen, in England vor allem auf das Silberfischchen, in Frankreich auf bestimmte Tausendfüßler-Arten.

§ 263. Nun findet man in der Literatur auch Angaben darüber, daß der Ohrwurm schon in der Antike (als *vermis aurium* oder *auricularis*) bekannt gewesen sei, und die Untersuchung dieser Angabe führt uns zugleich zu unserer nächsten Frage, nämlich, wie alt der Aberglaube von dem ins Ohr kriechenden Zangenkäfer ist. Ich greife aus den antiken Werken über die Medizin den römischen Sachschriftsteller A. Cornelius Celsus heraus, von dessen Werk ein 8 Bücher umfassender Abschnitt über die Medizin erhalten ist. Dort werden im 7. Abschnitt des 6. Buches die Ohrenkrankheiten behandelt, wobei Celsus auch von Würmern in den Ohren spricht. Seiner Ausdrucksweise nach zu schließen (*ubi vero vermes orti sunt* ‚wo Würmer entstanden sind/auftreten‘ VI, VII, 5) denkt er aber sicher nicht an Zangenkäfer; vielmehr ist hier daran zu erinnern, daß in der antiken und noch mittelalterlichen Medizin unerklärbare Schmerzen mit Vorliebe auf imaginäre Würmer zurückgeführt wurden – eine Art vorwissenschaftlichen Bazillenglaubens. Dabei gab es Zahnwürmer, Herzwürmer, Ohrwürmer und gegebenenfalls noch andere. Von Fremdkörpern und Tieren, die von außen in das Ohr eindringen, spricht Celsus an anderer Stelle (VI, VII, 9), wobei er ausdrücklich nur Flöhe erwähnt. Da er den wesentlich größeren und damit auch viel gefährlicheren Zangenkäfer nicht nennt, hat er von den diesem später zugeschriebenen Machenschaften ganz sicher nichts gewußt – er hätte sie sonst zweifellos erwähnt. Das gleiche Bild bieten die übrigen Werke der antiken Medizin bis zu deren Ende, selbst noch die frühmittelalterlichen Rezeptsammlungen und andere auf die antike Heilkunde zurückgehende Werke[128]. Wir können also mit Sicherheit sagen, daß die antike Medizin den Aberglauben von dem ins Ohr kriechenden Zangenkäfer nicht gekannt hat. Die Bezeichnung *vermis auricularis* (u. ä.) hat mit ihm nichts zu tun. Setzen wir das Ende der einigermaßen selbständigen antiken Medizin mit Marcellus Empiricus an, der um 400 n. Chr. in Bordeaux lebte und ein stark der Volksmedizin verhaftetes medizinisches Werk schrieb (in dem ebenfalls Ohrwürmer, aber keine Zangenkäfer vorkommen), so können wir die Feststellung treffen, daß in der antiken Welt der von uns gesuchte Volksglaube zumindest bis ins 4./5. Jahrhundert nicht anzutreffen ist.

§ 264. Wann läßt sich dieser Volksglaube nun frühestens klar nachweisen? Merkwürdigerweise wieder zuerst im Altenglischen, und zwar in dem Læceboc, einer Sammlung mittelalterlicher Rezepte, die zwar sicher aus dem Lateinischen übersetzt sind, aber ohne daß eine genaue Quelle angegeben werden könnte. Das überlieferte Manuskript ist aus dem 10. Jahrhundert, hat aber möglicherweise ältere Vorlagen. Dort steht nun ganz am Schluß der Rezepte gegen Ohrweh (unter denen sich auch solche befinden, die gegen Würmer im alten Sinn helfen sollen) ein Rezept gegen Zangenkäfer *(wið earwicgan)* eingefügt[129]. Kennzeichnenderweise steht das Rezept im Inhaltsverzeichnis nicht am Schluß, sondern an der systematisch zu erwartenden Stelle: Zuerst werden genannt Rezepte gegen Ohrweh, dann gegen Würmer und Zangenkäfer, dann gegen Ohrensausen, worauf noch ein Rezept für eine Ohrensalbe folgt. Diese Anordnung zeigt deutlich, daß das Zangenkäfer-Rezept nachträglich in den Text eingefügt worden ist, es ist also mindestens in diesem Überlieferungsbereich noch nicht sehr alt. Immerhin scheint es auch von hier aus wahrscheinlich zu sein, daß zur Zeit der Niederschrift der oben erwähnten altenglischen Glossen des 8. Jahrhunderts der Aberglaube schon bekannt war. In anderen Sprachbereichen ist er ebenso spät wie die Benennungen nachzuweisen, in Frankreich also seit dem 13. Jahrhundert. Für die Belege in heilkundlichen Schriften ist dabei nicht ohne weiteres klar, ob mit den erwähnten Ohrenschädlingen die hypothetischen Ohrwürmer der Antike oder die Zangenkäfer des moderneren Aberglaubens gemeint sind; es kommen sogar durchaus Mischungen beider Vorstellungen vor, etwa wenn in einem medizinischen Werk des frühen 18. Jahrhunderts gesagt wird[130] *tandem sunt etiam vermes, nunc in aures irrepentes, nunc etiam interdum in ipsis auribus geniti, inde ex auribus etiam ad ipsum cerebrum penetrant* (‚Würmer, sei es, daß sie in die Ohren gekrochen, sei es, daß sie dort entstanden sind, und von dort aus selbst in das Gehirn eindringen‘).

§ 265. Irgendwann zwischen dem 4./5. und dem 8. Jahrhundert muß also der Aberglaube von den in die Ohren kriechenden Zangenkäfern und die zugehörige Bezeichnung dieser Tiere aufgekommen sein. Nun fällt in den ersten Teil dieser Zeit ja die Landnahme der Germanen in Süd- und Mitteleuropa. Haben sie vielleicht diese Bezeichnungen mitgebracht, und handelt es sich damit um einen germanischen Aberglauben? Ganz sicher können wir diese Frage nicht beantworten, aber es weist doch alles darauf hin, daß sie zu verneinen, der Ausgangspunkt für die von uns gesuchten Bezeichnungen also im lateinischen Sprachbereich zu suchen ist. Die einfachste und offenbar früheste Bezeichnung des Zangenkäfers scheint lt. *auricula* zu sein – vielleicht sind statt dessen auch einfache Ableitungen von diesem Wort anzusetzen (worauf die Fortsetzerformen im Französischen zu weisen scheinen), aber dann sind es einfache Zugehörigkeitsbezeichnungen. Verstreute deutsche Bezeichnungen vom Typ *Öhrchen* sind am ehesten als

Lehnübersetzungen aufzufassen. Der als nächster auftretende Typ ist vertreten durch ae. *earwicge*. Das Hinterglied dieses Wortes ist eine (seltene) Bezeichnung für Insekten und derartige Kleintiere. Das Wort würde also entweder ‚Ohreninsekt‘ bedeuten, oder aber es ist – was mir viel wahrscheinlicher zu sein scheint – ebenfalls eine Lehnübersetzung aus dem Lateinischen zusammen mit einer verdeutlichenden Komposition (also nach dem Typ *Maultier*). Auf diese Weise scheint mir auch das deutsche Wort *Ohrwurm* erklärbar zu sein. Die Wörter des Typs frz. *perce-oreille* und dt. *Ohrenkneifer* oder *Ohrenschliefer* sind, was man besonders im Französischen gut verfolgen kann, eindeutig später, die frühesten Belege sind allenfalls noch dem 14. Jahrhundert zuzurechnen. All das zusammengenommen, läßt es nicht gerade als wahrscheinlich erscheinen, daß Wort und Aberglaube aus dem Germanischen stammen.

§ 266. Dabei ist nun zunächst noch ein Namentyp zu erwähnen, der von der Forschung mit wenig mehr als Stillschweigen übergangen wird, weil er nicht in die üblichen Erklärungen paßt: der hauptsächlich in Südfrankreich, aber auch stellenweise in Oberitalien übliche Typ *cure-oreille*. Dieses Wort bezeichnet normalerweise den Ohrlöffel und ähnliche Instrumente (zu *curer* ‚reinigen‘), ist aber auch belegt als Bezeichnung für den kleinen Finger (der früher allgemein als der ‚Ohrenreiniger‘ bezeichnet wurde). Es ist in seiner ‚ursprünglichen‘ Bedeutung gut zurückzuverfolgen und auch an ältere Bildungen wie lt. *auricularis* anzuschließen – aber woher die Übertragung auf den Zangenkäfer kommt, ist unerfindlich; an den vom *Handwörterbuch des deutschen Aberglaubens* bemühten ‚guten Ohrdämon‘[131] wird man ungern glauben wollen. Der Name *cure-oreille* wird nun aber höchst aufschlußreich im Zusammenhang mit einer anderen Feststellung: Wenn wir den Artikel *Ohrwurm* in Zedlers Universallexicon von 1740 (wie Anm. 121) nachsehen, so finden wir dort eine verblüffende Mischung von verhältnismäßig moderner naturwissenschaftlicher Beschreibung dieses Insekts verquickt mit allem, was der alte Aberglaube zu bieten hatte. Und dabei steht nun noch etwas anderes: ‚Die Ohrwürmer werden zur Taubheit gut geachtet, wenn sie getreuget, gestossen, mit Hasenurine vermischet und in die Ohren gestecket werden. Joseph Michaelis, ein berühmter Italiänischer Artzt, weiß wider die Taubheit kein besseres Mittel anzurathen, …‘. Man hat also früher (Zedler verweist auf eine italienische Quelle) getrocknete Zangenkäfer als Heilmittel gegen Ohrenkrankheiten, speziell Taubheit, verwendet, und da frz. *curer* älter und allgemeiner auch ‚heilen‘ bedeutet, kann *cure-oreille* ein ganz unerwartetes Benennungsmotiv aufweisen: ‚der Ohrenheiler, das Heilmittel gegen Ohrenkrankheiten‘. Prüfen wir deshalb einmal nach, in welchem Umfang sich solche Verwendungen des Zangenkäfers nachweisen lassen.

§ 267. Dabei stoßen wir auf einen schon aus ältester Zeit bekannten

Bereich der Heilkunde, die *medicinae ex animalibus* ‚Tiere als Heilmittel‘.
Seine Verfahren gehen zurück auf die Organtherapie, bei der ein krankes
Organ durch das Verzehren (Auflegen oder sonstiges Verwerten) des entsprechenden gesunden Organs (eines Tieres) zu heilen gesucht wurde. Statt
des gesunden Organs wurden dann auf Grund verschiedener, zum Teil
recht abenteuerlicher Vorstellungen auch andere Stoffe verwendet, wobei
sich die Gedankenverbindungen nur in wenigen Fällen nachvollziehen lassen. Auf jeden Fall haben wir schon seit der frühest-bekannten antiken Zeit
medizinische Schulen, die Tiere und tierische Bestandteile als Heilmittel
verwendeten, und einzelne ihrer Verfahren wurden durchaus auch in das
Heilmittelrepertoire der übrigen Schulen aufgenommen. In unserem besonderen Fall, den Heilmitteln gegen Ohrenkrankheiten (vor allem Taubheit), gibt es eine Reihe von Medikamenten dieser Art. Am weitesten verbreitet sind dabei in Öl gekochte Tausendfüßler, und zwar diejenige Art,
die sich bei Berührung zusammenrollt. Nach den genauesten Beschreibungen muß es sich dabei um den Saftkugler *(Glomeris)* handeln, einen Tausendfüßler, der leicht mit der weiter verbreiteten Rollassel *(armadillidium
vulgare)* verwechselt werden kann. Seit Plinius[132] wird in den Rezepten
auch die *blatta* als Ohrenheilmittel genannt – dieses Wort übersetzen wir
meist mit ‚Schabe‘, aber die Darstellung bei Plinius läßt erkennen, daß es
sich um einen Sammelbegriff handelt, der neben der Hausschabe noch eine
Anzahl von (teilweise beschriebenen, aber dennoch nicht ausreichend iden-
tifizierbaren) Insekten, besonders Geradflüglern, umfaßt. Daß dazu auch
der Bereich ‚Ohrwurm‘ gehört, zeigt eine altenglische Glosse aus der ersten
Hälfte des 11. Jahrhunderts, die *blatta* mit *eorwicga* wiedergibt[133]; das gleiche Wort wird aber in anderen Glossen auch als Nachtfalter und Fleder-
maus erklärt – der gemeinsame Nenner ist offenbar die in lateinischen
Quellen oft erwähnte Eigenschaft, das Licht zu scheuen.

§ 268. Bevor wir nun weiter überlegen, ist zunächst festzustellen, daß
wir an diese sprachlichen und sachlichen Befunde nicht ohne weiteres mit
unseren modernen, zum Teil wissenschaftlich abgegrenzten Bezeichnungen herangehen dürfen. Die lateinischen Darstellungen, auch diejenigen
wissenschaftlicher Art, lassen deutlich erkennen, daß für das Tierreich im
Bereich der Insekten nur sehr wenige und nur teilweise klar abgegrenzte
Bezeichnungen bestanden. Nach den häufigen Verweisen auf den griechischen Sprachgebrauch zu schließen, stand es mit der griechischen Terminologie besser, doch war auch sie bei weitem nicht so ausgebaut wie die
unsere (selbst wenn wir von der wissenschaftlichen Terminologie absehen).
Es darf deshalb nicht verwundern, wenn die Bezeichnungen für die einzelnen Insektenarten gerade in dem hier von uns berührten Bereich sehr stark
durcheinander gehen[134] – so können Saftkugler und Rollassel mit dem
Skolopender, dieser mit dem ‚Ohrwurm‘ verwechselt werden; Zedler

kennt einen ‚leuchtenden Ohrwurm‘, ‚der von etlichen Nassel genennet‘ wird (sehr wahrscheinlich der leuchtende Erdläufer *geophilus electricus*, ein Hundertfüßer); unter *blatta* kann, wie wir gesehen haben, auch ein Ohrwurm verstanden werden; im Französischen wird *oreilliere* mit *perce-pain* gleichgesetzt[135] – und letzteres ist sicher kein Zangenkäfer, sondern die Schabe oder das Silberfischchen. Schließlich muß man auch berücksichtigen, daß unter Ohrwurm in der frühen Zeit nicht notwendigerweise ausschließlich der Zangenkäfer verstanden werden mußte, es können auch andere kleine Insekten mit unter diese Bezeichnung fallen. Und noch ein letzter Punkt: die genannten Rezepte erscheinen in den spät mittelalterlichen deutschen und englischen Sammlungen nicht mehr; von dem ganzen Bereich der *medicinae ex animalibus* tauchen bei den Taubheitsrezepten allenfalls Ameiseneier und Spinnweben (beides auch schon in der Antike gebraucht) auf, und bei anderen Gebrechen nicht viel mehr. Zumindest bei der germanischen Aufnahme der antiken Heilkunst, vermutlich aber auch bei der mittel- und nordfranzösischen Weiterentwicklung hat man also das Heilmittel ‚Zangenkäfer‘ nicht mehr gekannt.

§ 269. Damit können wir nun eine Hypothese über die Entwicklung der Benennungen des Zangenkäfers und der Vorstellungen über dieses Insekt bilden – sie bleibt eine Hypothese, aber im Gegensatz zu der Verknüpfung mit der Goldschmiedezange kann in unserem Fall jedes Argument für sich gestützt werden:

1. Die antike Heilkunde verwendete bestimmte Gliederfüßer (unter verschiedenen Bezeichnungen) als Heilmittel gegen Taubheit. Auf Grund dieser Verwendung wurden solche Tiere in Oberitalien und Südfrankreich wohl gegen Ende der antiken Zeit als *auricula, -um, auricularis, auriculata* o. ä. bezeichnet (wohl = ‚zum Ohr gehörig‘).

2. Diese Bezeichnung verbreitete sich weiter nach Norden, wo die Verwendung dieser Tiere als Heilmittel nicht bekannt war. Dort ist nun – sehr wahrscheinlich indem die hypothetischen Ohrwürmer der antiken Rezepte mit dem entsprechend benannten Tier gleichgesetzt wurden – der Glaube entstanden, diese Tiere seien Ohren*schädlinge*. Dieser Stand der Dinge ist wenigstens stellenweise im 8. Jahrhundert erreicht.

3. Wie nun in der Gegend, in der das Heilmittel ‚Zangenkäfer‘ bekannt war, die ältere Bezeichnung zu ‚Ohrenheiler‘ *(cure-oreille)* verdeutlicht wurde, so wurde in der Gegend, die an den Ohrenschädling ‚Zangenkäfer‘ glaubte, das Wort zu ‚Ohrenkneifer‘ *(perce-oreille)* verdeutlicht. Die Entwicklungen können dabei in Deutschland und Frankreich unabhängig voneinander verlaufen sein – eine gewisse Beeinflussung von Frankreich her ist aber nicht auszuschließen. Neben dieser Entwicklung konnten selbstverständlich auch Bezeichnungen nach anderen Motiven bewahrt werden oder neu entstehen.

4. Die Bezeichnungen mit ‚Ohr-' werden aufs ganze gesehen relativ regelmäßig auf den Zangenkäfer bezogen. Dies läßt den Schluß zu, daß schon die frühesten Formen (lt. *auricula* usw.) speziell den Zangenkäfer (forficula auricularis) meinten. Vermutlich haben seine Zangen den Glauben an seine Gefährlichkeit für die Ohren besonders angeregt. Die Verwendung der betreffenden Wörter in allgemeinerer Bedeutung oder zur Bezeichnung anderer Insekten läßt sich aber noch lange nachweisen; im übrigen auch (obwohl seltener) die Vorstellung, daß andere Tiere – besonders Grillen – durch das Ohr ins Gehirn kriechen[135].

Wir sehen in diesem Fall an einem besonders deutlichen Beispiel, wie der Drang, den vorhandenen Wortschatz ständig neu zu verdeutlichen, auch fehlgehen und zu grotesken, nichtsdestoweniger aber auch stark in die Lebenswirklichkeit eingreifenden Vorstellungen führen kann. Der alten Etymologie für die Tierbenennung *Ohrwurm* usw. ist mit den hier gegebenen Nachweisen wohl endgültig der Boden entzogen – schade!: die Erklärung mit der Goldschmiedezange hat mir in ihrer wirkungsvollen Einfachheit und ihren einleuchtenden Schlußfolgerungen doch sehr gut gefallen!

II. Gebrauchsbedingungen und Gebrauchsgewohnheiten
(B 34)

A. Gebrauchsgewohnheiten

§ 270. Gehen wir davon aus, daß ein Wort einen Inhalt hat – er würde bei einem gegliederten Wort zunächst der systematischen Bedeutung entsprechen, für die spätere Entwicklung ist er (wie bei den ungegliederten Wörtern) schwerer zu beschreiben – wir werden uns mit dieser Frage noch in Kapitel VI befassen. Daneben steht das Wort unter bestimmten Gebrauchsbedingungen, die nicht oder nicht ausschließlich in ihm selbst liegen: Es kann Konkurrenten haben, das Wortfeld kann sich verändern, Homonyme können auftreten, der Bereich der bezeichneten Sachen kann verschiedenartig beschaffen sein usw. Auf diese Bedingungen werden sich die Sprecher einstellen: sie werden bestimmte Gebrauchsgewohnheiten entwickeln. Jeder einzelne Gebrauch des Wortes wird diese Gewohnheiten beeinflussen: sie bestärken, mißachten, (in neuen Situationen) erweitern, abwandeln usw. Welcher Art können nun solche Gebrauchsgewohnheiten sein? Nun – sie können zum einen den Gebrauch eines Wortes gegenüber einem anderen nach sachlich bestimmten Merkmalen differenzieren. Dies kann man besonders leicht erkennen, wenn man die Gebrauchsmöglichkeiten von einander entsprechenden Wörtern verschiedener Sprachen vergleicht. Ich nehme als Beispiel den von Ernst Leisi[137] behandelten Fall nhd. *Klumpen* gegenüber ne. *lump:* Diese Wörter kann man gebrauchen, wenn zusammenhängende Massen von Lehm, Teig, Butter, Eisen, Blei usw. bezeichnet werden sollen. Darüber hinaus sagt man aber im Deutschen auch *ein Klumpen Gold* (während im Englischen hier *nugget* gebraucht wird), ebenso *ein Klumpen Blut* oder *Blutklumpen* (e. *clot*), *ein Klumpen Erde* (e. *clod*) und noch einiges andere, während umgekehrt im Englischen noch *a lump of coal* vorkommt (für das im Deutschen *ein Brocken Kohle* steht), sowie *a lump of sugar* (d. *ein Stück Zucker*). Der Inhalt von ne. *lump* und nhd. *Klumpen* ist also im wesentlichen gleich, die Gebrauchsgewohnheiten sind dagegen verschieden und zwar auf sachlich („nach dem Substanzbereich') bestimmte Art. Dies ist das Ergebnis der Festlegung des Wortgebrauchs unter dem Einfluß der vorhandenen Bezeichnungsmöglichkeiten und anderer Gebrauchsbedingungen. Zunächst spielen dabei die besonderen Umstände der Wortentstehung eine Rolle, dann bestimmte sachliche und sprachliche Gründe, manchmal können wir auch gar keine Gründe feststellen und nur das Ergebnis zur Kenntnis nehmen. Gehen die Gebrauchsbedingungen bei einem Wort in eine bestimmte Richtung, so kann es sein, daß sie mit der Zeit den Inhalt selbst verändern, daß wir also nicht mehr einen Inhalt mit bestimmten Anwendungsbestimmungen, sondern einen veränderten Inhalt vor uns haben. Auf solche ‚Umstrukturierungen‘ werden wir in Kapitel VI noch eingehen.

§ 271. Eine zweite Möglichkeit der Differenzierung gegenüber anderen Wörtern besteht darin, daß der Geltungsbereich eines Wortes auf bestimmte Sprachausprägungen beschränkt wird. Das können regionale Sprachausprägungen (Mundarten) sein – in diesem Fall spricht man häufig von *diatopischer* Differenzierung –, es können aber auch Verschiedenheiten der Sprachschicht und der Sprachstile (*diastratische* Unterschiede) sein. Ein Sonderfall besteht darin, daß ein Wort auf die archaische Sprache eingeschränkt wird, das heißt, daß es nur noch in bestimmten Zusammenhängen auftritt, etwa nur in der Rechtssprache, oder der Sprache der Kirche oder der dichterischen Sprache. Dabei spielt bereits eine andere Möglichkeit der Gebrauchsgewohnheit mit: die Veränderung der Häufigkeit, denn die Zurückdrängung in die archaische Sprache schließt eine Verminderung der Häufigkeit in sich. Das gleiche gilt für die syntaktische Isolierung, die Beschränkung auf bestimmte Redewendungen, auf die wir schon bei der Lexikalisierung (§ 248) eingegangen sind. Solche Verminderungen der Häufigkeit führen nach einiger Zeit zum Extremfall des Seltenerwerdens, dem Aussterben des betreffenden Wortes (B 35). – In diesem Kapitel wollen wir uns nun ansehen, welches die Gebrauchsbedingungen eines Wortes sein können, und mit welchen Auswirkungen auf die Gebrauchsgewohnheiten in den einzelnen Fällen gerechnet werden kann.

B. Gebrauchsbedingungen

1. Varianten

§ 272. Für die normalen Bedingungen der Bezeichnung ist ausschlaggebend, ob nur ein einziges Wort für das Gemeinte vorhanden ist oder mehrere. ‚Mehrere Wörter (Varianten)‘ können verschiedene Wörter sein (*Konkurrenten* wie etwa *Klempner*, *Flaschner* und *Spengler* oder *Samstag* und *Sonnabend* – die jeweils regional verschieden bevorzugt werden) oder Formvarianten (wie etwa *Mädchen*, *Mädel* und *Mägdlein* – ebenfalls regional verschieden); auch Lautvarianten *(Sulze/Sülze)* und andere kommen vor. Gibt es im Wortschatz einer Sprechergruppe Varianten mit ganz gleicher Bedeutung und gleichen Gebrauchsbedingungen, so muß ein Sprecher bei jedem einzelnen Wortgebrauch zwischen den verschiedenen Möglichkeiten wählen, und jede Wahl ist zwar vom Standpunkt des Stils aus eine Bereicherung, aber vom Standpunkt der Automatik des Sprachablaufs aus eine Erschwerung. Deshalb neigen die Sprecher sehr stark dazu, solche Entscheidungsvorgänge zu automatisieren, indem sie sich in ähnlichen Situationen gleich entscheiden. In der Regel werden sie dabei die Entscheidung von einem Situationsmerkmal abhängig machen oder noch häufiger Gebrauchsmerkmale, die durch die Wortentstehung bedingt sind, beibehalten und es so gar nicht zu einer echten Gleichwertigkeit kommen lassen. Die gebrauchsbestimmenden Merkmale können inhaltlicher Art sein (und sind dann am besten wieder durch den Sprachvergleich zu erkennen), so besonders häufig im Englischen, wo etwa *meat* und *flesh* unterschieden wird, wo wir nur *Fleisch* sagen (*meat* ist zum Essen, *flesh* ist am lebenden Körper), oder *clock* und *watch*, wo wir *Uhr* sagen (Uhr und Armbanduhr). Manchmal werden ganze Serien von gleichbedeutenden Wörtern nach demselben Merkmal unterschieden (klassenbildende Merkmale), wie etwa bei der auffälligen neuhochdeutschen Differenzierung von Bezeichnungen der Körperteile und Tätigkeiten bei Mensch und Tier: *essen/fressen, trinken/saufen, Haut/Fell, Lippe/Lefze* usw. Auffällig ist diese Unterscheidung deshalb, weil sie in den Nachbarsprachen nicht besteht und auch in den frühen deutschen Sprachstufen bis zum Mittelhochdeutschen nicht bestanden hat. Das Differenzierungsmerkmal kann auch die Sprachhöhe oder der äußere Rahmen sein (wenn wir etwa im Alltag *gestorben*, in der Kirche *verschieden* und in der Vulgärsprache *abgekratzt* sagen). Zur Terminologie ist noch zu vermerken, daß die Differenzierung verschiedener Formen des (der Herkunft nach) gleichen Wortes zu sogenannten Zwillingswörtern oder *Scheideformen* (B 36) führt. Beispiele sind etwa *Beet/ Bett, drucken/drücken, Magd/Maid* und andere.

2. Wortfeld

§ 273. Die zweite ,normale' Gebrauchsbedingung ist das *Wortfeld*, zu dem das betreffende Wort gehört (B 37). Unter einem Wortfeld versteht man eine Anzahl von Wörtern, die einen bestimmten Vorstellungsbereich mehr oder weniger systematisch aufgliedern, und die in Sätzen und anderen höheren Einheiten meist gegeneinander ausgetauscht werden können (wodurch sich der Sinn der höheren Einheit natürlich ändert). Inhalt und Gebrauch eines Wortes werden durch seine Stellung in einem solchen Feld wesentlich mitbestimmt, besonders wenn das Feld nicht aus klar voneinander abgrenzbaren Einheiten, sondern aus einem Spektrum von Möglichkeiten besteht, wie etwa bei den Farbbezeichnungen oder den Temperaturangaben: Steht etwa ein Wort für ‚warm' in einem Wortfeld mit heiß – warm – lau – kühl – kalt (wie im Deutschen), so wird es anders gebraucht als in einem Feld, das zum Beispiel nicht zwischen heiß und warm unterscheidet (wie etwa das Altgriechische, das zu beidem *thermós* sagt). Der Unterschied betrifft zunächst den Inhalt, bestimmt aber auch den Gebrauch – etwa in der Weise, daß bei einem Feld ohne Unterscheidung zwischen heiß und warm in Extremfällen häufiger bildliche Ausdrucksweisen (wie *siedend, glühend* usw.) statt des normalen Wortes eingesetzt werden. Schärfere Abgrenzungen innerhalb eines Wortfeldes sind meistens nur in sachlich leicht faßbaren, häufig gebrauchten Feldern möglich, während sonst durchaus mit Überschneidungen, Mehrfachbezeichnungen (mit oder ohne Unterschied im Bedeutungsumfang) und auch mit Leerstellen zu rechnen ist. Weiter ist der Wortschatz einer Sprache nicht in allen Teilen gleich deutlich in Wortfelder gegliedert; auch gibt es Wörter, die in mehreren (gleichberechtigten) Wortfeldern stehen können: so gehört etwa *Wurzel* zu dem Wortfeld Wurzel – Stamm – Äste – Zweige – Laub; andererseits aber auch zu dem Wortfeld Wurzel – Knolle – Zwiebel. Schließlich gibt es Wörter, die in stufenweise gegliederten Feldern stehen, wie etwa *Vater* im System der Verwandtschaftsbezeichnungen verschiedener Grade; und auch solche, die vergleichsweise vereinzelt sind (wie etwa *Wolke,* dem zwar ‚verwandte' Begriffe zugeordnet werden können, aber ohne daß diese als für die Bedeutungsabgrenzung wichtig erwiesen werden könnten).

§ 274. Der Einfluß des Wortfeldes auf die Gebrauchsgewohnheiten ist je nach Art des Feldes unterschiedlich groß; er ist aber besonders dann wichtig, wenn sich innerhalb des Feldes Verschiebungen ergeben, besonders wenn Teile des Feldes ausfallen. So haben wir im älteren Deutschen zur Bezeichnung der Altersstufen von Männern und Frauen ein System auf drei Ebenen (wenn wir von den extremen Altersstufen absehen), nämlich *Mann/Frau* (noch früher *Weib*) – *Jüngling/Jungfrau* – *Knabe* (usw.)/ *Mädchen* (usw.). Aus diesem Wortfeld ist zunächst das Element *Jungfrau* verschwunden, weil die Bedeutungskomponente ‚sexuell unberührt' so stark in den Vordergrund trat, daß das Wort nicht mehr als ‚normale' Bezeichnung für eine Altersstufe verwendet werden konnte. Auffälligerweise wurde es aber nicht durch ein anderes Wort ersetzt, sondern die Bezeichnung der nächstniederen Altersstufe herangezogen. So wurde es in der Zeit um 1700 (abgesehen von ganz pathetischen Texten, in denen noch *Jüngling* und *Jungfrau* einander gegenüberstehen) üblich, *Jüngling* und *Mädchen* zu sagen – ein Beispiel aus etwas späterer Zeit (Goethes *Hermann und Dorothea*[138]):

Dieser Jüngling ist tief von der Liebe zum Mädchen durchdrungen,
Und das Mädchen gesteht, daß auch ihr der Jüngling erwünscht ist.

Noch später ist dann auch *Jüngling* als Altersbezeichnung ausgeschieden, sei es, daß das Wort seinem Gegenstück *Jungfrau* nachgetrauert hat, oder aber – was sicher eine beträchtliche Rolle gespielt hat – daß das Wort vorwiegend in so pathetischen Zusammenhängen gebraucht wurde, daß die Jünglinge sich langsam weigerten, weiterhin Jünglinge zu sein. Der Ersatz kam hierbei aber vorwiegend aus der anderen Richtung: Statt *Jüngling* sagte man jetzt *Mann;* und so haben wir heute die – von den gesellschaftlichen Vorstellungen natürlich nicht unabhängige – Situation, daß in der mittleren Altersstufe der weibliche Teil noch ein Mädchen, der männliche schon ein Mann ist. So kann man etwa in einem modernen Sexbuch über die Jungfräulichkeit bei Männern und Frauen lesen: *Mädchen, die Jungfrauen sind, werden es gewöhnlich sagen (...) – Männer machen gewöhnlich nicht darauf aufmerksam.*[139]

3. Bedürfnisse der Bezeichnungssituation

§ 275. Wenn im Umkreis eines Wortes Bezeichnungen fehlen, kann es in ungewöhnlich starkem Ausmaß angepaßt werden. Auf normale Bedeutungsausweitungen brauchen wir dabei nicht weiter einzugehen, zu erwähnen ist aber der Fall, daß die grammatische und syntaktische Verwendbarkeit eines Wortes geändert wird, um es den Bedürfnissen der Bezeichnungssituation anzupassen. Wir haben schon (§ 9) davon gesprochen, daß zu Personenkollektiven gelegentlich ein Singular gebildet wird, um auszudrücken, daß für die gemeinte Person das für das Kollektiv Typische gilt. Die Veränderung folgt dabei nicht irgendeinem Bildungs- oder Abwandlungstyp, sondern ist eine Ausweichung, eine Art Kurzschluß, wenn sie auch in mehreren gleichartigen Fällen vorkommt. Nehmen wir hierzu noch einen anderen Fall: Das Wort *rinnen* bezeichnet eigentlich das langsame Fließen von Flüssigkeiten; wir sagen aber auch *der Krug rinnt* und meinen damit, daß er seinen Inhalt nicht mehr einwandfrei zurückhält. Hier müßten wir eigentlich sagen *Es* (oder *das Wasser*) *rinnt aus dem Krug;* aber diese Ausdrucksweise gibt nicht das wieder, worum es uns bei diesem Sachverhalt eigentlich geht: Wir fassen diese Feststellung als eine Aussage über den Krug, nicht über den Inhalt auf. Und so ist offensichtlich auch hier der ,Kurzschluß‘ passiert: Das Subjekt wurde gewechselt, um die Aussage auf den Krug zu beziehen; also *der Krug rinnt,* obwohl er an Ort und Stelle bleibt. Diese Erscheinungen sind bis jetzt noch nicht systematisch untersucht worden – gelegentliche Hinweise finden sich aber in einigen einschlägigen Abhandlungen[140].

4. Die Anziehungskraft von Wörtern

§ 276. Gehen wir nun über zu den Wörtern, die gegenüber ihren Konkurrenten eine besondere Anziehungskraft besitzen, die ‚affektgeladen‘ sind und deshalb von den Sprechern in der Weise bevorzugt werden, daß ihr Anwendungsbereich und damit gegebenenfalls auch ihre Bedeutung vergrößert wird (vgl. B 38). Es geht dabei im wesentlichen darum, daß zweckmäßige Sprache automatisiert ist – man denkt bei ihrem Gebrauch nur an den vermittelten Inhalt und die beabsichtigten Wirkungen, nicht an die äußere Form des Gesprochenen. Mindestens in zwei Ausprägungen der Sprache ist diese zweckmäßige Ausdrucksweise aber unerwünscht – in zwei Extremen: der dichterischen Sprache und der saloppen Umgangssprache. Beide wollen mit der äußeren Form Wirkungen erzielen, und deshalb durchbrechen sie an bestimmten Stellen die eingefahrenen Gleise der zweckmäßigen Ausdrucksweise (*Deautomatisierung* nennt man dies mit einem etwas unschönen Fachwort). Der einfachste Fall einer solchen Neuerung besteht in einer Abänderung des Vorhandenen. In der Umgangssprache kann es sich dabei um bloße Wortverdrehungen handeln *(Klafünf* statt *Klavier);* wichtiger sind aber die Mißachtungen von Gebrauchsbeschränkungen, die ein Wort in ungewohnter Umgebung erscheinen lassen, sowie einfache Neubildungen (die aber vergleichsweise selten sind). Noch häufiger und noch wichtiger sind Neuerungen, die tatsächlich ‚affektgeladen‘ sind: die Übertreibungen, die spöttischen und groben Übertragungen usw. Dabei geht es in unserem Zusammenhang nicht um die Entstehung der Neuerung, sondern lediglich um ihre stärkere Anziehungskraft gegenüber dem ‚normalen‘ Wort in bestimmten Stilschichten. So lange die Neuerung noch wirkungsvoll ist, haben die Sprecher die Neigung, sie auch über den ‚vorgesehenen‘ Anwendungsbereich hinaus zu gebrauchen, so daß der Gebrauch der konkurrierenden Wörter eingeschränkt werden kann. Nach einiger Zeit stumpft sich die Anziehungskraft dieser Wörter aber ab, und nun kommt es darauf an, ob sie daraufhin einfach wieder verschwinden (gegebenenfalls durch neue ‚Kraftwörter‘ ersetzt werden) oder ob sie sich als ‚normale‘ Wörter halten und dabei das ursprüngliche Wort abdrängen.

§ 277. Einen Fall von Verdrängung finden wir bei der Verwendung von *Kopf* für *Haupt* vor, die seit der frühneuhochdeutschen Zeit zu beobachten ist – *Haupt* ist zwar noch nicht ganz ausgestorben, aber auf die gehobene Sprache und besondere Sprachausprägungen beschränkt. *Kopf* bedeutete ursprünglich ‚Schale, Gefäß‘, und es läßt sich häufiger beobachten, daß Wörter aus diesem Bedeutungskreis zu Wörtern für ‚Kopf‘ werden – so ist etwa frz. *tête* aus lt. *testa* entstanden, das ursprünglich ein irdenes Gefäß

oder eine Scherbe bezeichnete[141]. Wenn man nun die Stellen des ersten
Auftretens von *Kopf* in der Bedeutung ‚Haupt‘ verfolgt (das sind natürlich
die ersten durch Belege zugänglichen Verwendungen, die dem ersten Gebrauch in der gesprochenen Sprache sicher um einige Zeit nachhinken), so
kann man feststellen, daß sie im allgemeinen im Zusammenhang mit ‚Schä-
del spalten‘ und der Schilderung ähnlicher Kampfsituationen auftreten.
Das heißt, man sieht den Kopf hier als etwas, das zu zerschlagen ist wie ein
Topf oder ähnliches[142]. Solche Stellen zeigen offenbar eine respektlose,
grobe Ausdrucksweise, ein Kraftwort – der Sprachschicht nach zu vergleichen mit unserem heutigen *Birne* für ‚Kopf‘ (obwohl dieses natürlich aus
anderen Zusammenhängen stammt und als andersartiges Bild gebraucht
wird). Diese ausdrucksstarke Bezeichnung ist dem neutralen Wort *Haupt*
in immer mehr Sprechsituationen vorgezogen worden und hat es schließlich auch im Normalgebrauch verdrängt. Hier sehen wir eine besondere
Kraftquelle am Werk, die dem Wort ein besonderes Durchsetzungsvermö-
gen verleiht; und für die Etymologie ist es zweifellos wichtig zu erkennen,
daß Kopf ursprünglich ein Kraftwort aus der Terminologie des Streitens
und Kämpfens gewesen ist; erst dieser Umstand läßt uns sein Auftreten
und Durchdringen verstehen. – Entsprechend sind die sogenannten *Mode-
wörter* zu beurteilen – in der Regel Fachwörter aus einem Wissensbereich,
der gerade eine starke Anziehungskraft auf die Allgemeinheit ausübt. Dabei geht es um bestimmte Vorstellungen, die den Sprechern gerade wichtig
scheinen – und so entnehmen sie zum Beispiel in unserer Zeit aus dem
Wortschatz der Psychologie als neue Wörter oder Wörter mit neuer Bedeutung *Komplex* und *Trauma, Aggression* und *Frustration* und anderes.

§ 278. Noch einige Beispiele für die Auswirkung dieser Anziehungskraft
auf die Geschichte einfacher Wörter; zunächst im Rahmen der Übertrei-
bung mit Zahlwörtern. Wenn wir sagen *das habe ich ihm schon hundertmal*
(oder *tausendmal*) *gesagt,* dann meinen wir damit einfach ‚sehr oft‘, wobei
es sich im allgemeinen um nicht mehr als fünf- oder zehnmal gehandelt
haben dürfte. Deutliche Folgen hat diese Art des Sprachgebrauchs bei *paar*
gehabt. Wenn wir sagen *ein paar Nüsse* oder *ein paar Kinder,* dann meinen
wir vielleicht ein halbes Dutzend, während der ursprüngliche Wortsinn
noch in dem Substantiv *Paar* vorhanden ist: *paar* bedeutete ursprünglich
‚zwei zusammengehörige‘ und ist dann ähnlich gebraucht worden wie die
Zahlwörter in *Ich habe dieses Jahr nur zwei, drei Bücher gelesen,* was dann
bei genauerer Aufzählung wohl ein halbes Dutzend sein wird. – Noch
wesentlich weiter gehen die Veränderungen bei den sogenannten Verstär-
kungspartikeln wie etwa *sehr:* Dieses Wort benützen wir bei Verben (*es
schmerzt mich sehr, ich möchte sehr bitten, er wurde sehr gelobt* usw.) und
bei Adjektiven, bei denen der Anwendungsbereich sehr groß ist (*sehr
schön, fein, gut, nett, schlecht, betrübt, bedauerlich* usw.). Das Wort ist in

dieser Funktion ursprünglich nicht oberdeutsch – dort sagt man statt dessen *arg* und ähnliches (*arg schön* usw.). Bei *arg* ist nun noch wesentlich deutlicher als bei *sehr* zu sehen, daß es aus einer Sphäre stammt, die eigentlich nur im negativen Bereich verstärken kann. Bei *sehr* ist die Ausgangsbedeutung ‚schmerzlich‘ noch zu erkennen in dem Zeitwort *versehren* ‚verwunden‘ (meist im Partizip *versehrt*, noch häufiger verneint: *unversehrt*), außerdem etwa in dem verwandten ne. *sore* ‚wund‘. Im Alt- und Mittelhochdeutschen hat das Wort noch seine ursprüngliche Bedeutung und wird noch als Adjektiv verwendet. Man sprach damals also von einem *sehren Rücken* oder einem *sehren Herzen* oder von *sehr machen* (entsprechend zu unserem *versehren*); außerdem wurde das Wort aber auch zur näheren Bestimmung von Adjektiven und Verben verwendet *(sehre weinen, sehre wund)*, und als es in seiner adjektivischen Funktion langsam zurückging, fühlte man beim Adverb im Laufe der Zeit nur noch die Verstärkung, nicht mehr den konkreten Sinn. So wurde das Wort auch zur Verstärkung in anderen Bereichen herangezogen, und heute sagen wir ohne weiteres *ich freue mich sehr,* was vom ursprünglichen Wortsinn aus ein Widerspruch in sich wäre.

5. Wortkrankheiten

a) Homonymie und Paronymie

§ 279. Gehen wir nun über zum Gegenteil: den im Gebrauch beeinträchtigten Wörtern (B 39). Die meisten der in diesem Abschnitt zur Sprache kommenden Erscheinungen sind in größerem Zusammenhang zuerst von den Erforschern der französischen Sprachgeschichte und Sprachgeographie untersucht worden. Sie sprachen etwas drastisch von Wortkrankheiten und bei den ausgelösten Wirkungen von Heilung. Wir wollen diese Ausdrucksweise hier beibehalten, weil sie weit verbreitet ist – es sei aber vermerkt, daß man den Vergleich mit einer Krankheit nicht zu weit treiben darf. Beginnen wir mit dem wichtigsten Fall, der *Homonymie* (Lautgleichheit) und der *Paronymie* (Lautähnlichkeit). Sie können entstehen, wenn zwei Wörter durch sekundäre Lautentwicklung einander ähnlich oder gleich werden, oder wenn ein Lehnwort mit einem Erbwort lautgleich ist, oder wenn verschiedene Wortbildungen zufällig zur gleichen Lautfolge führen oder durch weniger Wichtiges. Die Folgen der Homonymie und der Paronymie können nun sehr verschieden sein. Es ist (1.) durchaus möglich, daß gar nichts passiert; d. h. die verschiedenen Bedeutungen der gleichen Lautformen stören sich nicht. In diesem Fall spricht man von der *Toleranz* der betreffenden Sprache (gegenüber dieser Homonymie). (2.) können die verschiedenen Bedeutungen sekundär wieder lautlich differenziert werden, etwa indem sie auf verschiedene regionale Varianten oder andere Doppelformen verteilt werden, oder indem eines der Wörter oder beide morphologisch verdeutlicht werden oder durch anderes. Und schließlich kann (3.) die Lautgleichheit störend sein, ohne daß eine Erleichterung geschaffen wird. Das führt fast unweigerlich zur Einschränkung im Gebrauch und gegebenenfalls auch zum Schwund eines der beiden Wörter, gelegentlich sogar beider. Diesen drei Möglichkeiten wollen wir uns nun näher zuwenden:

§ 280. Die Toleranz gegenüber der Homonymie ist im allgemeinen in zwei Fällen zu beobachten. Im einen sind die lautgleichen Wörter in der Bedeutung oder in den Anwendungsbereichen so weit voneinander entfernt, daß die Lautgleichheit nicht stört. Das ist etwa der Fall bei dem Wort (den beiden Wörtern) *Fuge. Fuge* ‚Verbindungsstelle‘ geht auf mhd. *vuoge* zurück, das zu *vuogen* ‚fügen‘ gehört und die Stelle bezeichnet, an der zwei Stücke oder Teile zusammenstoßen; *Fuge* ‚Musikstück‘ geht auf lt. *fuga* ‚Flucht‘ zurück, das später als Fachausdruck für den Wechselgesang benützt wurde und schließlich ein bestimmtes Musikstück bezeichnete. Man sagte zunächst *die Fuga* und im Plural *die Fugen,* glich dann aber später den Singular an den Plural an. Da nun mhd. *vuoge* über *vuege* durch die Monophthongisierung zu *Fuge* wurde, bekamen die beiden Wörter den gleichen Lautstand. Diese Lautgleichheit hat aber bis jetzt noch niemanden gestört, denn das eine Wort ist ein ziemlich technischer Ausdruck aus dem Bereich der Barockmusik, das andere ebenso technisch im Bereich von Handwerk und Haushalt – es besteht also eigentlich nie die Gefahr der Verwechslung oder der Störung. Der zweite Fall, in dem typischerweise Toleranz gegenüber der Homonymie zu beobachten ist, zeigt sich beim anderen Extrem: Wenn die beiden Wörter so bedeutungsähnlich sind, daß sie für dasselbe Wort gehalten werden. Ein einfacher Fall liegt bei dem heutigen Wort *Spieß* vor: Hier würde es einem historisch nicht geschulten Sprecher des Deutschen nicht einfallen, im zweiten Glied von *Bratspieß* und *Jagdspieß* zwei verschiedene Wörter zu sehen. Der Jagdspieß hieß aber im Mittelhochdeutschen *spiez* (ahd. *spioz*) und geht auf gm. **speuta-* zurück (ein Wort, das man nicht recht etymologisieren kann – vielleicht ist es eine unregelmäßige Variante zu einen **spreuta-* ‚Stange‘, das wir als niederdeutsches Seemannswort *Spriet* ‚Mast, Segelstange‘ kennen). Der Bratspieß dagegen ist mhd., ahd. *spiz,* geht auf gm. **spita* zurück und bedeutet eigentlich ‚Spitze‘, ist also historisch gesehen ein anderes Wort. Die beiden Gegenstände sind aber so ähnlich (beide sind ‚Stangen‘ und beide haben ‚Spitzen‘), daß sie nach dem lautlichen Zusammenfall ohne weiteres als ‚gleiches Wort‘ behandelt werden konnten. Nun ist dieser Fall ziemlich extrem – im allgemeinen stimmen die Bedeutungen von semantisch ähnlichen Wörtern nicht so gut überein. Es tritt dann häufig eine *semantische Attraktion* ein, d. h. der Gebrauch der beiden Wörter wird so verändert, daß sie besser zusammenpassen; ein Beispiel haben wir im Fall von *Wahnsinn* und *eitler Wahn* (§ 251) bereits betrachtet.

§ 281. Die nachträgliche Differenzierung von Homonymen haben wir bei *Drohne* (§ 232) behandelt; nehmen wir hier für diese sehr wichtige Erscheinung noch ein weiteres Beispiel hinzu, das Wort *Kissen*. Es kommt aus dem frz. *coussin,* das seinerseits auf ein gallo-lt. Wort zurückgeht, eine Diminutivum zu *culcita (f)*. Die Federkissen galten als eine Erfindung der Gallier, wobei besonders der Stamm der Cadurcer wegen seiner feudalen Polster berühmt war; letztlich wird das Wort also keltisch sein. Das französische Wort wird nun schon in althochdeutscher Zeit als *kussin* übernommen und bleibt mittelhochdeutsch noch in dieser Form: Die Endsilbe wird also nicht abgeschwächt, so daß man vermuten kann, das Wort sei zu dieser Zeit noch auf der Endsilbe betont gewesen. Auf der nächsten Stufe tritt dann der Umlaut und die Abschwächung ein, so daß *küssen* entsteht, eine Lautfolge, die in der Sprache bereits als Ableitung von *Kuss* vorhanden ist. Und das ist nun eine Homonymie, die zu Wortspielen geradezu verführt (besonders da mit *küssen* das luxuriöse Federkissen gemeint war, im Gegensatz zu dem harten *bolster,* das mit Gras und dergleichen ausgestopft wurde). Alsbald wird die Bezeichnung der Lippen als *küssen* in Wortspielen geläufig – möglicherweise schon bevor die Homonymie vollständig geworden war. Bekannt ist etwa die Walther-Strophe (54,7):

> *Sie hât ein küssen, daz ist rôt:*
> *gewünne ich daz für mînen munt,*
> *sô stüende ich ûf von dirre nôt*
> *unt wære iemer mê gesunt.*

> Sie hat ein ‚Kissen‘, das ist rot,
> Erwürbe ich das für meinen Mund
> So stünde ich auf von dieser Not
> Und wäre fortan gesund.

Das Bild der Lippen als einem Kissen liegt dabei von der Sache her gesehen eigentlich nicht nahe – mir ist wenigstens nicht bekannt, daß schon jemand die Lippen mit einem Polster verglichen hätte. Die Doppeldeutigkeit des Wortes dient nun aber nicht nur der heiteren dichterischen Spielerei, sondern wird auch von den Tugendwächtern aufgegriffen: ein gut bezeugtes Sprichwort ist etwa *Wer sich aufs Küssen legt, der legt sich auch aufs Bett.* Auch waren solche Wörter wie *Bettküssen* offenbar nicht mehr ohne weiteres verwendbar, so daß die Homonymie auf die Dauer etwas lästig wurde. Hier ergab sich eine Möglichkeit zur Differenzierung durch die Entrundungserscheinungen, die im wesentlichen oberdeutsch sind (mit Ausnahme des Hochalemannischen, das sie nicht mitmacht), die aber im allgemeinen nicht in die Hochsprache aufgenommen werden. In unserem besonderen

Fall begann man aber, die beiden Homonyme mit Hilfe dieser Lauterscheinung zu differenzieren. Das fängt im 15. Jahrhundert an, dringt dann im 18. deutlich vor und wird dann vollends durchgesetzt, so daß wir heute in der Hochsprache das Verbum *küssen* von dem Substantiv *Kissen* unterscheiden können.

§ 282. Geben zwei lautgleiche Wörter Anlaß zu Verwechslungen und besteht keine naheliegende Möglichkeit, sie zu differenzieren, so wird die Homonymie im allgemeinen entschärft, indem mindestens eines der beiden Wörter im Gebrauch eingeschränkt wird. Auf diese Art ist zum Beispiel das alte Wort *Strauß* ‚Kampf‘ (mhd. *strūz*), das im Laufe der Zeit in der gleichen Sprachschicht gebraucht wurde wie das etwas jünger belegte *strūz* ‚Büschel, Strauß‘, auf bestimmte feste Wendungen wie *ein harter Strauß* eingeschränkt worden, während sich der Blumenstrauß voll durchsetzen konnte. Auch der vollständige Schwund eines solchen Homonyms ist häufig. So haben wir noch zur Zeit der Klassiker zwei Wörter *englisch:* Das eine ist von *Engel* abgeleitet und bedeutet ‚wie ein Engel‘ – so in Goethes Faust (1138f.) von der ‚wohlbekannten Schar‘ der Geister:

> *Sie hören gern, zum Schaden froh gewandt*
> *Gehorchen gern, weil sie uns gern betrügen;*
> *Sie stellen wie vom Himmel sich gesandt*
> *Und lispeln englisch, wenn sie lügen.*

Dies bedeutet selbstverständlich ‚und lispeln wie Engel‘, nicht ‚sprechen englisch‘ (wie es gelegentlich aufgefaßt wird). Diese zweite Bedeutung (ursprünglich abgeleitet von *Angeln,* wie *England* aus *Englaland* ‚Land der Angeln‘) ist zwar wie das andere Wort schon alt, aber offenbar sind beide Wörter nur in eng begrenzten Zusammenhängen verwendet worden; das eine in religiöser Sprache, das andere für eine Sprache und für die Herkunft von Personen und Waren, so daß sich kaum Verwechslungsmöglichkeiten ergaben. Sobald man nun mit der Bezeichnung *Engel* etwas großzügiger umging und andererseits durch den wachsenden Verkehr englische Waren, Bücher usw. häufiger wurden, entstanden echte Mehrdeutigkeiten und ernsthafte Verwechslungsmöglichkeiten (wie an der oben angegebenen Stelle), so daß die Homonymie beseitigt werden mußte. Dies geschah, indem man *englisch* ‚wie ein Engel‘ beseitigte, denn es ist wesentlich weniger wichtig und kann durch Umschreibung leicht ersetzt werden, während *englisch* ‚aus England‘ in einem System von Herkunftsbezeichnungen steht, aus dem es nicht ohne weiteres herausgerissen werden kann.

b) Störende Nebenbedeutungen

§ 283. Ab wann sich zwei lautgleiche Wörter stören, kann nicht allgemein gesagt werden, weil hier Unwägbarkeiten des Wortgebrauchs eine Rolle spielen können. So hat der Zusammenfall des alten Wortes für ‚Drohne‘ (mdh. *trene*) mit dem Wort *Träne* ‚Augenwasser‘ offenbar gestört (vgl. § 232), obwohl hier eigentlich keine Verwechslungen zu erwarten wären. Der Grund hierfür dürfte wohl darin liegen, daß das Wort *Träne(n)* sehr häufig in gefühlsbetonten Zusammenhängen gebraucht wird, in denen schon die Möglichkeit von Verwechslungen oder Wortspielen als peinlich empfunden werden mußte, so daß die Homonymie nicht toleriert werden konnte. Es gibt aber gegenüber solchen Unwägbarkeiten auch Gründe, die ziemlich regelmäßig zur Beseitigung einer Homonymie führen – am wichtigsten ist der Fall, daß eines der beiden Wörter eine unangenehme oder störende (Neben-)Bedeutung hat: Sie führt regelmäßig zum Schwund des Wortes mit der unanstößigen Bedeutung. Nehmen wir als Beispiel das Wort *schiffen*. Es wird noch bei Schiller in hochpoetischen Zusammenhängen verwendet, etwa wenn Maria Stuart für kurze Zeit ihr Gefängnis verlassen darf und die Wolken voll Sehnsucht anredet (II,1):

> *Eilende Wolken! Segler der Lüfte!*
> *Wer mit euch wanderte, mit euch schiffte*
> *Grüßet mir freundlich mein Jugendland!*

Wird die *Maria Stuart* in einer heutigen Schulklasse gelesen, so gibt es an dieser Stelle ein Gelächter – auf jeden Fall wird aber der dichterische Gehalt der Stelle empfindlich gestört. Der Grund liegt in dem Wort *schiffen*. So wie Schiller es gebraucht (und wie seine älteste Bedeutung ist) handelt es sich um eine Ableitung zu dem Wort *Schiff* ‚Fahrzeug auf dem Wasser‘, also ‚auf einem Schiff fahren‘ (und Entsprechendes). Dieses Wort war lange Zeit ein normales und gebräuchliches Wort, bis kurz nach der Zeit der Klassiker – dann wird es ziemlich schlagartig selten und stirbt dann praktisch aus. Wir kennen heute eigentlich nur noch Präfigierungen von ihm (wie etwa *sich einschiffen,* das aber ebenfalls nicht mehr häufig gebraucht wird). Der Grund für diesen Rückgang liegt in einer homonymischen Bildung, die von einer zweiten Bedeutung des Wortes *Schiff* ausgeht, nämlich ‚Gefäß‘ – vor allem nennt man so Gefäße ohne Füße, bis in die heutige Zeit hinein vor allem das Wasserschiff, das auf dem Herd in unmittelbarer Feuerberührung steht und stets warmes Wasser liefert. Diese Bedeutung wurde nun (offenbar zunächst und besonders in der Sprache der Studenten) eingeengt auf ‚Nachttopf‘. Zu dieser Bedeutung wurde ein Verbum gebildet, *schiffen* ‚auf dem Nachttopf sitzen‘ und schließlich allgemein ‚harnen‘. Dieses studentische Wort dringt seit dem 18. Jahrhundert langsam in die Umgangssprache ein und ist dort selbstverständlich ein peinliches Wort – ein Wort, das man kennt, aber nicht in den Mund nimmt. Und diese Zurückhaltung wirkt sich nun auf das alte Wort *schiffen* ‚auf einem Schiff fahren' aus, das (um den störenden Sinn des Homonyms auszuschalten) ersetzt wird durch Wörter ohne anstößigen Beiklang.

§ 284. Solche störenden (peinlichen, lächerlichen usw.) Bedeutungen müssen nicht von Homonymen stammen, sie können sich auch als Nebenbedeutung eines Wortes entwickeln und haben dann eine ganz entsprechende Wirkung. Die störende Nebenbedeutung wäre also eine zweite Wortkrankheit. Wie kommt es nun zu solchen Nebenbedeutungen? Nun – sie können zunächst auf geschichtlichen und gesellschaftlichen Zufälligkeiten beruhen, so wie ein beträchtlicher Teil des deutschen Wortschatzes durch seine bevorzugte Verwendung zur Zeit des tausendjährigen Reiches vorbelastet ist: Man kann heute das Wort *Führer* nicht mehr unbefangen verwenden, so wenig wie man sein Kind *Adolf* nennen wird – obwohl von der Funktion solcher Wörter und Namen her gesehen kein Grund für diese Zurückhaltung besteht. Allgemeiner ist aber eine andere Erscheinung des Wortgebrauchs, die unablässig neue ‚störende' Nebenbedeutungen liefert: die Verwendung als Hüllwort, besonders als Euphemismus. Damit ist folgendes gemeint: Wenn wir von unangenehmen Gegenständen oder Handlungen zu der Person reden, die sie hervorgebracht hat oder für sie verantwortlich ist, dann klingt das wie ein Vorwurf, selbst wenn wir es nicht als Vorwurf formulieren. Um diesen ‚eingebauten' Vorwurf zu vermeiden, verwendet man in höflicher Redeweise nicht die genauen Bezeichnungen für das Gemeinte, sondern allgemeinere, unanstößige Wörter. Diese und ähnliche Vorsichtsmaßnahmen sind gemeint, wenn wir von *Hüllwörtern* reden. Eine verwandte Erscheinung ist, daß wir manche Gegenstände und Handlungen von der Öffentlichkeit fernhalten wollen und deshalb – eigentlich unnötigerweise – auch ihre Bezeichnungen vermeiden. Dieses Verhalten trifft besonders häufig die Bezeichnungen der Geschlechtsorgane, der Ausscheidungsorgane und der mit ihnen zusammenhängenden Vorgänge. Muß man trotz seines Widerstrebens über solche Dinge reden, dann vermeidet man die vorgesehenen Bezeichnungen (sie sind *tabuisiert, Tabuwörter*) und verwendet andere Ausdrücke *(Euphemismen)* – entweder sehr allgemeine Bezeichnungen (wie *Glied* für das männliche Geschlechtsglied) oder nicht ganz passende (wie *Bauchweh* für Menstruationsbeschwerden), Wörter fremder Sprachen *(Urin, Penis)* oder verhüllende bildliche Ausdrucksweisen *(schlafen* für ‚Geschlechtsverkehr haben').

§ 285. Die Verwendung als Hüllwort bringt dem betreffenden unanstößigen Wort eine störende Nebenbedeutung, die zur Bedeutungsverschlechterung und dann nicht selten zum Schwund führt. Für eine Reihe von allgemeineren Bedeutungen sind solche Bedeutungsverschlechterungen fast die Regel, so etwa für ‚riechen‘: Das neutrale (und positive) Wort bekommt hier so häufig die Aufgabe, als Hüllwort schlechte Gerüche zu bezeichnen, daß es auf Grund der Verzeichlichung bald als normaler Ausdruck für schlechte Gerüche verstanden wird. So war *stinken* ursprünglich ein wertfreies, ja sogar angenehmes Wort: In der althochdeutschen Paraphrase des Hohen Liedes durch Williram etwa wird die hochpoetische Stelle *Quia meliora sunt ubera tua vino, fragrantia unguentis optimis* ‚denn lieblicher sind deine Brüste als Wein, duftend wie die besten Salböle‘ übersetzt mit ‚... sîe stînchente mît den bézzesten sálbon.*[143]* Heute wäre dieser Wortgebrauch undenkbar – *stinken* hat eine ausschließlich negative Bedeutung bekommen, und *riechen* ist auf dem besten Weg dazu: man gebraucht es zwar noch als neutrales Wort, aber die Stelle des ‚gut riechens‘ ist bereits von *duften* eingenommen (das in der niederen Umgangssprache ebenfalls bereits als – spöttisches – Hüllwort benützt wird). – Ein typisches Beispiel für solche Bedeutungsverschlechterungen bei den Euphemismen ist das Wort *Dirne* – ursprünglich das normale Wort für ‚Mädchen‘, das man aber heute in der Hochsprache kaum noch in positiven Zusammenhängen gebrauchen kann – es bedeutet praktisch nur noch ‚Hure, Prostituierte‘.

c) Funktionsüberladung, Mängel der Lautform, Unsicherheit im Gebrauch, Stigmatisierung

§ 286. Bei einer Reihe von weiteren in der Sprache selbst liegenden Gebrauchsbedingungen läßt sich schwer absehen, in welchem Umfang sie auf die Wortgeschichte einwirken. Auf der Seite der Bedeutung wird vor allem noch auf die Funktionsüberladung hingewiesen, die starke Ausweitung der Bedeutung eines Wortes, die seine Brauchbarkeit mindert und deshalb dazu führen soll, daß es nach einiger Zeit außer Gebrauch kommt – es ist aber in recht vielen Fällen zu beobachten, daß sich funktionsüberladene Wörter recht gut halten. Weiteres gibt es im Rahmen der lautlichen und morphologischen Form: Wenn ein Wort zum Beispiel durch Lautentwicklungen zu kurz geworden ist, wird es gelegentlich verlängert durch neue Suffixe oder Kompositionsglieder oder aber es kommt außer Gebrauch – man könnte etwa auf die alten Wörter *Aa* ‚Wasserlauf‘ und *Au* ‚Mutterschaf‘ verweisen. Aber es gibt auch Gegenbeispiele wie *Ei* (das ein beachtliches Alter mit dieser Lautform aufweist – es lautete schon im Althochdeutschen so), weshalb man nicht mit Sicherheit sagen kann, ob die Beispiele für den Schwund von so kurz gewordenen Lautformen das normale Maß des Wortschwundes wirklich überschreiten. Auch ungebräuchlich gewordene Flexionsweisen, unbequeme Lautungen und dergleichen können stören und vielleicht zum Untergang eines Wortes beitragen; ebenso mehrsilbige Lautformen, die nicht mehr durchsichtig sind und deshalb durchsichtigeren Bildungen weichen müssen und dergleichen. Schließlich können Unsicherheiten (über die Bedeutung, die genaue Lautung, die grammatische Konstruktion usw.) dazu führen, daß ein Wort gemieden wird und gegebenenfalls sogar ausstirbt. Nicht ohne weiteres mit diesen Fällen zu vergleichen sind Wörter, die von bestimmten Sprechergruppen abgewertet *(stigmatisiert)* werden (wie etwa die Fremdwörter von den Puristen). In diesem Fall kann man nicht eigentlich von einer ‚Wortkrankheit‘ reden, aber immerhin handelt es sich doch um ein in diesen Wörtern liegendes Merkmal, das die Haltung der Sprecher beeinflussen kann. Wo und in welchem Umfang solche Beseitigungsbestrebungen Erfolg haben, läßt sich nie voraussagen, doch sind im Nachhinein die Auswirkungen meist unverkennbar.

6. Bedingungen, die in der Sache liegen

a) Abgrenzbarkeit

§ 287. Eine Anzahl von Bedingungen für den Wortgebrauch liegt auch in den bezeichneten Sachen (oder Vorgängen) selbst. Eine wichtige Frage ist dabei, wie scharf das Gemeinte überhaupt erfaßt und abgegrenzt werden kann. Bekannt ist der Befund, daß die Wörter für ‚Winter‘ und ‚Sommer‘ meistens länger erhalten bleiben als die Wörter für ‚Frühjahr‘ und ‚Herbst‘[144]: Winter und Sommer sind die Extremzeiten (ganz kalt und ganz heiß), die damit einen klaren Bedeutungskern haben. Frühjahr und Herbst sind eben ‚dazwischen drin‘, und diese Stellung ist ziemlich anfällig gegenüber Konkurrenten, die eine bestimmte Zeit genauer bezeichnen sollen, oder das Gemeinte in seinem Umfang klarer machen sollen – und solche Konkurrenten können dann leicht das ältere Wort verdrängen. Ein anderer Fall sind die Bezeichnungen bestimmter Körperteile, zwischen denen sprachliches Niemandsland liegt, etwa *Kinn* und *Backe* oder *Schulter* und *Achsel*. Das Kinn zum Beispiel hat die Kinnspitze als markanten Teil, die Backen haben den Backenknochen oder allenfalls die fleischigen Teile, die man aufblasen kann. Die zwischen dem so verstandenen Kinn und den so verstandenen Backen liegenden Teile des Gesichts haben keinen eigenen Namen, weil man nur selten von ihnen zu sprechen braucht. Aber gelegentlich muß man es doch, um etwa zu erzählen, wo man verletzt wurde, wo man den Gegner getroffen hat usw., und in solchen Fällen werden nun in den natürlichen Sprachen die Bezeichnungen der nächstliegenden Körperteile herangezogen, also eben die von Kinn und Backe. Dadurch kommt aber die Bedeutung des betreffenden Wortes in Bewegung, und diese Bewegung kann dann auch weitergehen, so daß ein Wort recht leicht von der Bedeutung ‚Kinn‘ zu der Bedeutung ‚Backe‘ kommen kann – die Entsprechung unseres Wortes *Kinn* bedeutet zum Beispiel im Gotischen (sicher sekundär) ,Backe, Wange'.

b) Entwicklung der Sachen, Bekanntheitsgrad und absolute Häufigkeit

§ 288. Weiter zeigt sich der Einfluß der Sachen auf die Bezeichnung, wenn bei den Sachen eine Entwicklung auftritt, besonders wenn durch diese Entwicklung dem Benennungsmotiv die Grundlage entzogen wird. Nehmen wir als Beispiel das Wort *Feder* im Sinne von ,Schreibfeder': Früher schrieb man mit den Federkielen bestimmter Vögel (etwa der Gänse), die Bezeichnung des Schreibwerkzeugs als *Feder* ging also aus vom Material. Als man dann andere Schreibwerkzeuge erfand, besonders die Metallfeder, traf die alte Bezeichnung *Feder* natürlich nicht mehr zu. Die Sprecher hätten nun die Neuerung neu bezeichnen können (dann wäre das Wort *Feder* im Sinn von ,Schreibwerkzeug' aus sachlichen Gründen außer Gebrauch geraten); sie haben es aber vorgezogen, das offenbar schon verzeichlichte Wort beizubehalten, wodurch wir nun das Wort *Feder* auch in einer Bedeutung haben, die ein normaler Sprecher nicht an die andere Bedeutung (,Vogelfeder') anknüpfen kann, wenn man ihn nicht über die sachlichen Zusammenhänge aufklärt. – Schließlich sei noch erwähnt, daß auch der Bekanntheitsgrad der Sachen und die absolute Häufigkeit des Wortgebrauchs für die Gebrauchsgewohnheiten eine Rolle spielen. Der Romanist Karl Jaberg, der auf diese Besonderheiten hingewiesen hat[145], zeigt für den einen Fall, daß ein Sprecher, der zwar die Wörter *Laus* und *Floh* kennt, aber diese Tiere noch nie gesehen hat, gegebenenfalls auch die Bezeichnungen durcheinanderbringt. Im anderen Fall geht es zum Beispiel um die Unterscheidung von Wimpern und Brauen, die ein Sprecher der Sache nach selbstverständlich auseinanderhalten kann, von denen er aber, wenigstens vor der Herrschaft der kosmetischen Industrie, fast nie redete. Deshalb können auch beim Gebrauch der Bezeichnungen dieser Körperteile leicht Unsicherheiten entstehen.

III. Die Stellung des Wortes in der Gesamtsprache

§ 289. Bei diesem Kapitel können wir uns kurz fassen, da das Wesentliche schon im ersten Teil dieses Buches besprochen wurde. Hier geht es lediglich noch um den Hinweis darauf, daß mit der Entwicklung von Gebrauchsgewohnheiten ein Wort auch einen bestimmten Geltungsbereich bekommt: es wird von einer bestimmten Sprechergruppe bei bestimmten Gelegenheiten verwendet; im allgemeinen zunächst von einer Kleingruppe: einer Familie, einer Gruppe von Berufskollegen, einer Schulklasse, den Trägern einer bestimmten Institution (in der Verwaltung, der Industrie, bei der Rechtssprechung usw.) oder anderen. Von dort aus kann das Wort nun weiter verbreitet werden; sein Geltungsbereich verändert sich (im allgemeinen, indem er ausgeweitet wird). Dabei ist an zwei Arten der Ausbreitung zu denken. Nehmen wir zunächst die regionale, zu der die Verbreitung in der Hochsprache als Sonderfall gehört. Ist ein Wort in einer Mundart entstanden, so kann es von den Nachbarmundarten aufgenommen werden und sich stückweise über das ganze Sprachgebiet verbreiten. Das ist allerdings eine Möglichkeit, die in den heutigen Kultursprachen in reiner Form wohl nicht mehr vorkommt. Heute spielt die Verbreitung durch die Hochsprache eine wesentlich größere Rolle: ein Wort entsteht in der Hochsprache oder es wird von der Hochsprache aus einer Mundart aufgenommen. Häufig ist es dann (zumindest im erstgenannten Fall) auch innerhalb der Hochsprache regional gebunden (vor allem in ausgedehnteren Sprachgebieten mit großen Sprecherzahlen). Es kann sich dann weiter ausbreiten, bis es als überregional gelten kann, wobei heutzutage vor allem die Massenmedien eine beträchtliche Rolle spielen – es kommt also stark darauf an, ob das betreffende Wort im Rahmen solcher Medien gebraucht wird. Von der Hochsprache aus kann es dann in die verschiedenen (anderen) Mundarten eindringen. Der Geltungsbereich eines Wortes ist also zunächst durch seine Verbreitung bestimmt: mundartlich (beschränkt – allgemein) – hochsprachlich (regional beschränkt – allgemein).

§ 290. Der zweite Gesichtspunkt bei der Verbreitung betrifft die Schichten und Stile der Sprache: Im allgemeinen ist ein neues Wort nicht nur auf bestimmte Sprechergruppen beschränkt, sondern bei diesen zudem auf bestimmte Situationen – es ist etwa ein Fachwort, oder ein Wort der Schülersprache (das die Schüler zuhause nicht verwenden) oder ein Kraftwort oder ähnliches. Auch dieser Geltungsbereich kann ausgedehnt werden, vor allem auf zwei Wegen: Zum einen können die Sprecher die Beschränkungen im Gebrauch langsam aufgeben: sie benützen das Kraftwort auch in neutraleren Situationen, das Schülerwort auch zuhause usw., so daß es langsam auch in andere Sprachschichten und -stile eindringt. Ein Beispiel hierfür haben wir beim Vordringen von *Kopf* (§ 277) gehabt. Häufig spielt aber auch der zweite Weg der Verallgemeinerung eine Rolle: die semantische Begriffsschöpfung (oder von der anderen Seite her gesehen: die Ausweitung der Gebrauchsmöglichkeiten des Wortes). Nehmen wir hier als Beispiel einen Fall, der auf eine bestimmte Übertragung beschränkt bleibt, den Ausdruck *auf etwas erpicht sein*. Wir meinen damit ‚auf etwas versessen sein, nach etwas streben‘, und das dabei verwendete Wort *erpicht* (oder – wie es in der älteren Sprache häufig heißt – *verpicht*) ist seiner Herkunft nach schnell zu erklären: es hängt zusammen mit *Pech*, bedeutet also ‚am Pech hängend, am Pech festgeklebt‘. Das erklärt zunächst die Bedeutung, denn Wörter, die ein heftiges Begehren ausdrücken, werden häufig aus dem Bereich ‚hängen bleiben‘ gewonnen, zu vergleichen sind etwa *auf etwas versessen sein* (‚auf etwas sitzen geblieben sein‘) oder *auf etwas beharren*. Prägnant wird der Sinn und die Herkunft unserer Redewendung aber erst, wenn wir erkennen, daß sie aus einer Fachsprache verallgemeinert worden ist: der Ausgangspunkt ist die Vogeljagd mit Leim- und Pechruten. Für jemanden, der mit dieser Situation vertraut war, ergab es ein sehr anschauliches und ausdrucksstarkes Bild, wenn er von einem anderen, der stark auf eine Sache ‚versessen‘ war, sagte, *er ist auf sie erpicht* – das heißt, er kommt so wenig von ihr weg, wie der Vogel von der Pechrute. In diesem Fall ist also ein fachsprachliches Wort durch Bedeutungsübertragung in die allgemeine Sprache gelangt – allerdings nur in dieser bestimmten Wendung, die heute (da das fachsprachliche Wort keinen ‚normalen‘ Anwendungsbereich mehr hat) völlig isoliert und nicht mehr verständlich ist. Der zweite Teil des Geltungsbereichs eines Wortes betrifft also die Schichten und Stile. Das Wort kann allgemein sein, nur in bestimmten Sprachausprägungen (Fachsprachen usw.) auftreten, auch in dieser Schicht eine, in jener Schicht eine zweite, verschiedene, Anwendungsmöglichkeit haben usw.

§ 291. Zum Abschluß noch ein Wort über die Mechanismen dieser Verbreitung. Der Grund, warum ein Wort sich ausbreitet, ist meist nicht das, was wir zunächst annehmen würden, nämlich daß es etwas Neues bezeichnet und deshalb mit der neuen Sache verbreitet wird. Das kommt zwar vor, betrifft aber nur einen geringen Teil der auftretenden Fälle. Weit häufiger ist es, daß die aufnehmenden Sprechergruppen bereits ein Wort für das Gemeinte haben, es aber zugunsten des neuen verdrängen. Das kann zunächst sein, wenn das alte Wort durch seine Gebrauchsbedingungen benachteiligt ist (wenn es eine ‚Krankheit‘ hat), oder wenn das neue Wort durch die Gebrauchsbedingungen bevorzugt ist (wenn es ausdrucksstark, durchsichtig, anschaulich ist usw.). Es kann aber auch sein, daß das neue

Wort ‚das höhere Prestige‘ hat; das heißt entweder, daß die Sprechergruppe, die es aufgebracht hat, tonangebend ist (also als Gruppe das höhere
Prestige besitzt), oder daß die Sprachform, in der die Neuerung üblich ist,
besonders gern von anderen Sprechergruppen übernommen wird.

IV. Die Lautentwicklung (B 40)

A. Der regelmäßige Lautwandel

1. Regelmäßigkeit und Ausnahmslosigkeit

§ 292. Kommen wir zunächst noch einmal auf den wichtigsten Fall von Lautveränderungen, den regelmäßigen Lautwandel zurück, den wir bereits in der Einleitung (§ 18) in etwas allgemeinerer Form besprochen haben. Wenn wir Mittelhochdeutsch lernen, dann werden wir mit Wörtern wie *mîn, lîp, îs, rîten, rîf(e)* usw. vertraut, denen neuhochdeutschen Entsprechungen gegenüberstehen, die immer in derselben Besonderheit, nämlich im Vokal, abweichen: *mein, Leib, Eis, reiten, reif* usw. – anderes, wie die Großschreibung und der Auslaut von *Leib*, ist eine Sache der Rechtschreibung, um die wir uns hier nicht zu kümmern brauchen. Wir stellen hier also eine regelmäßige Entsprechung mhd. *î* – nhd. *ei* fest, und da das Mittelhochdeutsche (mit einigen Einschränkungen, die wir in § 70 besprochen haben) eine Vorstufe des Neuhochdeutschen ist, deuten wir diese Entsprechung als eine Entwicklung: mhd. *î* ist zu nhd. *ei* geworden. Die ernstzunehmende historische Sprachwissenschaft hat nun in dem Augenblick begonnen, als man die bei solchen Entwicklungen auftretenden Regelmäßigkeiten ernstzunehmen begann. Hier schienen allgemeingültige Aussagen wie in der Naturwissenschaft möglich zu sein: So regelmäßig, wie ein Stein fällt, wenn man ihn losläßt; so regelmäßig, wie ein Mensch zunächst ein Milchgebiß bekommt, das dann ausfällt und durch ein zweites, stabileres Gebiß ersetzt wird, so regelmäßig wird auch mhd. *î* zu nhd. *ei* – deshalb sprach man in der früheren Forschung von Laut*gesetzen* und ihrer Ausnahmslosigkeit. Um diese Anschauung ist dann im letzten Jahrhundert erbittert gekämpft worden – vom heutigen Standpunkt aus wird man sagen, daß der Vergleich mit den Naturgesetzen (mindestens mit denen, an die man damals dachte) nicht angeht (die Bedingungen für die Regelmäßigkeit sind andere); an dem Befund, daß wir auch in der Lautgeschichte Regelmäßigkeiten und Ausnahmslosigkeit vorfinden, brauchen wir deshalb aber nicht zu rütteln – nur wird man sich heute etwas vorsichtiger ausdrücken und sich auf die Feststellung der Regelmäßigkeit (oder gegebenenfalls nur der Regelhaftigkeit) von Lautwandeln beschränken.

2. Phonetische und phonologische Lautwandel

§ 293. Beim Umgang mit solchen Lautwandeln ist nun Verschiedenes zu berücksichtigen. Daß ein Lautwandel ein früheres Stadium einer Sprache von einem späteren scheidet, und daß er, wenn er nicht auf dem ganzen Sprachgebiet durchgeführt wird, auch Mundarten voneinander trennt, haben wir bereits besprochen. Ein weiterer gewichtiger Punkt liegt in der Unterscheidung, ob ein Lautwandel lediglich zu einer Veränderung in der Aussprache oder zum Zusammenfall zweier Laute führt – das ist sowohl vom System der Sprache, wie auch von den Möglichkeiten der Rekonstruktion her ein beträchtlicher Unterschied. So ist durch die Entwicklung von mhd. *î* zu nhd. *ei* dieser Laut in der Hochsprache nicht mehr von dem alten Diphthong *ei* zu unterscheiden, das Adjektiv *reif* (mhd. *rîf*) wird gleich ausgesprochen wie das Substantiv *Reif* ‚Ring' (mhd. *reif*) – das wäre ein *phonologischer* Lautwandel, während etwa im Schwäbischen, wo der aus *î* entstandene Diphthong als *əi* von dem alten *ei* getrennt blieb (und deshalb *reif* und *Reif* verschieden ausgesprochen werden), der Lautwandel nur zu einer Ausspracheveränderung führte, also *phonetisch* blieb. In diesem Punkt kann man also (wenn man einige Besonderheiten kennt) aus dem schwäbischen Lautstand auf den mittelhochdeutschen zurückschließen – aus dem hochsprachlichen nicht: er ist mehrdeutig.

3. Spontane und kombinatorische Lautwandel

§ 294. Es ist nun möglich, daß ein Lautwandel einen bestimmten Laut in allen vorkommenden Stellungen trifft – dann ist er *spontan* und die Lautentsprechung *uneingeschränkt;* es kann aber auch sein, daß der Lautwandel nur in einem Teil der möglichen Stellungen eintritt (nur im Anlaut oder nur vor bestimmten Lauten usw.), dann ist er *kombinatorisch* und die entstehende Lautentsprechung *bedingt.* So steht für das *s* in mhd. *slâf, smal, snel, swîn, spot, stein, sehen, sagen* ein nhd. *sch* in *Schlaf, schmal, schnell* und *Schwein,* ein *s* in *sehen* und *sagen,* während wir bei *Spott* und *Stein* ein *s* schreiben, aber *sch* sprechen (das bedeutet, daß auch hier die Entsprechung mhd. *s* – nhd. *sch* vorliegt – die Rechtschreibung spielt für uns nur eine untergeordnete Rolle); der Lautwandel mhd. *s* zu nhd. *sch* (der in Wirklichkeit etwas komplizierter ist, weil die frühere Aussprache des *s* anders war als die heutige) ist also kombinatorisch: Er tritt nur im Anlaut vor Konsonant auf. Nun können die Bedingungen für einen kombinatorischen Lautwandel innerhalb eines Paradigmas oder innerhalb einer Wortfamilie verschieden sein, so daß gegebenenfalls ein solcher Lautwandel nur bei einem Teil der Formen eines Wortes oder nur bei einem Teil der Mitglieder einer Wortfamilie eintritt – wir bekommen also *Lautwechsel*, wie sie gerade etwa im Deutschen reichlich vorkommen: *ich gebe – du gibst, ich gebe – ich gab, ich schneide – ich schnitt* usw. Solange man die Bedingungen für den Eintritt des Lautwandels noch erkennen kann, macht er beim Sprachgebrauch und auch bei der Beschreibung keine Schwierigkeiten. Wenn dagegen die ursprüngliche Lautumgebung durch Schwund oder andere Veränderungen unkenntlich wird, dann werden die Lautwechsel für die Sprachbeschreibung eine Schwierigkeit und für den Sprecher zu einer Belastung. Beschränken wir uns auf den Standpunkt des Sprechers, so ist festzustellen, daß er sich häufig nicht mit dieser Belastung abfindet, sondern die Unregelmäßigkeit entweder abbaut (wieder einen einheitlichen Laut im ganzen Paradigma oder in der ganzen Wortfamilie durchführt) oder den Lautwechsel von erkennbaren Merkmalen abhängig macht, etwa von einer bestimmten morphologischen Kategorie (den Umlaut im Deutschen etwa vom Plural usw.). In diesem Fall kann der Lautwechsel dann *funktionalisiert* werden, das heißt, er wird zu einem Merkmal für die betreffende Kategorie (wie der Umlaut im Deutschen zu einem Pluralzeichen).

B. Die Störungen

1. Sporadische Lautwandel

a) *Erleichterungen*

§ 295. Mit diesen Ausgleichserscheinungen sind wir aber bereits aus dem Gebiet des regelmäßigen Lautwandels herausgekommen, und wollen nun auch die andere Seite, die Störungen, etwas näher betrachten. Obwohl die frühere Sprachtheorie vor allem Lautgesetz und Analogie einander gegenübergestellt hat, ließ sie im Grunde drei Arten der Lautveränderung als Ausnahmen von der Regelmäßigkeit zu: die Erscheinungen des sporadischen Lautwandels, die der Analogie, und die der (inneren) Entlehnung. Diese wollen wir uns nun etwas genauer ansehen, wobei wir mit den sporadischen Lautwandeln beginnen. Sporadisch ist ein Lautwandel, wenn zwar Bedingungen angegeben werden können, die zu ihm führen, aber nicht bestimmt werden kann, unter welchen weiteren Umständen er tatsächlich eintritt. Nehmen wir zunächst ein Beispiel, eine Dissimilation (Beseitigung von Lautgleichheit): Dem neuhochdeutschen Wort *Köder* entspricht in mittelhochdeutscher Zeit ein *querder* (mit zahlreichen Varianten, unter denen auch schon *köder* auftaucht). Das Wort bedeutet ‚Lockspeise' und ist ersichtlich eine *tro*-Bildung zu der Wurzel *g^uer*- ‚verschlingen'. Die *tro*-Bildungen sind vor allem Instrumentalia; die systematische Bedeutung wäre also ‚Mittel zum Verschlingen', ‚etwas, das verschlungen wird' – für eine Ausgangsbedeutung von ‚Köder' durchaus sinnvoll. Bei *querder* ist dann in der Entwicklung, die zu der neuhochdeutschen Lautform geführt hat, das *e* gerundet worden (eine nicht ganz regelmäßige Erscheinung, die aber in dieser Lautumgebung häufig vorkommt), dann wurde das *quö-* entlabialisiert wie etwa bei kommen aus *quomen* (älter *queman*) – die zu erwartende Lautform wäre also *körder*. Nun stören sich erfahrungsgemäß in besonders deutlichen Fällen gleiche Laute an einander entsprechenden Stellen (an gleichen Stellen in aufeinanderfolgenden Silben oder im Anlaut und Auslaut derselben Silbe), weshalb eine solche Folge häufig verändert wird. Dabei kann einer der Laute (in der Regel ist es der erste) lautlich abgewandelt werden oder schwinden. Letzteres war offensichtlich bei unserem Wort der Fall: aus *Körder* wurde *Köder*.

§ 296. Wir können die lautliche Veränderung bei diesem Wort also durchaus erklären – nur: sie tritt nicht regelmäßig ein. Die gleiche Lautstruktur wie bei *Köder* haben wir z. B. auch bei *fordern* – die dissimilierte Form *fodern* gibt es tatsächlich, sie ist seit dem 14. Jahrhundert belegt, aber sie ist regional geblieben (sie ist nicht in die Hochsprache aufgenommen worden). Oder das Wort *Marder* mit ebendenselben Strukturmerkmalen: Hier ist die dissimilierte Form *Mader* zwar belegbar, aber sie ist äußerst selten und hat nie größere Verbreitung erlangt. – Solche Veränderungen, die einen phonetisch faßbaren Grund haben, aber nicht notwendigerweise regelmäßig eintreten (obwohl auch dies möglich ist) wollen wir (lautliche) *Erleichterungen* nennen. Sie treten in einer beschränkten Zahl von Typen auf, im wesentlichen den folgenden: *Dissimilationen* (wie in unserem Beispiel), *Assimilationen* (Angleichungen von mittelbar oder unmittelbar aufeinanderfolgenden Lauten, wobei im allgemeinen der vorhergehende Laut assimiliert wird; vgl. etwa *empfinden* aus *ent-* + *finden*); *Metathesen* (Lautumstellungen – sie spielen im Deutschen nur eine untergeordnete Rolle) und *Haplologien* (Silbenschichtungen, bei denen von zwei aufeinanderfolgenden gleichen Silben oder ähnlichen Lautfolgen eine beseitigt wird, wie in *Zauberin* aus *Zaubererin*).

b) Ausweichungen

§ 297. Ein weiterer Typ der sporadischen Lautwandel sei *Ausweichung* genannt. Wieder zunächst ein Beispiel: Das Wort für ‚Herz' hat in den meisten indogermanischen Sprachen eine Lautform, die sich auf grundsprachliches **ḱerd-* oder eine Ablautstufe davon (gegebenenfalls auch eine *i*-Erweiterung) zurückführen läßt, so ahd. *herza*, lt. *cor* (Genetiv *cordis*), gr. *kardiā* usw. Nur die arischen Sprachen (ai. *hŕdaya-* usw.) machen hier eine Ausnahme: sie verlangen **ǵherd-* als Vorform. Nun sind die Bezeichnungen für die wichtigsten Körperteile meistens ziemlich archaisch, und außerdem fällt auf, daß die beiden vorauszusetzenden Grundformen bis auf den Anlaut miteinander übereinstimmen. Es ist deshalb mit großer Wahrscheinlichkeit anzunehmen, daß hier das gleiche Wort vorliegt, bei dem an einer Stelle – vermutlich im Arischen – eine Unregelmäßigkeit in der Entwicklung eingetreten ist. Betrachten wir mehrere solche Ausweichungen, so sehen wir, daß jeweils entweder (wie in unserem Beispiel) bei einem Laut die Artikulationsart gewechselt und der Artikulationsort beibehalten wird oder umgekehrt; gelegentlich wechseln auch An- und Auslaut zusammen. Ein phonetischer Grund für diese Unregelmäßigkeit ist nicht zu finden – es wäre aber denkbar, daß bestimmte Wort- oder Silbenstrukturen bestimmte Lauttypen bevorzugten und so die unregelmäßige Veränderung bewirken konnten. An spielerische Abweichung oder Mißverstehen wird man in solchen Fällen nicht glauben wollen, und auch die Erklärung als Reimwort gibt bei ihnen höchstens eine Beschreibung des Befundes, keine wirkliche Erklärung. Man wird also, da Fälle dieser Art nicht ganz selten sind, mit so etwas Ähnlichem wie strukturell bedingten Verschiebungen rechnen müssen.

c) *Wortgrenzerscheinungen*

§ 298. Einen dritten Bereich mit Besonderheiten finden wir bei den Wortgrenzerscheinungen: An- und Auslaut eines Wortes stehen durch die freie Kombinierbarkeit der Wörter in sehr verschiedenen Umgebungen und können in verschiedener Weise auf diese Umgebungen reagieren. Dabei kommen neben weitgehend regelmäßigen Erscheinungen wie Auslautverhärtungen auch Unregelmäßigkeiten vor, deren Gründe im einzelnen schwer zu fassen sind. In der deutschen Sprachgeschichte zum Beispiel haben Verbindungen von Konsonant + *s* im Wortauslaut ziemlich häufig, fast regelmäßig, ein *-t* angehängt bekommen: aus altem *ackes* wurde *Axt*, aus *obez Obst*, aus *babes Papst* (wobei in diesem Fall zudem die Verschlußlaute dem lateinischen Vorbild wieder angepaßt wurden). Auch bei anderen Auslauten wurde – wenn auch seltener – ein solcher ‚unorganischer‘ Dental angehängt: *jemand* war ursprünglich *jeman*, *Habicht* war *habech* usw. Entsprechende Erscheinungen gibt es beim Anlaut: Hier wird vor allem bei Wörtern, die mit einem Vokal anlauten, immer wieder gern ein *h*- vorangesetzt. Man erklärt dieses *h*- gelegentlich mit dem Einfluß von Wörtern ähnlicher Bedeutung, die ein ererbtes *h*- im Anlaut haben, aber die Erscheinung ist zu häufig, als daß sich alle Fälle auf solche Vermischungen zurückführen ließen. Auf einer etwas anderen Ebene stehen die Veränderungen von An- und Auslaut, die durch falsche Ablösung entstanden sind. So stammt ne. *apron* ‚Schürze‘ aus frz. *napperon* und ist aus der Stellung nach dem unbestimmten Artikel falsch abgelöst *(a-napperon* wird zu *an-apron); ne. cherry* ‚Kirsche' kommt aus anglo-normannisch *cheris,* bei dem der Auslaut als Plural-*s* gedeutet und abgelöst wurde; und derartige Entgleisungen gibt es auch sonst. Alle diese Erscheinungen sind in gewisser Weise verstehbar und begründbar (durch ihr Auftreten an der Wortgrenze) – sie können aber nicht vorausgesagt werden, da sie nicht regelmäßig sind.

d) Verstümmelungen

§ 299. Schließlich der Bereich der *Verstümmelungen*[146], aus dem ich zwei Fälle herausgreifen will. Der erste sind gegliederte, meist zusammengesetzte Wörter, deren einzelne Bestandteile stärker vereinfacht worden sind als das Simplex und deshalb nicht mehr erkannt werden können. So ist unser Wort *Kiefer* zurückzuführen auf eine Zusammensetzung aus *Kien* + *Föhre; jeder* geht zurück auf ahd. *eo-gi-hwedar* (das zu ahd. *iowedar* wurde, dann zu mhd. *jeweder* und schließlich zu nhd. *jeder),* und entsprechende Fälle gibt es noch mehr. Zu ihnen muß erstens einmal gesagt werden, daß ihre systematische Bildung und Bedeutung vernachlässigt wurde, sonst hätte die Form der selbständigen Wörter stärker auf die Entwicklung eingewirkt. Zum andern ist zu bedenken, daß die lautgesetzliche Entwicklung solcher Lautformen nicht beurteilt werden kann, da es keine genügend große Zahl solcher ‚Verstümmelungen' gibt (aus der sich das Ausmaß der Regelmäßigkeit erkennen ließe) und ungegliederte Lautfolgen dieser Art in unserer Sprache nicht vorkommen. Es ist durchaus denkbar, daß die ‚Abschleifung' in diesen Fällen lautgesetzlich ist; sollte sie es nicht sein, dann muß sie darauf beruhen, daß die überdurchschnittlich langen Wortkörper mit ihren ungewohnten Nebensilben auf das normale Maß zurückgeführt wurden (*Kiefer* und *jeder* sehen ja ganz normal aus). Der zweite Fall sind häufig gebrauchte Wörter und Formen, in denen sich Lautveränderungen zeigen, die sonst nicht auftreten, wie etwa in *er hat* (wo *habt* zu erwarten wäre) oder bei der seit dem Mittelhochdeutschen auftretenden Kurzform *lā-* für *lass-(en),* hauptsächlich im Imperativ *lā.* Hier handelt es sich um häufig gebrauchte und in ihrer Bedeutung stark verallgemeinerte Wörter (die funktionell schon eher den Wert grammatischer Formen haben), sowie (beim Imperativ) um Formen, die unter besonderen Tonbedingungen stehen. Bei ihnen ist es möglich, daß Entwicklungstendenzen, die sich anderenorts nicht durchsetzen konnten oder wieder zurückgenommen wurden, zu den kürzeren Formen geführt haben, die der allgemeinen Funktion dieser Wörter besser entsprechen. Auch hier haben wir also Abweichungen von der Regelmäßigkeit, für die besondere Bedingungen aufgezeigt werden können.

e) Regelmäßigkeit sporadischer Lautwandel?

§ 300. Damit haben wir die wichtigsten Fälle, die als sporadische Lautwandel erklärt werden können, gestreift und bei ihnen als Merkmale festgestellt, daß sie besondere Bedingungen aufweisen, die phonetischer Art
sein können, auf der Lautstruktur beruhen oder mit besonders allgemeinen
Funktionen und deren Auftretensbedingungen zusammenhängen. Allerdings ist das durchgehende Merkmal, daß diese Veränderungen auftreten
können, nicht *müssen* – daß sie deshalb also nicht notwendigerweise regelmäßig sind. Nun läßt sich sagen, daß die Bedingungen für solche Verhältnisse auch als außerhalb der Sprachstruktur liegend angesehen werden können: Die Umgangssprache, die Mundart und die gesprochene Sprache weisen sie viel häufiger auf als die gehobene, die sorgfältige, die geschriebene
Sprache, und es lassen sich noch andere Verteilungen dieser Art feststellen.
Man könnte deshalb sagen, daß auch die angeblich sporadischen Lautveränderungen in Wirklichkeit regelmäßig sind, in dem Sinne, daß bei ihnen
gleiche Laute unter gleichen Bedingungen gleich behandelt werden – nur
daß zu den gleichen Bedingungen hier auch die gleiche Sprachschicht (und
andere außersprachliche Merkmale) gehören. Es fragt sich allerdings, was
mit dieser Auffassung gewonnen wäre: In der Praxis können wir solche
Bedingungen allenfalls behaupten, aber nicht (es sei denn in besonderen
Glücksfällen) nachweisen; und für die Theorie ist zu sagen, daß man von
keiner Erscheinung behaupten kann, sie habe keine Ursache, so daß der
Versuch, alle Ursachen sporadischer Lautveränderungen anzugeben, eigentlich nicht den Nachweis für ihre Regelmäßigkeit darstellt, sondern den
Versuch, Unregelmäßigkeiten ausreichend zu begründen.

2. Analogie

§ 301. Die nächste Störung der Regelmäßigkeit in der Lautentwicklung
ist die *Analogie*, die Ausrichtung nach anderen Wörtern und Formen,
wobei wir für unsere Zwecke Einmischungen des Systems und Einmischungen anderer Wörter unterscheiden wollen. Einmischungen des Systems liegen dann vor, wenn innerhalb eines Paradigmas oder einer Wortfamilie Lautwechsel oder andere Lautverschiebungen entstanden sind, die
nun entweder regularisiert (funktionalisiert) oder beseitigt werden. Wird
ein Lautwechsel funktionalisiert, so kann er auch auf Paradigmen übertragen werden, in denen er historisch nicht berechtigt ist; wird er ausgeglichen, so kann entweder der ursprüngliche oder der weiterentwickelte Laut
den Sieg davontragen. Im Deutschen ist z. B. der Umlaut funktionalisiert:
er dient unter anderem als Pluralzeichen. Ausgeglichen ist in den meisten

Fällen der sogenannte grammatische Wechsel: der Konsonantenwechsel zwischen *schneiden* und *geschnitten* hatte früher eine wesentlich größere Verbreitung – im Mittelhochdeutschen sagte man z. B. noch *miden* ‚meiden' – *gemiten*. In diesen Fällen ist der Konsonantismus des Präsens verallgemeinert und das Paradigma regelmäßiger gemacht worden; heute sagen wir *meiden – gemieden*. Solche Fälle sind nicht ganz selten, sind aber im allgemeinen leicht erkennbar. Die Ausgleichserscheinungen müssen allerdings nicht durchgängig auftreten, sie können auch auf bestimmte Formen und Teile des Paradigmas (oder der Wortfamilie) beschränkt bleiben – meist ist dies aber nur die erste Stufe einer später allgemeineren Regularisierung.

§ 302. Einmischungen anderer Wörter liegen vor, wenn die syntaktische, semantische oder lautliche Ähnlichkeit mit einem anderen Wort zu einer lautlichen Veränderung führt. Nehmen wir zunächst ein Beispiel für die Einwirkung einer syntaktischen Parallele: Unsere Konjunktion *oder* geht auf ahd. *odar* zurück, das in dieser Zeit noch eine seltene Variante des üblicheren *edo, odo* ist (auch andere Varianten treten auf – die etymologisch ursprünglichste ist *eddo*). Das *r* der späteren Form stammt von *wedar*, das eigentlich ‚welcher von beiden' bedeutet, aber in der Doppelfrage mit *edo* gekoppelt werden konnte. Die Konstruktion war *wedar* (‚welches von beiden ist richtig':) *A edo B* (‚A oder B')? Später, als das Verständnis für die Konstruktion geschwunden war, wurden *wedar* und *edo* einfach als einleitende Partikel der beiden Teile der Doppelfrage aufgefaßt. Diese funktionelle Parallelität hat nun auch zu einer lautlichen Parallelität geführt, indem das *r* von *wedar* auf *edo* übertragen wurde: spät-ahd. *wedar:-odar*, mhd. *weder – oder*, und von frühneuhochdeutscher Zeit an verstärkt *e(i)ntweder – oder*. Ein Fall von Einwirkung semantischer Parallelen (die das Gleiche oder das Entgegengesetzte bedeuten können) sind die Vermischungen beim deutschen Verbum ‚sein': hier haben wir in alter Zeit (etwa noch im Altenglischen faßbar) ein Verbum, das auf **es-* zurückgeht und in der 1. Sg. ahd. **im* lauten müßte (**es-mi* zu gm. **ezmi* zu **immi* zu *im*), und ein anderes, das auf **bheuə-* zurückgeht und in der 1. Sg. ahd. **biu* lauten müßte (aus **bhw-ij-ō*). In Wirklichkeit erscheint weder das eine noch das andere, sondern die Mischform *bim*. In diesem Fall haben sich die Formen also so stark gegenseitig beeinflußt, daß eine Vermischung, eine *Kontamination*, eingetreten ist. Den Fall der Beeinflussung durch lautliche Ähnlichkeit haben wir bei der sekundären Motivation (vgl. den Fall *Friedhof*, § 256), auf die wir hier nicht noch einmal eingehen wollen.

3. Differenzierungen, innere Entlehnung und Einmischung der Lautbedeutsamkeit

§ 303. Eine Art der Einmischung anderer Wörter – wenn auch nicht durch Analogie – liegt schließlich bei der lautlichen Differenzierung von Homonymen vor, die wir bereits (§ 281 u. ö.) besprochen haben. Ebenfalls besprochen haben wir (§ 231 f.) die möglichen lautlichen Abweichungen bei der inneren Entlehnung. Hinzuzufügen wäre lediglich, daß hierbei gelegentlich auch ‚falsche Umsetzungen‘ auftreten; am bekanntesten ist der Fall der falschen Umsetzungen in die Hochsprache, den sogenannten *Hyperkorrektismen*[147]. Es bleibt noch die Einmischung der Lautbedeutsamkeit: Besonders bei Lautnachahmungen scheint es gelegentlich vorzukommen, daß die betreffenden Wörter sich den Lautentwicklungen widersetzen. Ein Musterbeispiel hierfür ist *piepen* als Bezeichnung des Pfeifens junger Vögel: Das Wort hat seine zwei *p* im Hochdeutschen wie im Niederdeutschen, was natürlich nicht sein dürfte. Man könnte nun sagen: die normale hochdeutsche Form ist *pfeifen*, und *piepen* ist aus dem Niederdeutschen entlehnt. Aber eine Stufe weiter zurück treffen wir wieder auf die gleiche Situation: es heißt auch lt. *pipīre* und *pipāre* und so auch in anderen außergermanischen Sprachen. Es stimmt also auch mit der ersten Lautverschiebung nicht, es sei denn, man nähme an, das Wort sei aus dem Lateinischen oder sonstwoher entlehnt, was aber bei dieser Bedeutung nicht sehr wahrscheinlich ist. Man kann natürlich auch – um der Annahme von Ausnahmen zu den Lautentwicklungen zu entgehen – sagen: dieses Wort ist immer wieder als lautbedeutsames Wort neu geschaffen worden. Aber das ändert an dem Befund wenig – es ist ein Versuch, einen Bereich, der einfach Sonderbedingungen aufweist, dem Normalfall anzupassen, und man wird sich fragen müssen. ob eine solche Anpassung auch sinnvoll ist.

4. Unregelmäßige Lautwandel

§ 304. Hieran können wir nun die besonders heikle Frage schließen, ob es auch – über die hier behandelten Sonderfälle hinaus – ‚unregelmäßige‘ Lautwandel gibt. Heikel ist diese Frage deshalb, weil sie von der traditionellen Theorie der Sprachgeschichte auf Grund ihrer allgemeinen Voraussetzungen strikt verneint wurde, und deshalb von weitreichender theoretischer Bedeutung ist. Nehmen wir gleich einen kritischen Fall: bei der Ausbreitung von Lautwandeln wird nicht der Lautwandel als solcher übernommen, sondern immer nur die neue Aussprache ganz bestimmter Wörter, neben der zudem die alte Aussprache noch als Variante besteht. Man sagt also nicht heute *dat, wat, water* und morgen *daß, was, wasser,* sondern morgen vielleicht *dat, wat, water/wasser.* Erst im Laufe der Zeit werden alle Wörter, die den betreffenden Laut zeigen, von der Neuerung ergriffen, und schließlich sterben auch die alten Aussprachevarianten aus, womit sich der Lautwandel durchgesetzt hat. Während der Verbreitung aber hängt es von recht veränderlichen Bedingungen, ja geradezu vom Zufall ab, bei welchen Wörtern die neue Aussprache zuerst übernommen wird, und welche anderen ihnen nachfolgen, so daß der Lautwandel in seinem Grenzgebiet (in dem er – anders als in seinem Kerngebiet – noch in der Entwicklung begriffen ist) praktisch bei jedem Wort eine andere Verbreitungsgrenze hat. Es kann sein, daß sich diese teilweise Übernahme des Wandels als ein kombinatorischer Lautwandel deuten läßt (wenn der Laut in bestimmten Stellungen durchgängig verändert wird), aber das ist keineswegs die Regel. Man hat nun versucht, diesen Befund mit der Theorie von der Regelmäßigkeit der Lautgesetze so in Einklang zu bringen, daß man gesagt hat: Hier handelt es sich jeweils um innere Entlehnungen der betreffenden Wörter, und zwar so lange, bis alle Wörter, die den betreffenden Laut zeigen, von dem Wandel ergriffen sind – von diesem Augenblick an können wir sagen, daß sich der Lautwandel auf die entsprechende Sprachausprägung ausgebreitet habe. Nun ist dies aber nur eine Regularisierung in der Terminologie, nicht in der Sache, und so kommen wir nicht um die Feststellung herum, daß ein Lautwandel während seiner Verbreitung im Grenzgebiet normalerweise unregelmäßig ist. Da aber Grenzgebiete nicht eine ständige Einrichtung sind, sondern bei diesem Lautwandel hier, bei jenem dort auftreten und dann schließlich auch wieder verschwinden, müssen wir grundsätzlich überall mit der Möglichkeit eines ‚Grenzgebiets‘ und damit auch eines unregelmäßigen Lautwandels rechnen.

§ 305. Gehen wir noch einen Schritt weiter: Die Grenzgebiete sind nicht der einzige Fall, bei dem wir einen Lautwandel ‚im Entstehen‘ vorfinden. Es gibt auch die Möglichkeit, daß sich ein Lautwandel von vorneherein nicht durchsetzen kann, das heißt, daß er nicht so stark verallgemeinert wird, daß es irgendwo zu einer regelmäßigen Entwicklung kommt. Dies scheint etwa der Fall zu sein bei den frühneuhochdeutschen Rundungen von *e* zu *ö* (und anderem), deren Anwendungsbereich regional und zeitlich stark geschwankt hat, sich aber offenbar nirgends zu einem regelmäßigen Wandel verdichtete. Normalerweise werden solche ‚stehengebliebene‘ Lautwandel dann zurückgenommen, aber es kann durchaus sein, daß sie in einzelnen Wörtern bleiben. So haben wir in der heutigen Hochsprache eine Reihe von Wörtern mit solchen Rundungen, wobei wir sogar sagen können, daß die Rundung in bestimmten Lautumgebungen häufiger auftritt – aber regelmäßig ist sie in keiner Weise. – Schließlich ist auch daran zu erinnern, daß die Theorie von der Regelmäßigkeit der Lautwandel eine vergleichsweise seßhafte Bevölkerung voraussetzt. Ist diese Bedingung nicht gegeben, dann muß auch die Folge nicht eintreten. Bei Bevölkerungsverschiebungen in geringerem Ausmaß können wir mit Hilfe der Annahme von Entlehnungen noch mit den Unregelmäßigkeiten zu Rande kommen; ist das Ausmaß der Seßhaftigkeit aber zu gering, um einem entstehenden Lautwandel die Möglichkeit der Verallgemeinerung in irgendeiner Sprachausprägung zu geben, dann bekommen wir Entwicklungen, die nicht anders zu beschreiben sind als durch die Annahme ‚unregelmäßiger‘ Lautwandel. Nennen wir solche Fälle *unentwickelte* Lautwandel und denken wir daran, daß es sich bei ihnen um Sonderfälle handelt, die bei der Untersuchung der Sprachgeschichte als Sonderfälle nachzuweisen sind, und nicht einfach aus Bequemlichkeit angenommen werden dürfen.

C. Untersuchungsbeispiel: *Tichter* und *Tochter*

§ 306. Schließen wir unsere Behandlung der Lautentwicklung ab durch die Untersuchung eines problematischeren Beispiels, der Lautgeschichte des mundartlichen Wortes *Tichter* ‚Enkelkind‘. Die Prüfung der Beleglage ergibt als wahrscheinlichste Etymologie, daß das Wort von *Tochter* abgeleitet ist – doch macht der Lautstand Schwierigkeiten, da das Deutsche keinen normalen Lautwechsel zwischen *o* und *i* kennt. Die bis jetzt vorliegenden Verknüpfungsversuche gehen davon aus, daß in germanischer Zeit zu **duhtēr-* ‚Tochter‘ eine Vṛddhi-Ableitung mit Hochstufe **deuhtra-* ‚Enkelkind‘ gebildet wurde, deren Stammvokal im Deutschen schließlich *ie* ergeben hätte, das zu *i* gekürzt werden konnte[148]. Diese Herleitung ist lautlich einwandfrei, setzt aber voraus, daß das Wort außerordentlich alt ist, da wir in den germanischen Sprachen kein anderes einigermaßen durchsichtiges Beispiel für diese Form der Vṛddhi haben, das als Vorbild hätte dienen können. Dieser Annahme widerspricht aber die späte und spärliche Beleglage: Das Wort ist nur ostfränkisch, rheinfränkisch und hessisch und erst seit dem 13. Jahrhundert bezeugt. Zu diesem Bedenken kommt weiter, daß die Vṛddhi von *u* zu *eu* nur im Avestischen und in Relikten aus der indogermanischen Grundsprache belegbar ist, so daß dem germanischen Beispiel, wenn es sicher so zu erklären wäre, eine außerordentliche Bedeutung für die Beurteilung der Vṛddhi-Bildung überhaupt zukäme. Nun läßt sich für die Lautgeschichte von *Tichter* auch ein anderer Ausgangspunkt vermuten, nämlich eine *i/j*-haltige Besonderungsbildung mit unregelmäßiger Entwicklung des Umlauts, was eine wesentlich kompliziertere Lautgeschichte voraussetzt, aber mit näherliegenden morphologischen Annahmen auskommt. Prüfen wir deshalb einmal, was mit *Tichter* ‚Enkel‘ lautgeschichtlich anzufangen ist.

§ 307. Zunächst zur Stellung des Wortes im System der Verwandt-schaftsbezeichnungen[149]: Das indogermanische Wort für ‚Enkel' ist **ne-pōt-*, das in den westgermanischen Sprachen zunächst erhalten geblieben ist und im Deutschen noch heute besteht: es ist unser Wort *Neffe*. Die Bedeu-tung war seit alter Zeit außer ‚Enkel' auch ‚Neffe', und diese zweite Bedeu-tung hat sich im Neuhochdeutschen durchgesetzt, obwohl das Wort noch bei Luther ‚Enkel' bedeutet. Im Nord- und Ostgermanischen ist es – ver-mutlich wegen dieser Mehrdeutigkeit, möglicherweise auch, weil man mit ihm nur männliche Nachkommen, vielleicht sogar nur den Sohnessohn bezeichnen konnte – ersetzt worden durch Bildungen des Typs KINDESKIND (speziell: TOCHTERSOHN usw.), die auch im westgermani-schen Bereich bekannt sind. Auf hochdeutschem Gebiet wurde der allge-meine Begriff ‚Kindeskind' durch zwei Neubildungen zum Ausdruck ge-bracht, die ungefähr gleichzeitig (im 13. Jahrhundert) auftraten: die eine, das Wort *Enkel*, ist formal ein Diminutivum, eine Besonderungsbildung, zu dem Wort *Ahne* ‚Großvater': Das Element *Ahn-* wird dabei als Bezeich-nung der direkten Verwandtschaft über zwei Generationen hinweg aufge-faßt und der jüngere Teilhaber dieser Beziehung durch das Diminutiv er-faßt. Von den verschiedenen Möglichkeiten hierfür (*Ähnlein* usw.) setzte sich von Anfang an die Ableitung zu der Koseform *anīcho* ‚Großväter-chen', nämlich *enīchlī*, am deutlichsten durch, vermutlich deshalb, weil *Ähnlein* usw. als Kosewort auch den Großvater selbst bezeichnen konnte und damit mehrdeutig war. Das regional beschränkte *anīcho* ging dagegen bald zurück, so daß das ober- und mitteldeutsche *enīchlī* eindeutig war und auch der heutigen Hochsprache das entsprechende Wort *(Enkel)* liefern konnte. – Das andere Wort, *Tichter*, müßte, wenn es mit *Tochter* zusam-menhängt, entweder die Kinder der Tochter oder die Enkelinnen bezeich-net haben; es bedeutet aber schon in den frühesten Belegen ganz allgemein ‚Enkel' (jeder Art), nur ein verhältnismäßig früher Beleg, *dichteride* bei Berthold von Regensburg, meint ziemlich sicher nur die Enkelinnen. Diese Bedeutungsverallgemeinerung und die Tatsache, daß das Wort nirgends ersichtlich auf *Tochter* bezogen wird (also nicht motiviert ist), könnten dafür sprechen, daß es bei seinem ersten Auftreten schon ein beachtliches Alter hatte.

§ 308. Bei der Bestimmung der Ausgangsbedeutung von *Tichter* können wir zunächst einmal auf die Bezeichnungen für den Schwiegersohn und die Schwiegertochter hinweisen, bei denen die alten Ausdrücke *Eidam* und *Schnur* im westlichen Mittel- und Oberdeutschen durch den beschreiben-den Typ TOCHTERMANN/SOHNESFRAU ersetzt werden. Da nun statt des Kompositionselements *-frau* im Deutschen auch die Motionsbildung auf *-in* stehen kann, haben wir im schwäbischen Bereich statt *Sohnesfrau* auch *Söhnerin*[150]. Entsprechend könnte *Tichter* (als Diminutiv oder Vrddhibildung zu *Tochter*) eine morphologische Variante zu *Tochterkind* sein. Die Bedeutung müßte dann (wie bei *Geschwister*, Kollektivum zu *Schwester*, das aber auch die Brüder einschließt) nachträglich verallgemeinert worden sein. Daß für die Tochterkinder ein eigenes Wort geschaffen wurde, kann sich daraus erklären, daß die Tochter ja aus dem Haus wegzog und damit die Tochterkinder nicht das gleiche vertraute Verhältnis zum Großvater haben konnten wie die anwesenden Sohneskinder. Auch rechtlich waren die Tochterkinder den Sohneskindern nicht gleichgestellt. Das weniger vertraute Verhältnis bestand natürlich auch zwischen dem Großvater und den Kindern weggezogener Söhne, was die Bedeutungsverallgemeinerung von *Tichter* erleichtert haben könnte. – Aber auch die andere Möglichkeit bleibt zu berücksichtigen: Für ‚Enkelin‘ gibt es den Typ KLEINTOCHTER, dessen Kompositionsglied *Klein-* einem Diminutiv entspricht. Als Parallele dazu haben wir im Oberhessischen (das ja zu dem *Tichter*-Gebiet gehört) zu der Kosebezeichnung *Knecht* für den Sohn die Benennung *Knechtchen* für den Enkel. Die Bedeutungsverallgemeinerung scheint mir aber in diesem Fall weniger nahe zu liegen, so daß ich der ersten Erklärungsmöglichkeit deutlich den Vorzug geben möchte.

§ 309. Gehen wir nun zur Morphologie über, bei der wir – da an der Annahme einer Vr̥ddhi-Bildung formal nichts zu bemängeln ist – die Möglichkeiten eines Diminutivs oder einer entsprechenden Zugehörigkeitsbildung zu erörtern haben. In Frage kommen dabei (weniger wahrscheinlich) eine alte *ja*-Bildung oder (sehr viel wahrscheinlicher) ein altes Diminutiv auf -*ī*. Dieser Typ hatte im Altoberdeutschen ein -*ī* im Nominativ und Akkusativ, in den flektierten Formen -*īn*-, das im Mitteldeutschen schon früh auf das ganze Paradigma verallgemeinert worden war. Lebendig ist dieser Typ (außer in Randgebieten) nur in der Kombination mit -*k*- oder -*l*- geblieben (den heutigen Diminutiven -*chen* und -*lein*). Eine solche Bildung auf -*ī* war z. B. ahd. *fingirī (n)* ‚Fingerring‘ zu *Finger (m)*. In mittelhochdeutscher Zeit mußte die Nominativ-Endung -*ī* abfallen, und da damit Finger und Fingerring nur noch durch das Genus unterschieden gewesen wären, beugte man dem Zusammenfall vor, indem das Diminutiv durch lebendige Formen ersetzt wurde: *fingirin* (lediglich mit paradigmatischem Ausgleich), *fingirlin* (mit dem produktiven Suffix) und *fingiride* (mit einem sonst stärker kollektivischen Suffix). – Bei einem ähnlichen Fall haben wir keinen so frühen Beleg, können die alte Form aber mit einiger Sicherheit als (ahd.) *muodirī voraussetzen: bei dem Wort *Mieder*. Zugrunde liegt das Wort *Mutter*, nicht als Verwandtschaftsbezeichnung, sondern in der Bedeutung ‚Mutterleib‘ (vgl. *Gebärmutter*). Auszugehen ist zunächst von voreinzelsprachlichem *mātér ‚Mutter‘, zu dem eine Zugehörigkeitsbildung *mātrā gebildet wurde, die wohl alt ist, da sie außer im Deutschen (ahd. *muodar*) und Friesischen (afr. *mōther*) auch in gr. *mḗtrā* ‚Gebärmut-

ter, Unterleib' vorkommt. Nach der bekannten Bezeichnungsweise von
Kleidungsstücken nach dem Körperteil, den sie bedecken, ist dieses Wort
dann im Deutschen und Friesischen zur Bezeichnung eines Bestandteils der
Frauentracht geworden; später erfahren beide Bedeutungen eine Ausweitung, indem ahd., mhd. *muoder* den Leib allgemein und ein den Leib
bedeckendes Kleidungsstück (auch bei Männern) bezeichnen kann. Wie bei
Leibchen zu *Leib*, *Ärmel* zu *Arm* oder frz. *corset* zu altem *cors* ‚Körper' ist
dabei die Benennung des Kleidungsstücks im hochdeutschen Bereich durch
ein Diminutivsuffix -*ī* verdeutlicht worden – es ist zwar nicht unmittelbar
bezeugt, da -*ī* schon in mittelhochdeutscher Zeit abgefallen ist, hat aber
seine Spur in dem Umlaut hinterlassen: mhd. *müeder*, später in entrundeter
Form als *Mieder* in die Hochsprache gelangt. – In diesem Zusammenhang
wäre nun auch *Tichter* zu sehen, wenn wir es als Diminutivum zu *Tochter*
auffassen wollen: Das -*ī* des Nominativs und Akkusativs müßte auch hier
schon zur Zeit seiner ersten Belege geschwunden sein (unter der Voraussetzung, daß die Form nicht wie bei mhd. *fingirlīn* durchgehend an lebendige
Diminutivtypen angeschlossen wurde, sondern wie mhd. *müeder* erstarrte).

§ 310. Es bleibt das Problem der Lautform. Belegt ist das Wort in der
frühen Zeit meistens als *dichter*, auch *diechter*, *tichter* und *tiechter* – anderes zeigt nur orthographische Variation. Die modernen Mundarten, die das
Wort bewahrt haben, zeigen es übereinstimmend in diminutivischer Form
als *Tichterle*. Beginnen wir mit dem Anlaut, weil er für die Beurteilung des
Zusammenhangs mit *Tochter* eine beträchtliche Rolle spielt: In dem Verbreitungsgebiet des Wortes ist etwa seit dem 15. Jahrhundert anlautendes
d- und *t*- in der Lenisform *(d-)* zusammengefallen, so daß die heutigen
Formen, gleich wie sie geschrieben werden, keinen Anhaltspunkt für den
alten Anlaut geben; es fragt sich aber, ob die alten Schreibungen noch einen
Aufschluß geben können. Nun ist in einem beträchtlichen Teil des Verbrei-
tungsgebiets von *Tichter* anlautendes *d*- gar nie zu *t*- verschoben worden,
so daß hier auf jeden Fall ein (etymologisch mehrdeutiges) *d*- zu erwarten
ist. Im südlichen und östlichen Teil dagegen wurden *d*- und *t*- wenigstens
in der Zeit der frühesten Belege des Wortes noch unterschieden. Nun
brauchen wir uns um die Einzelabgrenzung gar nicht zu kümmern: die
beachtlich häufigen *t*-Schreibungen zeigen bei diesem regional beschränkten Wort (das keinem schriftsprachlichen oder außerregionalen Einfluß
ausgesetzt sein konnte) ganz eindeutig, daß irgendwo *Tichter* gesprochen
worden sein muß. Wir können also unbesorgt altes gm. *d*- voraussetzen
und etwaige Abweichungen in der Schreibung als Einfluß von Vorlagen
usw. erklären.

§ 311. Wesentlich schwieriger ist der Vokalismus, wenigstens was die
Annahme eines Umlauts anbelangt. Bei ihr ist zunächst darauf zu verwei-

sen, daß es einen alten Umlaut von *o* nicht geben kann, weil es ein frühger-
manisches *o* nicht gab und der neue Laut aus *u* in Lautumgebungen entstanden ist, die das vom Umlaut vorausgesetzte folgende *i/j* ausschließen.
Wir haben deshalb als Umlaut von *o* erstens alte Bildungen, bei denen in
Wörtern mit altem *u* in der einen Lautumgebung *o* entstand, in der anderen
ü (mit späterem Umlaut) – das ist der Typ *Gold – gülden*, der in beschränktem Umfang als Vorbild für spätere Bildungen gedient haben mag. Zweitens finden wir Neubildungen mit dem umlautbewirkenden *i/j*, die erst in
der Zeit aufkamen, als das *u* im Grundwort schon zu *o* geworden war. Hier
entwickelte sich in mittelhochdeutscher Zeit ein neuer Laut, nämlich *ö*
(gegebenenfalls je nach Lautung des *o* in verschiedenen Schattierungen).
Das ist der Typ *Gott – Göttin*, der dann produktiv geworden ist und den
wir heute für den normalen halten. Dabei ist aber nicht zu übersehen, daß
sich dieser zweite Typ offenbar erst durchgesetzt hat, als der Umlaut funktionalisiert wurde, als es also dringend erwünscht war, daß *o* einen eigenen
Umlaut bekam. Spuren eines älteren Zustands, bei dem der Umlaut von *o*
mit einem anderen Laut zusammenfiel, sind durchaus vorhanden; so ist
gerade bei dem Wort *Tochter* im Schweizerdeutschen eine alte und regionale Umlautvariante *Tächter* bezeugt[151], die der Beleglage nach kaum aus
einem bereits bestehenden *ö* nachträglich entwickelt wurde, sondern weit
eher einen Umlaut aus einer Zeit wiedergibt, zu der sich *ö* noch gar nicht
durchgesetzt hatte. Was nun das Verbreitungsgebiet von *Tichter* angeht, so
ist zunächst zu sagen, daß im mitteldeutschen Gebiet eine Umlautschrei-
bung von *ö* und *ü* erst zu Beginn des 16. Jahrhunderts auftritt – vorher
wird nur *o* und *u* geschrieben; wie sich der Umlaut von *o* also im einzelnen
entwickelt hat, ist ganz unsicher. Nun ist in unserem Fall zu bedenken, daß
bairisch, auch ostfränkisch, pfälzisch, obersächsisch und schlesisch schon
im 12. Jahrhundert *o* in bestimmten Stellungen in *a* überging[152], und daß
wir diesen Übergang gerade bei dem Wort *Tochter* mehrfach durch die
Schreibung *Tachter* bezeugt haben, obwohl dieses Wort als ein der
Schriftsprache geläufiges sicher den Einflüssen der Schreibkonvention un-
terlag. Es wäre deshalb gerade bei diesem Wort, das sicher älter ist als der
geregelte *o/ö*-Umlaut, nicht undenkbar, daß wir bei ihm in Umlautstellung
statt eines *ö* einen *a*-Umlaut, also *Tächter* oder *Techter* vorfinden.

§ 312. Untersuchen wir nun die Möglichkeiten, von einer dieser Umlaut-
varianten zu *i/ie* zu kommen. An *ö* ist wohl nicht zu denken, obwohl die
frühe Entwicklung dieses Lautes noch nicht ausreichend bekannt ist – ein
Übergang zu *i* ist aber nirgends zu erwarten. Anders ist es mit *ü*: Bei
diesem Laut haben wir schon seit dem 12. Jahrhundert Entrundungen zu
i[153], das nur wenig später in der Stellung vor *ht* zu *ī* gedehnt[154] und schließlich auch zu *ie* diphthongisiert[155] werden konnte. Alle diese Erscheinungen
liegen noch vor den ersten Zeugnissen für *Tichter*, so daß die Schreibungen

mit *i* und *ie* durchaus verständlich wären. Daß nie ein *Tuchter* oder gegebenenfalls nach oberdeutscher Schreibung *Tüchter* auftaucht, wäre damit zu erklären, daß das Wort wegen seiner regionalen Beschränkung den regionalen Lautstand ohne Einflüsse einer außerregionalen Schreibkonvention wiedergeben konnte. Die Schwierigkeit dieser Erklärung liegt aber in der Verbreitung der vorausgesetzten Lauterscheinungen: Die Entrundung ist zwar an sich gemein-hochdeutsch, fehlt aber in einigen Gebieten, unter anderem gerade im Ostfränkischen, Nürnbergischen und Ripuarischen, die zum Verbreitungsgebiet von *Tichter* gehören. Man müßte also annehmen, daß das Wort oder die Schreibung von einem entrundenden Gebiet ausging (was zum Beispiel wegen der Bedeutung von Nürnberg etwas bedenklich ist), oder daß die Entrundung (was tatsächlich zutrifft) viel weiter verbreitet war, als in der Schrift zum Ausdruck kommt. Weiter sind die Dehnungen vor *h* + *t* bei *i* auf das Alemannisch-Schwäbische und das Mittelfränkische beschränkt – auch hier fällt also das Ostfränkische aus –, und schließlich ist die Diphthongisierung zu *ie* nur oberdeutsch. Wir müßten also, um *Tichter* aus einem *u*-Umlaut erklären zu können, einige Zusatzannahmen zum Verbreitungsgebiet dieser Lautwandel und gegebenenfalls zur Verbreitung des Wortes *Tichter* machen. Diese Schwierigkeit haben wir nun nicht, wenn wir von einem *a*-Umlaut ausgehen, da dieser im gesamten Verbreitungsgebiet von *Tichter* (nämlich nordbairisch, nürnbergisch, hessisch, obersächsisch und schlesisch) in bestimmten Dehnungsstellungen zu *i(e)* geworden ist[156]. Daß zu diesen Stellungen auch die vor *h* + *t* gehört. beweist das Wort *Trichter,* das im Oberdeutschen und in nördlichen Mundarten wie zu erwarten (aus lt. **trājectorium*) *Trachter* oder *Trechter* lautet, in unserem Gebiet aber als *Trichter* oder *Triechter* erscheint und so auch in die Hochsprache eingegangen ist (bekannt ist der ‚Nürnberger Trichter‘). Der früheste mir bekannte Beleg des Wortes in dieser Lautform steht im *Heinrici Summarium* (Gl III, 156,57) in einer Handschrift des 12. Jahrhunderts *(trihtere).* – Das Ergebnis ist also: *Tichter* kann ein Umlaut zu *Tochter* sein, wenn es sich aus einem *a*-Umlaut entwickelt hat, und dies ist nach den oben gemachten Angaben nicht nur möglich, sondern sogar recht wahrscheinlich. Daß es nicht sekundär dem später erfolgreichen *ö*-Umlaut angeschlossen wurde, hängt offensichtlich daran, daß der Zusammenhang mit *Tochter* (wegen der inzwischen eingetretenen Bedeutungsverallgemeinerung) nicht mehr gefühlt wurde.

§ 313. Noch kurz zur Vokalentwicklung vor *h* + *t:* Seit dem 12. Jahrhundert wird *i* vor *ht* im Oberdeutschen zu *ī* und dann zu *ie.* Umgekehrt wird (belegbar seit dem 14. Jahrhundert, aber wohl schon früher) altes *ie* vor *ht* im Mitteldeutschen (mit Ausnahme des Ripuarischen und teilweise des Ostfränkischen) möglicherweise über eine Zwischenstufe *ī* zu *i* gekürzt[157]. Wörter wie *lieht* ‚Licht‘ mit altem *ie* werden schon früh von bairisch-österreichischen Dichtern, aber etwa auch von dem (bairischen) Franken Wolfram von Eschenbach, auf Wörter wie *phliht* ‚Pflicht' mit altem *i* gereimt, wobei unklar ist, ob dem Reim eine Kürzung von *ie* oder eine Diphthongisierung von *i* zugrundeliegt. Wir können aber mit einiger Sicherheit sagen, daß *i* und *ie* vor *ht* zur Zeit des Auftretens von *Tichter* im größten Teil des mittel- und hochdeutschen Gebiets in der Aussprache nicht mehr unterschieden wurden. Ob den jeweiligen Schreibungen *i* und *ie* dabei etymologischer Wert beizumessen ist, muß von Fall zu Fall entschieden werden. Bei *Tichter* liegen die Verhältnisse so, daß sowohl die Annahme einer Vṛddhi-Bildung (und damit altes *ie*) wie auch die Annahme eines Umlauts (und damit junges *ie*) die Beleglage ausreichend erklären könnten. Es bleibt die Frage, ob die Beleglage auch Formen wiedergeben könnte, die aus Mundarten ohne Kürzung von altem *ie* stammen. Dies trifft für die Umlauthypothese von vornherein zu, kann aber auf Grund der Entwicklung von mhd. *ie* in diesem Gebiet (meist zu *ī* und *ie*) auch für die Vṛddhi-Hypothese angenommen werden – unter der Voraussetzung, daß die Landschaften mit einer Entwicklung zu *ei* (nordbairisch, nürnbergisch, ostfränkisch um Hirschberg herum, oberhessisch) entweder durchgehend gekürzt oder keine der lokalen Aussprache entsprechenden Belege geliefert haben. – Damit können wir nun zu einer abschließenden Beurteilung kommen: Die Annahme, daß *Tichter* eine alte Vṛddhi-Bildung zu *Tochter* ist, muß wegen des damit vorausgesetzten Vṛddhi-Typs, der im Germanischen keine Parallele hat, als unwahrscheinlich angesehen werden und ist nur so lange vertretbar, bis eine andere Erklärung des Lautstandes von *Tichter* vorgebracht werden kann. Da nun die Annahme einer Diminutivbildung und eines alten, unregelmäßigen Umlauts von *o* eine zwar lautgeschichtlich kompliziertere, aber durch Parallelen zu stützende Erklärung bietet, muß der Herleitung von *Tichter* aus einem Diminutiv der Vorzug gegeben werden.

V. Die Entwicklung der morphologischen Merkmale

§ 314. Die Lautform ist zwar der wichtigste Teil des Wortkörpers, aber nicht der einzige – und so müssen wir uns noch kurz den übrigen Teilen und der Möglichkeit ihrer Entwicklung zuwenden. Hierbei ist zunächst die Zugehörigkeit zu einer Wortart zu erwähnen, die neben körperlichen auch inhaltliche und syntaktische Merkmale in sich schließt. Sie zeigt im allgemeinen keine Veränderungen im Verlauf der Wortgeschichte – ein Wechsel der Wortart schließt für uns ja normalerweise den Ansatz eines neuen Wortes in sich. Weiter sind die einzelnen Wortarten gelegentlich aufgeteilt in verschiedene Wortklassen – das deutsche Substantiv zum Beispiel in die drei Genera. Hier können Veränderungen im Lauf der Geschichte eintreten – sei es systematischer Art (daß ganze Wortklassen zu einem anderen Genus übertreten oder gar, daß eines der Genera allgemein beseitigt wird) oder vereinzelt, indem Besonderheiten der Lautstruktur oder des Inhalts Anlaß zu einer Neu-Einordnung geben. Auch sonst kann die Berücksichtigung des Genus für die Etymologie von Bedeutung sein – nehmen wir als Beispiel das Wort für die Buche in den germanischen Sprachen: Es läßt sich auf eine Form *bōkō (f) zurückführen, die vergleichbar ist mit gr. phēgós (f), das eine besondere Eichensorte bezeichnet, und lt. fāgus (f) ‚Buche‘, sowie einigem weiter Abliegenden. Lautlich lassen sich diese Wörter auf *bhāg- zurückführen, doch stimmen die Stammklassen nicht überein. Nun läßt sich folgende Überlegung anstellen: Alle diese Wörter sind Feminina, deshalb wird wohl auch die gemeinsame Vorform ein Femininum gewesen sein. Während nun aber das germanische Wort nach dem Haupttyp der Feminina, den f(ō)-Stämmen, flektiert, gehören das griechische und das lateinische Wort zu den o-Stämmen, die sonst im allgemeinen Maskulina (und Neutra) sind. Es handelt sich also um eine Anomalie, die aber in diesen beiden Sprachen in mehreren Fällen vorkommt. Nun ist die Entwicklung von der Unregelmäßigkeit zur Regelmäßigkeit wahrscheinlicher als der umgekehrte Weg (es sei denn, es ließe sich ein Weg aufzeigen, wie es zu der Unregelmäßigkeit kommen konnte); deshalb wird wohl auch dem germanischen Wort ein f(o)-Stamm zugrundeliegen, der nachträglich in die normale Klasse der Feminina überführt wurde. Solche Fälle zeigen, daß es vielfach möglich und nötig ist, bei der Rekonstruktion einer Vorform auch die Flexionsklasse und andere Merkmale des Wortkörpers wie das Genus angemessen zu berücksichtigen.

§ 315. Damit sind wir bereits bei einem weiteren Merkmal des morpho-

logischen Baus angelangt: den Flexionsklassen. Die zu einer Wortart gehörigen Flexionskategorien können häufig auf verschiedene Arten zum Ausdruck gebracht werden, wobei die verschiedenen Möglichkeiten teilweise
von den Besonderheiten der Lautumgebung abhängig sind, teilweise auch
auf alte, funktionell verschiedene Ausdrucksmöglichkeiten zurückgehen,
deren Funktion ganz oder teilweise geschwunden ist. Im Bereich der Syntax entsprechen dem die verschiedenen Konstruktionsmöglichkeiten eines
Wortes (besonders deutlich beim Verb). Flexionsklassen und Konstruktionsmöglichkeiten haben meist eine sehr wechselhafte Geschichte: verschiedene Möglichkeiten können zusammenfallen, neue können entstehen,
einzelne Wörter können die Klasse wechseln, erstarrte Einzelformen können zu ‚Zwillingswörtern‘ führen usw. Obwohl dieser Bereich bei einer
sorgfältigen etymologischen Untersuchung einen unverhältnismäßig großen Aufwand erfordert, darf er keineswegs vernachlässigt werden, sondern
ist im Gegenteil als eine Quelle wichtiger Hinweise auf Entstehung und
Geschichte eines Wortes anzusehen. Nehmen wir als Beispiel für die Berücksichtigung morphologischer Kriterien unser Wort *Wasser:* Es geht zurück auf ahd. *wazzar,* as. *watar* und ist vergleichbar mit ae. *wæter* und afr.
water, woraus sich ein westgm. **watera-* erschließen ließe. Die gotische
Entsprechung sieht morphologisch aber etwas anders aus: *wato, -ins* ist ein
n-Stamm (würde also einem **watōn-* entsprechen); und schließlich haben
wir im Altnordischen noch etwas Drittes, nämlich den *a*-Stamm *vatn*
(*watna-). Nun haben wir in diesem Fall die Möglichkeit, alle drei Formen
auf das gleiche ursprüngliche Paradigma zurückzuführen: Es gab nämlich
in der indogermanischen Grundsprache und zum Teil auch noch in den
Einzelsprachen einen archaischen Typ von Neutra, die verschiedene Kasusformen von verschiedenen Stämmen bildeten, die sogenannten *Hetero-*
klitika. Der wichtigste Typ dieser Neutra waren die *r/n*-Stämme, die im
Hethitischen noch verhältnismäßig gut vertreten sind und sich dort sogar
noch weiter ausgebreitet haben. Bei ihnen sind Nominativ und Akkusativ
von einem *r*-Stamm gebildet (heth. *watar* ‚Wasser‘), die übrigen Kasus von
einem *n*-Stamm (heth. *witenas: -as* ist die Genetiv-Endung, davor der *n*-
Stamm). Nun zeigt die Verteilung der germanischen Formen, daß auch das
Germanische *r/n*-Stämme voraussetzt (als Flexionstyp belegt sind sie nicht
mehr), und daß diese Flexion erst beseitigt wurde, als der germanische
Sprachbereich bereits regional aufgegliedert war (sonst müßten alle germanischen Sprachen die gleiche Weiterentwicklung zeigen). So aber haben die
westgermanischen Sprachen im allgemeinen den *r*-Stamm, das Gotische
und das Nordische auf verschiedene Weise den *n*-Stamm verallgemeinert.

§ 316. Systematische Entwicklungen wie bei den *r/n*-Stämmen stellen
allerdings eher die Ausnahme dar – wesentlich häufiger sind Einzelent-
wicklungen, bei denen es sehr schwer ist, den Verlauf und seine Bedingun-

gen zu rekonstruieren. Hier sei lediglich noch auf einen Sonderfall, eine Art der Analogie, hingewiesen: Morphologische Merkmale können auch von anderen Wörtern übernommen werden, vor allem von gleichbedeutenden und semantisch entgegengesetzten. Für letzteres kann das bekannte Beispiel *des Nachts* angeführt werden (mit einer Genetiv-Endung, die dem Femininum *Nacht* gar nicht zukommen kann – sie ist vom Gegenteil *Tag*, vgl. *des Tags* übernommen); für das andere sei darauf hingewiesen, daß bei konkurrierenden Wörtern der Sieger Merkmale des Verlierers aufnehmen kann. So bekommt das in Süddeutschland und der Schweiz vordringende Wort *Butter* dort meist das maskuline Genus seines unterlegenen Konkurrenten *(der) Anken; die Mauer* hat ihr Genus von dem (semantisch differenzierten) Konkurrenten *die Wand* bezogen usw. – Schließlich sei als morphologisches Merkmal noch der Bau gegliederter Wörter erwähnt. Auf ihn sind wir aber bereits in Kapitel I eingegangen, so daß es sich erübrigt, seine geschichtlichen Möglichkeiten hier darzustellen.

VI. Die Entwicklung der Bedeutung (B 41)

1. Inhalt und Gebrauchsgewohnheiten

§ 317. Die Darstellung der Bedeutungsentwicklung ist in diesem Buch nur kurz, weil wir die normalerweise unter dieser Überschrift behandelten Erscheinungen zum größten Teil ausgegliedert haben: einmal den weiten Bereich der semantischen Begriffsschöpfung (der vom betroffenen Wort aus betrachtet eine Abwandlung und Erweiterung der Bedeutung darstellt) und zum andern die Veränderung der Gebrauchsbedingungen und Gebrauchsgewohnheiten, die in die Anwendungsmöglichkeiten eines Wortes eingreifen und damit auch seine Bedeutung verändern können. Um meine Auffassung und Behandlung der Wortbedeutung zu veranschaulichen, greife ich auf die Versuche zurück, die Manfred Faust zur Bezeichnung der Sitzmöbel im Deutschen angestellt hat[158]: Den Informanten wurden dabei Schemazeichnungen von Sitzmöbeln vorgelegt, die sich jeweils in einem Merkmal unterschieden, mit der Aufforderung, das abgebildete Möbel zu bezeichnen. Es zeigte sich dabei zunächst, daß es für die meisten Wörter zentrale Anwendungsbereiche gibt, in denen die Bezeichnungen der Sprecher praktisch übereinstimmen. So läßt sich der zentrale Anwendungsbereich von *Stuhl* umschreiben mit ,Sitzgelegenheit mit Rückenlehne für eine Person'. Wird ein Gegenstand als *Stuhl* bezeichnet, auf den eines dieser Merkmale nicht zutrifft – so wenn eine Sitzgelegenheit für zwei Personen *(Bank)* noch unter die Stühle gerechnet wird oder eine ohne Rückenlehne *(Hocker)* –, handelt es sich entweder um Fehlleistungen im Versuch oder um individuelle Gebrauchsgewohnheiten, die als ungewöhnlich bezeichnet werden können. Diese Merkmale müssen also vorhanden sein, wenn etwas als *Stuhl* bezeichnet werden soll; sie sind aber nicht hinreichend – sie treffen auch auf Gegenstände zu, die wir anders bezeichnen, vor allem auf die Sessel. Bei diesen kommt noch ,bequem' als Merkmal hinzu, also ,bequeme Sitzgelegenheit mit Rückenlehne für eine Person'. Bei der Unterscheidung von Stuhl und Sessel zeigen sich aber große Unterschiede in der Einstellung der Sprecher: dasselbe Möbel wird von den einen als Stuhl, von den anderen als Sessel bezeichnet. So wurde in dem genannten Versuch das einfache Sitzmöbel, wenn ihm Armlehnen beigegeben waren, zu 92% als Stuhl und zu 6,3% als Sessel aufgefaßt; das gepolsterte Möbel ohne Armlehnen zu 73,8% als Sessel und zu 18,4% als Stuhl. In diesem Grenzbereich müssen wir also damit rechnen, daß die Gebrauchsgewohnheiten der einzelnen Sprecher von mehr zufälligen Bedingungen abhängen: Welche Sitzmöbel in der elterlichen Wohnung standen und wie sie sprachlich unterschieden wurden; in welcher Situation der Sprecher neue Typen von Sitzmöbeln kennengelernt und bezeichnet hat; in welchen Sitzmöbeln er ausruht und in welchen er gegebenenfalls arbeitet usw. Auch wenn in solchen Grenzbereichen intersubjektiv verbindliche Zuordnungen getroffen werden, ist es doch offenbar so, daß die Sprecher sich nicht auf Grund von irgendwelchen vorgegebenen Merkmalen dafür entscheiden, einen bestimmten Typ von Sitzmöbeln allgemein den Sesseln oder den Stühlen zuzuordnen, sondern daß sie nach dem Eindruck der Ähnlichkeit zu den ihnen bereits bekannten Typen entscheiden. So wird für sie einmal dieses, das andere Mal jenes Merkmal den Ausschlag für die Zuordnung geben – in unserem Beispiel: es wird einmal die Anwesenheit von Armlehnen, das andere Mal die luxuriöse Polsterung, das dritte Mal die geneigte Rückenlehne usw. für die Zuordnung zu den Sesseln entscheiden.

2. Netz und Merkmalsklasse

§ 318. Das bedeutet nun weiter, daß die Einheiten und Typen, die mit einem bestimmten Wort erfaßt werden können, eine Klasse bilden, deren Einheiten nach ihrer gegenseitigen Ähnlichkeit anzuordnen sind. Eine solche Klasse nenne ich ein *Netz*. Während es bei einer Merkmalsklasse nur Zugehörigkeit oder Nicht-Zugehörigkeit gibt, spielt bei einem solchen Netz noch etwas anderes eine Rolle: die Stelle der Zugehörigkeit. Eine bestimmte Einheit kann im Zentrum, als ein typisches, normales Exemplar stehen, oder am Rande, als ein ausgefallenes, schon fast nicht mehr zugehöriges, oder in einem Seitenzweig usw. Es ist dabei durchaus möglich, daß Merkmale angegeben werden können, die auf alle Einheiten eines solchen Netzes zutreffen – aber sie reichen in der Regel zur Beschreibung und Abgrenzung nicht aus. Ob die Bedeutung eines Wortes erschöpfend durch Merkmalsangaben beschrieben werden kann, und wieviele Merkmale bei einem Netz überhaupt als sprachlich wichtig aufgezeigt werden können, hängt davon ab, wie gut der Bereich der Sachen abgegrenzt werden kann, und wie viele Wörter für diese und verwandte Sachen bestehen und wie sie gegeneinander (sprachlich!) abgegrenzt sind. Das Wortfeld ‚Sitzmöbel‘ ist verhältnismäßig gut besetzt – wir können also an mehreren Stellen Oppositionen finden, die uns zeigen, welche Merkmale sprachlich wichtig sind. Nehmen wir aber zum Beispiel das Wort *Salz,* und versuchen wir, seine Bedeutung als Wort der Umgangssprache (nicht als wissenschaftlicher Terminus) zu beschreiben, so kommen wir schnell in Schwierigkeiten: Wir können zunächst feststellen, daß Salz ein Stoff, eine Substanz ist; dann können wir eine Art Opposition zu *Zucker* finden, die sich auf den Geschmack (vielleicht auch auf die Verwendung) bezieht. Aber diese Angabe reicht bei weitem noch nicht aus (ganz abgesehen davon, daß wir sie unabhängig von dem Wort *Salz* praktisch nicht ausdrücken können – wir müssen im Grunde *salzig* sagen). Was nehmen wir nun noch hinzu? Die Funktion als Würzmittel? Aber wir verwenden Salz auch zum Konservieren, zum Erzeugen von Kälte, zum Auftauen von Eis und Schnee usw. Müssen wir erwähnen, wie man Salz in der Natur vorfindet? Daß es körnig ist? Weiß? Wasserlöslich? Das läßt sich alles nicht eindeutig entscheiden, weil wir keine Oppositionen haben; d. h. unsere Sprachgemeinschaft ist nie in die Lage gekommen, Stoffe benennen zu müssen, die sich vom Salz nur dadurch unterschieden, daß sie nicht körnig waren, oder daß sie ein anderes Vorkommen hatten usw. Da nun andererseits die Beschreibung mit Hilfe von Merkmalen die einzig praktische ist, scheint es mir am zweckmäßigsten zu sein, die Wortbedeutung allgemein nach dem Modell ‚Wortinhalt + Gebrauchsgewohnheiten‘ zu erfassen (vgl. auch § 270). Der Inhalt wäre dabei entweder der mit Hilfe von Merkmalen erfaßte Kernbereich, zu dem als Gebrauchsgewohnheiten die weiteren Anwendungsmöglichkeiten hinzuzufügen wären, oder ein – ebenfalls durch Merkmale erfaßter – weiterer Bereich, zu dem die Gebrauchsgewohnheiten die Einschränkungen nennen würden.

3. Umstrukturierung

§ 319. Bei einem gegliederten Wort kann der Inhalt zunächst mit der systematischen Bedeutung gleichgesetzt werden. Diese wird dann durch die Gebrauchsgewohnheiten eingeschränkt, und nun kann – nicht nur von der systematischen Bedeutung aus, sondern immer wieder von neuem – das Verhältnis von Inhalt und Gebrauchsgewohnheiten umstrukturiert werden. Hierfür zunächst ein Beispiel: Das Wort *Faß* bedeutete ursprünglich (in althochdeutscher und noch in mittelhochdeutscher Zeit) allgemein ‚Gefäß, Behälter‘ und wurde in dieser Bedeutung auch gerne in Zusammensetzungen verwendet, von denen wir noch *Tintenfaß, Salzfaß* und wenige andere bewahrt haben. Die Gebrauchsgewohnheiten der Sprecher haben dann dem Simplex einen Anwendungsbereich nach dem anderen entzogen, so daß die Bedeutung zu erfassen war als ‚Gefäß‘ (das wäre der Wortinhalt) ‚außer bei …‘ oder ‚besonders bei …‘ (das wären die Gebrauchsgewohnheiten). Mit der Zeit blieb praktisch nur noch eine Form von Gefäßen als Anwendungsbereich übrig: die länglichen, aus gekrümmten Holzdauben zusammengesetzten und mit eisernen Reifen gebundenen Gefäße, die wir auch heute noch Fässer nennen. Ein Sprecher konnte also unter *Faß* noch verstehen ‚Gefäß, besonders Holzgefäß aus Dauben, aber zum Beispiel auch das Tintenfaß und das Salzfaß'. Ein Sprecher einer späteren Generation verstand unter Faß nur noch ‚Holzgefäß aus Dauben' – Tintenfaß und Salzfaß hielt er vielleicht für Bedeutungsabwandlungen oder für Relikte aus einer Zeit, in der möglicherweise Tinte und Salz in solchen Gefäßen aufbewahrt wurden. Die Bedeutung des Wortes bekam bei ihm also eine andere Struktur. Solche Umstrukturierungen ändern an der Verwendbarkeit des Wortes eigentlich nichts (wenigstens zunächst nichts); aber sie machen es auf andere Weise verfügbar. Vermutlich treten Umstrukturierungen zusammen mit einem Generationenwechsel auf: die jüngere Generation erfaßt den Anwendungsbereich des Wortes anders als die ältere – aber da wir über solche Verhältnisse noch keine eingehenderen Untersuchungen vorliegen haben, können wir nichts Genaueres über sie sagen.

4. Die Gliederung des Inhalts und ihre Umstrukturierung

§ 320. Nehmen wir nun noch die semantische Begriffsschöpfung hinzu: Durch sie wird der Inhalt des betroffenen Wortes *gegliedert.* Diese Gliederung kann durch mehrfache Bedeutungsabwandlung recht kompliziert und vor allem durch die Verzeichlichung undurchsichtig werden. Nehmen wir als Beispiel die inhaltliche Gliederung des Wortes *Korn:* Als Ausgangsbedeutung können wir ‚Getreidesamen' ansetzen, mit ihr kann das Wort kollektiv *(das Korn wird gemahlen)* oder individuativ *(so groß wie ein Korn)* verwendet werden. Zur kollektiven Bedeutung gehört die Bezeichnung des wichtigsten Brotgetreides (Weizen, Roggen o. a.) als *Korn* und die Bedeutungsverschiebung zu ‚Kornfeld' *(er kam durch das Korn);* zur individuativen Bedeutung gehört die Übertragung auf die Samen anderer Pflanzen *(Pfefferkorn)* und auf Einzelstücke einer schüttbaren Masse *(Korn Salz, Sandkorn).* Zu letzterem schließlich gehört ‚Oberfläche, die durch solche Einzelstücke charakterisiert ist' (wie beim Korn einer Schleifscheibe) – und dann hören die einigermaßen klaren Verhältnisse auf: Wie *Kimme und Korn* hierher gehört, oder *aus echtem Schrot und Korn,* oder *Korn* als ‚Markierung auf Metall durch punktförmigen Einschlag', könnte allenfalls durch eine geschichtliche Untersuchung geklärt werden – der Sprecher selbst weiß es nicht. Nun kann es auch bei der inhaltlichen Gliederung Umstrukturierungen geben – betrachten wir als Beispiel unser Wort *Würfel:* In der heutigen Sprache bedeutet es ‚ein von 6 quadratischen Flächen begrenzter Körper', mit einigen Sonderanwendungen wie z. B. Spielwürfel, Speckwürfel usw. Was nun aber die Geschichte des Wortes betrifft, so weist uns bereits die Wortbildung darauf hin, daß von einer anderen Bedeutung ausgegangen werden muß, nämlich von ‚Spielwürfel'.

Der Spielwürfel wird in die Luft geworfen, und je nachdem, wie er fällt, läuft das Spiel weiter. Er ist also ursprünglich danach benannt, was man mit ihm tut – seine Form spielt zunächst keine Rolle (in anderen Kulturen wird teils mit besonderen Nüssen, teils mit Knochen oder noch anderem gewürfelt – es ist ein historischer Zufall, daß die Würfel bei uns regelmäßige Sechsflächner sind). Als nun weiter irgendwelche Gegenstände, die regelmäßige Sechsflächner sind, bezeichnet werden sollten, bot sich das Wort für den Spielwürfel für eine Bedeutungsabwandlung an und bekam so einen gegliederten Inhalt. Auf die Verzeichlichung folgte die Umstrukturierung: das ursprüngliche Vergleichsmerkmal wurde als Kernbedeutung, als Inhalt, und die Anwendung auf den Spielwürfel als ein Sonderfall aufgefaßt.

I. Die Bestandsaufnahme

A. In der Sprache selbst

§ 321. Wenden wir uns in einem letzten Teil nun noch dem Verfahren bei der Aufstellung einer Etymologie und den damit zusammenhängenden Problemen zu. Die dabei zur Sprache kommenden Punkte müssen selbstverständlich nicht bei jeder Etymologie in gleicher Zusammenstellung auftreten; auch ist die Reihenfolge des Vorgehens nicht notwendigerweise die hier aus systematischen Gründen gewählte; aber im Prinzip kann das folgende als Leitfaden für die etymologische Behandlung eines Wortes dienen. Beginnen wir mit der Bestandsaufnahme in der Ausgangssprache – also, wenn wir ein neuhochdeutsches Wort etymologisieren wollen, mit der Beleglage im Deutschen: In welchen Perioden ist das Wort belegt? Was ist seine Lautform? seine Flexionszugehörigkeit? Wie wird es syntaktisch verwendet? Dann: Was ist seine Bedeutung in den verschiedenen Belegzeiten? In welchem Wortfeld steht es? Was sind seine Konkurrenten? Weiter: Wie sieht die Wortfamilie aus? Gibt es Weiterbildungen des Wortes? Gibt es Wörter, die als Grundlage in Frage kommen? Ist der morphologische Bau zu erkennen? Welcher Bildungstyp kommt dabei in Frage? Und schließlich: Gehört es zu einer bestimmten Stilschicht? zu einer Fachsprache oder ähnlichem? Dabei ist vor allem auf die Zuverlässigkeit der Angaben Wert zu legen. Die Angaben von Wörterbüchern, Grammatiken und anderen Handbüchern sind für den Etymologen häufig nur von bedingtem Wert, und zwar vor allem, weil die Wortbedeutungen oft nach der vermuteten Wortgeschichte angeordnet sind; und nicht selten an den Anfang die vermutete, aber nicht belegte Grundbedeutung gestellt wird. Das heißt, daß der Verfasser zunächst eine Bedeutung angibt, die in den Texten gar nicht nachweisbar ist, von der er aber vermutet, daß sie einmal existiert haben muß. Übernimmt man solche Angaben, dann wird die Etymologie von vornherein in die Richtung der in dem Wörterbuchartikel vorausgesetzten Etymologie gelenkt – und diese Richtung ist nicht selten die falsche. Es empfiehlt sich deshalb dringend, die Angaben von Wörterbüchern usw. an einigen Textbelegen nachzuprüfen – das heißt, so weit wie möglich Wörterbücher zu benützen, die Textbelege geben, und diese Belege durchzusehen. Je nach dem Schwierigkeitsgrad der Etymologie kann es auch erforderlich werden, sämtliche Belege eines Wortes (wenigstens im frühesten Zeitabschnitt) zu prüfen – aber das braucht nicht immer der Fall zu sein. Der Anfang der Etymologie ist also die philologisch gesicherte Bestandsaufnahme in der betreffenden Sprache.

§ 322. Dabei ist auf zwei Bereiche besonderes Gewicht zu legen, weil sie für die Etymologie von besonderer Bedeutung sein können: die frühesten Belege und die zunächst nicht erklärbaren Besonderheiten (in der Bedeutung, der Flexionsweise usw.). Zunächst ein kurzes Beispiel, um zu zeigen, wie sich die Vernachlässigung der frühesten Belege bei der Etymologie auswirken kann: Wenn Sie in Kluges etymologischem Wörterbuch (L 24, S. 232) die Etymologie von *gar* nachsehen, so finden Sie dort den Ansatz eines gm. **garwa-*, das an die Wurzel **gʷher-* ‚brennen, heiß‘ angeschlossen wird. Man nimmt also einen Bedeutungsübergang von ‚brennen‘ zu ‚kochen‘ an und vermutet für die (idg.) *wo*-Bindung den Wert eines passiven Partizips; die ursprüngliche Bedeutung des Wortes wäre also ‚gekocht‘. Diese Etymologie kommt aber überhaupt nicht in Frage, denn die Bedeutung ‚gekocht‘ tritt erst in nach-mittelhochdeutscher Zeit auf. Vorher bedeutet das Wort ‚bereit, fertig‘ und wird fast ausschließlich von Menschen gesagt. Aus einer solchen Bedeutung kann sich ‚gar‘ durch Bedeutungsverallgemeinerung ohne weiteres entwickeln – ‚bereit, fertig‘ muß also die frühere Bedeutung sein. Andererseits läßt sich ‚bereit, fertig‘ nicht auf ‚brennen, heiß‘ zurückführen – die angegebene Etymologie kann also nicht stimmen. Ein äußeres Zeichen dafür: sie verstößt gröblich gegen den Grundsatz des Ausgehens von der ältesten Stufe. – Die zweite Forderung, die Berücksichtigung von unerklärbaren Besonderheiten, widerspricht diesem Grundsatz in gewissem Umfang, denn diese Besonderheiten sind nicht selten erst in späteren Sprachzuständen (vor allem in Fachsprachen usw.) belegt. Wichtig sind sie deshalb, weil sie als Relikte etwas Ursprüngliches bewahren können, das vom ‚normalen‘ Wort längst aufgegeben worden ist. Nehmen wir auch hierfür ein Beispiel: Unser Wort *Wald* läßt sich vor allem vergleichen mit ae. *weald* ‚Wald, waldbedecktes Hochland‘ und awn. *vǫllr* ‚Feld, Wiese, Boden‘. Für das zu erschließende gm. **walþu- (m)* nahm man deshalb – z. B. in den früheren Auflagen des etymologischen Wörterbuchs von Kluge – eine Grundbedeutung wie ‚unbebautes Land, Wildnis‘ an, verglich es zweifelnd mit *wild* und wußte im übrigen nicht recht, was damit etymologisch anzufangen sei. Hier hat nun Jost Trier[159] in einer eingehenden Bedeutungsanalyse des deutschen Wortes gezeigt, daß es außer der heutigen Bedeutung eine Nebenbedeutung hatte, die möglicherweise ursprünglicher ist. Eindeutig bezeugt ist sie erst im Mittelhochdeutschen, wo etwa im *Orendel* steht, daß der Held einen *walt rûche* gebrochen habe, um seine Blöße zu decken, also offenbar einen belaubten Zweig. Diese Bedeutung läßt sich sondersprachlich lange belegen: so bedeutet *Wald* in der Sprache der Forstleute bis ins letzte Jahrhundert hinein die

Äste eines Baumes – man sagte etwa, ein Baum habe viel Wald und wenig Stamm. Und dieser Befund macht es auch an einigen Stellen in althochdeutschen Texten denkbar, daß *wald* dort nicht mit ‚Wald‘, sondern ebenfalls mit ‚Laubwerk, Zweigen‘ zu übersetzen ist.

§ 323. Nun weist Trier weiter darauf hin, daß bei dem Nebeneinander von Bedeutungen wie ‚Zweig, Wipfel‘ – ‚Laubwerk, Busch‘ – ‚Wald‘ die Bedeutung ‚Zweig‘ in der Regel die älteste ist. Am ehesten können wir das nachvollziehen bei *Busch:* Das Wort bedeutete ursprünglich ‚Zweig‘ (noch erkennbar an der Verkleinerungsform *Büschel*), dann steht es für einen ‚Strauch‘ – die heutige Normalbedeutung –, und schließlich können wir auch ein Gebüsch oder einen Niederwald *Busch* nennen (und davon ausgehend das undurchdringliche Dickicht exotischer Wälder). Vermuten wir dasselbe für das Wort *Wald,* so finden wir Vergleichsmaterial, das zwar schon längst als Möglichkeit bekannt war, aber bedeutungsmäßig nicht überzeugend mit *Wald* verknüpft werden konnte[160], nämlich eine Gruppe von Wörtern, die den Haarschopf, ein Laubbüschel oder eine Pflanzenrispe bezeichnen: air. *folt (m)* ‚Haarschopf, Laubwerk‘, cymr. *gwallt* ‚Haarschopf, belaubte Zweigspitzen‘, lit. *váltis* ‚Haferrispe‘ und Späteinzelsprachliches. Auszugehen wäre von $*u̯olt$ ‚Büschel‘ (aus Gründen des weiteren Vergleichs eher $*u̯olət$-), zu dem gr. *lásios* ‚behaart, dichtbewachsen‘ eine schwundstufige *jo*-Ableitung $(*u̯lət$-$i̯o$-$)$ sein kann. Wie Trier weiter aus sachlichen Gründen wahrscheinlich macht, ist dabei von einem Verb der Bedeutung ‚rupfen‘ auszugehen, wobei mit ‚rupfen‘ vor allem an weidende Tiere (ganz besonders an die Laubweide von Schafen und Ziegen) zu denken ist. Ein solches Verb liegt noch vor in lt. *vellere* ‚rupfen‘ (für das im Hinblick auf die Wurzelerweiterungen, die im Germanischen mit *t,* im Lateinischen mit *d* oder *dh* auftreten[161], sicher von $*u̯eləd$- auszugehen ist). Zu diesem Verb gab es offenbar ein Wurzelnomen als Abstraktum: ‚die Rupfung‘, dann konkret ‚das Büschel‘ – die verschiedenen Stammformen (gm. *u*-Stamm, kelt. *o*-Stamm, balt. *i*-Stamm) sind wohl einzelsprachliche Weiterbildungen des Konsonantstamms. Damit haben wir für *Wald* eine recht genaue Etymologie gewonnen, die nur dadurch möglich und wahrscheinlich geworden ist, daß wir im Deutschen eine Nebenbedeutung feststellen konnten, die auf diese Spur wies und dieser Etymologie dadurch auch die notwendige Sicherheit gab.

B. In den verwandten Sprachen

1. Lautentsprechungen

§ 324. Ist das zu etymologisierende Wort nicht ersichtlich erst in der Ausgangssprache entstanden, so kommt zu der ersten Bestandsaufnahme noch eine zweite[162]: es müssen die vergleichbaren Wörter in den verwandten Sprachen zusammengestellt werden; wenn Entlehnungen in irgendeiner Richtung im Spiele sein können, auch die entsprechenden Wörter der benachbarten, aber nicht verwandten Sprachen. Dieses Vergleichsmaterial betrifft vor allem zweierlei: lautlich vergleichbare und inhaltlich vergleichbare Wörter. Es kann noch weiteres in Frage kommen – so kann es zum Beispiel notwendig werden, den Flexionstyp, zu dem das betreffende Wort gehört, vergleichend zu untersuchen oder anderes mehr; aber das wird nur selten der Fall sein. Beschränken wir uns also auf den Lautvergleich und den Bedeutungsvergleich, und beginnen wir mit den Lauten. Zu suchen ist lautlich Vergleichbares auf derselben Stufe (Gleichsetzungen), etwas, das ein Grundwort oder eine Weiterbildung sein könnte (Anschluß) und schließlich auch etwas, das das gleiche Grundwort (oder eine noch weiter zurückliegende Grundlage) voraussetzt (Verknüpfungen). Diese Arbeit wird – wenigstens auf einer ersten Stufe – erleichtert durch Wörterbücher wie das Indogermanische etymologische Wörterbuch von Pokorny (L 89), in dem das einzelsprachliche Material unter der (vermuteten) grundsprachlichen Lautform der ‚Wurzel‘ eingeordnet ist. Es lohnt sich aber selbst in den gut aufgearbeiteten indogermanischen Sprachen verblüffend oft, die Lautform des zu untersuchenden Wortes mit Hilfe der bekannten Entsprechungsregeln in die Lautform der Nachbarsprachen zu verschieben und nachzusehen, was dabei herauskommt. Hat man vergleichbare Wörter gefunden und können auch die Bedeutungen ohne weiteres in Einklang zueinander gebracht werden, dann ist man mit der Etymologie ein gutes Stück weitergekommen. Was aber, wenn wir Vergleichsmaterial finden, das zwar lautlich zu unserem Wort stimmt, aber eine mehr oder weniger stark abweichende Bedeutung zeigt? Hier müssen wir uns wieder mit einer grundsätzlichen Frage auseinandersetzen, nämlich mit der, ob die lautgesetzliche Übereinstimmung die Richtigkeit einer Etymologie beweisen kann. Man könnte diese Frage etwa mit folgendem Gedankengang bejahen: Wörter fallen nicht vom Himmel – falls ein Wort also nicht als entlehnt oder sonst sekundär nachgewiesen werden kann, spricht die Wahrscheinlichkeit dafür, daß es ererbt ist. Wenn nun die erschlossene Grundform von zwei Wörtern verschiedener Sprachen übereinstimmt, dann muß es sich bei diesen um Fortsetzer desselben grundsprachlichen Wortes handeln.

§ 325. Lassen wir bei der Diskussion dieses Gedankengangs beiseite, daß auch zufällige Ähnlichkeit, nachträgliche Verbreitung (die immerhin ebenfalls Herkunftsgleichheit voraussetzen würde) und (die schwierig zu beurteilende) grundsprachliche Homonymie zu entsprechenden Ergebnissen führen können, und beschränken wir uns auf das Argument als solches. Es ist dann zunächst festzustellen, daß – selbst wenn wir nur die uns bekannten Lautgesetze berücksichtigen – für fast jedes einzelsprachliche Wort verschiedene Ausgangsformen in der Grundsprache denkbar sind. Nehmen wir etwa nhd. *Vater,* ahd. *fater,* so ist zwar *f* eindeutig (idg. *p-*) und *r* eigentlich auch (idg. *r,* es könnte allerdings auch stimmhaftes *s* vorausliegen), *a* hat drei Herkunftsmöglichkeiten *(a, o, ə),* *t* zwei *(t, dh)* und der Endsilbenvokal ist auf kompliziertere Weise mehrdeutig. Das heißt, daß wir allein bei der Folge der ersten drei Laute mit 6 verschiedenen Ausgangsmöglichkeiten rechnen müssen, beim ganzen Wort sind es noch wesentlich mehr. Wenn nun die lautliche Mehrdeutigkeit bei den verglichenen Wörtern von der Art ist, daß nur eine Ausgangsform bei *allen* verglichenen Wörtern möglich ist, dann verhilft uns das zwar zu einer eindeutigen Rekonstruktion *unter der Voraussetzung, daß die Etymologie richtig ist;* aber es erfüllt nicht den Tatbestand, von dem wir ausgegangen sind: daß nämlich die einzelsprachlichen Wörter notwendig auf denselben grundsprachlichen Lautstand zurückführen, so daß die etymologische Gleichsetzung *richtig sein muß.* Und selbst wenn in seltenen Fällen einmal die einzelsprachlichen Wörter eindeutig auf die gleiche grundsprachliche Lautform zurückgeführt werden können, ist dem immer noch entgegenzuhalten, daß unsere Erschließung des grundsprachlichen Lautstandes gar nicht so sicher ist: es könnte auch grundsprachliche Lautunterschiede gegeben haben, die in allen Einzelsprachen aufgegeben worden und damit nicht mehr erkennbar sind. Das führt zu der Einsicht, daß die lautgesetzliche Übereinstimmung kein positiver Beweis der Zusammengehörigkeit, sondern lediglich ein Nachweis der Widerspruchsfreiheit des Vergleichs ist. Diese Widerspruchsfreiheit ist dabei allerdings von unterschiedlichem Wert: Je nachdem, wieviele Mehrdeutigkeiten bei den einzelsprachlichen Wörtern im Spiel sind, was die Beschaffenheit dieser Mehrdeutigkeiten ist und welche Voraussetzungen (zum Beispiel was die Wortlänge anbetrifft) dabei gelten, bringt die Widerspruchsfreiheit auch eine größere oder geringere Wahrscheinlichkeit für die Richtigkeit des Vergleichs mit sich.

§ 326. Schließen wir hieran gleich die Frage nach dem umgekehrten Sachverhalt: ‚Kann eine Unstimmigkeit in den Lautentsprechungen einen etymologischen Vergleich widerlegen?‘, denn auch die Antwort auf diese Frage wird bei der Suche nach Vergleichsmöglichkeiten eine Rolle spielen. Auch hier ist die Antwort abgestuft: Unstimmigkeiten in der Lautentsprechung können im Prinzip drei Gründe haben: Erstens kann die Etymologie falsch sein. Zweitens können in der Lautentwicklung Störungen aufgetreten sein. Da solche Störungen, wie (in § 295–305) besprochen, allgemeinen Typen folgen und meist an bestimmte Voraussetzungen gebunden sind, kann man die Wahrscheinlichkeit der Annahme einer Störung im allgemeinen ganz gut beurteilen. Nicht in Frage kommt bei einer wissenschaftlichen Behandlung, daß eine Unstimmigkeit pauschal als Störung in der Lautentwicklung bezeichnet wird, und man sich dann weiter nicht mehr um sie kümmert: die Annahme einer Störung setzt vielmehr eine besonders eingehende Behandlung des Lautvergleichs voraus. Und schließlich: Die Annahme einer Störung ist *immer* eine Schwäche für die Wahrscheinlichkeit der Etymologie – je nach Annahme mag die Schwäche größer oder geringer sein, aber den Wert der lautgesetzlichen Übereinstimmung wird sie nicht ereichen. Bleibt die dritte Möglichkeit: das Lautgesetz, von dem wir ausgehen, kann falsch oder unzureichend formuliert sein. Auch Lautgesetze fallen nicht vom Himmel, sondern müssen aus Wortgleichungen, also Etymologien, abgeleitet werden. Die Richtigkeit der Etymologien wiederum wird beurteilt nach den Lautgesetzen, so daß wir hier echte Zirkelschlüsse vor uns haben. Dennoch ist eine wissenschaftliche Begründung der Lautgesetze und der Richtigkeit der verwendeten Etymologien möglich, und zwar nach dem Verfahren der fortlaufenden Verfeinerung einer Arbeitshypothese. Das Verfahren kann grob so umschrieben werden: Wir sammeln in den verglichenen Sprachen Wörter, die einander in Form und Bedeutung ähnlich sind. Dann zerlegen wir die Zeichenkörper in Lautfolgen und vergleichen die Elemente der verglichenen Folgen. Ergeben sich deutliche Entsprechungen, so scheiden wir alle Vergleiche aus, die abweichende Entsprechungen zeigen (wir können dafür andere Gleichsetzungen aufnehmen, die sich nach diesen ersten Entsprechungsregeln als lautlich parallel erweisen, obwohl uns diese Parallelität zunächst nicht aufgefallen ist). Darauf suchen wir auch mögliche Ausnahmen in Regeln zu fassen und so ein Gleichgewicht zwischen einem Korpus von geprüften Etymologien und formulierten Lautgesetzen herzustellen – ein Gleichgewicht, das natürlich nie endgültig hergestellt ist, sondern ständig weiter verfeinert werden kann. Damit hängt jedes Lautgesetz an einem bestimmten Satz von Etymologien, die es stützen. Leider ist aus unseren normalen Handbüchern nicht zu erkennen, wie groß dieser Satz an stützenden Etymologien jeweils ist. Es kann durchaus sein, daß er so klein ist, daß eine neue Etymologie das Lautgesetz ins Wanken bringt oder den Ansatz einer Ausnahme oder anderes erzwingt. Diese dritte Möglichkeit muß vor allem bedacht werden, bevor eine sonst überzeugende Etymologie wegen einer lautlichen Unstimmigkeit verworfen wird.

§ 327. Da dieser Punkt sehr wichtig ist, sei er noch an einem Beispiel veranschaulicht[163]: Es gibt im Altnordischen ein Wort *skǫmm (f)* ‚Scham,

Schande', das in dem etymologischen Wörterbuch von de Vries (L 60, S. 512) zusammengestellt wird mit ae. *scamu*, as., ahd. *scama (f)* ‚Scham'; weiter vermutet de Vries einen Zusammenhang mit *skammr* ‚kurz' (‚weil „schande" eine kürzung der ehre ist'). Das zeigt zunächst, daß de Vries den Lautgesetzen gegenüber recht großzügig ist: Einerseits vergleicht er Wörter, die zwar semantisch passen, aber in der Lautform nicht zueinander stimmen (*Scham* hat nur ein *m* und das nordische Wort zwei), andererseits setzt er als Grundlage ein Wort an, das wegen seiner zwei *m* zwar zu awn. *skǫmm*, aber nicht zu den Wörtern für ‚Scham' passen würde. Eine bessere Lösung ergibt sich, wenn man das Wort für Schande in den übrigen germanischen Sprachen vergleicht: gt. *skanda*, ae. *scand*, ahd. *scanta* führen auf *skam-dō zurück, einer *to*-Ableitung zu der Wurzel, die auch die Wörter für Scham und schämen abgibt. Wie man sieht, ist das Nordische die einzige Sprache, die diese Bildung nicht haben soll. Nun ergibt *nþ* im Nordischen *nn*, während *nd* erhalten bleibt; und man kann vermuten, daß *mþ* ein *mm* ergeben hätte, *md* dagegen erhalten geblieben wäre. Das führt zu einer einfachen Erklärung von awn. *skǫmm* ‚Scham, Schande': Es geht auf *skampō zurück, zeigt also nicht den grammatischen Wechsel der übrigen germanischen Sprachen (das ist eine Variation, die öfters zu beobachten ist), und ist damit das fehlende Glied in der Kette der Belege für das Wort *Schande*. Der Grund, warum man diese Möglichkeit nicht beachtet hat, ist ganz einfach der, daß ein Lautgesetz *mþ* zu *mm* in den nordischen historischen Grammatiken nicht geführt wird – es gibt kein anderes Beispiel dafür. Die Parallelität zur Entwicklung von *nþ* ist aber ausreichend, um ein solches Lautgesetz zu postulieren, und damit dem awn. *skǫmm* eine brauchbare etymologische Erklärung zu geben.

2. Bedeutungsentsprechungen

§ 328. Damit kommen wir von der Sammlung lautlich entsprechender Wörter zu der Sammlung inhaltlich entsprechender Wörter – ein Verfahren, das bei den meisten etymologischen Vorschlägen sträflich vernachlässigt wird – sehr zu deren Schaden, denn dieser Mangel ist einer der Hauptgründe für den spekulativen Charakter und die Farblosigkeit der meisten Angaben in den etymologischen Wörterbüchern. Gründe für die Sammlung von Inhaltsparallelen sind zunächst, daß unter ihnen versteckte Verwandte gefunden werden können (zum Beispiel verdunkelte Komposita); dann, daß sie in klaren Fällen Aufschlüsse über mögliche Benennungsmotive, über die Bedeutungsstruktur, mögliche Bedeutungsabwandlungen usw. liefern können, und schließlich, daß sie die Begriffsgeschichte erhellen: Sie zeigen, welches gleichbedeutende Wort vermutlich älter ist, von welcher Bezeichnungssituation wir für die Entstehung des Wortes auszugehen haben und dergleichen mehr. Behilflich bei einer solchen Sammlung ist zunächst Bucks *Dictionary of Selected Synonyms* (L 90), obwohl es nur einen Teil des Wortschatzes erfaßt, auch nur die ‚wichtigsten‘ Parallelen gibt und sich im allgemeinen auf die gängigen, nur zu oft fragwürdigen Etymologien stützt. Über dieses Handbuch hinaus ist das Suchen nach inhaltlichen Parallelen ein ziemlich mühseliges (wenn auch häufig lohnendes) Geschäft. Statt weiterer allgemeiner Ausführungen will ich an einem Beispiel zeigen, wie die Kenntnis bedeutungsähnlicher Wörter der Nachbarsprachen (hier zugegebenerweise bei einer etwas versteckten Parallele) die Gedankenführung bei einer Etymologie beeinflussen kann. Es geht dabei um die Wörter *Buch* und *Buchstabe*. In Kluges Wörterbuch (L 24, S. 106f.) ist über sie zu lesen: *Buch* (... heißt ...) nach dem Buchenholz, aus dem die Schreibtafeln zuerst geschnitten wurden. ... Da der Ausdruck für ‚Buch‘ gemeingermanisch ist, muß sehr früh auf Holztafeln geschrieben worden sein; bezeugt ist es erst für das 6. Jh. durch Venantius Fortunatus 7,18: *Barbara fraxineis pingatur rhuna tabellis*. ... *(Buchstabe:)* Fast alle Runen haben einen senkrechten Hauptstrich, den Stab, nach dem das ganze Zeichen as. *stab*, ags. *(rūn) stæf*, awn. *(rúna) stafr* heißt. Im Unterschied zu den Runen heißen die lat. Schriftzeichen, weil sie zum Gebrauch im Buch (nicht auf Holz, Stein, Metall, Elfenbein) bestimmt sind, ags. *bōcstæf*, awn. *bókstafr*, as. *bōkstaf*, ahd. *buohstap*.‘

§ 329. Vernachlässigen wir die Ungereimtheiten dieser Darstellung und suchen wir nach Besserem, so ist zunächst von den Formen aus zu sagen, daß die altenglische Entsprechung zu *Buch* ein femininer Konsonantstamm ist – und da es sich bei dieser Flexionsklasse um ein Relikt handelt, ist dies sicher alt. Weiter bedeutet der Singular der gotischen Entsprechung ‚Buchstabe‘, der Plural ‚Urkunde, Buch‘, und diese Verwendung des Plurals ist in noch fast allen germanischen Sprachen nachzuweisen. Es handelt sich dabei mit ziemlicher Sicherheit um eine Lehnprägung nach lt. *littera* oder allenfalls gr. *grámma:* auch diese bedeuten im Singular ‚Buchstabe‘, im Plural ‚Schriftstück, Brief‘, und da die Germanen Schriftstücke sicher erst mit der griechisch-lateinischen Kultur kennengelernt haben, liegt die Annahme einer Lehnprägung nahe. Sekundär ist dann im Westgermanischen (und von dort aus auch im Altnordischen) der Singular in der Bedeutung ‚Buch‘ verwendet worden, wobei im Kontinentalgermanischen zugleich das Genus zum Neutrum überging. Das bedeutet, daß wir von **bōk-s* ‚Buchstabe‘ auszugehen haben – alles andere läßt sich als sekundär erklären. Dieses Wort nun muß ein frühgermanischer Terminus sein (und damit ein Terminus der Runentechnik), denn in den klassischen Sprachen findet sich kein Vorbild, dem es nachgeformt sein könnte. In diesem Fall wird aber auch *Stab* nichts anderes bedeuten als was wir heute unter *Stab* verstehen, denn das Schreiben mit Runen auf Stäben ist uns gut bezeugt (übrigens auch an der oben zitierten Fortunatus-Stelle, denn dort geht es weiter[164] *quodque papyrus agit, virgula plana valet* – Fortunatus fordert seinen Freund auf, in irgendeiner Sprache auf irgendwelchem Material zu schreiben – ‚von mir aus auch mit barbarischen Runen auf eschenen *tabellis,* denn was der Papyrus leistet, tut auch ein geglätteter Stab‘). Als anderes Schreibmaterial für Runen ist uns nur Rinde bezeugt (und erhalten sind Runen auf Stein und auf Gebrauchsgegenständen) – nirgends aber Buchentafeln. Ein Buchstabe wäre demnach zunächst ein Stab, auf dem Runen stehen; oder vielmehr – da mit Bedeutungsverschiebung vom Material auf das Zeichen das Wort später das einzelne Zeichen meint – ‚ein Stab, auf dem *eine* Rune steht‘; womit wir in beachtliche Nähe zu der oben § 223 aus Tacitus zitierten Stelle über den Gebrauch von Schriftzeichen bei den Germanen kommen.

§ 330. Was bedeutet nun aber *Buch* in diesem Zusammenhang? Für eine Antwort auf diese Frage wenden wir uns an die Nachbarsprachen, von denen das Cymrische etwas Aufschlußreiches beibringt: cymr. *coel* (verwandt mit unserem *Heil*) bedeutet unter anderem ‚Zeichen, Vorzeichen‘; dazu gibt es ein *coelbren,* wörtlich ‚Zeichen-Holz, Los-Holz‘, das bei verschiedenen Verfahren der geheimen Abstimmung und des Auslosens benützt wird – ein mit Zeichen versehenes Holzplättchen oder ein Holzstab. Zudem ist *coelbren* nach einer allerdings erst spät bezeugten Überlieferung (18. Jh.) ‚a peculiar kind of alphabet alleged to have been used by the Welsh bards‘[165]. (Das Losen mit Holz wird zudem dadurch bezeugt, daß das irische Wort für Holz, *crann,* auch ‚Los‘ bedeutet). Da dieses Verfahren mit dem germanischen Loswerfen einige Ähnlichkeit aufweist, müßten wir überlegen, ob *Buchstabe* nicht eine Entsprechung zu cymr. *coelbren* ‚Zeichenholz, Losholz‘ sein kann, und ebenso *Buch* ursprünglich (wie cymr. *coel*) ‚Zeichen‘ oder ‚Los‘. Die Frage stellen heißt hier die Antwort finden: Es gibt außergermanisch eine lautliche Entsprechung zu *Buch,* die ‚Los‘ usw. bedeutet: Zu ai. *bhájati* ‚teilt zu‘ gibt es die Ableitung *bhága- (m)* ‚Wohlstand‘ usw., av. *baga- (n)* ‚Anteil, Los, Glück‘, und eine entsprechende Bildung wird auch durch das Slavische vorausgesetzt. Noch genauer zum Germanischen stimmen aber die dehnstufigen Bildungen ai. *bhāga-* ‚Anteil, Los, Besitz, Eigentum‘, av. *bāga-* ‚Teil, Los‘. Die Wortsippe gehört dabei stark in die religiöse Sphäre – das zugehörige ai. *bhága- (m)* ‚Herr‘ ist Beiwort von Göttern, die avestischen und slavischen Entsprechungen sind sogar zum normalen Wort für ‚Gott‘ geworden. Im Germanischen ist für *Buch* diese Bedeutung nicht mehr belegbar; immerhin ist ae., afr. *bōcland* ‚als Eigentum zugewiesenes Land‘ (im Gegensatz zu ae. *folcland,* das nur auf bestimmte Zeit zugewiesen wird und dann wieder an das Allgemeingut zurückfällt) vermutlich ursprünglich ‚zugeteiltes Land‘ – das spätere Verständnis als ‚durch Urkunde *(bōc)* als Eigentum bezeugtes

Land' ist ersichtlich von der späteren Bedeutung von *bōc* bestimmt, dies aber wohl sekundär. – Damit ist gm. **bōk-s* als ein altes, vor allem in den arischen Sprachen vergleichbares Wort für ‚Los, Zuteilung' aufzufassen, das dann für die das Los symbolisierenden Runenstäbchen eintritt (die nach ihrem Material auch *Stäbe* genannt wurden); dann für die Runenzeichen selbst und schließlich für die griechischen und lateinischen Buchstaben. Durch eine Lehnprägung nach lt. *littera* oder gr. *grámma* bekam der Plural des Wortes die Bedeutung ‚Schriftstück' und damit sind wir bereits beim frühestbelegten Befund. Sekundär entstanden ist der Singular in der heutigen Bedeutung; der Singular in der alten Bedeutung wurde verdeutlicht durch die Komposition mit dem ursprünglich dieselbe Sache bezeichnenden *Stab* – womit der Verknüpfung des Wortes *Buche* mit *Buch* und *Buchstabe* wohl der Boden entzogen sein dürfte.

II. Die Arbeitshypothese

A. Zur Entstehung

1. Grundwort und Bildungstyp

§ 331. Nach der Bestandsaufnahme geht es darum, das gefundene Material zu sichten und eine Arbeitshypothese für Entstehung und Geschichte aufzustellen. Dazu beginnen wir mit einer morphologischen Analyse des zu untersuchenden Wortes und suchen das Grundwort und den Bildungstyp zu erschließen – auf die Möglichkeiten der Entlehnung und der Urschöpfung wollen wir an dieser Stelle nicht weiter eingehen. Wir suchen also ein Grundwort – nicht eine ‚Wurzel‘, mit der sich viel zu viele etymologische Vorschläge begnügen: Wörter werden nicht aus irgendwelchen abstrakten Wurzeln gewonnen, sondern von vorhandenen Wörtern abgeleitet, und für die Etymologie des von uns zu untersuchenden Wortes müssen wir dieses vor ihm vorhandene Wort nachweisen oder erschließen. Von einer Wurzel auszugehen hat nur dann einen Sinn, wenn damit eine Verbalwurzel gemeint ist, zu der das untersuchte Wort eine unmittelbare Ableitung (eine sogenannte *Primärableitung*) ist. In allen anderen Fällen ist eine ‚Wurzeletymologie‘ erst die Vorstufe zu einer Arbeitshypothese – mehr nicht. Unser Verfahren schließt in sich, daß wir auch von einer konkreten Wortbedeutung der Grundlage ausgehen, während die Bedeutungsangaben bei Wurzeln meist nur durch Ermittlung eines ‚gemeinsamen Nenners‘ einer Anzahl von Einzelbedeutungen gewonnen und deshalb viel zu abstrakt sind (sehr häufig treffen sie gar nicht die tatsächlich vorauszusetzenden Wortbedeutungen). Wir wollen bei unseren Etymologien aber keinen ‚gemeinsamen Nenner‘, sondern den Weg von einer konkreten Bedeutung zu einer anderen erfassen. Zu berücksichtigen ist dabei, daß wir die Vorformen von Grundwort und Weiterbildung *zur Zeit der Bildung* zu erfassen suchen; wir müssen also nachträgliche Entwicklungen bei der Erschließung möglichst sorgfältig rückgängig machen. Entsprechendes gilt für den Bildungstyp: Er ist nach Form und Funktion für die betreffende Zeit möglichst genau einzugrenzen, damit die systematische Bedeutung des untersuchten Wortes festgestellt (und nicht nur vermutet) werden kann. Veranschaulichen wir uns diese Forderung nach Erfassung von Grundwort und Bildungstyp wieder an einem Beispiel, der Etymologie unseres Wortes *Lunge:*

§ 332. Das Benennungsmotiv ist in diesem Fall klar: Überall, wo die Wörter für Lunge durchsichtig sind, haben sie ursprünglich ‚das Leichte' bedeutet: Wenn man etwa die Eingeweide von Schlachttieren zum Waschen ins Wasser wirft, dann schwimmen die Lungen, und nur die Lungen, oben. So finden wir unter den germanischen Sprachen im Englischen *lights* ‚Lungen von Schlachttieren als Hunde- und Katzenfutter', ähnlich fläm. *lichte;* dann im Russischen *legkoe* ‚Lunge' (anatomisch und als Speise) zu *legkij* ‚leicht', im Portugiesischen *leves* ‚Lungen von Schlachttieren' zu *leve* ‚leicht', cymr. *ysgafn,* air. *scam, scamán* ‚Lunge' zu cymr. *ysgafn* ‚leicht' usw. Die ältest-faßbare Form in den indogermanischen Sprachen ist dabei in einigen lautlich auseinanderfallenden Wörtern zu sehen: gr. *pleúmōn (m)* ‚Lunge' (meist im Plural, sekundär auch *pneúmōn* in Anlehnung an *pnéō* ‚atme'), ai. *klomán- (m)* ‚rechte Lunge' (pl. ‚Lungen' – mit einer Dissimilierung des *p* zu *k* gegen die beiden anderen Labiale im Wort) und lt. *pulmo (m)* ‚Lunge' mit nicht ausreichend aufgeklärtem Lautstand – möglicherweise ist von einer einfacheren Wurzelstufe (**pel-mōn* statt **pleu-mōn*) auszugehen. Daneben steht lit. *plaũčiai,* aksl. *plušta* ‚Lungen', die auf **pleuti̯o-* mit verschiedenen Ablautstufen zurückführen. Beides wird zu der gut bezeugten Verbalwurzel **pleu-* ‚schwimmen' gestellt, also ‚das (oben) Schwimmende'. Daneben nun ahd. *lungun,* pl. *lungunne* (nur in Glossen belegt, ein Genus ist also erst im Mittelhochdeutschen erkennbar); im Altsächsischen *lungandian* als Glosse zu *in pulmone* (Vergil Aeneis 9, 701); in jüngerer Zeit dann auf dem ganzen kontinentalgermanischen Gebiet ein einfacher *n*-Stamm (mhd. *lunge* usw.); im Altenglischen ein Femininum *lungen (-nn-);* im Altnordischen *lunga,* zunächst nur im Plural gebraucht, dann als neutraler *n*-Stamm auch im Singular. Morphologisch ist offenbar von einem Typ auszugehen, in dem mehreres zusammengefallen ist – für uns kommt in Frage eine Bildungsweise mit gm. **(u)mn-i̯o-,* also *-mn-* mit Sproßvokal und *j*-Ableitung (wobei das Genus verschieden sein kann). Im Gotischen, das das Wort für Lunge leider nicht zeigt, erscheinen hierfür Bildungen auf *-ubni-.* Dieser Typ ist später meist in die *n*-Stämme übergeführt worden (im Nordischen bei unserem Wort zusätzlich in das neutrale Genus – wohl sekundär, da neutrale *n*-Stämme bei Körperteilbezeichnungen im Nordischen etwas um sich gegriffen haben). Funktionell handelt es sich bei diesem Typ (unter anderem) um Substantivierungen von Adjektiven, meist Konkreta. Ausgangspunkt ist für uns also gm. **lungumnijō (f)* ‚Lunge', meist im Plural gebraucht.

§ 333. Dieses Wort wird nun mit dem normalen Wort für ‚leicht' in den indogermanischen Sprachen in Verbindung gebracht: **(ə)lṇgʷhú-* in ai. *raghú-* ‚rasch, leicht, gering', gr. *elachús* ‚gering'; mit Thematisierung der Vollstufe lit. *leñgvas* ‚leicht', mit einer Weiterbildung aus bestimmten Kasusformen lt. *levis* ‚leicht', mit noch stärkerer Umformung der unbequemen Anlautgruppe aksl. *lьgъkъ* ‚leicht' und der altirische Komparativ *lai-giu* ‚kleiner, schlechter'. Daneben ein *ro*-Stamm, der hauptsächlich in gr. *elaphrós* ‚leicht, flink' und ahd. *lungar* ‚schnell' vertreten ist. Die Verknüpfung dieser Wörter mit dem germanischen Wort für Lunge hat nun einen Haken: Das germanische Wort für ‚leicht' zeigt eine abweichende Stammbildung: gt. *leihts*, ahd. *līhti* usw. führen auf **leng^u̯h-t-*, vermutlich ein ursprünglicher Konsonantstamm. Selbst wenn wir nun annehmen, daß auch im Germanischen die Hochstufe sekundär eingeführt ist, bleibt dabei immer noch das *t*, das in dem Wort für Lunge nicht auftaucht. Bevor wir also das germanische Wort für Lunge auf das indogermanische Wort für leicht zurückführen dürfen, müssen wir diesen formalen Unterschied erklären, sonst ist die Etymologie ungereimt. Beginnen wir bei dieser Klärung mit den *men*-Bildungen, die offenbar in dem alten indogermanischen Wort für Lunge wie auch in dem germanischen eine Rolle spielen[166]: Bei ihnen handelte es sich ursprünglich um Bildungen unmittelbar aus der Verbalwurzel, mit einer Funktion, die die Tätigkeit des Subjekts stärker hervorhebt als ein Abstraktum (ungefähr Nomina agentis). Diese Bildungen standen häufig neben andersgebildeten Adjektiven und wurden gern als Substantivierungen zu diesen benützt. Dies führte dazu, daß zu einem Adjektiv eine entsprechende Substantivierung aus Verbalwurzel + *-men*-gebildet werden konnte, wobei ein Ableitungssuffix des Adjektivs unterdrückt wurde. Schließlich konnte *-men-* auf diese Weise auch bei Adjektiven verwendet werden, für die gar keine verbale Grundlage nachweisbar ist, und ganz am Ende (der Zustand im Germanischen) trat das Suffix als Ableitungssuffix an das Adjektiv, ohne dessen morphologischen Bau zu verändern.

§ 334. Wenden wir uns nun dem Adjektiv *leicht* und seiner auffälligen Vollstufe zu: Eine ähnliche Bildung haben wir etwa bei unserem Wort *licht*, ahd. *lioht* aus **leuht(o)-*, ein Adjektiv und Neutrum, dem gt. *liuhaþ* (n) ‚Licht' gegenübersteht (ohne Adjektiv-Beleg, aber mit Ableitungen wie *liuhtjan* ‚leuchten', die denselben Lautstand wie das althochdeutsche Wort zeigen). Diese Bildungen sind am besten auf einen Konsonantstamm **leu-kot-* mit Suffixablaut zurückzuführen. Setzen wir dasselbe für *leicht* voraus, so bekommen wir **leng^u̯hot-/leng^u̯ht-*, zu dem wir nun eine Substantivierung **lṇg^u̯hmen-* ansetzen können, wenn wir das oben beschriebene ältere Bildungsverfahren (nebst altertümlichem Ablaut) zugrundelegen. Nun sind die germanischen Bildungen auf *-umnjō* ja aber noch durch eine *j*-Bildung erweitert, die im allgemeinen den Wert eines Abstraktums hat; doch ist hier für das Wort *Lunge* wohl etwas Besonderes vorauszusetzen: das ältere cymrische Wort *ysgafeint* ‚Lungen' zeigt den Einfluß eines *i/ī*, der sicher zu Recht auf einen alten Dual mit *-ī* zurückgeführt wird[167], also ‚die beiden Lungen'. Diese Annahme können wir auch für das germanische

Wort machen, so daß wir insgesamt zu einer Substantivierung $*lng^{u}h\text{-}mn\text{-}\bar{\imath}$ ‚die beiden Leichten' = ‚die beiden Lungen' kommen würden – der Übergang zu den *-umnjō*-Bildungen wäre sekundär. Als Grundlage kann nach dem oben ausgeführten durchaus das germanische Adjektiv *leicht* angesehen werden, wenn von $*leng^{u}hot\text{-}/leng^{u}ht\text{-}$ ausgegangen wird. Und noch weiter: Diese altertümliche *men*-Bildung kann sehr gut von dem älteren Wort $*pleu\text{-}m\bar{o}n\text{-}$ ‚Lunge' übernommen worden sein. Eine solche Annahme würde allerdings voraussetzen, daß dieses Wort nur äußerlich eine unmittelbare Ableitung aus dem Verb $*pleu\text{-}$ ‚schwimmen' ist; genauer aber eine Ableitung aus einem Adjektiv ‚schwimmend, leicht' zu diesem Verb. Und – um die Parallelität zu vollenden – dieses Adjektiv kann mindestens im nordindogermanischen Bereich eine *ot/t*-Bildung gewesen sein, denn die baltisch-slavischen Wörter für Lunge sind ersichtlich Substantivierungen eines solchen $*pleuot\text{-}/pleut\text{-}$. Diese Erschließung von Grundwort und Ableitungstyp des Wortes *Lunge* erfordert natürlich eine ganze Reihe von ziemlich weitgehenden Annahmen – aber sind sie hypothetischer als die unverbindliche Vermutung, daß *Lunge* ‚schon irgendwie mit der Sippe von *leicht* zu tun haben wird'?

2. Systematische Bedeutung, Benennungsmotiv, Verhältnis zu den Sachen

§ 335. Gehen wir nun über zur anderen Seite der morphologischen Analyse: der systematischen Bedeutung der neuen Bildung, dem Benennungsmotiv und der Erfassung der bezeichneten Sachen. Wenn man bedenkt, daß die Mehrzahl der an Etymologie Interessierten im wesentlichen das Benennungsmotiv erfahren will, so ist es unfaßlich, mit welcher Leichtfertigkeit und Gleichgültigkeit dieses im allgemeinen behandelt wird. Selbst der große Hermann Paul, einer der bedeutendsten Philologen und Theoretiker der junggrammatischen Schule und der Sprachwissenschaft überhaupt, verfiel bei der Behandlung des Benennungsmotivs nicht selten ins Raten. Zur Etymologie von *Wand* etwa meint er in seinem Wörterbuch, daß das Wort wohl zu *winden* gehöre, vermutlich weil man bei der Wand nicht mehr weitergehen könne und sich umwenden müsse. Einen Fortschritt in dieser Frage brachte eine neue sprachwissenschaftliche Schule, die Richtung *Wörter und Sachen* (so genannt nach dem programmatischen Titel ihrer Zeitschrift). Das Benennungsmotiv für *Wand* wurde in diesem Rahmen von Rudolf Meringer in einem Aufsatz ‚Etymologien zum geflochtenen Haus'[168] aufgehellt. Meringer zeigte, daß eine primitive Wand aus lehmverschmiertem Flechtwerk bestand: Zwischen eine Reihe von Pfählen wurden in einer Art Palisadentechnik Ruten geflochten und in

dieses Geflecht Lehm geschmiert. Nach dem Trocknen ergab sich eine
verhältnismäßig solide Wand (die natürlich der Neuerung, der römischen
Steinmauer, an Festigkeit und Isolierfähigkeit unterlegen war und deshalb
durch diese verdrängt wurde). Von hier aus gesehen ist es nicht verwunder-
lich, daß die nächste Entsprechung zu ahd. *want*, as. *wand* ‚Wand‘ in gt.
wandus und awn. *vǫndr* zu suchen ist, die ‚Rute‘ bedeuten, und daß beide
zusammen auf *winden* zurückgehen. Das Hauptcharakteristikum des alten
Bauteils Wand war eben das Rutengeflecht. Dadurch ist der sachliche
Nachweis für das Benennungsmotiv gegeben – der sprachliche besteht im
Aufzeigen von Parallelen (die Meringer ebenfalls beigebracht hat). Bleiben
wir noch kurz bei ‚Wörter und Sachen‘: ein bedeutender Nachfolger und
Vertreter dieser Schule war in den vergangenen Jahrzehnten Jost Trier, der
vor allem eine Reihe von alten Arbeitstechniken auf ihre Bedeutung für den
Wortschatz hin untersucht hat. Viele seiner Darlegungen sind eine Offenbarung für denjenigen, der sich mit Benennungsmotiven abmüht, doch
sind Triers Ausführungen über Etymologien nur mit großer Vorsicht zu
verwerten, weil er gegenüber sprachlichen Vorgängen oft erschreckend
verständnislos ist. Überspitzt gesagt, reicht für Trier ein Zusammenhang in
den Sachen aus, um auch einen Zusammenhang zwischen den Bezeichnungen anzusetzen – um systematische Bedeutungen, Wortbildungstypen,
Verhältnis von Grundwort zu Ableitung und dergleichen kümmert er sich
wenig. Dies muß leider gesagt werden, weil das Vorbild von Trier einen
großen Einfluß gehabt hat, und die Arbeiten seiner Schüler und Nachfolger
seinen Rang häufig nicht erreichten. Als Beispiel sei das Altnordische etymologische Wörterbuch von de Vries (L 60) genannt, dessen unkritische
Auswertung und Weiterführung Trierscher Auffassungen das Wörterbuch
fast unbrauchbar macht.

§ 336. Sachuntersuchung und Aufdeckung von Parallelen haben wir
eben als Arbeitsverfahren im Bereich der Benennungsmotive kennengelernt. Die Sachuntersuchung verlangt vom Etymologen oft beträchtliche
außersprachliche Nachforschungen, die teilweise (etwa wenn es um Tier-
und Pflanzennamen geht) vom heutigen Wissensstand ausgehen können,
häufig aber auch mit Hilfe geschichtlicher, kulturgeschichtlicher, archäolo-
gischer, völkerkundlicher, literarischer und anderer Quellen frühere Verhältnisse zu erfassen suchen. Wird eine Etymologie auf diese Weise sorgfältig durchgeführt, dann wird sie ihrerseits einen wichtigen Aufschluß über
die Geschichte der Sachen, Techniken, Auffassungen usw. geben; aus dem
etymologischen ‚Rohmaterial‘ aber bereits Schlüsse auf die Kulturgeschichte zu ziehen (wie es vor allem in älteren Arbeiten zur Rechtsge-
schichte ausgiebig getan wurde), ist ohne Sinn und schadet der Etymologie
wie der Sachkunde. Ohne eine eingehende Prüfung der verschiedenen
Möglichkeiten ist ein unerwarteter Bedeutungszusammenhang in einer

Etymologie nicht etwa ein Anlaß zur Erweiterung unserer Kenntnisse über die Vorzeit, sondern ein schwerwiegender Einwand gegen die Richtigkeit der betreffenden Etymologie. Zwar ist der Zeitaufwand bei den erforderlichen Sachuntersuchungen häufig unverhältnismäßig hoch, aber es ist ein Aufwand, der sich lohnt, denn erst seine Ergebnisse tragen für die Etymologie eine wirkliche Antwort auf die Frage ein, ,woher das Wort nun eigentlich kommt'. Auf einige Sonderfälle von Sachuntersuchungen sei kurz hingewiesen: auf die Realprobe, die vor allem bei Namenuntersuchungen wichtig ist (die Nachprüfung an Ort und Stelle, ob dem bezeichneten Ort das vermutete namengebende Merkmal tatsächlich zukommt), und die Prüfung der Wahrscheinlichkeit einer Entlehnung (ob die Sprecher der betreffenden Sprachen tatsächlich in Berührung miteinander sein konnten, ob bei den Sprechern der gebenden Sprache das Bezeichnete tatsächlich zuerst, oder in einer neuen, oder einer besseren Ausführung vorhanden war, ob sie eine besondere Haltung dazu entwickelten usw.). Zu den sprachlichen Parallelen ist wenig Allgemeines zu sagen. Daß klare oder gar eindeutige Fälle hier besonders wichtig sind, sollte keines besonderen Hinweises bedürfen. – Schauen wir uns nun zum Schluß noch einige ,Sünden' gegen die Untersuchung des Benennungsmotivs an – die Mißgriffe in den Beispielen gehen jeweils in die gleiche Richtung, betreffen aber verschiedene Stufen der Untersuchung.

§ 337. Beginnen wir mit dem Wort *Schulter,* das in den westgermanischen Sprachen bezeugt ist (ahd. *scultra* u. a., mnd. *schulder,* afr. *skuldere* und ae. *sculdor*) und auf (w)gm. **skuldrō (f)* ,Schulter' zurückgeführt werden kann. Da es nun eine Verbalwurzel **skel-* ,graben' gibt und *-tro-* (gegebenenfalls *-dhro-*) ein indogermanisches Intrumentalsuffix ist, wird in Kluges etymologischem Wörterbuch (L 24, S. 683) als Ausgangspunkt ein **skl̥-dhrā* ,Schulter als Grabwerkzeug' erschlossen[169]. Offenbar hat der Bearbeiter an primitive Grabgeräte aus Schulterblättern von Tieren gedacht. Dieser Ansatz ist nun nicht zu verantworten: Das Wort *Schulter* ist erst westgermanisch, und zur Zeit der westgermanischen Gemeinsamkeiten hat man nicht mehr mit Schulterblättern gegraben. Wenn die Verknüpfung mit **skel-* ,graben' überhaupt richtig ist (es gibt konkurrierende Etymologien), dann muß zusätzlich eine Bedeutungsübertragung angesetzt werden, also ,Schulter' = ,etwas, das aussieht wie ein Grabgerät'; das heißt, die flache Form des Schulterblatts hätte Anlaß zu einer Bedeutungsübertragung aus einem Wort für Schaufelblatt gegeben – so wie wir ja auch von Schulter*blatt,* Schaufel*blatt,* Ruder*blatt* usw. sprechen. Ein ganz paralleles Mißverständnis findet sich bei Kluges Behandlung des Wortes *Messer* (L 24, S. 476; vgl. oben § 249): von dessen ursprünglichem zweitem Bestandteil **sahsa-* wird dort gesagt, daß er ,urverwandt mit lt. *saxum* ,Stein' eine Erinnerung an die Steinzeit birgt'. Nun – das Ende der Jungsteinzeit wird für Mitteleuropa gegen 1800 v. C. angesetzt, und das ist etwas früh, wenn eine ausschließlich germanische Bedeutung ein Reflex der Zeit davor sein soll. Aber diese Annahme ist gar nicht nötig (und im übrigen auch nicht wahrscheinlich): Wörter für Stein werden häufig aus Wörtern für Fels gewonnen[170], und Felsen werden häufig als das Abgebrochene, der Abbruch (lt. *rūpes* ‚Fels‘ zu *rumpere* ‚abbrechen, zerbrechen‘), das Gesplitterte (russ. *skalá* ‚Fels‘ zu lit. *skélti* ‚spalten‘) usw. bezeichnet. So auch lt. *saxum*, das letztlich zu **sek-* ‚schneiden‘ gehört – ebenso wie **sahsa* – (als Gerät, mit dem man schneidet); aus Stein braucht dieses deswegen nicht zu sein.

§ 338. In diesen beiden Fällen war der etymologische Vergleich zwar richtig, die Erschließung des Benennungsmotivs aber mangelhaft. Nehmen wir zum Abschluß noch ein Beispiel, bei dem die Überlegungen zum Benennungsmotiv die Richtigkeit der vorgeschlagenen Etymologie eher in Frage stellen: das Wort *Bett*. Nach Kluge (L 24, S. 71) und nach allgemeiner Meinung gehört das gemeingermanische (und nur germanische) **badja* – ‚Bett‘ zu der Verbalwurzel **bhedh* – ‚graben‘, die etwa in lt. *fodere* ‚graben‘ vorliegt. Grundbedeutung wäre also ‚in den Boden eingegrabene Lagerstätte, Schlafgrube‘. Fragen wir zunächst unseren Gewährsmann für kulturelle Verhältnisse bei den Germanen, nämlich Tacitus, nach germanischen Schlafgewohnheiten, so finden wir zwar keine direkte Aussage, dafür aber eine Äußerung über die Lappen (Finnen, wie Tacitus sie nennt): bei ihnen herrsche entsetzliche Wildheit und abstoßende Dürftigkeit. Zur Nahrung hätten sie Pflanzen, zur Kleidung Tierfelle und als Lager den Erdboden (Germania 46). Daraus läßt sich wenigstens für die Zeit des Tacitus mit Sicherheit schließen, daß die Germanen auf erhöhten Lagern schliefen, keineswegs auf der Erde, und schon gar nicht in Gruben. Etwas derartig Auffälliges hätte Tacitus sicher erwähnt. Wenn in kulturgeschichtlichen Darstellungen gesagt wird, die Germanen hätten auf dem Boden geschlafen, so ist das zwar in gewisser Weise richtig, aber irreführend. Was wir Fußboden nennen, hatte bei den Germanen zwei Stufen: Den Wänden entlang war der Fußboden gedielt (die altnordischen Bezeichnungen hierfür sind *set, flet* und *pallr*); vor diesem Teil, in der Mitte des Raumes, war er vertieft (awn. *golf*). Dadurch entstanden den Wänden entlang ‚Erdbänke‘, die zum Sitzen, Ablegen und Schlafen benutzt werden konnten. Ein Schlafen in selbstgegrabenen Vertiefungen ist von den Germanen nicht anzunehmen; es ist völkerkundlich überhaupt nur von den Buschmännern bezeugt[171], bei denen aber ganz andere klimatische und kulturelle Verhältnisse vorauszusetzen sind. Von der Sache her gesehen ist die übliche Etymologie von *Bett* also nicht wahrscheinlich, ja, vermutlich sogar falsch.

B. Zur Entwicklung

§ 339. Die Arbeitshypothese zur Entstehung des Wortes muß dann ergänzt werden durch eine Hypothese über die weitere Geschichte, wobei alle Besonderheiten von Lautstand, Morphologie und Bedeutung erfaßt und in einen Entwicklungsgang eingeordnet werden. Dieser Teil dient vor allem der Etymologie als Wortgeschichte, spielt aber auch für die Wortentstehung eine Rolle, weil spätere Besonderheiten (wie wir in § 322 f. gesehen haben) manchmal Rückschlüsse auf diese zulassen, aber auch umgekehrt einen etymologischen Vergleich in Frage stellen können. Nehmen wir noch ein Beispiel für das letztere: Unser Wort *Eibe* geht zurück auf ahd. *īwa*, das verglichen werden kann mit ae. *īw, eow* und awn. *ýr* mit jeweils gleicher Bedeutung. Ebenfalls die gleiche Bedeutung haben mir. *eo*, cymr. *ywen*, bret. *ivin*, die auf *$*i\mu o$- zurückgeführt werden können. Unter einem Ansatz *$*(e)i\mu o$- wären also beide Sippen vergleichbar. Nun gibt es aber in den germanischen Sprachen Nebenformen, die diesem Ansatz widersprechen: ahd. *igo, iha*, as. *ih*, ae. *eoh* (allerdings nur als Runenname – dieses Wort braucht also nicht unbedingt echt englisch zu sein). Man könnte die Varianten *īw* und *īg* vom Germanischen her zusammenbringen, wenn ein Labiovelar *($*eiq^{\mu}$- oder *$*eig^{\mu}h$-) vorausgesetzt wird – aber dann stimmen die keltischen Formen nicht mehr dazu. Am besten wäre es, wenn wir von *$*ei\mu o$- ausgehen und einen Lautwandel von *w* zu *g* für ahd. *īg* usw. ansetzen könnten. Aber obwohl es Beispiele für einen solchen Lautübergang zu geben scheint (unser Wort *Jugend* könnte dazugehören), haben sich genaue Bedingungen (die bei dem Eibenwort ja zu einem Wechsel innerhalb des Paradigmas oder der Wortfamilie geführt haben müßten) nicht feststellen lassen. Die Etymologie von *Eibe* ist also bis jetzt noch nicht geklärt; denn sie erfüllt nicht die methodische Forderung, daß eine Etymologie *alle* Formen und Bedeutungen eines Wortes zu erklären habe. Beim gegenwärtigen Stand kann man entweder die germanischen Wörter vereinigen (und muß dann die keltischen ausschließen) oder man kann die Formen mit *w* zusammenbringen (und muß dann die mit *g* und *h* abtrennen) – natürlich abgesehen von der den Rang einer wissenschaftlichen Etymologie nicht erreichenden Annahme, daß alle diese Formen ‚schon irgendwie zusammengehören werden'.

III. Die Beurteilung

A. Ausgangspunkt, Gedankenführung, Konkurrenz

§ 340. Haben wir eine Arbeitshypothese für unsere Etymologie aufgestellt, so geht es nun darum, diese Schritt für Schritt zu prüfen und die Sicherheit unserer Annahmen festzustellen. Diese Sicherheit betrifft zunächst dreierlei: Zum ersten den Ausgangspunkt, das Wort, das wir etymologisieren wollen. Ist es zum Beispiel ein selten oder gar nur in Glossen belegtes Wort, dann können wir seine Bedeutung und seinen Gebrauch nicht so gut beurteilen, wie wenn es gut bezeugt ist. Unsere Etymologie kann deshalb auch nur insoweit richtig sein, als unsere Annahmen über das Wort zutreffen (und diese Annahmen können sich bei einer Veränderung der Beleglage von schlecht bezeugten Wörtern schnell ändern). Zum zweiten geht es um unsere Gedankenführung bei der Etymologie, und zwar zunächst um die Lückenlosigkeit der Argumente: Folgt ein Ansatz wirklich aus dem anderen? Sind alle Besonderheiten erfaßt und erklärt? Dunkle Flecken in der Gedankenführung sind immer eine Schwäche für eine Etymologie. Manche sind so gewichtig, daß wir ihretwegen die Etymologie für zu unsicher oder gar für falsch halten, in anderen Fällen – etwa bei einem ausgefallenen Gebrauch als Fachwort, den wir nicht erklären können – mag man die dunkle Stelle hinnehmen; sie ist aber immer noch eine Schwäche: wenn eine konkurrierende Etymologie auftritt, die die dunkle Stelle aufzuhellen vermag, so verleiht ihr dies von vornherein ein beträchtliches Gewicht. Der nächste Punkt der Gedankenführung ist die Belegbarkeit der einzelnen Ansätze – die Annahme mehrerer unbezeugter Zwischenglieder ist eine beträchtliche Schwäche. Und schließlich geht es um die Wahrscheinlichkeit der vorausgesetzten Entwicklungen: Sind die Lautentwicklungen regelmäßig? Jede Annahme einer Unregelmäßigkeit schwächt die Etymologie. Sind die Bedeutungsübergänge durchschaubar? durch Parallelen zu stützen? Schwächen in dieser Beziehung haben eine etymologische Hypothese schnell entwertet. Auf der anderen Seite gibt es auch Stützen, etwa für die Gleichsetzung von Wörtern verschiedener Sprachen: gemeinsame Besonderheiten, genaue Übereinstimmung bei längeren Wörtern und dergleichen. Und schließlich als dritter Bereich der Sicherheit: die Konkurrenz anderer Etymologien. Bei dem reichen Material der indogermanischen Sprachen kann man fast für jedes Wort der beteiligten Sprachen mehrere etymologische Hypothesen aufstellen – einige davon sind wahrscheinlicher, andere weniger. Lassen sich nun bei unserer Etymologie die Konkurrenten ausscheiden? Sind sie deutlich unterlegen? Dies ist natürlich eine kritische Frage, denn bei gleichwertigen Etymologien mag man zwar die eine oder die andere bevorzugen, aber im Prinzip bleiben beide möglich, und man kann deshalb keine von ihnen als ‚die richtige' bezeichnen.

B. Darstellung

§ 341. Nach dieser Prüfung können wir nun unsere Etymologie formulieren. Dazu sollten wir überlegen, wann und wo das untersuchte Wort entstanden ist (eine Frage, die natürlich je nach Beleglage unterschiedlich genau zu beantworten ist). Dann: Was war vorher da? Wodurch wurde die Neubezeichnung notwendig? Auch diese Frage kann man nicht immer beantworten, aber doch wesentlich häufiger als man es zu tun versucht. Dann die Entstehung selbst – im Fall der Wortbildung das Grundwort, der Bildungstyp, die systematische Bedeutung und das Benennungsmotiv – bei diesem ist es häufig zweckmäßig, auf die Herkunft der gleichbedeutenden Wörter in der betreffenden Sprache und in anderen Sprachen einzugehen. Dann kämen die Einzelheiten der Geschichte – im Prinzip Schritt für Schritt begründet, doch kann man hier das Selbstverständliche (wie die regelmäßigen Lautentwicklungen) weglassen. Dabei sollten aus der Darstellung die Stützen und die Beeinträchtigungen der jeweiligen Ansätze hervorgehen. Eine so gewonnene und dargestellte Etymologie kann dann mit Recht eine wissenschaftliche genannt werden. Was man dagegen in den etymologischen Wörterbüchern (und auch in Einzelabhandlungen) nur zu oft antrifft, sind Zusammenstellungen, die der Bearbeiter für möglich hält und damit zu einer Etymologie erklärt. Wenn man die vielfältigen Möglichkeiten von Bedeutungszusammenhängen bedenkt, die ein so oberflächlicher Bearbeiter vermutlich als unwahrscheinlich einstufen würde, und weiter die vielen Möglichkeiten zu Trugschlüssen, so wird man einen solchen Etymologen mit dem Leser eines Kriminalromans vergleichen, der bei der ersten falschen Fährte auf S. 7 sagt: ‚Aha, das ist der Mörder' und dann das Buch zuklappt.

C. Verwertung

§ 342. Legen wir uns zum Schluß noch die Frage vor: Und was machen wir mit der Etymologie, wenn wir sie haben? Nun – sie ist ein Teil unseres Wissens von Entstehung und Geschichte unseres Wortschatzes und hat zunächst darin ihren Wert. Aber sie sagt uns noch mehr. Zunächst kann sie ein Beitrag zu Teilen der übrigen Sprachgeschichte sein, der Lautgeschichte, der Formengeschichte und anderem. Dann aber sagt sie uns auch allgemein über die Sprache und den Umgang der Menschen mit Sprache sehr vieles aus: Neue Wörter sind neue Lösungen von Bezeichnungsproblemen, und Wortgeschichte ist der Niederschlag von Gebrauchsgewohnheiten, die ihrerseits Reaktionen auf Gebrauchsbedingungen sind. Eine sorgfältig durchgeführte Etymologie zeigt uns deshalb, wie der Mensch seine Welt erfaßt; welche Merkmale an ihr so wichtig für ihn sind, daß er sie für ständige Benennungen heranzieht, wonach er seine sprachlichen Gewohnheiten ausrichtet, und was daran so ständig wiederkehrt, daß es einen Niederschlag in der Wortgeschichte findet. Und über das Sprachliche hinaus bietet die Etymologie auch nicht selten Aufschluß über die Kulturgeschichte im weitesten Sinn. Es gibt dabei allerdings auch einen Mißbrauch von Etymologien: Wer in der Etymologie eines Wortes Auskunft über das ‚Wesen‘ der bezeichneten Sache sucht, muß stets daran denken, daß ein Wort das Bezeichnete erkennen lassen, aber nicht beschreiben muß. Wir finden in der Etymologie eines Wortes also gegebenenfalls einen Hinweis darauf, welche Merkmale des Bezeichneten für so charakteristisch gehalten wurden, daß sie als Benennungsmotive dienen konnten; im Fall abstrakter Begriffe finden wir häufig auch einen Hinweis darauf, von welcher konkreteren Vorstellung sie ausgegangen sind und ähnliches. Das ist alles beim richtigen Gebrauch sehr aufschlußreich, aber es spiegelt nicht ‚das Wesen‘ des Bezeichneten. Eine andere Versuchung besteht darin, in der Etymologie die ‚eigentliche‘ Bedeutung des Wortes zu finden. So lange *eigentlich* nur ‚zeitlich früher‘ bedeutet, ist hiergegen nichts einzuwenden. Wenn das *eigentlich* aber dazu benützt wird, einen abweichenden Wortgebrauch abzulehnen oder zu brandmarken, dann liegt ein eindeutiger Mißbrauch der Etymologie vor. Das Studium der Wortgeschichte zeigt vielmehr, daß die systematische Bedeutung oder die sonst ältere Bedeutung beim Wortgebrauch nur eine untergeordnete Rolle spielt. Wie hätte man sonst eine Frau je als ein Frauenzimmer bezeichnen können, wo doch jedem Sprecher jederzeit klar sein mußte, daß das ‚eigentlich‘ nicht stimmen kann? Aber Wörter werden eben gebraucht, um erkennen zu lassen, was der Sprecher sagen will – nicht um Beispiele für systematische Bedeutungen zu geben. Das haben allerdings die Sprachpäpste weder in der alten noch in der neuen Zeit bemerkt.

Anmerkungen

1. Carl Zuckmayer: *Werkausgabe in zehn Bänden 1920–1975.* Frankfurt 1976. Bd. III, S. 242.
2. Erich Kästner: *Kästner für Erwachsene.* Ed. R. W. Leonhardt. Frankfurt 1966. S. 332.
3. Bertold Brecht: *Gesammelte Werke in 20 Bänden.* Frankfurt 1967. Bd. V, S. 2172.
4. (Wie Anm. 3), Bd. II, S. 454.
5. Vgl. die Belegsammlung bei Emil Seidenadel: Frauenzimmer. In *ZdW* 5 (1903/04), S. 59–98. Zwei möglicherweise frühere Belege sind nicht eindeutig: a) nach E. Schröder, *ZdA* 74 (1937), S. 163 im *Minneturnier* 539 *(Mittelhochdeutsche Minnereden I.* Ed. Kurt Matthaei. Berlin 1913. DTM 24, Nr. 10); aber die Stelle ist syntaktisch ungeglättet – es handelt sich bei den zwei Frauenzimmern nicht notwendigerweise um Frau Aventüre und Venus, sondern eher um die Frauenzimmer *von* Frau Aventüre und Venus. Der Text stammt aus der 2. Hälfte des 15. Jahrhunderts; er wird von Dietrich Huschenbett: *Hermann von Sachsenheim.* Berlin 1962. S. 106f. auf Grund möglicher Anspielungen auf die Pfalzgräfin Mechthild und Albrecht VI. von Österreich in das Jahr 1451 datiert.
b) Georg Scherer: Teutsche Oration, gehalten 1595 *(Werke,* II. 383 b) nach M. H. Jellinek, *ZdW* 6 (1904/05), S. 380; gemeint ist dort wohl aber das Frauenzimmer (= der Hofstaat) des Obristen, so daß das Kollektivum vorliegt.
6. Erschienen als Baptistae Armati, vatis thalosi. *Rettung . . .* Hamburg 1642. Die Stelle ist auf S. F II (a).
7. *Goethes Werke.* Ed. im Auftrage der Großherzogin Sophie von Sachsen. Weimar 1887–1918. Bd. 19, S. 32 f.
8. Frankfurt und Leipzig 1787–89, Teil V, Bd. III, S. 191 und 192 f.
9. Da die wissenschaftliche Ausgabe der Briefe Wielands noch nicht bis zu diesem Datum gekommen ist, zitiere ich nach Wilhelm Feldmann: Fremdwörter und Verdeutschungen des 18. Jh. in *ZdW* 8 (1906/07), S. 63.
10. (= L 18), Bd. IV, I, 1. S. 87. 1863 ist das Datum der Lieferung.
11. Paul Heyse: *Gesammelte Werke.* Stuttgart-Berlin o. J. (1924). Reihe I, Bd. V, S. 252.
12. (Wie Anm. 11), Reihe I, Bd. V, S. 290, 313, 324.
13. (Wie Anm. 11), Reihe II, Bd. IV, S. 256.
14. Wilhelm Raabe: *Sämtliche Werke.* Im Auftrag der braunschweigischen wissenschaftlichen Gesellschaften ed. Karl Hoppe. Göttingen 1957–1970. Bd. I, S. 159.
15. *Der Stechlin.* Theodor Fontane: *Sämtliche Werke* (Nymphenburger Ausgabe) München 1959. Bd. 8 (1959). S. 234.
16. Philologi von Nirgendshausen Schreiben betreffend die Teutsch-Verderber

und die Sprachen-Kraencker. Freyburg 1685. Die Originalausgabe war mir nicht zugänglich. Zitiert nach Carl Müller: Beiträge zum neuhochdeutschen Wortschatz. In: *ZdW* 3 (1902), S. 253.

17. *Des Schwäbischen Ritters Georg von Ehingen Reisen nach der Ritterschaft.* Ed. Franz Pfeiffer. Stuttgart 1842 (BLV 1, 2). S. 19.

18. (Grimmelshausen) *Der Abentheurliche Simplicissimus Teutsch von German Schleifheim.* Ed. J. H. Scholte. Tübingen ³1954 (¹1938). (Neudrucke deutscher Literaturwerke 16./17. Jh. 302–309). S. 149.

19. Eine Verbreitungskarte für das Elsaß bietet der *Atlas linguistique et ethnographique de l'Alsace.* Ed. Ernest Beyer und Raymond Matzen. Vol. I Paris 1969. Karte 19 *(Männervolk)* und 20 *(Weibervolk).*

20. (Wie Anm. 1), Bd. III, S. 151.

21. Zitiert nach der 3. Aufl. Stuttgart 1902, S. 290.

22. *Nutzbares, galantes und curiöses Frauenzimmerlexicon ...* von Amaranthes. Leipzig 1715.

23. An der gleichen Stelle wie oben, Anm. 17.

24. *Endres Tuchers Baumeisterbuch der Stadt Nürnberg* (1464–1475). Ed. Matthias Lexer. Stuttgart 1862 (BLV 64). S. 300.

25. Vgl. Seidenadel (wie Anm. 5). S. 65. *Frauenzimmerlexicon* (wie Anm. 22), Sp. 706. *Frauenzimmer* als Ort ist diesem Verfasser nur aus der Lutherbibel (Esther II, 9) bekannt – er hält es dort für eine Bezeichnung besonderer orientalischer Verhältnisse.

26. *Deutsche Hofordnungen des 16. und 17. Jahrhunderts.* Ed. Arthur Kern. 2 Bde. Berlin 1905–1907 (Denkmäler der deutschen Kulturgeschichte II, 1/2). Bd. I, S. 82.

27. Vgl. *Geschichte der Stadt Wien.* Bd. III, 2 (ed. A. Starzer. Wien 1907). S. 657f. zu dem unverheirateten Stand der Hofdamen am Wiener Hof und S. 555 zu der Bezeichnung *Jungfrauenturm.*

28. Ed. Th. G. v. Karajan. Wien 1843.

29. Etwa *Hofordnungen* (wie Anm. 26). Bd. I, S. 43 (vom Jahr 1561).

30. Bei Georg Preu, Augsburg (*Die Chroniken der deutschen Städte vom 14. bis ins 16. Jahrhundert.* Bd. 29, 1906, S. 20¹⁹)

31. Vgl. die in Anm. 5 genannte Sammlung von Seidenadel und die dort angeführten Ergänzungen.

32. Wie Anm. 17, S. 7.

33. Vgl. Anm. 5.

34. Vgl. *Deutsche Privatbriefe des Mittelalters.* Ed. Georg Steinhausen. 2 Bde. Berlin 1899–1907 (Denkmäler der deutschen Kulturgeschichte I, 1/2). Bd. I, S. 87. In dem Brief ist vom Frauenzimmer der Margarethe von Württemberg die Rede.

35. Vgl. *Geschichte der Stadt Wien* II, 1 (ed. H. Zimmermann. Wien 1900). Besonders die Ausführungen von Richard Müller S. 108–155.

36. Vgl. ebenda Bd. III, 2 (wie Anm. 27), besonders die Ausführungen von Richard Müller, S. 631–686; zum Hofstaat der Herzogin S. 653–666.

37. Abgedruckt in *Die gute alte Zeit,* ed. Albert Jäger. Wien 1852. S. 4–6. (Der Text wurde mir aus einem Konvolut der Insbrucker Universitätsbibliothek durch die freundliche Vermittlung von Herrn Kollegen Josef Riedmann, Innsbruck, zugänglich gemacht.)

38. Vgl.die Beispiele in den *Hofordnungen* (wie Anm. 26).
39. Vgl. Oswald von Zingerle: *Mittelalterliche Inventare aus Tirol und Vorarlberg.* Innsbruck 1909. LXXX,1.
40. Vgl. Enno Littmann: Sprachliche Seltsamkeiten aus Morgenland und Abendland. *ZDMG* 76 (1922), S. 270–281, besonders S. 273 f. und Johannes Friedrich: Zufällige Ähnlichkeiten auf verschiedenen Sprach- und Kulturgebieten. *IF* 60 (1949), S. 156–170, besonders S. 158.
41. Ein konkreter Fall dieser Art ist beschrieben bei Walter Haas: Zur *l*-Vokalisierung im westlichen Schweizerdeutschen. In: *Dialekt als Sprachbarriere?* Ergebnisbericht einer Tagung zur alemannischen Dialektforschung. Tübingen 1973 (Untersuchungen des Ludwig-Uhland-Instituts der Universität Tübingen 33). S. 63–70.
42. *Kratylos* 385 b. Vgl. zu diesem Thema auch aus Peter Bichsels *Kindergeschichten* (Darmstadt 1969 u. ö.) die Geschichte *Ein Tisch ist ein Tisch* (S. 21–31, 1966).
43. Diedrich Westermann: Laut, Ton und Sinn in westafrikanischen Sudansprachen. In: *Sprachwissenschaftliche und andere Studien.* Festschrift Karl Meinhof. Hamburg 1927. S. 315–328. Das Zitat auf S. 319.
44. So etwa (allgemein, aber vorwiegend auf das Französische bezogen) Maurice Grammont: *Traité de phonétique.* Paris ³1946 (¹1933), 3. Teil: *Phonétique impressive.* Oder für das Englische Hans Marchand: Phonetic Symbolism in English Word-formation. In: *IF* 64 (1958), S. 146–168 und 256–277.
45. E. M. v. Hornbostel: Laut und Sinn. In der Festschrift Meinhof (wie Anm. 43), S. 329–348. Über das Experiment auf S. 340.
46. Das Ausgangsexperiment ist von D. Usnadze: Ein experimenteller Beitrag zum Problem der psychologischen Grundlagen der Namengebung. In: *Psychologische Forschungen* (Berlin) 5 (1924), S. 24–43. Leider werden dort keine genauen Angaben gemacht; außerdem wurde der Versuch mit Sprechern des Georgischen durchgeführt, so daß der deutschsprachige Leser im allgemeinen den Einfluß der eigenen Sprache u. dgl. nicht nachkontrollieren kann. Referat und Weiterführung der inzwischen stark angewachsenen Forschung auf diesem Gebiet bei Suitbert Ertel: *Psychophonetik. Untersuchungen über Lautsymbolik und Motivation.* Göttingen 1969.
47. So etwa Egon Fenz: *Laut, Wort, Sprache und ihre Deutung.* Wien 1940.
48. *Hesychii Alexandrini Lexicon.* Ed. Kurt Latte. Kopenhagen I (A–D) 1952. II (E–O) 1960. Unter H 225.
49. Vgl. hierzu etwa E. Benveniste: Une différenciation de vocabulaire dans l'Avesta. In: *Studia Indo-Iranica.* Festschrift Wilhelm Geiger. Ed. Walther Wüst. Leipzig 1931. S. 219–226. Carl J. S. Marstrander: A West-Indoeuropean Correspondence of Vocabulary. In: *NTS* 7 (1934), S. 335–343. B. Schlerath: Über den Hahn. In: *ZvS* 71 (1953), 28–32.
50. *ZvS* 56 (1929), S. 146–151. Zu diesem Thema ferner noch E. Lidén: Zufälliger Gleichklang. *ZvS* 56 (1929), S. 223–226 und die in Anm. 40 genannte Literatur.
51. Vgl. etwa Berthold Delbrück: *Die indogermanischen Verwandtschaftsnamen.* Leipzig 1889 (Abh. kgl. Sächs. Ges. Wiss. phil.-hist. XI). S. 462 (84). Dort wird diese Etymologie als die ‚gewöhnliche' bezeichnet.
52. Diese Auffassung wird zum Beispiel vertreten von Jürgen Untermann: Ety-

mologie und Wortgeschichte. In: *Linguistic Workshop* III, ed. H. Seiler. München 1975, S. 93–116. Die Einschränkung der Etymologie auf die Untersuchung der Wortentstehung ist aber schon älter. Sie wird zum Beispiel nachdrücklich vertreten von Friedrich Kluge: Aufgabe und Methode der etymologischen Forschung. In: *Neue Jahrbücher für das klassische Altertum, Geschichte und deutsche Literatur* 14 (1911), S. 365–376. Abgedruckt bei Schmitt, L 10, S. 103–119.

53. Vgl. Emil Böhmer: *Sprach- und Gründungsgeschichte der pfälzischen Colonie am Niederrhein.* Marburg 1909 (Deutsche Dialektgeographie 3). Zu den deutschen Binnensprachinseln vgl. Peter Wiesinger im *Lexikon der germanistischen Linguistik,* Kapitel 39, 2. Aufl. Kap. 54.

54. Vgl. Rudolf Freudenberg: *Der alemannisch-bairische Grenzbereich in Diachronie und Synchronie. Studien zur oberdeutschen Sprachgeographie.* (Deutsche Dialektgeographie 72). Marburg 1974.

55. Vgl. Agathe Lasch: *Mittelniederdeutsche Grammatik.* Halle (Saale) 1914 (Sammlung kurzer Grammatiken germanischer Dialekte 9). § 9 und 296.

56. Vgl. die von Künßberg (L 21) zitierte Lüneburger Urkunde aus dem 14. Jh. und die von Schiller-Lübben (L 29) zitierte Brandenburger Urkunde aus dem 15. Jh.

57. Vgl. M. V. Molinari: Relazioni tra il lessico germanico ed i lessici latino ed oscoumbro. In: *Memorie dell' Istituto Lombardo.* Sc. morali e storiche 28 (1965), S. 339–402.

58. Vgl. P. Scardigli: *Elementi non indoeuropei nel germanico.* Firenze 1960.

59. Vgl. Josef Weisweiler: Bedeutungsgeschichte, Linguistik und Philologie. Geschichte des ahd. Wortes *euua.* In: *Stand und Aufgaben der Sprachwissenschaft.* Festschrift für Wilhelm Streitberg. Heidelberg 1924. S. 419–462; und das *Althochdeutsche Wörterbuch,* L 32 III, S. 446–455.

60. Vgl. dazu die erhellenden Ausführungen von Fritz Kern: Recht und Verfassung im Mittelalter. *Historische Zeitschrift* 120 (1919), S. 1–79. Gesondert nachgedruckt Darmstadt 1976 (Libelli 3).

61. Vgl. Günther Franz: *Der deutsche Bauernkrieg.* 11. Aufl. Darmstadt 1977 ('1933), S. 1–3 u. ö.

62. Zu diesem Typ vgl. Seebold: Etymologie und Lautgesetz. In: *Lautgeschichte und Etymologie.* Ed. M. Mayrhofer u. a. Wiesbaden 1980. S. 452–455.

63. *Die Gesetze der Angelsachsen.* Ed. F. Liebermann. Bd. I (Text) Halle 1903. S. 76 f.

64. *König Alfreds Übersetzung von Bedas Kirchengeschichte.* Ed. Jacob Schipper. Leipzig 1897 (Bibliothek der angelsächsischen Prosa IV). S. 68 (I, 27).

65. Thomas Wright: *Anglo-Saxon and Old English Vocabularies.* 2. ed. Richard Paul Wülcker. London 1884 (Nachdruck Darmstadt 1968) 413, 29. William G. Stryker: *The Latin-Old English Glossary in MS Cotton Cleopatra A III.* Diss. (masch.) Stanford 1951. 219, 72.

66. Eine unkommentierte (und in dieser Form wertlose) Zusammenstellung der beiden Wörter findet sich bei Hermann Hirt: *Der indogermanische Ablaut.* Straßburg 1900, S. 151. Ders.: *Der indogermanische Vokalismus* (Indogermanische Grammatik II). Heidelberg 1921, S. 172.

67. Vgl. etwa Helmut Rix: *Historische Grammatik des Griechischen. Laut- und Formenlehre.* Darmstadt 1976. S. 68–70. Ich schreibe den Schwachtonvokal

hier als *a*, da mir die Lautverhältnisse im Bereich der sogenannten Laryngale noch nicht ausreichend geklärt zu sein scheinen.

68. Vgl. Buck, L 90, S. 1357–59 und 1419–22.

69. Vgl. Elmar Seebold: Germanisch **sanþ/sund-* ‚seiend, wahr'. In: *Sprache* 15 (1969), S. 14–45, besonders S. 35.

70. Vgl. Sexti Pompei Festi *De Verborum Significatu*. Ed. Wallace M. Lindsay. Leipzig 1913. S. 372,2 und 373,1.

71. Alan S. C. Ross: *Ginger*. A Loan-Word Study. Oxford 1952. Dazu auch (mit einem Schema, das ich meinen Zwecken angepaßt habe) *Etymology*, L 4, S. 146–148.

72. Vgl. hierzu Roland Ris: *Das Adjektiv reich im mittelalterlichen Deutsch*. Diss. Bern 1966 (Berlin 1971).

73. So etwa Gottfried Weber (ed.): *Wolfram von Eschenbach. Parzival*. Darmstadt 1967. S. 982. Besser Emil Öhmann: Die Bedeutungsentwicklung von dt. *Preis*, frz. *prix*. In: *ZdM* 26 (1958), S. 72–75.

74. Vgl. Friedrich Kluge: *Von Luther bis Lessing*. Leipzig 1918. S. 110.

75. Vgl. Werner Schrader: *Studien über das Wort ‚höfisch' in der mittelhochdeutschen Dichtung*. Diss. Bonn 1935.

76. Vgl. Bernhard Peters. *Onomasiologie und Semasiologie der Preißelbeere*. Marburg 1967 (Marburger Beiträge zur Germanistik 10). S. 15 f. und 82 f.

77. Text: *Íslendingabók. Landnamabók*. Ed. Jakob Benediktsson. 2 Bde. Reykjavík 1968 (Íslenzk Fornrit I). Übersetzung: *Islands Besiedlung und älteste Geschichte*. Übers. v. Walter Baetke. Jena 1928. (Thule 23). Zur isländischen Namengebung allgemein vgl. (außer dem Vorwort in der Übersetzung) Hans Kuhn: *Das alte Island*. Erw. Neuausg. 1978 (¹1971). Kapitel XVI.

78. (Wie Anm. 77). Text S. 70, Übersetzung S. 73

79. (Wie Anm. 77). Text S. 139, Übersetzung S. 89.

80. Vgl. etwa Hans Krahe: *Unsere ältesten Flußnamen*. Wiesbaden 1964. S. 32–86.

81. Vgl. hierzu Ernst Leisi: *Paar und Sprache*. Linguistische Aspekte der Zweierbeziehung. Heidelberg 1978 (Uni-Taschenbücher 824). Besonders Kapitel I. Einschlägiges auch bei E. Kruisinga: Diminutieve en affektieve suffixen in de germaanse talen. In: *Mededeelingen d. koning. Akademie van wetenschappen*. Afd. Letterkunde 5. Amsterdam 1942. S. 443–504; besonders aufschlußreich die Stelle S. 462 f.

82. Heinz Ischreyt: *Studien zum Verhältnis von Sprache und Technik*. Düsseldorf 1965 (Sprache und Gemeinschaft. Studien IV). S. 231–253.

83. Vgl. Elmar Seebold: Erhaltung und Schwund des Kompositionsvokals im Gotischen. In: *ZvS* 82 (1968), S. 69–97.

84. Vgl. Rudolf Thurneysen: *A Grammar of Old Irish*. Dublin 1946, § 294 b.

85. Zuerst ausführlich untersucht von Wilhelm Schulze: Ahd. *suagur*. In: *ZvS* 40 (1907), 400–418 (= *Kleine Schriften* 60–74). Zur Vṛddhi-Bildung jetzt ausführlich Georges Darms: *Schwäher und Schwager, Hahn und Huhn. Die Vṛddhi-Ableitung im Germanischen*. Diss. Freiburg (Schweiz) 1978.

86. Vgl. Elmar Seebold: Die Stammbildungen der idg. Wurzel **u̯eid-* und deren Bedeutungen II. In: *Sprache* 19 (1973), S. 158–179, vgl. S. 176 ff.

87. Vgl. zuletzt Bernhard Forssman: *epì kár* und *anà kár*. In: *Glotta* 45 (1967), S. 1–14.

88. Vgl. Jakob Wackernagel: *Altindische Grammatik* II, 1 (Göttingen 1957), S. 96.

89. Vgl. Buck (L 90), S. 215.
90. Vgl. Vgl. Eduard Schwyzer: *Griechische Grammatik*, Bd. I, 4. Aufl. München 1968 (Handbuch der Altertumswissenschaft II, I, I), S. 461.
91. Vgl. zu diesen Bildungen zuletzt Gernot Schmidt: *Stammbildung und Flexion der indogermanischen Personalpronomina*. Wiesbaden 1978. S. 203.
92. Vgl. Johannes Friedrich: *Hethitisches Wörterbuch* (L 88), S. 100 mit Nachtrag S. 342. Tischler (L 88b), S. 500–502.
93. Vgl. J. Strachan, *ZvS* 33 (1895), S. 305.
94. Vgl. Elmar Seebold: *Internal Reconstruction of Proto-Languages*. In: *TPS* 1976, S. 51–65.
95. Zu dieser Erklärung des s-Stammes vgl. Schwyzer (wie Anm. 90), S. 515; Gray in *Lg* 8 (1932), S. 185 f. (etwas schwach) und Johannes Friedrich: *Hethitisches Elementarbuch* I (Heidelberg ²1960), § 212.
96. Vgl. die bei Tischler (L 88b), S. 11, 500–502, 526f. genannte Literatur.
97. Vgl. Schwyzer (wie Anm. 90), S. 430.
98. Vgl. Jakob Wackernagel: *Altindische Grammatik* II, 1 (Göttingen ²1957), S. 20 und 22. So zuerst Johannes Schmidt in *ZvS* 32 (1893), S. 382f.
99. Vgl. Wackernagel (wie Anm. 98), Bd. II, 2 von Albert Debrunner, Göttingen 1954, S. 466.
100. Diese im übrigen schon in der Antike vertretene Erklärung wurde zunächst begründet von O. A. Danielsson: *Grammatisch-etymologische Studien* I. Gr. *kára, kéras*. Uppsala Universitets Årsskrift 1888. Fil. IV. besonders S. 30f. Sie war dann allgemeine Meinung bis sie von Zupitza, *ZvS* 36 (1900), S. 60–63 mit unzulänglichen Gründen zurückgewiesen wurde.
101. Ich benütze die 21. Auflage, Bielefeld-Leipzig 1876; vgl. dort etwa S. 376f.
102. Vgl. Buck, L 90, S. 576f.
103. Vgl. Roman Jakobson: Why ‚Mama' and ‚Papa'? zuerst erschienen 1959, abgedruckt in *Selected Writings* I (Phonological Studies). 's-Gravenhage 1962, S. 538–545. Deutsch in R. J. *Aufsätze zur Linguistik und Poetik*. Ed. Wolfgang Raible. München 1974. S. 107–116.
104. Vgl. Wilhelm Oehl: *Fangen – Finger – Fünf*. Studien über elementarparallele Sprachschöpfung. Freiburg (Schweiz) 1933.
105. Vgl. die Behandlung bei Wilhelm Wilmanns: *Deutsche Grammatik* II: Wortbildung. Berlin und Leipzig ²1930 (= ¹1896), S. 86–91
106. Vgl. etwa Ferdinand Sommer: Stimmung und Laut. In: *GRM* 8 (1920), S. 129–141, 193–204.
107. Vgl. hierzu Hermann Hilmer: *Schallnachahmung, Wortschöpfung und Bedeutungswandel*, auf der Grundlage der Wahrnehmungen von Schlag, Fall, Bruch und derartigen Vorgängen, dargestellt an einigen Lautwurzeln der deutschen und der englischen Sprache. Halle (Saale) 1914.
108. Vgl. *Schweizerisches Idiotikon*. Wörterbuch der schweizerdeutschen Sprache. Frauenfeld. Bd. 13 (1973). Sp. 2174–2193.
109. Vgl. Hans Ulrich Rübel: *Viehzucht im Oberwallis*. Sachkunde. Terminologie. Sprachgeographie. Frauenfeld 1950 (Beiträge zur schweizerdeutschen Mundartforschung II). S. 117f.
110. Vgl. Leisi: *Paar und Sprache* (wie Anm. 81). Kapitel 1.
111. Ein (nicht sehr aufschlußreiches) Referat hierüber in *Chemiefasern*. Zeitschrift für Chemiefasern 20 (1970). S. 633.

112. Vgl. Victor Sialm-Bossard: *Sprachliche Untersuchungen zu den Chemiefaser-Namen. Ein Beitrag zur Beschreibung der deutschen Gegenwartssprache.* Diss. Freiburg (Schweiz) 1975. S. 224–226.

113. Ähnliche Einwände schon bei K. Schumann: Zur Typologie und Gliederung der Lehnprägungen. In: *ZslPh* 32 (1965), S. 61–90.

114. Vgl. Emil Öhmann: Mittelhochdeutsche Lehnprägungen nach altfranzösischem Vorbild. In: *AASF* B 68,3 (Helsinki 1951), S. 100f.

115. Vgl. E. Seebold, *Sprache* 15 (1969), S. 39–44.

116. Vgl. zu den hochsprachlichen Verhältnissen Kretschmer, L 23, S. 565–574. Zu den Mundarten vgl. Brunhilde Reitz: Die Kultur von ‚brassica oleracea‘ im Spiegel deutscher Sprache. In: *Deutsche Wortforschung in europäischen Bezügen* 4 (1964), S. 477–628.

117. Vgl. Werner Kuhberg: *Verschollenes Sprachgut und seine Wiederbelebung in neuhochdeutscher Zeit.* Frankfurt 1933 (Frankfurter Quellen und Forschungen zur germanischen und romanischen Philologie 4).

118. Vgl. zum folgenden Bernhard Martin: Die Namengebung einiger aus Amerika eingeführter Kulturpflanzen in den deutschen Mundarten (Kartoffel, Topinambur, Mais, Tomate). In: *Deutsche Wortforschung in europäischen Bezügen* 2 (1963), S. 1–158. Colette Abegg-Mengold: *Die Bezeichnungsgeschichte von Mais, Kartoffel und Ananas im Italienischen.* Probleme der Wortadoption und -adaption. Bern 1979. S. 107–186.

119. Vgl. ALF 1057 (*Atlas linguistique de la France*, ed. J. Gillieron et E. Edmont. Paris 1906); ALJA 379 (*Atlas linguistique et ethnographique du Jura et des Alpes du Nord. Francoprovençal central.* Ed. J. P. Martin et G. Tuaillon I 1971); AIS 1387 (*Sprachatlas Italiens und der Südschweiz.* Ed. K. Jaberg und J. Jud. VII, 2 Zofingen 1937); ALLy 265 (*Atlas linguistique et ethnographique du Lyonnais.* Ed. P. Gardette I Lyon 1950).

120. Vgl. (Abkürzungen wie Anm. 119): DWA III. 30–36 (*Deutscher Wortatlas*, ed. Walther Mitzka, III Berlin 1954); ALF 1164 (34, 1909); AIS 468 (III, 1, 1930); ALLY 537 (II, 1952); ALMC 341 (*Atlas linguistique et ethnographique du Massif (Central*, ed. Pierre Nauton, I, 1957).

121. Vgl. unter vielen anderen etwa *Zedlers Universallexicon.* 25. Bd. Leipzig und Halle 1740 unter *Ohrwurm;* Michaelis Ettmulleri ... *Operum* II (Frankfurt 1708), S. 758a.

122. Vgl. etwa Gundolf Keil: Die Bekämpfung des Ohrwurms nach Anweisungen spätmittelalterlicher und frühneuzeitlicher deutscher Arzneibücher. In: *ZdPh* 79 (1960), S. 176–200. Keil ist mit den lt. Quellen allerdings etwas unkritisch umgegangen. Weiteres bei Zedler (wie Anm. 121).

123. Zur Zurückweisung des Aberglaubens können praktisch alle zoologischen Handbücher verglichen werden, in denen der Ohrwurm behandelt wird. Zu legendenhaften Berichten vgl. etwa Georg Philipp Harsdörffer: *Der große Schau-Platz Lust- und Lehrreicher Geschichte.* Frankfurt ⁵1664 (und Nachdruck). Bd. II. S. 238.

124. Marie-Nicolas Bouillet: *Dictionnaire universel des sciences, des lettre et des arts.* Paris 1854 (und in den weiteren Auflagen). S. 693 unter *forficule.* Die Etymologie wird aber bereits in dem *Dictionnaire universel d'histoire naturelle*, ed. Ch. d'Orbigny Paris, Bd. V (1844), S. 677 als bekannt vorausgesetzt. Ihre Quelle habe ich leider nicht feststellen können. Sie wurde dann (ohne

Quellenangabe) wieder aufgestellt von H. Schuchardt, *ZrPh* 31 (1907), 660f.
und ist von dort aus auf die romanistischen Wörterbücher übergegangen, vgl.
besonders das *Französische Etymologische Wörterbuch* von Wartburg, Bd. I
(Bonn 1928) unter *auricula*.

125. Vgl. etwa Abbé Desmonceau: *Traité des maladies des yeux et des oreilles*. II
Paris 1786. S. 362.

126. Vgl. *A Late Eigth-Century Latin-Anglo-Saxon Glossary*, preserved in the Library of the Leiden University. Ed. John Henry Hessels. Cambridge 1906.
S. 49 (XLVII, 86).

127. Vgl. Tobler-Lommatzsch: *Altfranzösisches Wörterbuch*. Wiesbaden Bd. 6
(1965), S. 1236. Frédéric Godefroy: *Dictionnaire de l'ancienne langue française
du IXe au XVe siècle*. Paris. Vol 5 (1888), S. 627. A. Thomas, *Romania* 39
(1910), S. 427.

128. Vgl. die edierten Texte in Julius Jörimann: *Frühmittelalterliche Rezeptarien*.
Zürich 1925 (Beiträge zur Geschichte der Medizin 1) und Henry Ernst Sige-
rist: *Studien und Texte zur frühmittelalterlichen Rezeptliteratur*. Leipzig 1923
(Studien zur Geschichte der Medizin 13). Für einen allgemeinen Überblick
kann verglichen werden Walter Puhlmann: Die latenische medizinische Literatur des frühen Mittelalters. In: *Kyklos*. Jahrbuch für Geschichte und Phi-
losophie der Medizin. Leipzig 3 (1930). S. 395–416.

129. Vgl. Günther Leonhardi: *Kleinere angelsächsische Denkmäler I*. Hamburg
1905. (Bibliothek der angelsächsischen Prosa VI). S. 1–120. Der Beleg ist S. 14,
Z. 21 f.

130. Ettmüller (wie Anm. 121), S. 758a.

131. Vgl. *Handwörterbuch des deutschen Aberglaubens*. Ed. Bächtold-Stäubli und
Hoffmann-Krayer. Bd. VI (Berlin und Leipzig 1934/35). Sp. 122.

132. C. Plinius Secundus: *Naturalis Historia*. Bd. 29. C. 39. Vgl. auch Galenus XIII,
400; Marcellus Empiricus 9, 125; Medicina Plinii I, 6; und andere.

133. Vgl. Lowell Kindschi: *The Latin-Old English Glossaries in Plantin-Moretus
MS 32 and British Museum MS Additional 32, 246*. Diss. Standford 1955. S. 81,
16.

134. Vgl. vor allem die Zusammenstellungen bei Adriano Garbini: *Antroponimie ed
Ononimie nel campo della zoologia popolare*. II Omonimie. Verona 1925 (Ac-
cademia di agricoltura scienze e lettere). Dort etwa das Kapitel *Forbici*
S. 1256–1299. *Porcheto risso* S. 778–795, *Panaròto* 1381–1393 u. a.

135. Der einzige Beleg für *perce-pain* scheint die Übersetzung der *naturalis historia*
von du Pinet zu sein (ich habe die Ausgabe von 1584 eingesehen), dort steht
der Beleg unter XX, XIII, S. 150 (lt. *millepeda*). Vgl. Barbier, *Bulletin de
dialectologie romane* I (Brüssel 1909), S. 65.

136. Vgl. Ettmüller (wie Anm. 121), S. 734a. Ein Bericht über einen solchen Vorfall
bei Hans Wilh. Kirchhoff: *Wendunmuth* (ed. H. Österley), Bd. 2 Stuttgart
1869 (BLV 96), S. 553f. Vgl. ferner das *HdA* (wie Anm. 131) Bd. 3 (1930/31),
S. 1164f.

137. Vgl. Leisi, L 172, S. 29.

138. 9, 245. Vgl. Goethes Werke (wie Anm. 7). Bd. 50, S. 265.

139. Alex Comfort: *Joy of Sex* (Deutsche Übersetzung). Frankfurt 1976 (usw.).

140. Besonders ausführlich: Stöcklein, L 151, S. 70–72.

141. Zur Beurteilung dieser längst bekannten Etymologie vgl. Wilhelm Meyer-

Lübke: *Einführung in das Studium der romanischen Sprachwissenschaft.*
3. Aufl. Heidelberg 1920. S. 108f.

142. Vgl. Sperber, L 161, S. 30f.

143. Vgl. *The ,Expositio in Cantica Canticorum' of Williram.* Ed. Erminnie Hollis Bartelmez. Philadelphia 1967. Unter 2G.

144. Vgl. E. Tappolet in *Bulletin du Glossaire des Patois de la Suisse Romande* 13 (Lausanne 1914), S. 43f.; Jaberg, L 153, S. 148f.

145. Vgl. Jaberg, L 153, S. 151–166.

146. Dieser Bereich ist vor allem untersucht worden von Wilhelm Horn (L 145). Horn hat allerdings sehr vieles in diesen Bereich hereingezogen, das man besser anders beurteilt.

147. Vgl. Emil Öhmann: *Über hyperkorrekte Lautformen.* Helsinki 1960. (AASF B 123, 1).

148. Vgl. Darms (wie Anm. 85), S. 406–411, wo auf E. Hermann: *Die Coburger Mundart.* Ed. A. Siegel. Coburg 1957 (Coburger Heimatkunde und Heimatgeschichte II, 20), S. 262 verwiesen wird.

149. Vgl. hierzu vor allem Wilhelm Schoof: Die deutschen Verwandtschaftsnamen. In: *Zeitschrift für hochdeutsche Mundarten* 1 (1900), S. 193–298, besonders S. 257–264.

150. Zur Verbreitung vgl. *DWA* (wie Anm. 120) VI (1957). Eine übersichtliche Wiedergabe findet sich im *dtv-Atlas zur deutschen Sprache.* Ed. Werner König. München 1978. S. 169f.

151. Vgl. zur Verbreitung den *Sprachatlas der deutschen Schweiz.* Bd. IV Wortgeographie. Bern 1969. Karte 144 (+ Text III).

152. Vgl. Virgil Moser: *Frühneuhochdeutsche Grammatik* I: Lautlehre. 1. Hälfte. Heidelberg 1929. S. 133, § 73. Die Stellung vor *ht* ist dort nicht erwähnt, ergibt sich aber eindeutig aus den Beispielen.

153. Vgl. Moser (wie Anm. 152), S. 103f.

154. Vgl. Moser (wie Anm. 152), S. 77

155. Vgl. Moser (wie Anm. 152), S. 130f., § 72[1].

156. Vgl. Moser (wie Anm. 152), S. 128.

157. Vgl. Moser (wie Anm. 152), S. 201–204. Zur Normalvertretung von mhd. *ie* in den heutigen Mundarten vgl. Peter Wiesinger: *Phonetisch-phonologische Untersuchungen zur Vokalentwicklung in den deutschen Dialekten.* Berlin 1970, besonders Karte 13.

158. Vgl. M. Faust: Wortfeldstruktur und Wortverwendung. In: *WW* 6 (1978), S. 365–401.

159. Vgl. Jost Trier: *Holz. Etymologien aus dem Niederwald.* Köln 1952. Und besonders *Venus. Etymologien um das Futterlaub.* Köln 1963. S. 39–53.

160. F. Solmsen in *ZvS* 42 (1909), S. 214f. (Anm. 4).

161. Vgl. Seebold (wie Anm. 62), S. 455–457.

162. Vgl. zu diesem Bereich Oswald Szemerényi: Principles of Etymological Research in the Indo-European Languages. In: *II. Fachtagung für indogermanische und allgemeine Sprachwissenschaft Innsbruck 1961.* Abgedruckt bei Schmitt, L 10, S. 286–346.

163. Eine wesentlich ausführlichere Auseinandersetzung mit einem Beispiel dieser Art bei Seebold (wie Anm. 62).

164. *Venanti Honori Clementiani Fortunati* ... *opera poetica.* Ed. Fridericus Leo. Berlin 1881 (MGH B IV). S. 173 (XVIII, 19f.).
165. Vgl. das große cymrische Wörterbuch, L 73, S. 532 (Bd. I).
166. Vgl. Wackernagel-Debrunner (wie Anm. 99), S. 754–766.
167. Vgl. J. Morris-Jones: *A Welsh Grammar.* Oxford 1913. S. 201f.
168. In: *Abhandlungen zur germanischen Philologie* (Festgabe für R. Heinzel). Halle 1898. S. 173–188, besonders S. 177.
169. Der Vergleich mit dem Grabwerkzeug stammt von F. Solmsen: *Beiträge zur griechischen Wortforschung I.* Straßburg 1909. S. 197f. mit Anm. 2. Die Wiedergabe bei Kluge ist sinnentstellend.
170. Vgl. Buck, L 90, S. 50–52.
171. Vgl. Meringer, *IF* 19 (1906), S. 448f. und H. Posch, *WuS* 16 (1934), S. 2; jeweils mit Verweis auf Waitz, *Anthropologie der Naturvölker.*

Bibliographie

B *1 Einführungen in die Etymologie; Allgemeines (zu § 50):*

L 1. Hermann Hirt: *Etymologie der neuhochdeutschen Sprache.* München 2. Aufl.
1921 (¹1909). (Systematische Darstellung mit vielen wichtigen Hinweisen. Im
Ganzen aber veraltet, vor allem da die Beispiele auf viel zu knappe Wortgleichungen beschränkt sind.)

L 2 Vittore Pisani: *Die Etymologie. Geschichte – Fragen – Methode.* München
1975 (Internationale Bibliothek für allgemeine Linguistik). Deutsche Übersetzung von *L'Etimologia. Storia – Questioni – Metodo.* 2. Aufl. Brescia 1967
(1. Turin 1947). (Anregend, aber nicht sehr eingehend. Wegen seiner vor
allem italienischen und lateinischen Beispiele eine nützliche stoffliche Ergänzung zu der vorliegenden Arbeit.)

L 3 Pierre Guiraud: *L'étymologie.* Paris 3. Aufl. 1972 (¹1964). (Que sais-je 1122).
(Konzentriert sich, wie in der Romanistik eher üblich, vor allem auf Wortgeschichte und Wortgeographie. Wichtige Aufschlüsse über die Wissenschafts-
geschichte in Frankreich. Anderes ist zu knapp behandelt.)

L 4 Alan S. C. Ross: *Etymology, with Especial Reference to English.* London
1958 (The Language Library). (Enthält einen unglücklichen Versuch zur For-
malisierung der Definition von Etymologie. Sonst Einführung in das Verständnis der etymologischen Wörterbücher.)

L 5 A. A. Beleckij: *Principy etimologiceskix issledovanij (na materiale greceskogo
jazyka).* Kiew 1950. (Bemühung um die Teilgebiete der Etymologie, erläutert
an Beispielen aus dem Griechischen.)

L 6 Friedrich Scholz: *Slavische Etymologie. Eine Anleitung zur Benutzung etymologischer Wörterbücher.* Wiesbaden 1966 (Slavistische Studienbücher III).
(Enthält, was der Untertitel verspricht. Sehr knapp.)

L 7 V. Bertoldi: *L'arte dell' etimologia.* Neapel 1952, (War mir nicht zugänglich.
Vgl. *Emerita* 22, 1954, S. 289.)

Allgemeinere Bemerkungen zur Etymologie sind auch in vielen Lexika und
Handbüchern enthalten. Von weiterreichender Bedeutung ist

L 8 Hermann Hirt: *Indogermanische Grammatik I.* Heidelberg 1927. Erster
Teil: Etymologie. S. 132–197 (auch die Einleitung, S. 1–104 enthält vieles
Einschlägige).

Eine auf etymologische Fragen spezialisierte Zeitschrift ist

L 9 *Etimologija. Issledovanija po russkomu i drugim jazykam.* Moskau. (Die
Bände erscheinen ungefähr jedes Jahr und enthalten vorwiegend Aufsätze zur
Etymologie der slavischen Sprachen; daneben aber auch solche zu anderen
Sprachen und über allgemeine Fragen.)

Eine Sammlung wichtiger Aufsätze zur Etymologie ist nebst einer umfänglichen Bibliographie enthalten in

L 10 *Etymologie.* Ed. Rüdiger Schmitt. Darmstadt 1977 (Wege der Forschung 373).

B 2 *Allgemeine Arbeiten zur Sprachgeschichte und Sprachgeographie (zu § 63):*

Leider wird dieses Gebiet im allgemeinen nur im Rahmen der Besprechung von Geschichte und Ausbreitung bestimmter sprachlicher Formen behandelt, so daß hier nur halbwegs einschlägige Arbeiten genannt werden können (bei denen dann weitere Literaturangaben zu finden sind). Unserer Fragestellung am nächsten steht L 11.

L 11 Marcel Cohen: *Le Langage. Structure et évolution.* Paris 1950. Häufiger anzutreffen ist die Übersetzung ins Englische: *Language. Its Structure and Evolution.* University of Miami Press 1970.

L 12 Theodora Bynon: *Historical Linguistics.* Cambridge 1977. Deutsche Ausgabe: *Historische Linguistik.* München 1980 (Beck'sche Elementarbücher). (Überblick über die vorhandenen theoretischen Ansätze.)

L 13 Norbert Boretzky: *Einführung in die historische Linguistik.* Hamburg 1977 (rororo studium 108). (Besonders die Einleitung.)

L 14 Thomas L. Markey: *Prinzipien der Dialektologie. Einführung in die deutsche Dialektforschung.* Mit einer ausführlichen Bibliographie. Giessen 1977 (Giessener Beiträge zur Sprachwissenschaft).

L 15 Jan Goossens: *Deutsche Dialektologie.* Berlin 1977 (Göschen 2205).

B 3 *Handbücher und Nachschlagewerke für den deutschen und niederländischen Wortschatz (zu § 64ff.).*

L 16 Adolf Socin: *Schriftsprache und Dialekte im Deutschen nach Zeugnissen alter und neuer Zeit.* Heilbronn 1888 (Neudruck Hildesheim 1970). (Immer noch aufschlußreichste Einführung in die Geschichte der Hochsprache und ihr Verhältnis zu den Mundarten.)

L 17 Peter Kühn: *Deutsche Wörterbücher.* Tübingen 1978 (Germanistische Linguistik 15). (Bibliographische Zusammenstellung.)

L 18 Jacob und Wilhelm Grimm: *Deutsches Wörterbuch.* Ed. Deutsche Akademie der Wissenschaften zu Berlin. 16 Bände in 32 Teilen. Leipzig 1854–1960 + Quellenverzeichnis 1971. (Großwörterbuch mit ausführlichen Stellenzitaten. Umfang der Artikel sehr unterschiedlich; vor allem sind die von den Brüdern Grimm noch persönlich bearbeiteten Bände A–F sehr knapp. Die Neubearbeitung (L 18a) ist angelaufen und hat bei den Buchstaben A und D begonnen.)

L 19 *Trübners Deutsches Wörterbuch.* Begründet von A. Götze, ed. W. Mitzka. 8 Bände. Berlin 1939–57. (Kurze Wortgeschichten mit einigen Belegen und Literaturangaben. Ebenfalls nicht in allen Teilen gleichwertig.)

L 20 Hermann Paul: *Deutsches Wörterbuch:* 7. Aufl. ed. Werner Betz. Tübingen 1976. (Knappe Wortgeschichte. Parallele Bearbeitung ed. A. Schirmer in Halle.)

L 21 *Deutsches Rechtswörterbuch* (Wörterbuch der älteren Rechtssprache): Ed. Preußische Akademie der Wissenschaften. Weimar. Bd. I ed. Eberhard v. Künßberg 1914–1932. (Wichtige Ergänzung zum Grimm, L 18, im Bereich des Rechtswortschatzes. Wird fortgesetzt, jetzt beim Buchstaben J.)

L 22 Erhard Barth: Fachsprache. Eine Bibliographie. In: *Germanistische Linguistik* 1971, S. 205–363.

L 23 Paul Kretschmer: *Wortgeographie der hochdeutschen Umgangssprache.* 2. Aufl. Göttingen 1969 ('1918). (Beschreibt die regionalen Unterschiede im Wortschatz der Hochsprache in der Zeit zu Beginn dieses Jahrhunderts.)

L 24 Friedrich Kluge: *Etymologisches Wörterbuch der detuschen Sprache.* 20. Aufl. ed. Walther Mitzka. Berlin 1967. (Früher vorbildliches Wörterbuch, das in den Bearbeitungen seine Höhe nicht gehalten hat. Heute veraltet und voller Mängel.)

L 25 Der große Duden. Bd. 7. *Etymologie.* Herkunftswörterbuch der deutschen Sprache. Bearbeitet von Günther Drosdowski, Paul Grebe u. a. Mannheim (1963). (Unselbständige Zusammenstellung, enthält aber mehr Artikel als Kluge.)

– (Die etymologischen Wörterbücher von Mackensen und Wasserzieher sind unselbständig und veraltet.)

L 26 *Woordenboek der Nederlandsche taal.* Ed. M. de Vries & L. A. te Winkel (u. a.). 's-Gravenhage & Leiden 1864ff. (Großwörterbuch, das ungefähr dem Grimm, L 18, entspricht. Noch nicht vollständig.)

L 27 *Franck's Etymologisch woordenboek der Nederlandsche taal.* Tweede Druk door N. van Wijk. 's-Gravenhage 1912 (+ Neudruck). (Recht zuverlässiges, aber heute ebenfalls veraltetes Wörterbuch.)

L 28 G. F. Benecke, W. Müller und F. Zarncke: *Mittelhochdeutsches Wörterbuch.* 3 Bände. Leipzig 1854–61. (Vor allem mhd. Dichtersprache, viele Belege; nach Wortfamilien geordnet. Veraltet.)

L 28a Matthias Lexer: *Mittelhochdeutsches Handwörterbuch.* 3 Bände. Leipzig 1872–78. (angelegt als alphabetischer Index zu L 28, aber durch umfangreiche Zusätze zu einem eigenen Wörterbuch geworden. Veraltet.)

L 29 Karl Schiller und August Lübben: *Mittelniederdeutsches Wörterbuch.* 6 Bände. Bremen 1875–81. (Entsprechung von L 28 und L 28a im mnd. Bereich. Auf Grund der Quellenlage sind die Belege meist später und weniger aus dem literarischen Schrifttum. Veraltet.)

L 30 E. Verwijs und J. Verdam: *Middelnederlandsch woordenboek.* Fortgesetzt von F. A. Stoett. 9 Bände. 's-Gravenhage 1885–1929 + Bd. 11 Nachträge (1941). (Sehr ausführlich. Wichtige Ergänzung zu den mhd. und mnd. Wörterbüchern.)

L 31 E. G. Graff: *Althochdeutscher Sprachschatz oder Wörterbuch der althochdeutschen Sprache.* 6 Teile + Index von H. F. Massmann. Berlin 1834–46 (+ Nachdruck). (Fast vollständige Sammlung der damals bekannten Belege. Heute stark veraltet, aber noch nicht ersetzt. Zusammenstellung in Wortfamilien, nach einem phonetisch geordneten Alphabet. Das Aufsuchen bestimmter Wörter wird dadurch sehr erschwert und der Index von Massmann ist nicht selbständig genug, um Abhilfe zu schaffen. Wenn das betreffende

Wort eine nhd. Entsprechung hat, findet man seine Darstellung am schnell-
sten über den nhd. Index am Schluß jeden Bandes.)

L 32 *Althochdeutsches Wörterbuch.* Auf Grund der von E. v. Steinmeyer hinterlas-
senen Sammlungen im Auftrag der Sächs. Akad. d. Wiss. zu Leipzig. Bd. 1
ed. E. Karg-Gasterstädt und Th. Frings. Berlin 1968. Dann ed. R. Grosse
Bd. II (jetzt bei *danne*), Bd. III bis zum Ende von E. (Großwörterbuch, das
praktisch das gesamte Belegmaterial bietet. Wird fortgesetzt.)

L 33 Rudolf Schützeichel: *Althochdeutsches Wörterbuch.* Tübingen 1969. (Enthält
nur die Wörter der überlieferten Texte, nicht der Glossen. Nur Bedeutungsangaben und Bezeichnung der Quellen, in denen das Wort belegt ist.)

L 34 *Althochdeutsches Glossenwörterbuch.* Ed. Taylor Starck und J. C. Wells.
Heidelberg 1972 ff. (Ergänzung zu Schützeichel, L 33. Vollständige Belegangaben. Bis jetzt bei K.)

L 35 Edward H. Sehrt: *Vollständiges Wörterbuch zum Heliand und zur altsächsischen Genesis.* Göttingen 2. Aufl. (1966). (Vorbildliche Darstellung des
Wortschatzes der beiden wichtigsten Texte des As.)

L 36 Elis Wadstein: *Kleinere altsächsische sprachdenkmäler mit anmerkungen und
glossar.* Norden und Leipzig 1899. (Das Glossar erfaßt den Wortschatz der
übrigen as. Denkmäler.)

L 37 J. H. Gallée: *Vorstudien zu einem altniederdeutschen Wörterbuche.* Leiden
1903. (+ Neudruck 1977) (Wichtige Ergänzung zum As. im engeren Sinn.)

L 38 Samuel Berr: *An Etymological Glossary to the Old Saxon Heliand.* Bern &
Frankfurt 1971. (Enthält wenig mehr als die etymologischen Angaben bei
Sehrt, L 35.)

B 4 Nachschlagewerke für das Altfriesische (zu § 75):

L 39 Karl von Richthofen: *Altfriesisches Wörterbuch.* Göttingen 1840. (Zwar veraltet, aber philologisch zuverlässig, und, obwohl es das Westfriesische weniger gut berücksichtigt, das umfassendste Nachschlagewerk mit ausgiebigen
Stellenangaben und Textzitaten.)

L 40 Ferdinand Holthausen: *Altfriesisches Wörterbuch.* Heidelberg 1925. (Zu
knapp. Keine Belege.)

B 5 Nachschlagewerke für das Englische (zu § 76):

L 41 *A New English Dictionary on Historical Principles.* Ed. J. Murray et al. Oxford 1888–1928. Supplement 1936. (Zuverlässiges Großwörterbuch mit historischer Beschreibung des Wortschatzes. Abgekürzt *NED* oder *OED* = Oxford English Dictionary.)

L 42 *The Scottish National Dictionary.* Ed. William Grant & (ab Bd. 3) David
D. Murrison. Edinburgh 10 Bände. (1931)–1976.

L 43 J. Wright: *The English Dialect Dictionary.* Oxford 1898–1905.

– (Die etymologischen Wörterbücher des Englischen sind samt und sonders
unbefriedigend. Noch am besten, neben den Werken von Skeat, Weekley,
Holthausen, Partridge und Klein:)

L 44 *The Oxford Dictionary of English Etymology.* Ed. C. T. Onions et al. Oxford
1966.

L 45 H. Kurath: *Middle English Dictionary.* Ann Arbor 1952 ff. (Großwörterbuch für den me. Wortschatz.)

L 46 *A Dictionary of the Older Scottish Tongue,* from the Twelfth Century to the End of the Seventeenth. Ed. W. A. Craigie & A. J. Aitken. Edingburg 1931 ff.

L 47 Joseph Bosworth and T. Northcote Toller: *An Anglo-Saxon Dictionary.* Oxford 1882. *Supplement* von Toller 1921. (Veraltete, aber immer noch ausführlichste Erfassung des ae. Wortschatzes mit vielen Belegen.)

L 48 Ferdinand Holthausen: *Altenglisches etymologisches Wörterbuch.* Heidelberg 1934 (2., bis auf das Literaturverzeichnis unveränderte Auflage 1963). (Zu knapp, veraltet.)

B 6 Nachschlagewerke für die nordischen Sprachen (zu § 77):

L 49 *Ordbok över svenska språket.* Ed. Svenska Akademien. Stockholm 1893 f. (Großwörterbuch.)

L 50 *Ordbog over det danske Sprog.* Ed. Danske Sprog- og Litteraturselskab. Kopenhagen 1919–54 (Großwörterbuch.)

L 51 *Norsk Riksmålsordbok.* Ed. Trygve Knudsen & Alf Sommerfelt. 2 Bände Oslo 1937–57.

L 52 *Norwegian-English Dictionary.* Ed. Einar Haugen. Oslo (1965) (Wichtig wegen der Zuweisung der Wörter zu Bokmål/Nynorsk/Dialect.)

L 53 Elof Hellquist: *Svensk Etymologisk Ordbok.* 3. Aufl. Lund 1966. 2 Bände.

L 54 H. S. Falk und Alf Torp: *Norwegisch-Dänisches etymologisches Wörterbuch.* Oslo & Bergen 2. Aufl. 1960 (= ¹1910/11 Heidelberg.)

L 55 Alexander Jóhannesson: *Isländisches etymologisches Wörterbuch.* Bern (1956). (Ziemlich unkritische Zusammenstellungen.)

L 56 Johan Fritzner: *Ordbog over det gamle norske Sprog.* 3 Bände Oslo 2. Aufl. 1883–96. Band 4 Nachträge von Finn Hødnebø 1972. (Am materialreichsten.)

L 57 Richard Cleasby and Gudbrand Vigfusson: *An Icelandic-English Dictionary.* 2. Aufl. mit Supplement von William A. Craigie. Oxford 1957.

L 58 Theodor Möbius: *Altnordisches Glossar.* Leipzig 1866.

L 59 Sveinbjörn Egilsson: *Lexicon Poeticum Antiquae Linguae Septentrionalis* (Ordbog over det Norsk-Islandske Skjaldesprog). 2. Aufl. bearbeitet von Finnur Jónsson. Kopenhagen 1931.

L 60 Jan de Vries: *Altnordisches etymologisches Wörterbuch.* 2. Aufl. Leiden 1962. (Unzuverlässig, da zu spekulativ.)

B 7 Nachschlagewerke für das Gotische (zu § 78):

L 61 Ernst Schulze: *Gotisches Glossar.* Magdeburg o. J. (1847). (In Textgrundlage und grammatischer Analyse veraltet, aber immer noch beste, da vollständige, Zusammenstellung der Belege.)

L 62 Sigmund Feist: *Vergleichendes Wörterbuch der gotischen Sprache* 3. Aufl. Leiden 1939. (Verhältnismäßig zuverlässiges etymologisches Wörterbuch mit konservativer Grundeinstellung.)

L 63 MacDonald Stearns, jr.: *Crimean Gothic.* Analysis and Etymology of the Corpus. Saratoga 1978.

B 8 Nachschlagewerke für die germanische Sprachgruppe (zu § 79):

L 64 Alf Torp und Hjalmar Falk: *Wortschatz der germanischen Spracheinheit.*
Göttingen 1909 (Teil III von August Ficks vergleichendem Wörterbuch der
indogermanischen Sprachen, 4. Aufl.). (Veraltet, aber gut für eine erste Übersicht.)

L 65 Elmar Seebold: *Vergleichendes und etymologisches Wörterbuch der germanischen starken Verben.* Den Haag 1970.

B 9 Nachschlagewerke für das Lateinische (zu § 81):

L 66 *Thesaurus linguae latinae.* Leipzig 1900ff. (Großwörterbuch. Beim Buchstaben O.)

L 67 *A Latin Dictionary.* Ed. Charlton T. Lewis and Charles Short. Oxford 1879
(und Neu-Ausgaben).

L 68 *Lateinisches etymologisches Wörterbuch.* Von A. Walde. 4. Aufl. 2 Bände (ed.
J. B. Hofmann). Heidelberg 1965 + Registerband, zusammengestellt von
Elsbeth Berger 1965.

L 69 A. Ernout & A. Meillet: *Dictionnaire étymologique de la langue latine.*
4. Aufl. Paris 1959.

B 10 Nachschlagewerke für die keltischen Sprachen (zu § 81):

L 70 *Dictionary of the Irish Language.* Ed. Royal Irish Academy. Dublin
1913–1957. (Großwörterbuch. Enthält D_1, E, F).

L 71 *Contributions to a Dictionary of the Irish Language.* Ed. Royal Irish Academy. Dublin 1942–75 (Ergänzung zu L 70; enthält A–C, D_2, G–U).

L 72 J. Vendryes: *Lexique étymologique de l'Irlandais ancien.* Paris Bd. A (1959).
MNOP (1960). RS (1974), ed. E. B. Bachellery. TU (1978), ed. P-Y. Lambert.

L 73 *Geiriadur Prifysgol Cymru* (A Dictionary of the Welsh Language) Ed.
R. J. Thomas u. a. Caerdydd 1950ff. (Großwörterbuch, beim Buchstaben H.)

B 11 Nachschlagewerke für die baltischen Sprachen (zu § 82):

L 74 Ernst Fraenkel: *Litauisches etymologisches Wörterbuch.* 2 Bände Heidelberg
und Göttingen 1962–65.

L 75 K. Mühlenbach & J. Endzelin: *Lettisch-Deutsches Wörterbuch.* 4 Bände.
Chicago 1953–55.

L 76 J. Endzelin & E. Hausenberg: *Ergänzungen und Berichtigungen zu K. Müh-
lenbachs Lettisch-Deutschem Wörterbuch.* 2 Bände. Chicago 1956.

B 12 Nachschlagewerke für die slavischen Sprachen (zu § 82):

L 77 L. Sadnik und R. Aitzetmüller: *Handwörterbuch zu den altkirchenslavischen
Texten.* Heidelberg 1955.

L 78 Franz von Miklosich: *Lexicon Palaeoslovenico-Graeco-Latinum.* Wien
1862–65. (Berücksichtigt das ganze Kirchenslavische.)

L 79 Max Vasmer: *Russisches etymologisches Wörterbuch.* 3 Bände. Heidelberg
1955.

B 13 Nachschlagewerke für das Griechische (zu § 83):

L 80 Henry George Liddell & Robert Scott: *A Greek-English Lexicon.* Revidiert v. Henry Stuart Jones. Oxford (1940).

L 81 Hjalmar Frisk: *Griechisches etymologisches Wörterbuch.* 3 Bände. Heidelberg 1960–72.

L 82 P. Chantraine: *Dictionnaire de la langue grecque. Histoire des mots.* Paris 1968 ff.

B 14 Nachschlagewerke für Altindisch und Avestisch (zu § 84):

L 83 *Sanskrit-Wörterbuch.* Ed. Kaiserliche Akademie der Wissenschaften, Otto Böhtlingk und Rudolph Roth. 7 Bände. Petersburg 1855–1875. (Erfordert zur Benutzung die Kenntnis der Devanagari-Schrift. Genannt ‚Großes Petersburger Wörterbuch‘ oder PW.)

L 84 Monier Monier-Williams: *A Sancrit-English Dictionary.* Ed. E. Leumann & C. Capeller. Oxford 1899.

L 85 Hermann Grassmann: Wörterbuch zum Rig-Veda. 4. Aufl. (= ¹1872) Wiesbaden 1964.

L 86 Manfred Mayrhofer: *Kurzgefaßtes etymologisches Wörterbuch des Altindischen.* 3 Bände. Heidelberg 1956–1976. Registerband 1980.

L 87 Christian Bartholomae: *Altiranisches Wörterbuch.* Straßburg 1904.

B 15 Nachschlagewerke für das Hethitische (zu § 85):

L 88 Johannes Friedrich: *Hethitisches Wörterbuch.* Heidelberg 1952. + Ergänzungshefte 1. 1957, 2. 1961, 3. 1966. Die Neubearbeitung durch Annelies Kammenhuber (L 88a) ist angelaufen (bis jetzt 5 Lieferungen).

L 88b Johann Tischler: *Hethitisches etymologisches Glossar.* Innsbruck 1977. (Innsbrucker Beiträge zur Sprachwissenschaft 20).

B 16 Nachschlagewerke für die indogermanische Grundsprache (zu § 86):

L 89 Julius Pokorny: *Indogermanisches etymologisches Wörterbuch.* Bern und München. 2 Bände 1959–69.

L 90 Carl Darling Buck: *A Dictionary of Selected Synonyms in the Principal Indo-European Languages.* Chicago (1949).

B 17 Allgemeine Nachschlagewerke für Entlehnungen ins Deutsche (zu § 100ff.):

L 91 Hans Schulz: *Deutsches Fremdwörterbuch.* Fortgeführt von Otto Basler. A–K Straßburg 1913, dann Berlin (noch nicht vollendet). (Berücksichtigt nur die für längere Zeit aufgenommenen Fremdwörter. Reichhaltige Belegangaben für die Wortgeschichte.)

L 92 Karl Lokotsch: *Etymologisches Wörterbuch der europäischen (germanischen, romanischen und slavischen) Wörter orientalischen Ursprungs.* Heidelberg 2. Aufl. 1975 (= ¹1927). (Sehr knappe und gelegentlich spekulative Angaben.)

L 93 F. Seiler: *Die Entwicklung der deutschen Kultur im Spiegel des deutschen*

Lehnworts. 8 Teile, Halle 1895–1924 (die beiden ersten Teile auch in 3. Aufl. 1913 und 1921.)

B 18 Zu den frühen Entlehnungen aus dem Keltischen ins Germanische (§ 102) vgl. (mit weiterer Literatur):

L 94 Helmut Birkhan: *Germanen und Kelten bis zum Ausgang der Römerzeit.* Der Aussagewert von Wörtern und Sachen für die frühesten keltisch-germanischen Kulturbeziehungen. Wien 1970 (Österreichische Akademie der Wissenschaften. Phil.-hist. Sitzungsberichte 272).

B 19 Zu den Entlehnungen ins Finnische (§ 107) vgl.:

L 95 Wilhelm Thomsen: *Den gotiske sprogklasses inflydelse på den finske* 1869. Übersetzung von E. Sievers: *Über den Einfluß der germanischen Sprachen auf die finnisch-lappischen.* Halle 1870. (Beginn der systematischen wissenschaftlichen Behandlung des Gebiets.)

L 96 E. N. Setälä: Bibliographisches verzeichnis der in der literatur behandelten älteren germanischen bestandteile in den ostseefinnischen sprachen. In: *Finnisch-Ugrische Forschungen* 13 (1913), 345–475 + Nachträge im Anzeiger desselben Bandes S. 60–64. (Umfassendste Sammlung.)

L 97 T. E. Karsten: Germanisch-Finnische Lehnwortstudien. In: *ASSF* 45, 2 (1915).

L 98 T. E. Karsten: Finnar och Germaner. In: *Folkmålsstudier* (Meddelanden från Föreningen för nordisk filologi i Helsingfors) 9–10 (1943).

L 99 Björn Collinder: Die urgermanischen Lehnwörter im Finnischen. In: *SVS* 28, 1 (1932) und Supplement und Wortindex in *SVS* 34, 3 (1941).

L 100 Emil Öhmann: Die ältesten germanischen Wörter im Finnischen. In: *Nachrichten d. Ak. d. Wiss. Göttingen,* phil.-hist. 2 (1954), S. 13–26.

L 101 Hans Fromm: Die ältesten germanischen Lehnwörter im Finnischen. In: *ZdA* 88 (1957), S. 81–101; 211–240; 299–324. (Zur Einordnung und zur weiteren Literatur.)

L 102 A. D. Kylstra: *Geschichte der germanisch-finnischen Lehnwortforschung.* Assen 1961 (Studia Germanica 4). (Mit weiterer Literatur.)

B 20 Zum Einfluß des Lateinischen (§ 108ff.):

L 103 Friedrich Kluge: Sprachgeschichte. In: *Grundriß der germanischen Philologie.* Ed. H. Paul. Straßburg Bd. I 1901, Kapitel V. (Darin S. 333–354 der Versuch einer Zusammenstellung der ältesten Entlehnungen nebst Besprechung.)

L 104 Wilhelm Franz: *Die lateinisch-romanischen Elemente im Althochdeutschen.* Straßburg 1884. (Behandelt vor allem die Lautentsprechung.)

L 105 Werner Betz: *Der Einfluß des Lateinischen auf den althochdeutschen Wortschatz. 1. Der Abrogans.* Heidelberg 1936 (Germanistische Bibliothek II, 40). (Grundlegend für die Lehnwortforschung und -terminologie.)

L 106 Werner Betz: *Deutsch und Lateinisch. Die Lehnbildungen der althochdeutschen Benediktinerregel.* Bonn 1949 (²1965). Wie L 105.)

L 107 Hartmut Sommer: Lateinisch-romanische Lehnwörter im Althochdeutschen.

Konstanz und Variabilität grammatikalischer Gruppenbildung. In: *Btr* (W) 94 (1972), S. 52–80. (Mit einem Wortverzeichnis.)

L 108 Paul Möller: *Fremdwörter aus dem Lateinischen im späteren Mittelhochdeutschen und Mittelniederländischen.* Diss. Gießen 1915.

B 21 Zum Einfluß des Französischen auf das Deutsche (§ 111) vgl.:

L 109 Emil Öhmann: Der romanische Einfluß auf das Deutsche bis zum Ausgang des Mittelalters. In: *Deutsche Wortgeschichte.* Ed. Friedrich Maurer und Heinz Rupp. Berlin ³ I (1974), S. 323–396. (Mit Bibliographie (S. 323–325), bei der vor allem die Beiträge von Öhmann selbst hervorzuheben sind.)

B 22 Zum Einfluß des Englischen auf das Deutsche (§ 117) vgl.:

L 110 Agnes Bain Stiven: *Englands Einfluß auf den deutschen Wortschatz.* Diss. Marburg 1935 (erschienen 1936).

L 111 Broder Carstensen: *Englische Einflüsse auf die deutsche Sprache nach 1945.* Heidelberg 1965.

L 112 F. und I. Neske: *Wörterbuch englischer und amerikanischer Ausdrücke der deutschen Sprache.* München 1970 (dtv 3033).

B 23 Zum Einfluß anderer Sprachen auf das Deutsche (§ 117):

Spezielle Bearbeitungen des italienischen und slavischen Einflusses gibt es (außer in den allgemeinen Werken, besonders L 91 und L 93, dann auch L 1, S. 144–146) noch nicht. Zum sprachlichen Einfluß des Italienischen auf das Deutsche lassen sich einige Artikel von E. Öhmann anführen, die in den *Neuphilologischen Mitteilungen* von Bd. 40 (1939) bis Bd. 57 (1956) erschienen sind. Zum Slavischen läßt sich anführen

L 113 O. Schrader: Slavische oder durch Slaven vermittelte Lehnwörter im älteren Deutsch. In: *IF* 17 (1904/05), S. 29–34.

B 24 Zu den ‚Sprachreinigern‘ (§ 117), vgl. etwa (neben den Angaben bei Kluge, L 24, im Register unter ‚Wortschöpfer‘):

L 114 Alan Kirkness: *Zur Sprachreinigung im Deutschen 1789–1871. Eine historische Dokumentation.* Tübingen 1975. 2 Teile (Forschungsberichte des Instituts für deutsche Sprache 26).

L 115 Fritz Schramm: *Schlagworte der Alamodezeit.* Straßburg 1914 (Beihefte ZdW 15).

L 116 Hugo Harbrecht: Verzeichnis der von Zesen verdeutschten Lehn- und Fremdwörter. In: *ZdW* 14 (1912/13), S. 71–81.

B 25 Zur Namenforschung (§ 123 ff.) vgl.:

L 117 Adolf Bach: *Deutsche Namenkunde.* Heidelberg I Die Deutschen Personennamen. 1. ²1952. 2. ²1953.
II Die deutschen Ortsnamen. 1. 1953. 2. 1954.
III Sachweiser und Namenregister. bearb. Dieter Berger 1956.
(Allgemeines Handbuch.)

L 118 Josef Zihlmann: *Das Pfaffnauer Namenbuch.* Die Namen einer Landschaft und ihrer Bewohner: Pfaffnau – St. Urban. Luzern 1979. (Als Muster eines sorgfältig ausgeführten Namenbuches.)

L 119 Josef Karlmann Brechenmacher: *Etymologisches Wörterbuch der deutschen Familiennamen.* 2 Bde Limburg 1957–1963.

B 26 Zu den Fachsprachen (§ 135) vgl. etwa L 22 und:

L 120 L. Drozd und W. Seibicke: *Deutsche Fach- und Wissenschaftssprache.* Bestandsaufnahme – Theorie – Geschichte. Wiesbaden 1973.

B 27 Zur Wortbildung (§ 139 ff.) vgl.:

L 121 Richard K. Seymour: *A Bibliography of Word Formation in the Germanic Languages.* Durham N. C. 1968.

L 122 Wolfgang Fleischer: *Wortbildung der deutschen Gegenwartssprache.* Leipzig 1969. (Beschreibend.)

L 123 Walter Henzen: *Deutsche Wortbildung.* Tübingen ³1965 (Sammlung kurzer Grammatiken germanischer Dialekte B 5). (Historisch.)

L 124 Friedrich Kluge: *Nominale Stammbildungslehre der altgermanischen Dialekte.* Halle (Saale) ³1926 bearb. L. Sütterlin & E. Ochs (Sammlung kurzer Grammatiken germanischer Dialekte B 1).

L 125 Hans Krahe: *Germanische Sprachwissenschaft.* Bd. III *Wortbildungslehre.* Von W. Meid. Berlin 1967 (Göschen 1218).

B 28 Zu den Wurzeldeterminativen (§ 175) vgl. etwa:

L 126 Emile Benveniste: *Origines de la formation des noms en Indo-Européen.* Paris 1935, das Kapitel Esquisse d'une théorie de la racine. S. 147–173. (Zu weiterführenden Arbeiten vgl. Seebold, L 65, S. 37³.)

B 29 Zur Phraseologie (§ 184 f.) vgl.:

L 127 Lutz Röhrich: *Lexikon der sprichwörtlichen Redensarten.* 2 Bde. Freiburg ²1973.

L 128 Keith Spalding & Kenneth Brooke: *An Historical Dictionary of German Figurative Usage.* Oxford I (1969). (Noch unvollendet.)

B 30 Zur semantischen Begriffsschöpfung (§ 188 f.) vgl. etwa:

L 129 Heinz Kronasser: *Handbuch der Semasiologie.* Kurze Einführung in die Geschichte, Problematik und Terminologie der Bedeutungslehre. Heidelberg 1952. (Semasiologischer Ansatz.)

L 130 Bruno Quadri: *Aufgaben und Methoden der onomasiologischen Forschung.* Eine entwicklungsgeschichtliche Darstellung. Bern 1952 (Romanica Helvetica 97). (Onomasiologischer Ansatz.)

B 31 Für die Urschöpfung (§ 198 ff.) gebe ich eine größere Auswahl (chronologisch geordneter) Werke, da dieses Gebiet meist vernachlässigt wird:

L 131 Maurice Grammont: Onomatopées et mots expressifs. In: *Revue des Langues Romanes* 44 (1901), 97–158.

L 132 Otto Jespersen: *Die Sprache*. Ihre Natur, Entwicklung und Entstehung. Übers. R. Hittmair und K. Waibel. Heidelberg 1925. Kapitel XX Lautsymbolik.

L 133 Hermann Ammann: Wortklang und Wortbedeutung in der neuhochdeutschen Schriftsprache. In: *Neue Jahrbücher für Wissenschaft und Jugendbildung* 1 (1925), 221–235.

L 134 F. Rauhut: Probleme der Onomatopöie. In: *Volkstum und Kultur der Romanen* I (1928), 113–139.

L 135 Wilhelm Schneider: Über die Lautbedeutsamkeit. In: *ZdPh* 63 (1938), 138–179.

L 136 Wilhelm Wissmann: Ausdrucksworte und Lautverschiebung. In: *ZdA* 76 (1939), 1–12.

L 137 J. M. Kořínek: Laut und Wortbedeutung. In: *TCLP* 8 (1939) = Festschrift Trubetzkoy. S. 58–65.

L 138 Erich Brock: Der heutige Stand der Lautbedeutungslehre. *Trivium* 2 (1943/ 44), 199–219.

L 139 Klaus Hirt: Prinzipien sprachlicher Urschöpfung. In: *Orbis* 5 (1956), 421–434.

L 140 Kurt Rein: Die Bedeutung von Tierzucht und Affekt für die Haustierbenennung. Untersucht an der deutschen Synonymik für capra domestica. In: *DWf* 1 (1958), 191–296 + Karten.

L 141 Reinhard Krien: *Namensphysiognomik*. Untersuchungen zur sprachlichen Expressivität am Beispiel von Personennamen, Appellativen und Phonemen des Deutschen. Tübingen 1973.

B 32 *Zur theoretischen Grundlegung der Entlehnungstypen (§ 218 ff.) vgl. L 106. Die weiterentwickelte Theorie ist am bequemsten zugänglich in den verschiedenen Abrissen und Handbüchern, etwa in:*

L 142 Werner Betz: Lehnwörter und Lehnprägungen im Vor- und Frühdeutschen. In: *Deutsche Wortgeschichte*. Ed. Friedrich Maurer und Heinz Rupp. 3. Aufl. Bd. I (Berlin 1974), S. 135–142 und 160f. – Zu den Sonderfällen vgl. noch:

L 143 Robert Gusmani: Entlehnung und Scheinentlehnung. In: *Sprachwissenschaft* 4 (1979), S. 361–369.

B 33 *Zur Frage von Lexikalisierung und Verdeutlichung (§ 245 ff.) vgl.:*

L 144 Hans-Martin Gauger: *Wort und Sprache*. Sprachwissenschaftliche Grundfragen. Tübingen 1970.

L 144 Hans-Martin Gauger: *Durchsichtige Wörter*. Zur Theorie der Wortbildung. Heidelberg 1971.

L 145 Wilhelm Horn: *Sprachkörper und Sprachfunktion*. 2. Aufl. Leipzig 1923 (Palaestra 135).

L 146 Karl Gustav Andresen: *Über deutsche Volksetymologie*. 7. Aufl. Leipzig 1919.

L 147 Erwin Mayer: *Sekundäre Motivation*. Untersuchungen zur Volksetymologie und verwandten Erscheinungen im Englischen. Diss. Köln 1962. (Mit neuerer Literatur und Auseinandersetzung mit dem Forschungsstand.)

L 148 Stephen Ullmann: *The Principles of Semantics.* Oxford ³1963 (¹1951). Chapter 4.

L 149 Stephen Ullmann: *Semantics. An Introduction to the Science of Meaning.* Oxford 1962 (u. ö.). S. 82–92.

B 34 Allgemeine Literatur zur Entwicklung der Gebrauchsbedingungen (§ 270ff.):

L 150 Arsène Darmsteter: *La vie des mots.* Paris ³1889.

L 151 Joh. Stöcklein: *Bedeutungswandel der Wörter. Seine Entstehung und Entwicklung.* München 1898. (Grundlegend)

L 152 Karl Otto Erdmann: *Die Bedeutung des Wortes.* Aufsätze aus dem Grenzgebiet der Sprachpsychologie und Logik. Leipzig ⁴1925 (Nachdruck 1966).

L 153 K. Jaberg: Sprache als Äußerung und Sprache als Mitteilung (Grundfragen der Onomasiologie). In: K. J.: *Sprachwissenschaftliche Forschungen und Ergebnisse* (Romanica Helvetica VI). Zürich und Leipzig 1937. S. 137–185.

L 154 F. Dornseiff: Das Problem des Bedeutungswandels. In: *ZdPh* 63 (1938), S. 119–138.

L 155 A Lindquist: *Deutsches Kultur- und Gesellschaftsleben im Spiegel der Sprache.* Wiesbaden 1955.

B 35 Zum Aussterben der Wörter (§ 271) vgl.:

L 156 Nabil Osman: *Kleines Lexikon untergegangener Wörter.* Wortuntergang seit dem Ende des 18. Jh. München ²1972 (¹1971).

B 36 Zur semantischen Differenzierung (§ 272) vgl. neben Hirt, L 1, S. 527–529 noch:

L 157 Otto Behaghel: Die nhd. Zwillingswörter. In: *Germania* 23 (1878), S. 257–292.

L 158 Ella Mensch: *Die Scheideform im Neuhochdeutschen.* Diss. Zürich 1886 (Druckort Darmstadt).

B 37 Zur Theorie der Wortfelder (§ 273 f.) vgl.:

L 159 *Wortfeldforschung.* Zur Geschichte der Theorie des sprachlichen Feldes. Ed. Lothar Schmidt. Darmstadt 1973 (Wege der Forschung 250).

L 160 Eugenio Coseriu: *Probleme der strukturellen Semantik.* Ed. D. Kastovsky. Tübingen 1973 (Tübinger Beiträge zur Linguistik 40).

B 38 Über die besondere Anziehungskraft von Wörtern (§ 276f.) vgl. besonders:

L 161 Hans Sperber: *Einführung in die Bedeutungslehre.* Bonn ³1965 (¹1923).

B 39 Über Wortkrankheiten (§ 279ff.) vgl. an Arbeiten über das Deutsche (neben L 156):

L 162 Emil Öhmann: *Über Homonymie und Homonyme im Deutschen.* Helsinki
1934 (AASF B 32,1).
L 163 A. P. Kieft: Die Homonymie als Faktor in der deutschen Sprachentwicklung.
In: *Neophilologus* 26 (1941), S. 267–279.

B 40 *Zur Lautentwicklung (§ 292 ff.) vgl.:*

L 164 Radoslav Katičić: *A Contribution to the General Theory of Comparative
Linguistics.* The Hague 1970.
L 165 Henry M. Hoenigswald: *Language Change and Linguistic Reconstruction.*
Chicago 1960 (u. ö.).
L 166 Eugenio Coseriu: *Synchronie, Diachronie und Geschichte.* Das Problem des
Sprachwandels. Übers. Helga Sohre. München 1974 (Internationale Biblio-
thek für allgemeine Linguistik 3). (Originalausgabe: Sincronía, diacronía e
historia. Montevideo 1958).
L 167 *Sprachwandel.* Reader zur diachronischen Sprachwissenschaft. Ed. Dieter
Cherubim. Berlin 1975.
L 168 W. Wilmanns: *Deutsche Grammatik.* I Lautlehre. Straßburg ³1911. (Aus-
führlichste historische Lautlehre des Deutschen.)
L 169 Hermann Paul: *Deutsche Grammatik.* Bd. I, Teil II: Lautlehre. Halle (Saale)
1916.
L 170 Herbert Penzl: *Vom Urgermanischen zum Neuhochdeutschen.* Eine historische Phonologie. Berlin 1975 (Grundlagen der Germanistik 16).

B 41 *Zur Bedeutungsentwicklung (§ 317) vgl. außer den unter B 33–B 39 genannten Arbeiten noch:*

L 171 Albert Waag: *Bedeutungsentwicklung unseres Wortschatzes.* Lahr 1901.
L 172 Ernst Leisi: *Der Wortinhalt.* Seine Struktur im Deutschen und Englischen.
Heidelberg ⁴1971 ('1952) (UTB 95).

Nachtrag zu B 21:

William Jervis Jones: *A Lexikon of French Borrowings in the German Vocabulary (1575–1648).* Diss. Oxford 1970. (Studia Linguistica Germanica 12).

Nachtrag zu B 23:

Marjatta Wis: *Ricerche sopra gli italianismi nella lingua Tedesca dalla metà
del secolo XIV alla fine del secolo XVI.* Helsinki 1955. (Mémoires de la société
néophilologique de Helsinki 17).
Hans Holm Bielfeldt: *Die Entlehnungen aus den verschiedenen slavischen
Sprachen im Wortschatz der neuhochdeutschen Schriftsprache.* Berlin 1965.
(Sitzungsberichte der deutschen Akademie der Wissenschaften zu Berlin
1965, 1).

Abkürzungsverzeichnis

a) Literaturangaben

AASF	Annales Academiae Scientiarum Fennicae. Helsinki
AIS	Sprachatlas Italiens und der Südschweiz (vgl. Anm. 119)
ALF	Atlas linguistique de la France (vgl. Anm. 119)
ALJA	Atlas linguistique et ethnographique du Jura et des Alpes du Nord. Francoprovençal Central (vgl. Anm. 119)
ALLy	Atlas linguistique et ethnographique du Lyonnais (vgl. Anm. 119)
ALMC	Atlas linguistique et ethnographique du Massif Central (vgl. Anm. 120)
ASSF	Acta Societatis Scientiarum Fennicae. Helsinki
BLV	Bibliothek des Literarischen Vereins in Stuttgart
Btr	Beiträge zur Geschichte der deutschen Sprache und Literatur. (W) = Ausgabe Tübingen
DTM	Deutsche Texte des Mittelalters. Berlin
DWA	Deutscher Wortatlas (vgl. Anm. 120)
DWf	Deutsche Wortforschung in europäischen Bezügen. Gießen
GRM	Germanisch-Romanische Monatsschrift. Heidelberg
IF	Indogermanische Forschungen. Berlin
MGH	Monumenta Germaniae Historica. Berlin
NTS	Norsk Tidsskrift for Sprogvidenskap. Oslo
SVS	Skrifter utgivna av kgl. humanistiska Vetenskapssamfund. Uppsala
TCLP	Travaux du Cercle linguistique de Prague
TPS	Transactions of the Philological Society. London
WuS	Wörter und Sachen. Heidelberg
WW	Wirkendes Wort. Düsseldorf
ZdA	Zeitschrift für deutsches Altertum und deutsche Literatur. Wiesbaden
ZdM	Zeitschrift für deutsche Mundarten (1906–1924). Seit 1968 Zeitschrift für Dialektologie und Linguistik. Wiesbaden
ZDMG	Zeitschrift der Deutschen Morgenländischen Gesellschaft. Wiesbaden
ZdPh	Zeitschrift für deutsche Philologie. Berlin
ZdW	Zeitschrift für deutsche Wortforschung. Straßburg
ZrPh	Zeitschrift für romanische Philologie. Tübingen
ZslPh	Zeitschrift für slavische Philologie. Heidelberg
ZvS	Zeitschrift für vergleichende Sprachforschung. Göttingen

b) Sprachen

		ai.	altindisch	
		air.	altirisch	
ae.	altenglisch	aksl.	altkirchenslavisch	
afr.	altfriesisch	an.	altnordisch	
ahd.	althochdeutsch	aon.	altostnordisch	

as.	altsächsich	lt.	lateinisch
avest.	avestisch	me.	mittelenglisch
awn.	altwestnordisch	mhd.	mittelhochdeutsch
cymr.	kymrisch	mnd.	mittelniederdeutsch
ggm.	gemeingermanisch	mnl.	mittelniederländisch
gm.	germanisch	nd.	niederdeutsch
gr.	griechisch	ne.	neuenglisch
gt.	gotisch	nhd.	neuhochdeutsch
hd.	hochdeutsch	nl.	niederländisch
heth.	hethitisch	nnl.	neuniederländisch
idg.	indogermanisch	urgm.	urgermanisch
lit.	litauisch	urn.	urnordisch

Sachregister

Die Ziffern beziehen sich auf die Paragraphen des Buches

Wortregister (nur nhd.)

Die Ziffern bezeichnen sich auf die Paragraphen des Buches

Bücher zur Sprachwissenschaft
und Sprachgeschichte

Hermann Hirt
Geschichte der deutschen Sprache
Unveränderter Nachdruck 1968 der 1., neubearbeiteten Auflage von 1925
VIII, 299 Seiten. Leinen (Handbuch des deutschen Unterrichts, Band IV, 1)

Claus Jürgen Hutterer
Die germanischen Sprachen
Ihre Geschichte in Grundzügen
1975. XX, 543 Seiten mit 75 Karten und Abbildungen. Leinen

Nabil Osman (Hrsg.)
Kleines Lexikon untergegangener Wörter
Wortuntergang seit dem Ende des 18. Jahrhunderts
Mit einer Vorbemerkung von Werner Roß
3., durchgesehene Auflage. 1976. 263 Seiten. Pappband

Friedrich Seiler
Deutsche Sprichwörterkunde
Unveränderter Nachdruck 1967 der 1922 erschienenen Erstauflage
X, 457 Seiten. Leinen (Handbuch des deutschen Unterrichts, IV. Band, 3. Teil)

Wladimir Admoni
Der deutsche Sprachbau
Neu überarbeitete Auflage in Vorbereitung für 1981

Verlag C. H. Beck München